GUÍA PARA
FOTOGRAFIAR
LA FAUNA IBÉRICA

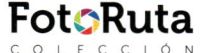

FotoRuta
COLECCIÓN

Fot⚙Ruta

C O L E C C I Ó N

© JdeJ Editores, 2021
© Juan Carlos González Pozuelo, 2021
© de los textos y fotografías, Víctor Aparicio Beano

Primera edición, marzo de 2021

2026, nueva edición ampliada y actualizada

Editor:
Javier de Juan y Peñalosa

Diseño y maquetación:
Juan Carlos González Pozuelo
www.juancarlosgonzalez.es

Coordinación editorial:
María Dolores Bagudá

JdeJ Editores
Sauces 7, Chalet 8. Montepríncipe
28660 - Boadilla del Monte (Madrid)
www.jdejeditores.com

Más información de la Colección FotoRuta:
www.FotoRuta.com

Impresión: Tauro Producción Gráfica
Distribución: SGEL Logista Libros

ISBN: 978-84-129967-8-4
Depósito Legal: M-4927-2026

Impreso en España – *Printed in Spain*

GUÍA PARA

FOTOGRAFIAR
LA FAUNA IBÉRICA

Víctor Aparicio Beano

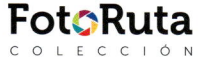

FotoRuta
COLECCIÓN

[JdeJ *Editores*]

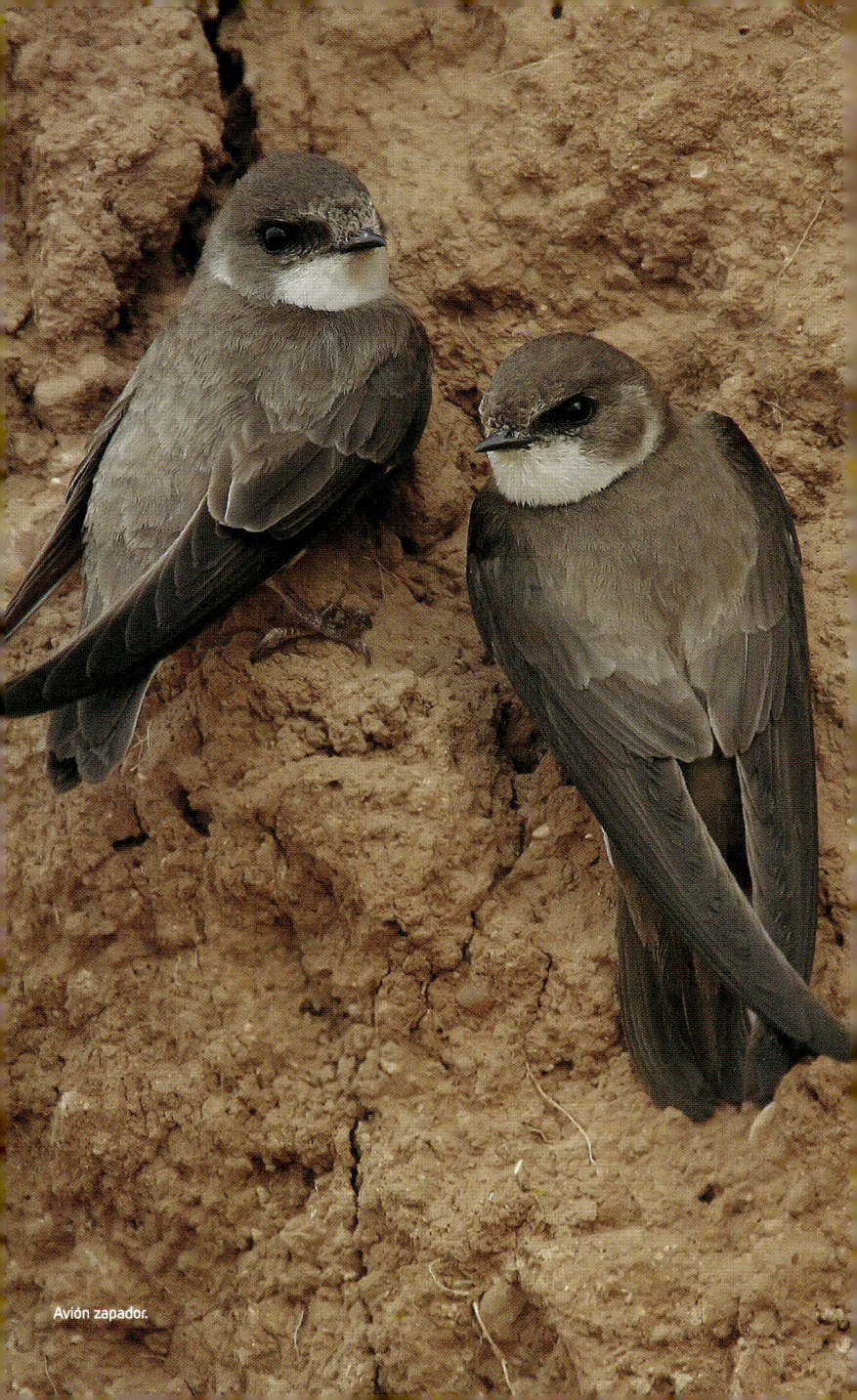
Avión zapador.

Índice

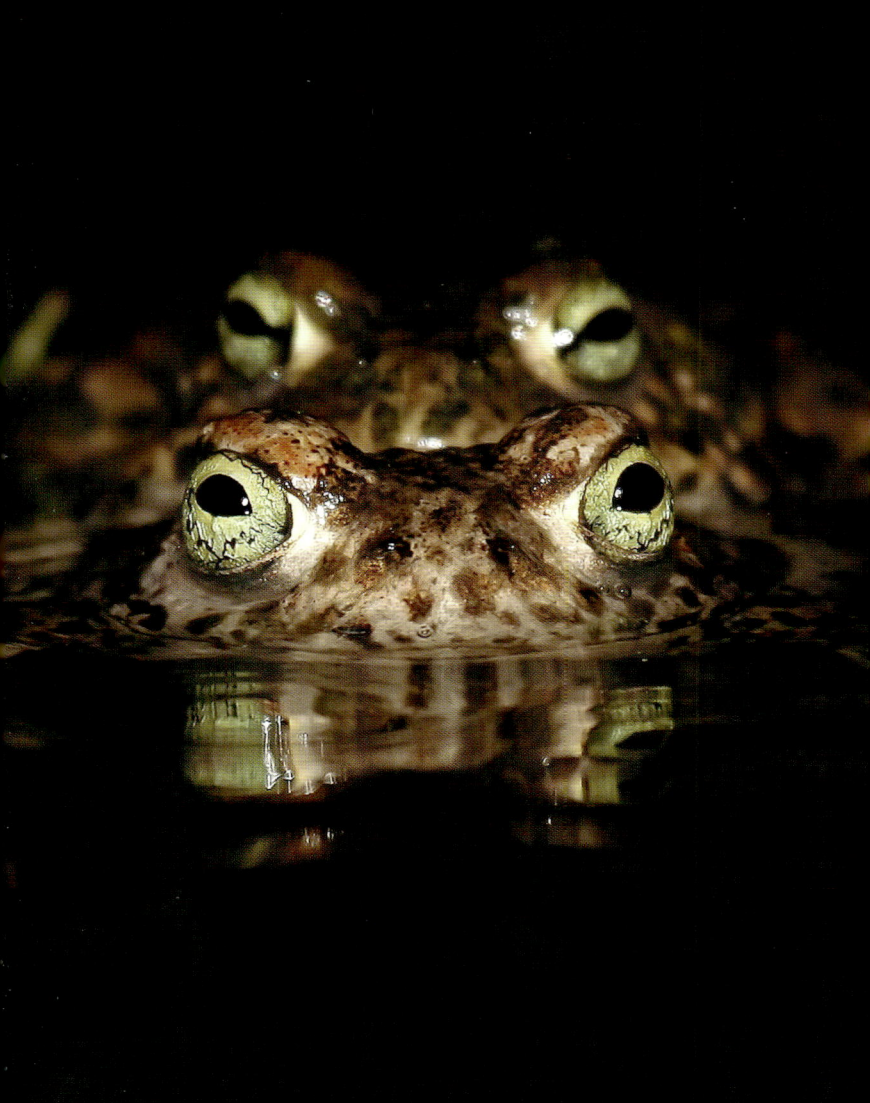

Sapo corredor.

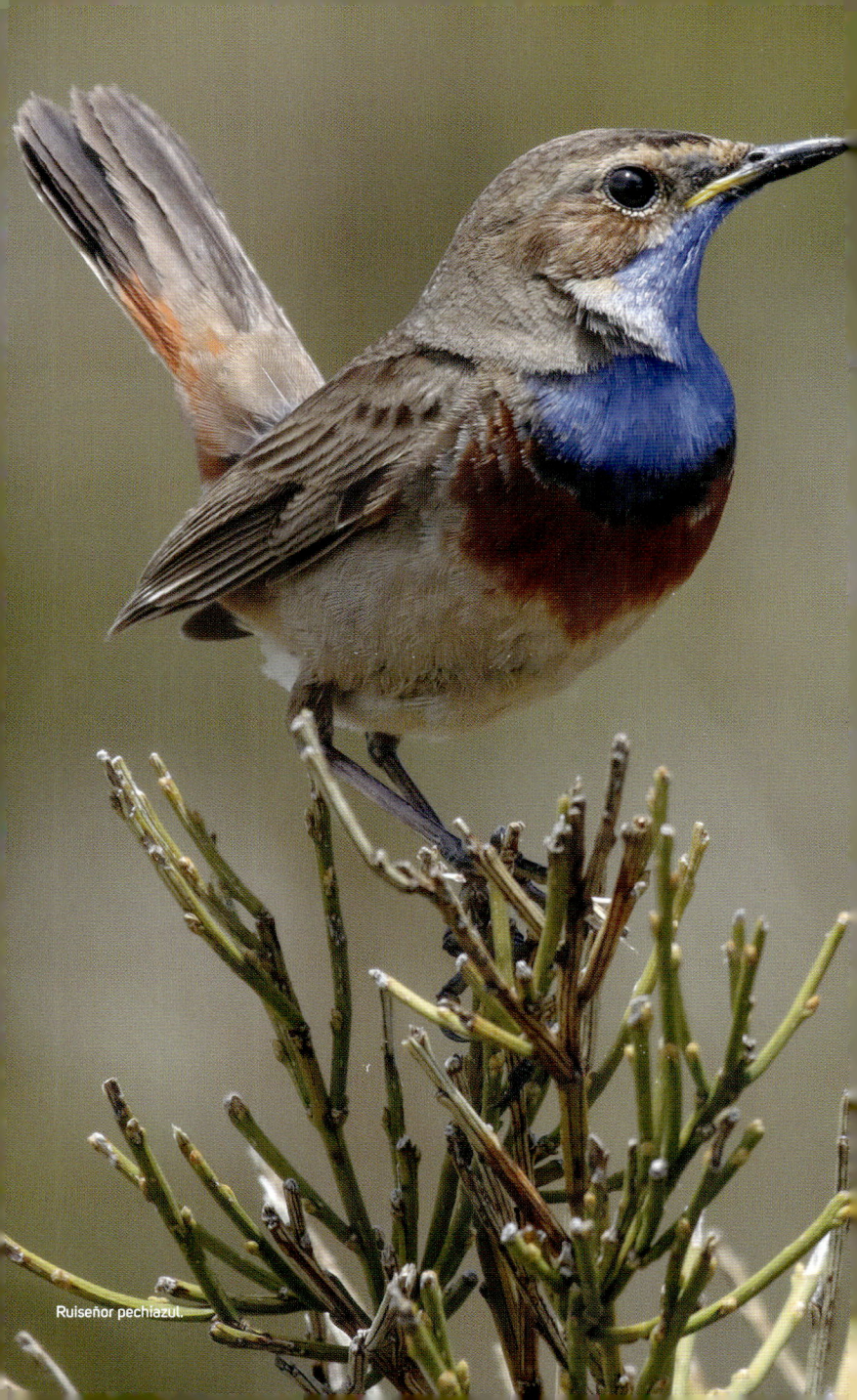

Ruiseñor pechiazul.

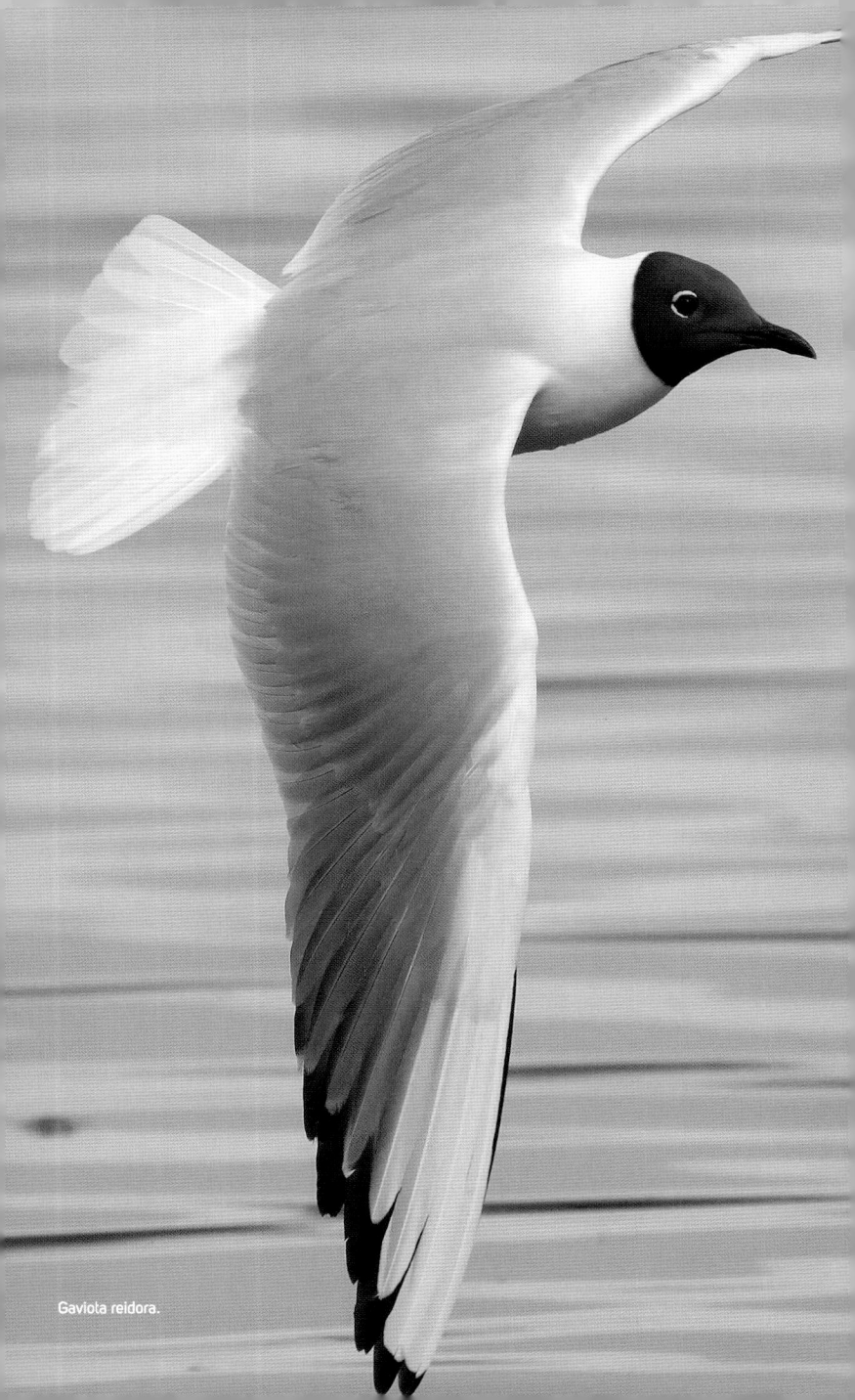

Gaviota reidora.

Introducción

Este libro es una guía de cómo poder fotografiar las especies más característicos de la fauna ibérica. Sobre el mapa de la Península hemos segregado los ecosistemas más importantes que podemos encontrar y en los que es posible localizar una mayor biodiversidad.

Se trata de fotografiar las especies más destacadas de cada uno de dichos ecosistemas y de la forma más natural posible. No se incluyen técnicas más artísticas y menos naturales como doble exposición o similares, pero que cada uno podrá realizar si lo desea.

Trataremos de describir los trucos y técnicas para fotografiar cada una de las especies descritas. Además, estas técnicas pueden aplicarse a otros animales de características similares o que habiten en los mismos ecosistemas; por lo tanto, esta guía sirve de ayuda para fotografiar cualquier especie que sea posible encontrar en la Península Ibérica

Para realizar este tipo de fotografía es muy importante disponer de varios tipos de objetivos y multiplicadores. También estará muy relacionado con el modelo de fotografía de fauna que deseemos realizar.

Un gran teleobjetivo es fundamental para captar animales más cerca. Aun así, es necesario sumar multiplicadores a estos teleobjetivos cuando las distancias sean grandes, especialmente con aves y mamíferos.

Usaremos teleobjetivos cortos u objetivos medios y normales para realizar fotografías en los que demos importancia al paisaje y al ambiente donde se desenvuelve la escena que deseamos captar. Los podremos utilizar para fotografiar cualquier tipo de fauna que se encuentre lo relativamente cerca para que la especie destaque de alguna manera en la fotografía.

Y objetivos macros si queremos mostrar detalles de ciertos animales que es posible observar tranquilamente a corta distancia como, por ejemplo, algunos anfibios y reptiles que nos permitan acercarnos lo suficiente.

En función de nuestro presupuesto y equipo iremos realizando distintos tipos de fotografía. Cuando empecé mi equipo era muy sencillo y con un objetivo normal intentaba fotografiar distintos tipos de aves. Para ello debía situarme muy cerca y eso agudiza mucho tu ingenio; cada fallo se convierte en un reto personal para acercarte más sin ser descubierto. Esta circunstancia, con el tiempo, se volvió a mi favor, porque con los años pude ir mejorando mi equipo fotográfico y utilizar las técnicas y recursos aprendidos con peores equipos. Las técnicas, sumadas a cámaras y objetivos más profesionales, hacen que los resultados sean cada vez mejores.

Realizaremos un recorrido desde las altas montañas y zonas rocosas del norte y del Pirineo, hasta las zonas marinas y costeras del sur, pasando por bosques atlánticos y mediterráneos, donde contemplaremos pequeños y grandes ríos, además de riberas. Nos detendremos para observar de cerca las grandes estepas y llanuras del interior y nos refrescaremos en lagos, lagunas y zonas palustres. Cuando la energía empiece a decaer, tomaremos fuerzas en huertas y cultivos, para acabar volviendo a los parques y jardines de nuestras ciudades y pueblos.

Estos serán los distintos ecosistemas en los que encontraremos las diferentes especies de animales que vamos a fotografiar.

- Alta montaña y zonas rocosas
- Bosque atlántico
- Bosque mediterráneo
- Zonas marinas y costeras
- Lagos y lagunas
- Zonas palustres
- Ríos y riberas
- Estepas y páramos
- Huertas y cultivos
- Parques, jardines, ciudades y pueblos

Marcaremos al principio de cada especie un pequeño esquema de sugerencias que nos servirá de guía y ayuda.

Mejor estación del año
Serán las mejores estaciones en las que podemos lograr fotografiarlas en las condiciones que deseemos, porque muchas de ellas nos visitan únicamente en ciertas épocas. Y para otras especies, aunque es posible localizarlas todo el año, encontrarás mejores épocas para captar determinados momentos.

Instantes para captar
Este punto es más personal y depende del punto de vista de cada uno, pero ayudará la inspiración y disponer de una referencia de los distintos instantes que es posible llegar a captar.

Dificultades

En este apartado señalaremos las dificultades más destacadas que podemos encontrar a la hora de fotografiar cada especie.

Equipo y material

Referido al material base que debemos tener para fotografiarlos en las condiciones marcadas anteriormente. Siempre depende del equipo de cada uno, pero es muy importante saber aprovechar nuestro equipo en cada ocasión y de este modo sacar siempre el máximo partido.

Mejores lugares para su fotografía

Son una muestra de lugares referentes donde más abundantes puedan ser las distintas especies. Personalmente cada uno siempre intenta explotar sus zonas más cercanas porque las jornadas suelen ser largas y repetidas en el tiempo, hasta lograr captar los instantes deseados. Pero nos ayudará a conocer distintos lugares que será factible visitar y fotografiar. Aparte de los lugares indicados en cada especie, habría que apuntar que hay muchísimos otros sitios buenos para la observación y donde poder fotografiarlas, pero no se pueden llegar a incluir todos; los citamos como un ejemplo de referencia.

En cada especie se incluye una pequeña introducción, que nos dará unas breves reseñas sobre cada una, marcando costumbres, lugares, hábitos o características que nos ayudará a conocer un poco más sobre ellas.

Y en el apartado, *Cómo fotografiar*, se comentan las distintas técnicas utilizadas para conseguir los instantes deseados. Se indicará qué aspectos debemos de tener en cuenta a la hora de fotografiar, qué parámetros de la cámara es necesario configurar si deseamos tener mejores resultados, horas adecuadas, posiciones, tipos de escondites y un largo etcétera detallado en cada especie.

Como nota fundamental lo más importante es el respeto a la naturaleza y ha de primar siempre la especie, por encima de la fotografía. Por lo tanto, siempre es necesario tomar las medidas necesarias para realizar el reportaje de la mejor manera y molestando lo menos posible. Cuanto más trabajemos con cada especie, mejores resultados obtendremos y menores molestias causaremos.

Deberemos dejar la naturaleza tal y como la hemos encontrado evitando alterar o manipular cualquier especie. Para la realización de *hides* o escondites utilizaremos cuando sea necesario vegetación de la zona, pero que ya se encuentre inutilizada, como ramas caídas, o que hayan sido cortadas, etc.

Nunca debemos olvidar que para fotografiar en determinados espacios naturales y trabajar ciertas especies de fauna es necesaria la solicitud de permisos a la Administración competente. Dicho permiso también es necesario para utilizar ciertas técnicas fotográficas y el uso de cebos para alimentar a la fauna.

Cabra Montés

Mejor estación del año:	otoño, invierno.
Instantes para captar:	momentos del celo, contraluces.
Dificultades:	poder llegar a sus zonas en épocas invernales.
Equipo y material:	teleobjetivos, monopie o trípode.
Mejores lugares para su fotografía:	Sierra de Gredos, P. Nacional de la Sierra de Guadarrama, Puertos de Tortosa - Beceite, Sierra Nevada, Sierra de Málaga, Sierra de Cazorla y Sierra de Ancares.

Emblema ibérico

Animal emblemático de la alta montaña ibérica, con grandes diferencias entre machos y hembras. Aunque poseen cornamenta ambos sexos, es mucho más grande y pronunciada en los machos; además, va creciendo cada año.

Los machos también poseen la barba característica de esta especie.
Animales gregarios que viven en manadas más o menos numerosas y separadas, unas de hembras con jóvenes, y otras de machos. Salvo en las épocas de celo

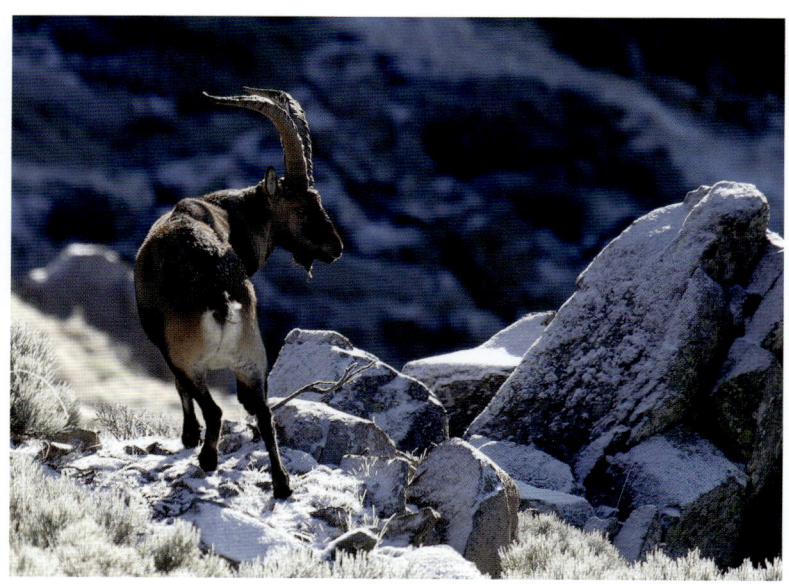

Macho montes hace un alto en el camino, destacando notablemente sobre la cumbre nevada.
f/7.1 - 1/400 s – ISO 200, Modo manual – Distancia focal 340 mm - balance de blancos luz día.

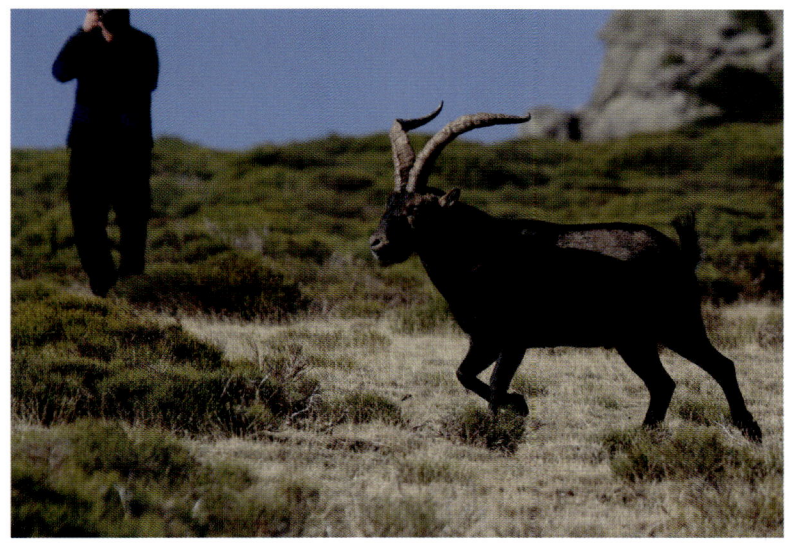

Cómo se hizo. *Ejemplar macho de cabra paseando tranquilamente cerca del fotógrafo. Se aprecia la confianza que muestran en ciertos lugares, como en la Sierra de Guadarrama.*

que se juntan todos los sexos.

Primavera y verano son buenas épocas para ir controlando las zonas donde están los rebaños de cabras. Hembras y jóvenes se juntan en ciertos puntos, antes de la llegada del frío.

Con la llegada del otoño y del frío, da comienzo un momento especial. Es el celo de las cabras montesas, que resuena en las montañas y se convierte en uno de los mejores momentos para fotografiarlas.

CÓMO FOTOGRAFIAR

El trabajo previo para poder realizar un buen reportaje es observar en primavera o finales de verano por dónde se encuentran los rebaños de hembras. Es necesario localizarlos y ver que tiene querencia a ciertas zonas, sabiendo siempre que puede existir alguna variación, debido a los lugares donde quede agua o comida en las épocas estivales. Controladas estas zonas, y en la época cuando da comienzo el celo (de octubre a noviembre), serán los machos los

que se unan a estos rebaños y donde se podrán ver y fotografiar los mejores y más salvajes momentos de estos animales.

«Descubrir sus territorios en primavera-verano es fundamental para saber dónde serán los combates en la época de celo»

A veces en esta época, si las nevadas vienen pronto y son grandes, resulta difícil poder acercase a sus zonas, porque muchas carreteras en estas épocas permanecen cortadas; desde donde se puede empezar la ruta a pie hasta sus ubicaciones, es extremadamente complicada por nieves, hielos... Pero con el material adecuado para poder subir a pie a dichas zonas, si se consigue llegar y verlas, hacer fotos de estas criaturas entre la nieve tiene un atractivo muy especial y bonito.

«Durante la época de celo se producen los mejores momentos fotográficos, no fáciles de captar»

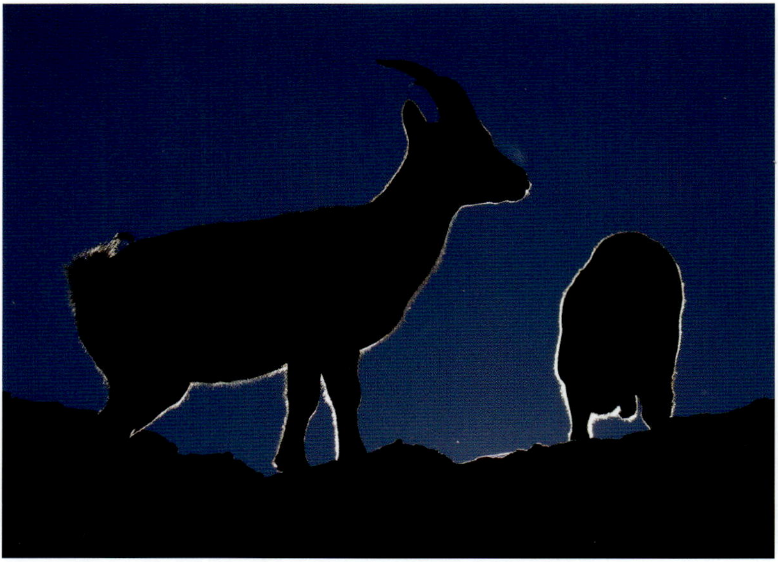

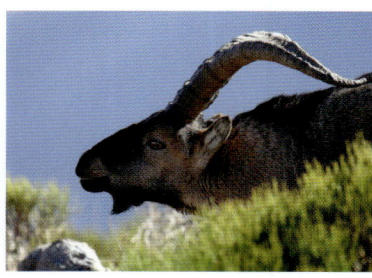

Jóvenes a contraluz para resaltar las siluetas. Se puede observar hasta el vaho de su respiración.
f/5.6 - 1/4000 s – ISO 100, Modo manual – Distancia focal 120 mm - balance de blancos automático.

Si las nieves lo permiten o las inclemencias meteorológicas no son tan adversas en esta época, podremos llegar a sus zonas con mayor facilidad. Durante esta época tan especial, grupos de machos se van agrupando cerca de los rebaños de hembras, dado que empieza

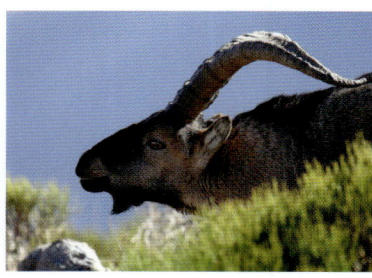

Retrato de perfil, con primer plano desenfocado para fijar más la atención en el individuo.
f/5.6 - 1/500 s – ISO 200, Modo manual – Distancia focal 320 mm - balance de blancos luz día.

el periodo de celo. Carreras, golpes, saltos, cuernos contra cuernos, caídas... Preciosos y mágicos momentos que se pueden capturar con la cámara. Machos jóvenes luchan entre ellos, imitando a sus mayores; machos de mayor porte se montan entre ellos simulando que copulan, otros juntan sus cornamentas en combate; se va notando la tensión en el ambiente hasta que el ruido seco y profundo rompe el silencio y los machos mejor dotados se unen a la pelea, para probarse entre ellos.

Suelen elegir un lugar con cierta pendiente para que el que golpea se sitúe en la zona superior, mientras que el que recibe el golpe esté en la inferior. Cambian de posiciones y de individuos mientras dura la pelea. Estos combates pueden durar poco tiempo o varios minutos, por lo que es necesario estar bien atentos. Una vez iniciado dicho combate, conviene ir acercándose con sigilo y precaución para no alterar a los animales y sigan con su ritual. Hay que observar el terreno lo más rápido posible, para elegir el lugar más adecuado, donde nos cuadre la luz del sol, el fondo y la posición de los combatientes. Y así poder captar, de la mejor manera, los momentos idóneos de acción. Hay otros momentos también en los que los machos "hacen el feo", muecas que adoptan para captar los aromas que producen las hembras momentos previos a producirse la cópula.

Por todo ello es necesario estar muy temprano en la zona elegida, porque suele ser a primera hora cuando se encuentran más activas y donde se pueden captar los momentos de máxima acción. Siendo así, normalmente conviene madrugar bastante para llegar a la zona elegida y caminar hasta las cumbres marcadas. El uso de un frontal en la primera hora, que suele ser amaneciendo, ayuda a no tropezar en el terreno, que suele ser pedregoso e irregular. También un monopie nos ayudará como bastón y sujeción a la hora de fotografiar.

«Tener buena forma física, nos ayudará a soportar las duras jornadas de alta montaña»

En estas zonas de montaña se pone a prueba a los fotógrafos porque las jornadas suelen ser duras, largas y pesadas por las caminatas con grandes

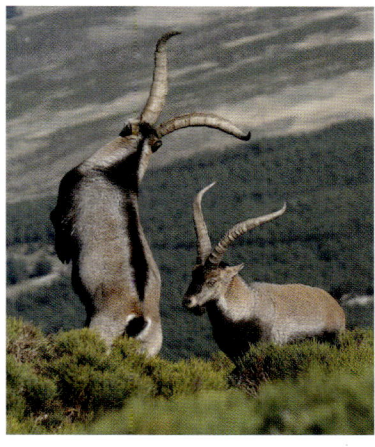

Momento especial captado de una pelea de machos. Uno de ellos se eleva para golpear al otro.
f/6.3 - 1/1600 s – ISO 400, Modo manual – Distancia focal 160 mm - balance de blancos automático.

pendientes y el peso del equipo que se suele llevar, aunque cuando los resultados acompañan todo se olvida. La fotografía de estos animales en alta montaña suele ser una práctica de cuerpo a cuerpo. Es necesario tener muy en cuenta que, para captar la acción, las velocidades de obturación han de ser muy altas y para ello la luz debe ser principal, lo que en la alta montaña es más difícil en las épocas que ocurre, y por el tiempo cambiante que reina en estos lugares.

¿SABÍAS QUÉ…?
En los últimos años y en lugares donde el humano frecuenta zonas montañosas, ha hecho que estos animales estén más familiarizados y no huyan de nosotros (salvo en territorios donde se las caza), favoreciendo la práctica fotográfica.
En la foto se muestran tres ejemplares observando desde su zona de descanso el paso de unos montañeros.

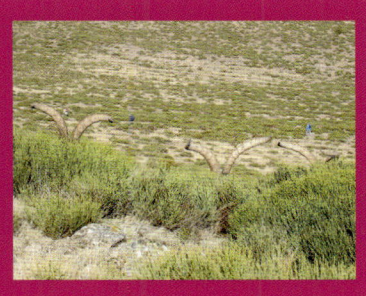

Quebrantahuesos

Mejor estación del año:	invierno y primavera.
Instantes para captar:	vuelos, alimentándose, posado.
Dificultades:	la escasez de ejemplares, y las zonas que habitan.
Equipo y material:	*hide*, teleobjetivos, multiplicadores, trípode.
Mejores lugares para su fotografía:	Las Gargantas de Escuaín (Mirador de Revilla), Tella - Sin (Huesca), P. Nacional de Ordesa y Monte Perdido, Sierra de Boumort, Bonansa, Buseu, Sierra de Guara.

El buitre barbado

Ave de características únicas, capaz de sobrevivir alimentándose de lo que nadie puede: huesos, caparazones, pezuñas, pellejos, entre otros restos de carroña, que gracias a sus jugos gástricos es capaz de digerir.

Otra característica muy notoria en este animal es la variedad de plumajes que cambian según la edad, hasta alcanzar su etapa adulta, a partir de los 6 años. En este momento su plumaje adquiere su fase definitiva. Los ojos de los ejemplares adultos llaman notablemente la atención con el anillo esclerótico rojo sobre su iris amarillo. Pero la identidad principal de estas aves y por las que se han ganado su nombre,

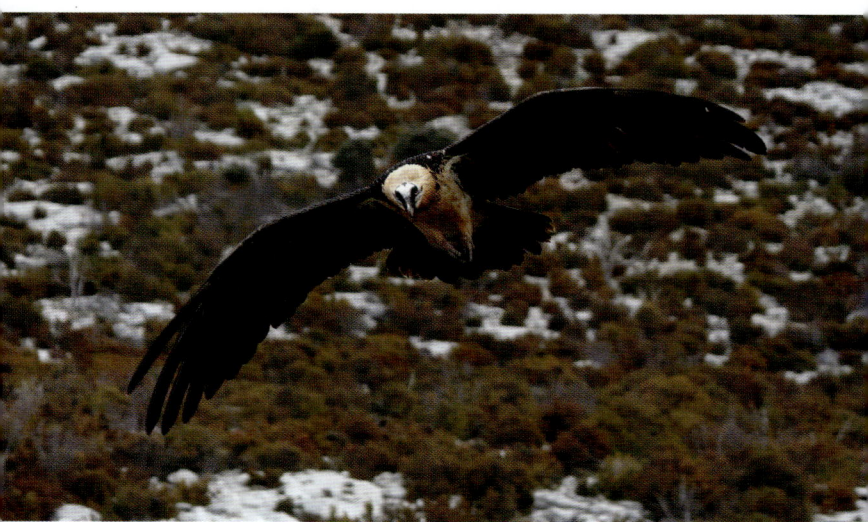

Quebrantahuesos volando su territorio en busca de comida. Fotografiado sobre fondo montañoso.
f/8 - 1/1000 s – ISO 800, Modo manual – Distancia focal 170 mm - balance de blancos nublado.

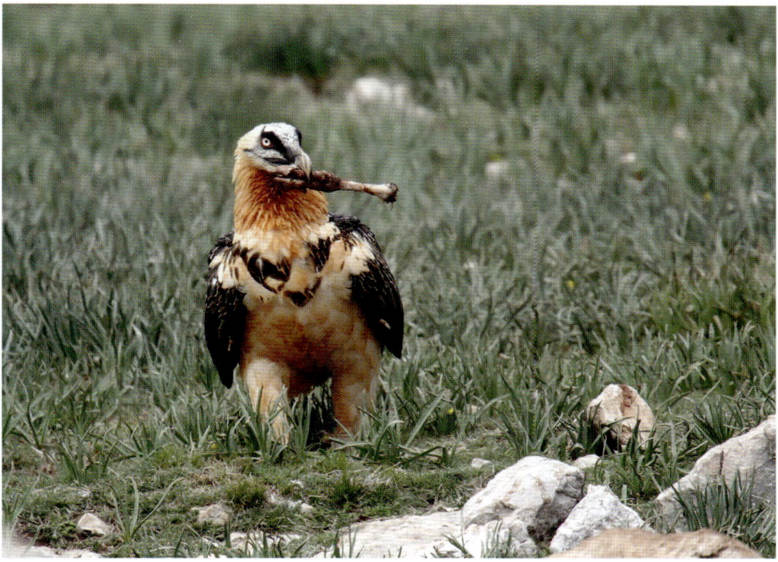

![Ejemplar con el hueso de una pata, preparado para tragársela.](image)

Ejemplar con el hueso de una pata, preparado para tragársela.
f/9 - 1/800 s – ISO 640, Modo manual – Distancia focal 560 mm - balance de blancos nublado.

se debe a la forma tan característica que tienen de partir los huesos de animales de los que se alimentan. Lanzan desde la altura estos huesos, sobre ciertos lugares rocosos, denominados rompederos, hasta partirlos a un tamaño que puedan tragar.

CÓMO FOTOGRAFIAR

La garganta de Escuaín con sus miradores, son de las mejores zonas para poder contemplar vuelos de estas majestuosas aves. Lo mejor es madrugar para estar a primera hora de la mañana cuando empiezan a recorrer estos territorios y a ciclear entres sus cortados rocosos. Si estamos en el momento justo podemos llegar a tenerlos muy cerca, a la misma altura que nosotros, y con buenas opciones fotográficas. Es necesario tener los parámetros de la cámara preparados y con velocidades de disparo altas para congelar vuelos, o más lentas si se quieren otras opciones como barridos.

«Estar en sus zonas altas y miradores destacados antes de que empiecen sus vuelos, posibilita que podamos disfrutar a buenas distancias, de sus pases, y poder fotografiarlos»

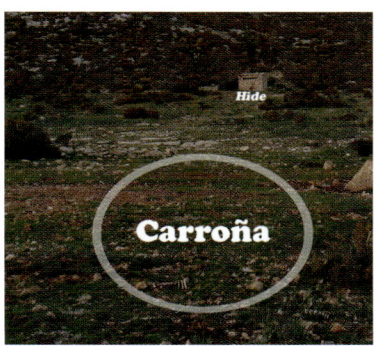

Cómo se hizo. *Escondite fijo preparado para la observación, fotografía y seguimiento de aves necrófagas. Sierra de Boumort – Lérida.*

Es un animal que se puede fotografiar bien con el cielo de fondo, tanto si es azul como si es blanco, en los días nublados. Al ser un ave con el plumaje en vuelo tan contrastado, blanco en cabeza y cuerpo, y negro en las alas, para evitar que partes queden quemadas o subexpuestas, conviene hacer una buena selección previa de los parámetros en estas condiciones. Yo suelo elegir una velocidad alta 1/1000 s con diafragmas abiertos, pero no al máximo f/8, y de este modo elijo el ISO más bajo posible, que mejor se adapte a esa configuración (400-800 ISO). Es conveniente tener mucho cuidado cuando el animal cambia de fondo en vuelo, que suele ser a menudo. Pasa de un cielo blanco a un fondo montañoso. Aconsejo modificar la velocidad y bajar a 1/400 s, intentando congelar el ave sin llegar a subexponer, manteniendo el diafragma que teníamos, y bajando el ISO a 200 si se puede, y de esta manera conseguir una mejor calidad, con menor grano en la fotografía.

Existen varios muladares en las zonas que habitan, con aporte regular de cadáveres y resto de ganado. Algunos de ellos tienen *hides* que suelen ser de pago, y otros con observatorios cuyas distancias pueden ser altas para fotografiar con cierta calidad. Si se desea, es posible utilizar estos *hides* para obtener fotografías que, debido a la escasez de estos animales en otras zonas, sería enormemente complicado. Fundamental para este tipo de fotografía, el uso de trípodes para apoyar grandes teleobjetivos, y si aun así las distancias son grandes, es necesario valorar el uso de multiplicadores en función de la luz que tengamos en cada momento.

«En algunos muladares existen hides, donde se facilita mucho la fotografía de estas bellas aves»

Estos animales suelen ser bastantes desconfiados incluso en zonas donde el aporte de comida es habitual, por lo tanto, lo más importante es permanecer con la mayor discreción y silencio. El uso de redes

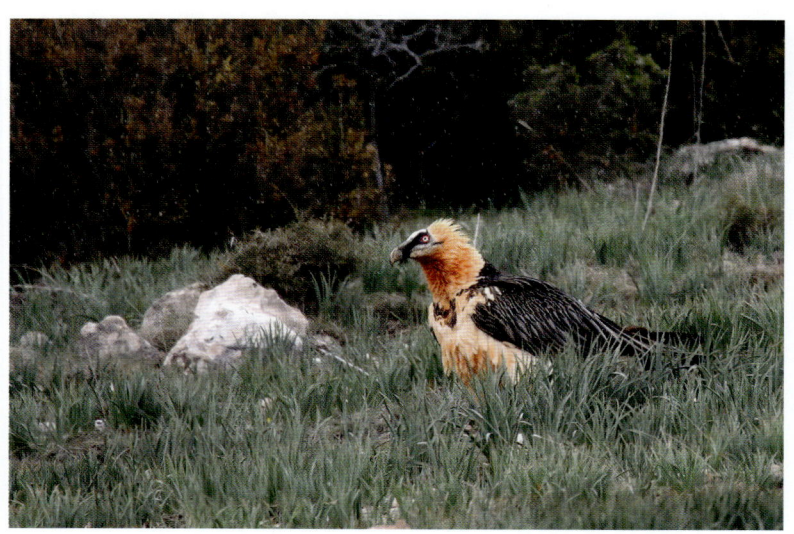

Individuo fotografiado mientras cae agua nieve. Estos elementos meteorológicos siempre enriquecen las fotografías. **f/8 - 1/640 s – ISO 400, Modo manual – Distancia focal 560 mm - balance de blancos automático.**

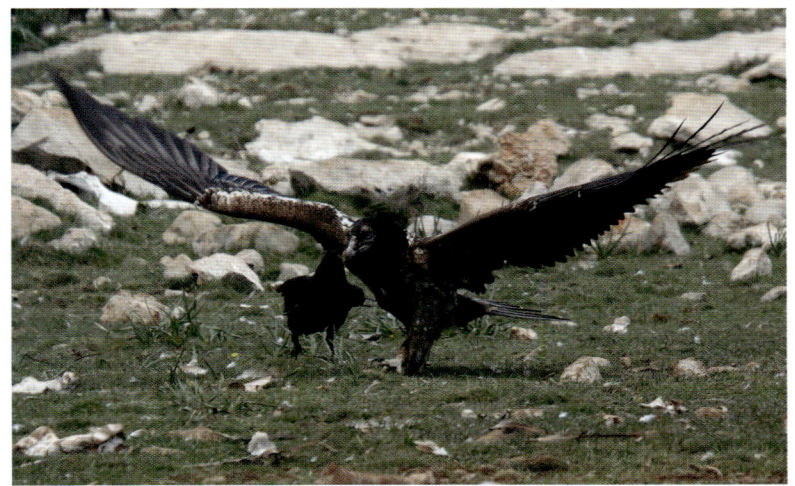

Joven quebrantahuesos molestado por un cuervo, obligándole a levantar el vuelo.
f/7.1 - 1/640 s – ISO 200, Modo manual – Distancia focal 365 mm - balance de blancos nublado.

y ropas discretas ayuda en este aspecto. Si llegan a posar para alimentarse, se pueden utilizar velocidades medias de disparo 1/400 o 1/800, combinadas con diafragmas también medios f/11 para asegurar fotos nítidas, como una buena opción. Aunque una vez que tengamos imágenes de buenos posados, podemos optar por subir velocidad a 1/1250 o superiores, abriendo más diafragma buscando desenfoques fuera de plano. De esta manera es posible intentar congelar acciones que transcurren, como saltos, o tragando grandes huesos. Y si queremos otras opciones más artísticas como barridos en vuelo, podemos hacer al revés y bajar la velocidad a 1/60 o similares. Tener mucha paciencia y no desanimarse por el paso de horas es fundamental, porque hay días que no bajan, y otros que no dan muchas opciones, dado que son rápidos a la hora de tragar los huesos, o de agarrar grandes restos y llevárselos a sus rompederos.

Pero contemplar su figura en el cielo o su elegancia caminando es un espectáculo digno de fotografiar.

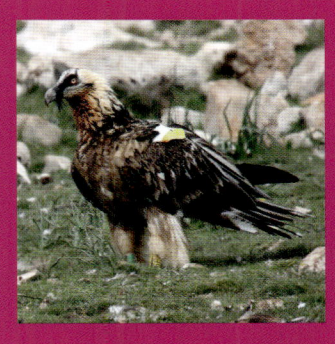

¿SABÍAS QUÉ...?
El uso de venenos y tendidos eléctricos son sus mayores amenazas. En la actualidad existen programas de seguimiento y apoyo, de cría y reintroducciones en varias zonas, que ayudan a mantener esta especie tan especial en la Península. En la foto se muestra un ejemplar marcado en sus alas, para hacer seguimiento desde la distancia.

Lagópodo alpino

Mejor estación del año:	invierno.
Instantes para captar:	en plumaje totalmente blanco.
Dificultades:	especie muy escasa, altitud a la que se encuentra y dificultad de poder verla.
Equipo y material:	teleobjetivos, monopie, ropa de alta montaña.
Mejores lugares para su fotografía:	P. Natural del Alto Pirineo, P. Natural Posets Maladeta, P. Nacional de Ordesa y Monte Perdido, P. Natural de los Valles Occidentales, P. Natural Comunal de los Valles del Campedrosa, P. Natural de las Cabeceras del Ter y del Freser.

La perla blanca pirenaica

La reina blanca de las cumbres pirenaicas encuentra reducida su población al mínimo y a zonas muy concretas del Pirineo. El cambio climático corre en su contra y no sabemos cuánto tiempo más nos quedará por disfrutar de esta especie tan única y emblemática del norte peninsular. Es una de las especies mejor adaptadas a este tipo de hábitat con su plumaje cambiante según la estación del año. Siempre me ha llamado la atención saber que puede sobrevivir los duros inviernos en estas áreas donde escasean los recursos alimentarios y las condiciones climáticas son durísimas.

«Mudan su plumaje en cada estación del año, adaptándolo al entorno cambiante donde viven»

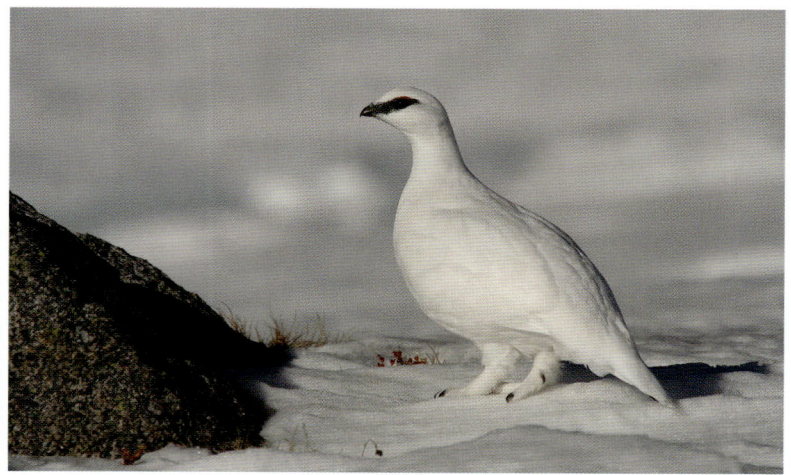

Macho de lagópodo alpino fotografiado en invierno, con el plumaje completamente blanco. Perfecto para camuflarse en la nieve.
f/10 - 1/2500 s – ISO 200, Modo manual – Distancia focal 560 mm - balance de blancos 5200K.

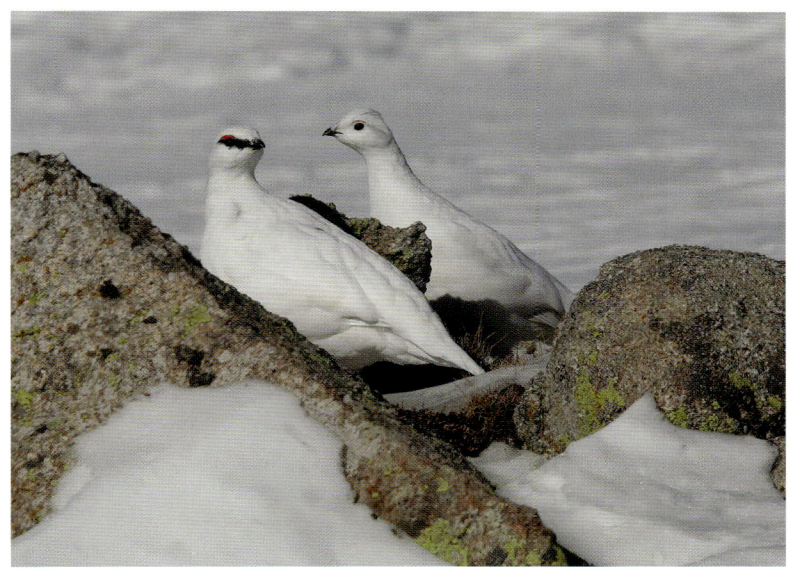

Pareja de lagópodos, buscando alimento entre las rocas, ya que es allí donde todavía quedan zonas libres de nieve.
f/11 - 1/1600 s – ISO 320, Modo manual – Distancia focal 350 mm - balance de blancos 5100K.

En el inicio del año con el invierno asentado en las altas cumbres, su plumaje es totalmente blanco, excepto el antifaz y parte de la cola. Y desde la primavera, hasta principios de invierno, su plumaje va cambiando de forma gradual, teniendo una gran gama de colores, marrones-grises-blancos-negros, simulando el terreno donde vive y que le ayuda a camuflarse perfectamente. Todo esto hace que sea un ave muy difícil de localizar.

Otra de las características importantes de estas aves, es que tienen las patas totalmente emplumadas, excepto las uñas. Presentan un cierto parecido a las patas de las liebres y por eso su nombre de lagópodo o patas de liebre.

CÓMO FOTOGRAFIAR

Perla blanca por su plumaje invernal que la hace pasar desapercibida. Buscarla en invierno es un reto y poder encontrarla es casi un imposible. Primero por lo complicado que es llegar a sus zonas en esta estación, y también por lo mimética y escasa que es. Pero si se consigue, se la puede llegar a disfrutar, porque no suele tomar al humano por enemigo en ciertas zonas. Si los acercamientos son despacio y no son en línea recta hacia ella, las podemos tener a distancias de 15 a 20 metros.

Lo primero que se debe de tener muy en cuenta para ver y fotografiar lagópodos alpinos, es el respeto y cuidado que es necesario tener con esta especie por lo particular y escasa que es. Saber en qué zona la podemos encontrar, es parte fundamental. Una vez conocido, lo mejor es aprovechar las estaciones estivales, porque en invierno las duras condiciones dificultan poder llegar a sus territorios. Y recorrer las cumbres, con mucha paciencia, sin prisa e ir observando con prismáticos zonas de prados alpinos mezclados con canchales y neveros.

No es tarea fácil y la paciencia es un arma fundamental. Si logramos ver alguna, lo mejor es observar desde la distancia como actúa. Resulta importante para fotografiar a este tipo de animales usar un gran teleobjetivo, e incluso multiplicador.

«Mucho esfuerzo y paciencia necesitamos para poder llegar a localizarlas»

Cuando se encuentran tranquilas, suelen estar comiendo o agachadas en el terreno; si vemos que esto sucede, podemos ir acercándonos lentamente y nunca en línea recta. Siempre observando su comportamiento; si se ven molestadas o hemos pasado su distancia de seguridad, la piel rojiza que poseen encima del ojo se hace muy vistosa, cambian a una actitud de desconfianza, y antes de volar, suelen esconderse detrás de una roca. Si esto ocurre, es necesario parar y observar de nuevo hasta que vuelva a su estado normal; respetar el estado del animal es fundamental. Sabiendo esto, se pueden fotografiar a cierta distancia y sin ocasionar situaciones de estrés al animal. Es importante abandonar el lugar igual de despacio y comprobando que el ave se ha quedado tranquila en el lugar. Para ello es fundamental usar grandes teleobjetivos; además, en esta época y en alta montaña las luces suelen ser muy duras; lo mejor es utilizar aperturas de diafragmas pequeños f/16 y el ISO más bajo posible. Para la realización de la fotografía con plumaje estival, tuve que pasar varios días en un refugio de alta montaña del Pirineo, en la época de verano. Cada jornada había que subir a las cimas donde se encontraban, con un largo y duro camino de subida y bajada. Cada día que pasa, el desgaste físico y mental nos va mermando, aunque no nos debe hacer perder las fuerzas. Tardé tres días en poder localizar dos ejemplares en una zona de canchales y su seguimiento fue complicado porque, aunque tranquilas, era muy difícil seguirlas ya que se camuflan perfectamente con su entorno y entre las piedras no se llega a saber qué ruta van siguiendo.

«Es necesario tener precaución en la medición, para no quemar los blancos de la nieve»

Lo mismo se puede hacer en invierno si las queremos ver con su plumaje blanco, porque suelen habitar el mismo territorio todo el año, aunque con cierta diferencia

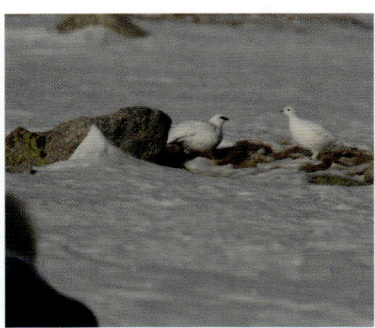

Cómo se hizo. *Acercamiento despacio y nunca en línea recta sobre un grupo de lagópodos. Realizado hasta tenerlos a la distancia óptima, y sin alterar su estado.*

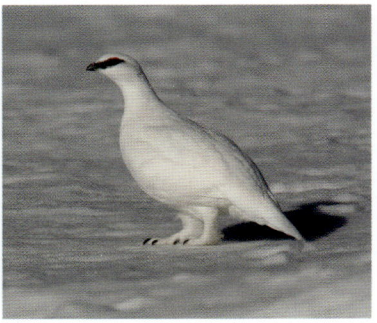

Individuo fotografiado caminando sobre la nieve. Se puede observar sus patas completamente emplumadas. **f/11 - 1/2000 s – ISO 400, Modo manual – Distancia focal 560 mm - balance de blancos 5200K.**

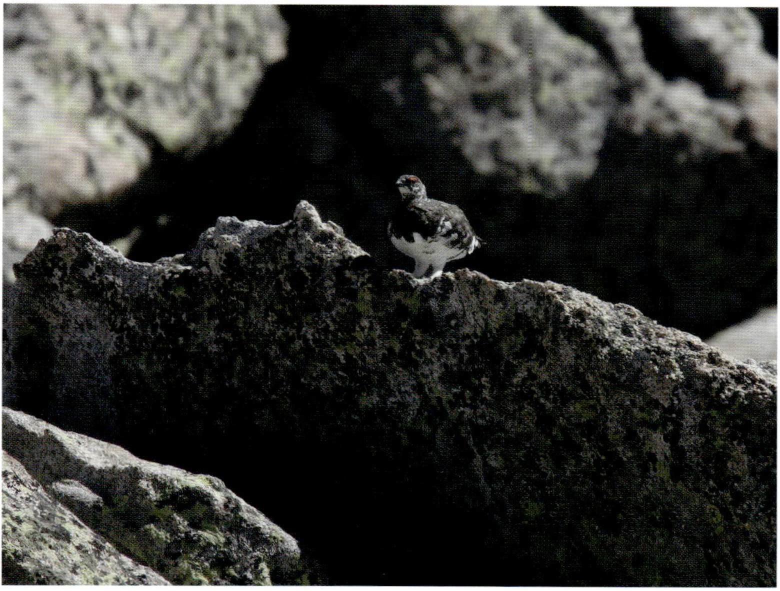

Macho de lagópodo fotografiado en verano con su plumaje estival, perfectamente adaptado a su entorno.
f/16 - 1/400 s – ISO 200, Modo manual – Distancia focal 560 mm - balance de blancos luz día.

de cota en altura en función del alimento. Mucho cuidado en esta época con la nieve, hielo y posibles desprendimientos que conlleva alcanzar las cumbres en estas épocas del año. Las fotografías con plumaje invernal fueron tomadas durante los meses de diciembre y enero, y con varios ascensos en distintos días. Ese año el invierno no empezó muy duro y hasta en las cotas subalpinas, no había mucha nieve, lo que facilitó el acceso hasta las cimas. Una vez allí la dificultad de verlas era lo más complicado, pero con paciencia se pudieron localizar varios ejemplares en distintos días. En estas fotografías conviene tener cuidado con la iluminación para no acabar quemando el blanco de la nieve y configurar el balance de blancos. Y muy importante a estas temperaturas, es necesario llevar baterías de repuesto y en zonas cercanas al cuerpo, dado que el frío las afecta.

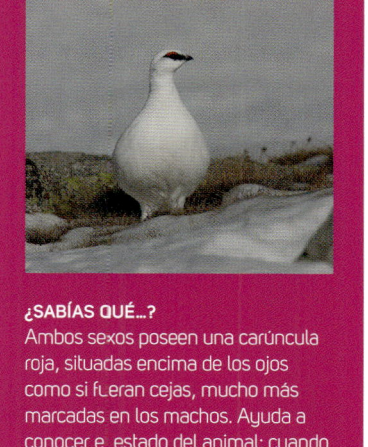

¿SABÍAS QUÉ...?

Ambos sexos poseen una carúncula roja, situadas encima de los ojos como si fueran cejas, mucho más marcadas en los machos. Ayuda a conocer el estado del animal; cuando más visible y pronunciada, más excitados o nerviosos se encuentran.

Buitre leonado

Mejor estación del año:	invierno.
Instantes para captar:	vuelos, retratos, alimentándose.
Dificultades:	captar vuelos con buena luz y fondo.
Equipo y material:	teleobjetivos, trípode.
Mejores lugares para su fotografía:	P. Nacional de Monfragüe, P. Natural de las Hoces del Río Duratón, P. Natural de las Hoces del Río Riaza, P. Natural de Despeñaperros, P. Natural Sierras de Cazorla, Segura y Las Villas, P. Natural del Alto Tajo.

Titanes del aire

Sus prodigiosos vuelos sin apenas mover las alas, junto a su enorme envergadura, los convierte en auténticos titanes del aire. Son aves que han estado muy ligadas a la actividad ganadera. Su alimentación carroñera ha limpiado los campos de cadáveres durante siglos. Esto les ha favorecido en épocas donde se dejaba el ganado en el campo; en otros momentos les ha perjudicado cuando se prohibía, como por ejemplo durante el caso de las llamadas "vacas locas".

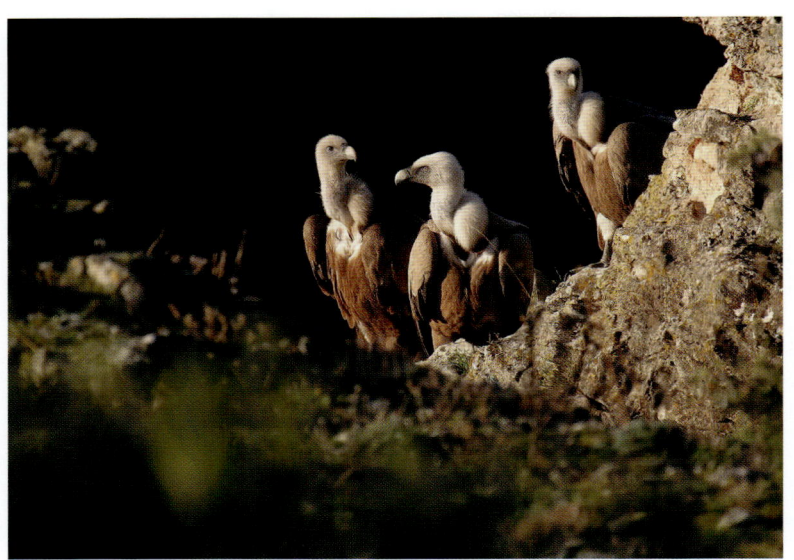

Buitres descansando sobre los cortados próximos a la Ermita de San Frutos, en el P.N. Hoces del Río Duratón con el fondo oscuro que ayuda a destacar sus figuras.
f/5.6 - 1/800 s – ISO 200, Modo manual – Distancia focal 400 mm - balance de blancos automático.

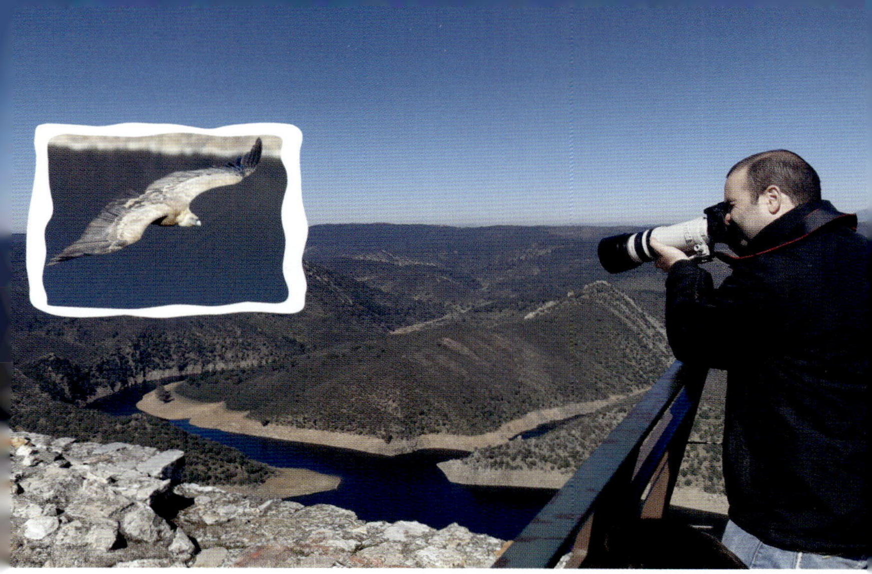

Cómo se hizo. *Fotografiando en uno de los mejores sitios que hay para captar vuelos de buitres. Desde lo alto del castillo en el Parque Nacional de Monfragüe.*

«Son aves cuya mayor población europea la tenemos en nuestra Península»

Los podemos ver en colonias donde crían, normalmente en cortados rocosos, y es desde allí donde se lanzan a volar en busca de térmicas para poder desplazarse en busca de alimento.
Suelen recorren distancias kilométricas para encontrar comida, y una vez localizada es un ritual digno de ver, desde que baja el primer ejemplar hasta que empiezan a comer.

CÓMO FOTOGRAFIAR
El castillo del Parque Nacional de Monfragüe, es para mí uno de los mejores lugares para captar vuelos de tan majestuosas aves.
Las luces suelen ser especiales, y las distancias varían en el vuelo de cada buitre, según su camino y rumbo. Por esa razón debemos de estar preparados y controlar la zona por la que nos gustaría que pasasen, porque suelen recorrer más o menos ambas partes de la ladera en una u otra dirección.

No siempre cuando más cerca los tenemos y a la mejor altura, la dirección de la luz solar nos acompaña. Es entonces cuando tendremos que jugar con las luces y sombras.

«Cuando pasan por tu lado se escucha el sonido del aire; es un instante especial poder contemplar la belleza de este animal, tan cerca»

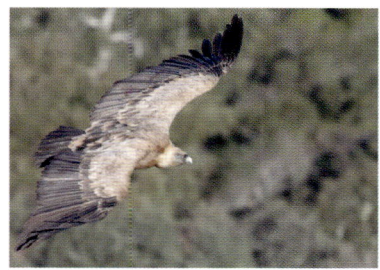

Impresionante silueta y envergadura muestra este ejemplar sobrevolando el monte de Monfragüe. **f/5.6 - 1/1250 s – ISO 500, Modo manual – Distancia focal 400 mm - balance de blancos automático.**

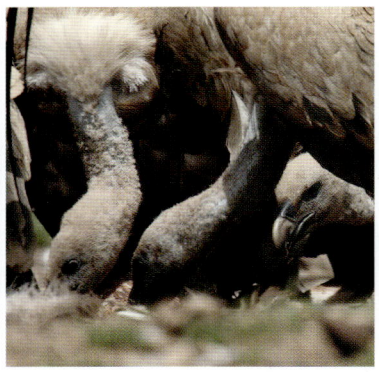

Pero si es conveniente ser constante en ir varias veces, hasta lograr captar el momento deseado. Resulta una sensación especial, cuando llegas a verlos volar tan cerca de ti. Invierno es de las mejores épocas, porque es cuando comienzan su periodo de celo y por lo tanto es cuando más vuelos y pasadas nos ofrecerán.

«Con una velocidad superior a 1/800 s, y manteniendo la mayor apertura de diafragma, podremos desenfocar el fondo al máximo, consiguiendo toda la atención sobre el buitre»

Buitres alimentándose. La intención es captar el detalle de la mirada en algunos individuos dentro del desorden formado.
f/8 - 1/1250 s – ISO 400, Modo manual – Distancia focal 560 mm - balance de blancos luz día.

Para captar vuelos de estas aves, que a veces pasan tranquilas y otras a gran velocidad, mantengo una velocidad superior a 1/800 s y con el diafragma al

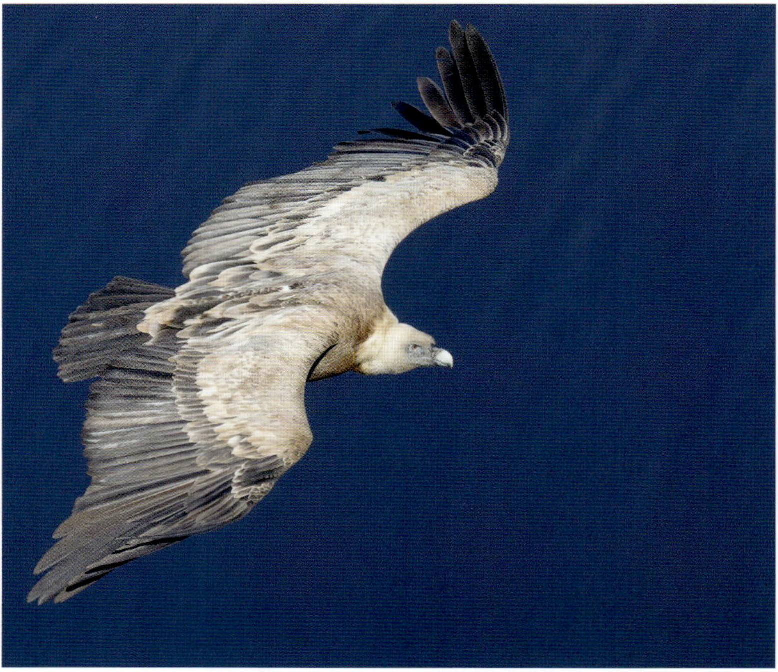

Buitre volando sobre el Río Tajo, cuya figura contrasta sobre el azul del río.
f/5.6 - 1/1000 s – ISO 400, Modo manual – Distancia focal 300 mm - balance de blancos automático.

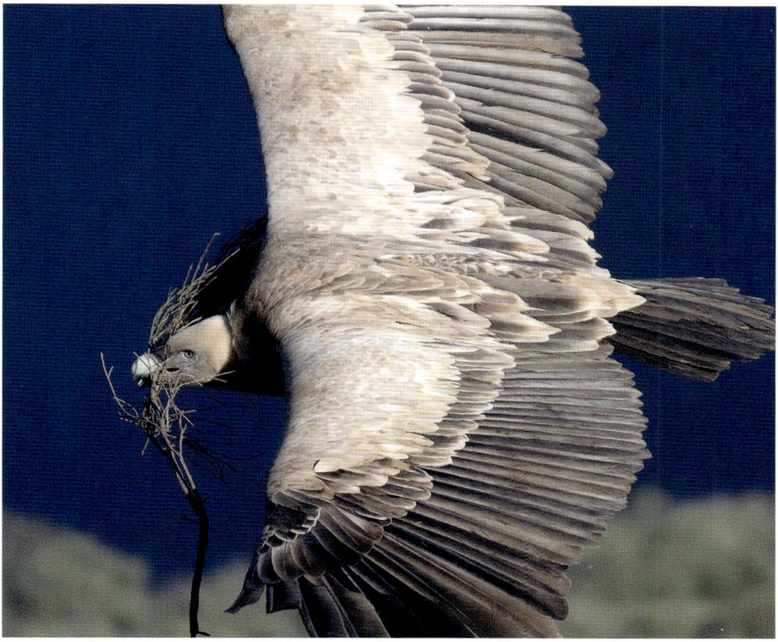

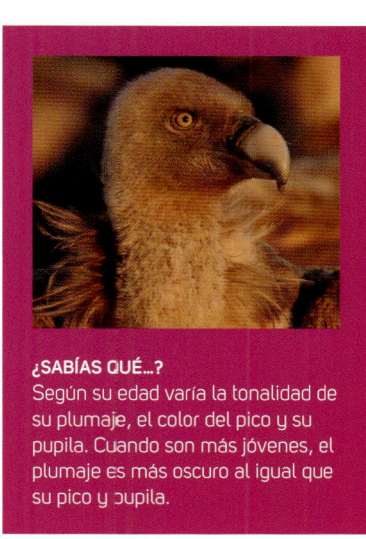

Ejemplar llevando material para el nido. Los primeros meses del año son los mejores para captar estas escenas.
f/6.3 - 1/1600 s – ISO 500, Modo manual – Distancia focal 200 mm - balance de blancos luz día.

máximo de apertura, intentando siempre aislar al buitre del fondo.

Me encantan las fotos de los buitres, sobre el fondo contrastado del Tajo, cuando lo sobrevuelan. Y también cuando pasan sobre el monte mediterráneo de Monfragüe.

Otros momentos que se pueden captar y que son de gran acción, es cuando bajan a alimentarse de carroña. Con los permisos correspondientes, la podemos poner en lugares donde los hayamos visto volando en otras ocasiones, y si en la zona hay córvidos o milanos mucho mejor, porque estos suelen descubrir antes la comida y actúan como señales para los grandes carroñeros.

Picados, actitudes, peleas, poses, saltos... multitud de momentos se pueden captar, aunque no es fácil fotografiar a veces una pose entre tantos individuos.

¿SABÍAS QUÉ...?
Según su edad varía la tonalidad de su plumaje, el color del pico y su pupila. Cuando son más jóvenes, el plumaje es más oscuro al igual que su pico y pupila.

Ruiseñor pechiazul

Mejor estación del año:	primavera.
Instantes para captar:	cantando sobre sus posaderos.
Dificultades:	la corta duración del celo y su distribución alpina en esta época.
Equipo y material:	teleobjetivos, monopie o trípode y red de camuflaje.
Mejores lugares para su fotografía:	Sierra de Gredos, Sierra Guadarrama, Somiedo, Cordillera Cantábrica, Montes de León, Lago de Sanabria.

El cantor azul-alpino

El pechiazul es una de las aves más bellas que podemos disfrutar en la Península. Su vistoso y llamativo plumaje color azul en la pechera, con bordeado rojizo, le ha convertido en una de las aves más deseadas y "perseguidas" por muchos fotógrafos, además de ser un ave muy fotogénica.

A pesar de tener un tamaño discreto, sigue siendo un *top ten* en la lista de los fotógrafos de naturaleza, que guardamos una cita cada año, para ir a buscarlos. Con la llegada de la primavera, los pechiazules llegan a distintas zonas alpinas de la Península para ocupar sus territorios,

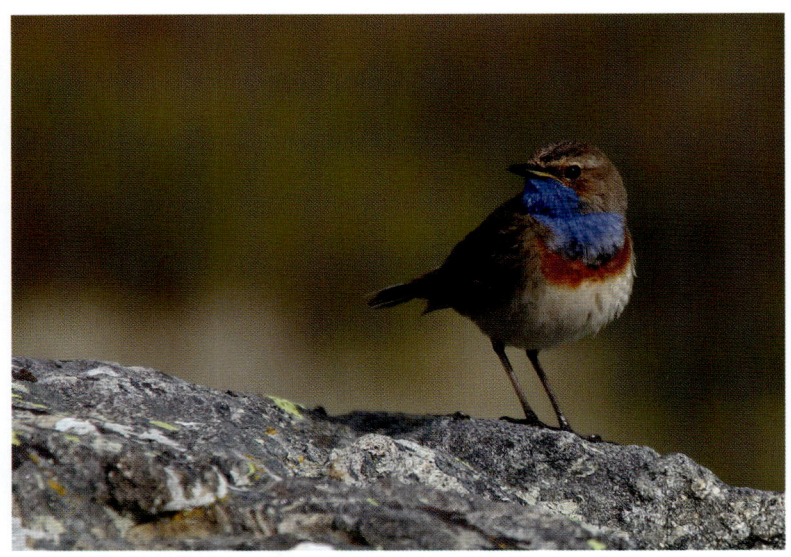

Precioso macho de ruiseñor pechiazul fotografiado en primavera, sobre roca y el fondo verde del piorno.
f/8 - 1/640 s – ISO 200, Modo manual – Distancia focal 560 mm - balance de blancos automático.

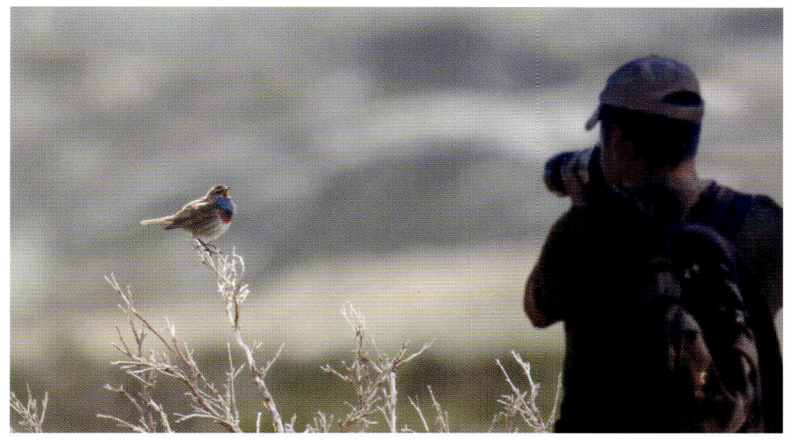

Cómo se hizo. *Fotografiando ruiseñores pechiazules en la Sierra de Gredos, un lugar mágico para observar esta especie en primavera.*

que suelen repetir año tras año. Los colores de montaña empiezan a emerger, convirtiéndose en un magnífico escenario de cantos, poses y vuelos de estas maravillosas aves.

Acabado el verano migran, ocupando otras zonas más templadas, que les ayudará a pasar estas estaciones menos benévolas.

CÓMO FOTOGRAFIAR

El inicio de primavera nos marca en el calendario una cita con esta especie. En las montañas donde suelen estar, el comienzo de dicha estación suele venir con retraso. Por lo tanto, debemos tener certeza de que ya han llegado para no adelantar la cita e ir a buscarlos sin que todavía se encuentren en sus territorios. Una vez comprobado que ya han llegado, lo mejor es realizar las jornadas lo antes posible dado que, al principio, el celo es mucho más notable. Los machos cantarán más intensamente y en más zonas, en busca de las hembras. Esta pauta es fundamental para nosotros y nos ayudará a descubrir sus territorios, posaderos y querencias. Si ya tenemos este trabajo hecho de años anteriores,

también nos ayudará a reducir los tiempos de búsqueda, ya que suelen repetir zonas, año tras año.

«Estar muy atentos a sus cantos nos ayudará a descubrir sus territorios antes de poder incluso verlos»

La jornada la debemos iniciar muy pronto para llegar a sus zonas cuando empiece a salir el sol porque la mayor actividad de canto de estas aves empieza al amanecer.

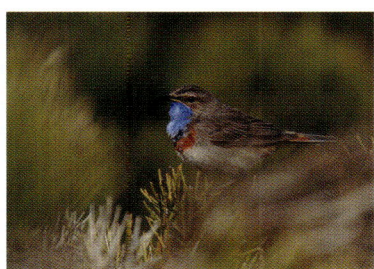

Ejemplar fotografiado entre desenfoques de distintos planos, para destacar la pechera azul.
f/8 - 1/800 s – ISO 200, Modo manual – Distancia focal 560 mm - Balance de blancos automático.

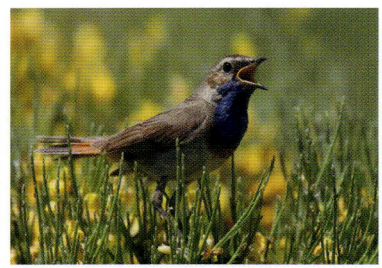

Ruiseñor pechiazul cantando sobre un espectacular manto de piorno en flor. Verlos así, es un espectáculo para la vista.
f/9 - 1/1000 s – ISO 400, Modo manual – Distancia focal 560 mm - balance de blancos luz día.

El objetivo principal y primero, es escuchar el canto de algún macho; suelen elegir algún punto destacado dentro de su área, una rama de piorno, matorral o roca pueden ser los elegidos.
Una vez descubierto algún macho por su canto, debemos acercanos muy lentamente. En algunas zonas del Sistema Central como la Sierra de Gredos, suelen tolerar la presencia humana a distancias más o menos cortas; aprovechar esta circunstancia es fundamental para el éxito. Siempre que se encuentre cantando podemos ir acercándonos con movimientos suaves y ganando metros. Cuando paran y observan a su alrededor, debemos detenernos y observar también, hasta que vuelvan a cantar. Repetiremos el proceso hasta llegar a la distancia idónea de nuestro teleobjetivo e ir captando momentos. Si podemos ir cubiertos con una red de camuflaje nos ayudará a pasar desapercibidos, lo que debemos realizar siempre que veamos que las aves se muestran desconfiadas y aceptan poco nuestra presencia. Pero ante todo, a parte de los permisos reglamentarios, no llegar a molestar en exceso, y cambiar de territorio y de aves cuando observemos estrés en algún ejemplar.

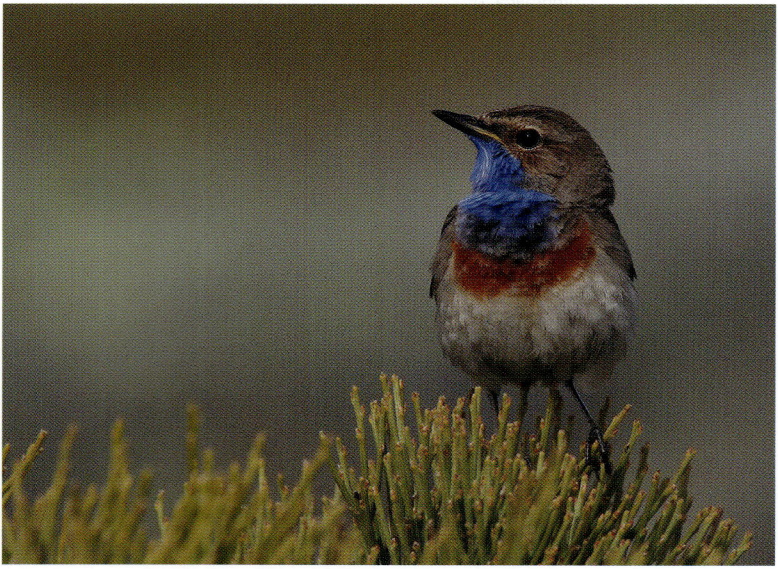

Ejemplar destacando de manera notable sobre la vegetación montana.
f/6.3 - 1/1000 s – ISO 640, Modo manual – Distancia focal 400 mm - balance de blancos nublado.

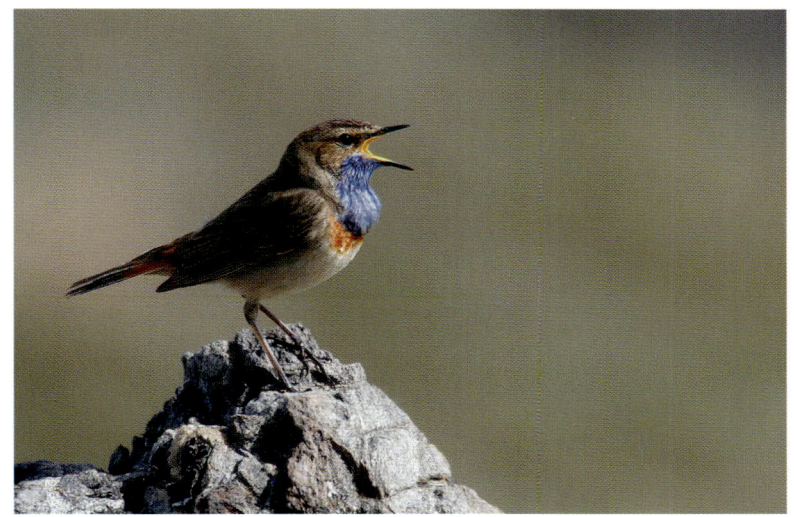

Macho de ruiseñor pechiazul marcando territorio, desde su atalaya favorita.
f/5.6 - 1/1000 s – ISO 400, Modo manual – Distancia focal 400 mm - balance de blancos automático.

Como norma habitual fotográfica, uso la mayor velocidad posible en estas jornadas 1/1000, 1/1250, con la mayor apertura de diafragma según el objetivo utilizado f/4.5 o f/5.6, procurando no subir mucho de ISO (200 o 400).

«Altas velocidades de disparo son una buena opción para captar a esta especie, cantando por todo lo alto»

Se pueden hacer distintas combinaciones fotográficas con esta especie, como contraluces con el ave cantando o volando; para ello es necesario subexponer la imagen y subir la velocidad a 1/2000 o superior. Otra opción fotográfica, que puede dar estupendos resultados, son los desenfoques en primeros planos para destacar otras partes de la escena. Para conseguirlo nos ayudará mantener la mayor apertura de diafragma posible. Hay veces que coinciden nuestras jornadas con los piornos en flor, dado que florecen durante esta época, pero en función de la temperatura del año. Cuando estos elementos se juntan, el amarillo de las flores, en contraste con el azul del ave, las imágenes pueden ser espectaculares.

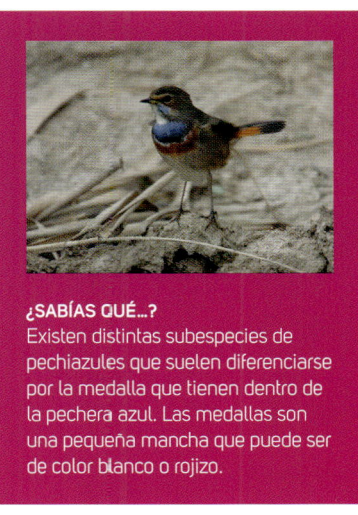

¿SABÍAS QUÉ...?
Existen distintas subespecies de pechiazules que suelen diferenciarse por la medalla que tienen dentro de la pechera azul. Las medallas son una pequeña mancha que puede ser de color blanco o rojizo.

Roquero rojo

Mejor estación del año:	primavera, verano.
Instantes para captar:	sobre rocas de su hábitat, cantando.
Dificultades:	muy escaso y desconfiado.
Equipo y material:	teleobjetivos, *hide*, redes de camuflaje, trípode.
Mejores lugares para su fotografía:	Sierra de Gredos, P. Natural de Somiedo, Alto Campoo, P. Nacional de los Picos de Europa, Fuente Dé, P. Natural Sierra y Cañones de Guara, P. Natural Posets Maladeta, P. Nacional de la Sierra de Guadarrama, P. Nacional de Sierra Nevada, Sierra Calderona.

El guaperas del roquero

Una de las más bellas aves que es posible encontrar entre las montañas y roqueros. De tamaño medio y colores llamativos, resulta escaso y muy complicado de llegar a ver.
Pero cuando los llegas a ver de cerca, uno se queda maravillado al contemplar tan bellos colores en un ave. El macho posee unos tonos azules y naranjas que contrastan y engalanan a esta especie. Y más aún si cabe, durante la época de celo.

«Aves de montaña que llegan a la Península en primavera. Son de las más bellas que podemos contemplar en estos parajes»

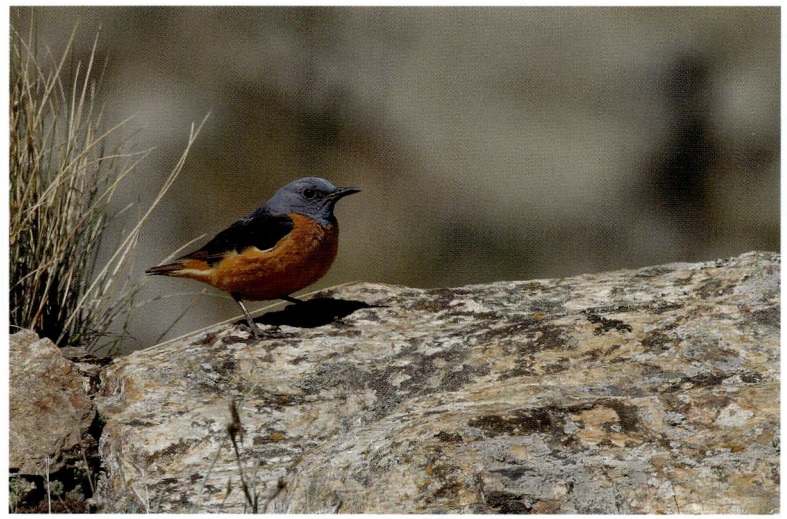

Bonito macho de roquero rojo descansando sobre uno de sus posaderos habituales.
f/9 - 1/1000 s – ISO 200, Modo manual – Distancia focal 400 mm - balance de blancos automático.

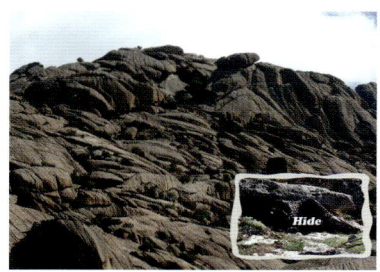

Cómo se hizo. *Escondite preparado en una zona rocosa, por donde se les puede ver a menudo.*

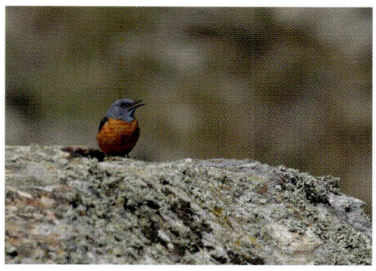

Ejemplar cantando en época de celo, sobre roca granítica, en busca de pareja.
f/7.1 - 1/1250 s – ISO 320, Modo manual – Distancia focal 400 mm - balance de blancos automático.

CÓMO FOTOGRAFIAR

Cuando la primavera avanza en el resto de los ecosistemas, en las zonas altas montañosas las cosas van más despacio. Desde mediados de mayo en adelante, es una época donde los roqueros rojos, pronuncian a los cuatro vientos sus cantos y vuelos, en busca de amoríos.
Es el mejor momento de ir a buscarlos. Alto Campoo es un buen lugar para ello; pasear por la zona de las estaciones de esquí y alrededores, un lugar extraordinario en donde podremos descubrir estas y otras aves.

«A mediados de mayo, los podemos ver y escuchar en algunas sierras ibéricas. Alto Campoo es un lugar idóneo para verlos»

Las primeras veces que lo vi, siempre lo intentaba al acecho, caminando entre piedras, y esperando escondido detrás de alguna roca apuntando con mi cámara donde lo observé la última vez porque estas aves suelen repetir posaderos, mientras recorren su territorio.
Es una alternativa, pero con está opción es más bien cuestión de suerte que consigas una buena imagen. La que mejor resultado me dio, pero lleva más tiempo, es observar sus cantaderos o posaderos habituales. Suelen tener rocas elegidas donde acostumbran a cantar los machos, y donde suelen ir y venir, con más frecuencia. Caminar sin prisa, elegir un lugar donde los hayas visto y esperar a que lleguen. Una vez divisadas se trata de observar qué hacen y qué piedra cumple los requisitos descritos.

«Es mejor gastar días en localizar cuáles son las rocas que más utilizan como posadero, que recorrer montaña detrás de ellos»

Estos puntos suelen ser elegidos año tras año. Por lo tanto, si en la primera ocasión no lo consigues, puedes intentarlo en las siguientes. Mi técnica consiste en preparar cerca del punto elegido, una especie sencilla de escondite, sobre una roca, con ramas, piedras, redes por encima, y el trípode como apoyo. Entonces ya solo queda esperar que no perciba nuestra presencia y se posen en la roca elegida.

¿SABÍAS QUÉ...?
En la misma familia tenemos también en nuestra Península el Roquero solitario, muy similares en tamaño, hábitat y costumbres. A diferencia del Rojo, es residente y lo podemos ver todo el año, y tiene un color azulado.

Búho real

Mejor estación del año:	invierno, primavera.
Instantes para captar:	ave cantando y marcando territorio antes de la caída de la noche.
Dificultades:	ave nocturna, horas de trabajo y luces escasas.
Equipo y material:	*hide* fijo, redes camuflaje, trípode, teleobjetivos luminosos.
Mejores lugares para su fotografía:	Sierra de Escalona y Dehesa de Campoamor (Alicante), Sierra sur de Jaén, Cortados del Río Tajo (Aranjuez), P. Regional del Sureste (Madrid), Cortados del Río Jarama, P. Nacional de Monfragüe.

El rey de la noche

El búho real, es el gran depredador nocturno. En la parte superior de la cadena trófica, capaz de cazar y alimentarse de casi cualquier animal, entre ellos otras rapaces, tanto diurnas como nocturnas.

Es un excelente cazador, que tiene la noche como aliada; suelen gozar de un alto éxito en la reproducción si las condiciones climatológicas no son muy anómalas. A pesar de su tamaño, es bastante silencioso a la hora de volar. No suelen abandonar sus territorios, salvo por falta de alimento o fuerza mayor. Y una buena manera de saber que están en ese lugar, es buscar egagrópilas en el suelo sobre puntos destacados, que usan como posaderos.

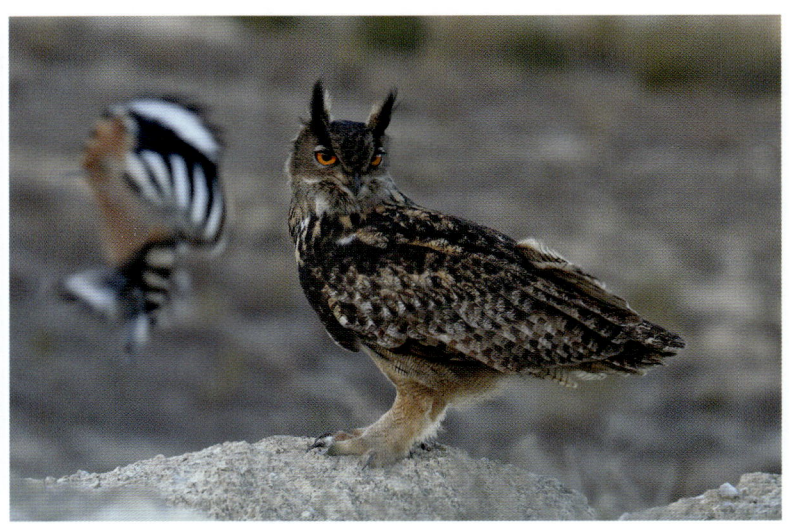

Macho de búho real iniciando su jornada de caza. Momento en el que es molestado por una abubilla.
f/6.3 - 1/100 s – ISO 200, Modo manual – Distancia focal 220 mm - balance de blancos sombra.

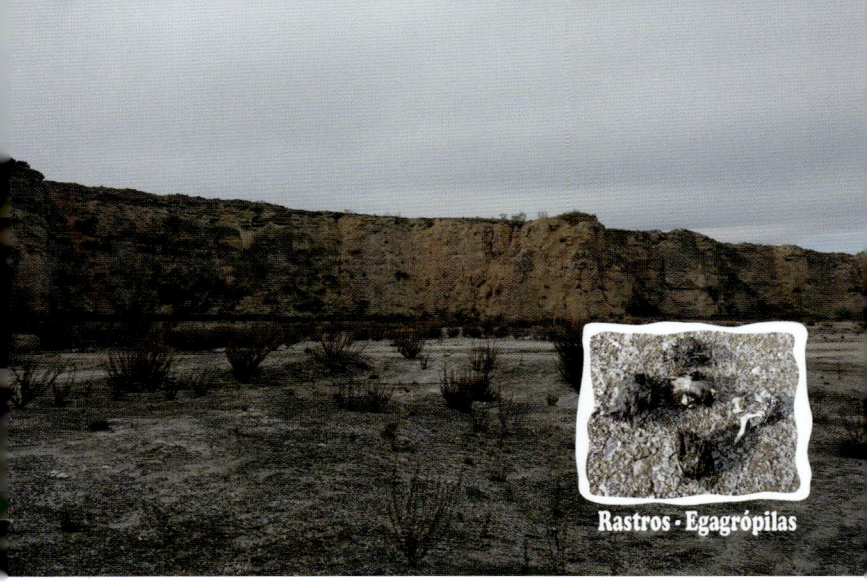

Rastros · Egagrópilas

Lugar donde se les pueden ver. *Para ello es importante observar si hay egagrópilas, rastros que nos indicaran que hay búhos en la zona.*

CÓMO FOTOGRAFIAR

Para fotografiar a estas aves, lo primero que hay que hacer es descubrir sus territorios. Una opción es la comentada anteriormente, la localización de egagrópilas; y otra muy práctica es pasear por sus posibles zonas en atardeceres de invierno. De noviembre a febrero, según la zona, es buen momento. Es necesario permanecer sentado en algún lugar que nos permita escuchar los sonidos del lugar; lo mejor es permanecer en silencio hasta la caída de la noche. Estas horas crepusculares son cuando el macho suele emitir su canto, que también acostumbra a ir acompañado del canto de la hembra. Es nuestro momento, debemos de seguir, siempre con el respeto y a la mayor distancia, el comportamiento de la pareja, cuando hemos conseguido descubrirlos en su territorio.

«La mejor época para descubrir sus territorios es de noviembre a febrero»

Seguirlos varios días con primaticos y/o telescopio nos dará toda la información necesaria. Y saber de los puntos que suelen usar para cantar y las horas a las que lo suelen hacer.

En mi caso he descubierto varios territorios que he ido siguiendo anualmente en las épocas mencionadas. Pero solo en un territorio he realizado el trabajo fotográfico, porque en los demás no se cumplían las condiciones idóneas. En unos era por la inaccesibilidad del terreno donde solían marcar, y además era demasiado arriesgado tanto acceder, como volver de noche acabada la sesión. En otros, por las horas de salida de los animales, que solían ser muy nocturnas, e imposible de realizar sin uso de flash de los que no he sido partidario con estas aves, para evitar molestias en sus territorios.

Pero descubrí un territorio, un lugar muy inhóspito y deshabitado totalmente. Lo cual favoreció el trabajo, porque al ser tan solitario, comprobé que el macho solía salir a

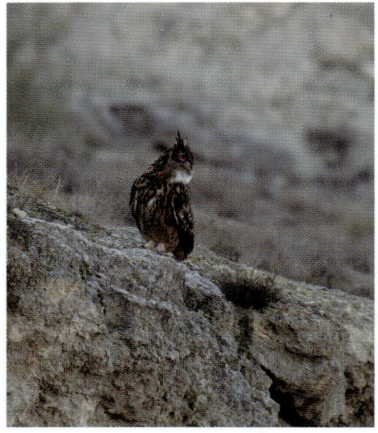

Ejemplar observando sobre la cornisa de un cortado.
f/7.1 - 1/100 s – ISO 400, Modo manual – Distancia focal 400 mm - balance de blancos sombra.

cantar antes del anochecer y utilizaba varios puntos como cantaderos habituales, siendo uno de ellos favorable para la instalación de un *hide* fijo con el permiso autorizado y con buena disposición para salir de noche una vez acabado el trabajo.

«Construir un buen hide *camuflado con el entorno, será la clave de nuestro éxito»*

Durante las horas de día, que es cuando permanecen inactivas y escondidas, las aproveché para montar con ramas y telas, un pequeño *hide* en esa zona. Procuré que estuviera lo más camuflado con el entorno y que no llegara a sobresalir ni destacar mucho. Cubrí del todo el interior dado que la visión que tienen estas aves es de sus mayores fortalezas. Observé en días sucesivos desde lejos, que no recelaban del *hide* y que seguían

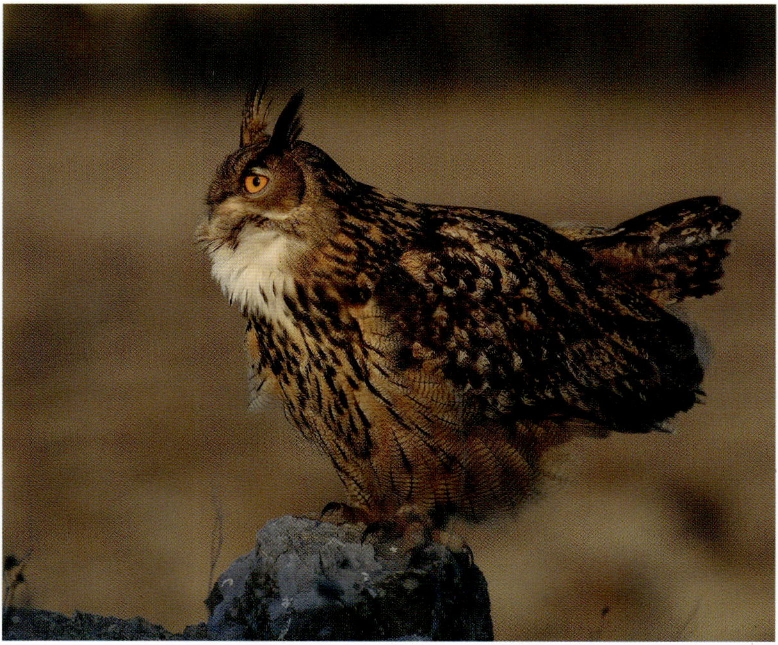

Macho marcando territorio en uno de sus posaderos habituales, antes de la caída del sol.
f/6.3 - 1/400 s – ISO 200, Modo manual – Distancia focal 400 mm - balance de blancos automático.

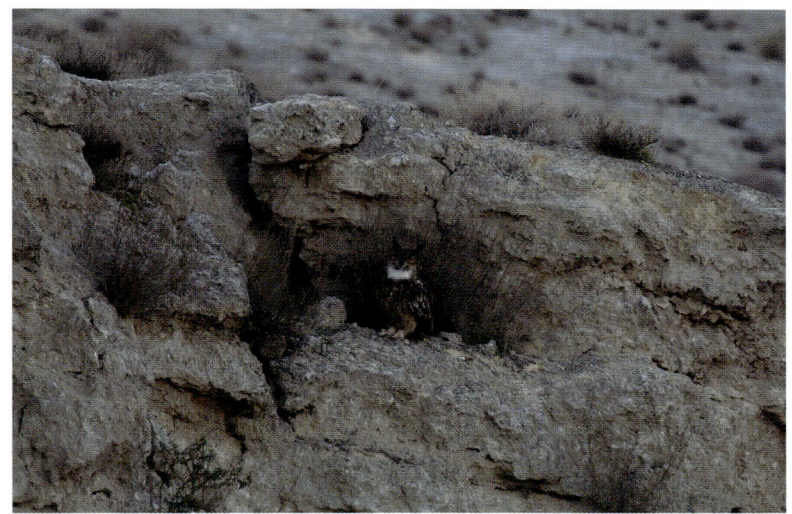

Individuo saliendo de su escondite donde paso el día, justo al atardecer.
f/7.1 - 1/60 s – ISO 200, Modo manual – Distancia focal 400 mm - balance de blancos sombra.

con sus rutinas, marcando territorio en los mismos puntos y horarios. Fue entonces cuando decidí probar suerte y los resultados fueron espectaculares. Les he dedicado bastantes sesiones fotográficas en varios años de seguimiento, y he llegado a tener al macho incluso encima de mi *hide* cantando... Espléndido animal, gran mirada, enormes sensaciones y experiencia...

«La hora de la luz es fundamental para fotografiar a esta especie, y por ello debemos tener muy en cuenta el nivel de nuestros equipos fotográficos»

Para conseguir buenas fotografías y por las luces del atardecer, lo mejor es tener un teleobjetivo lo más luminoso posible y evitar multiplicadores siempre que las distancias lo permitan. Cuando tengamos el ave en nuestro punto, ir probando ya que se mantienen inmóviles unos segundos entre canto y canto. Incluso cantando también se pueden obtener buenas fotos, con velocidades bajas.

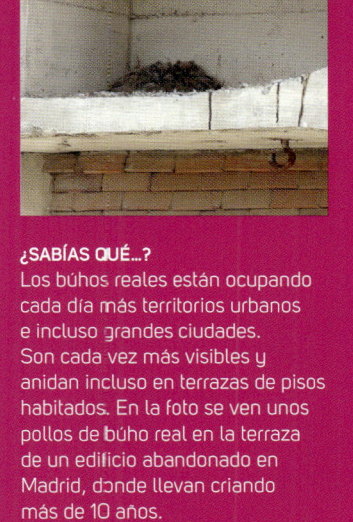

¿SABÍAS QUÉ...?
Los búhos reales están ocupando cada día más territorios urbanos e incluso grandes ciudades. Son cada vez más visibles y anidan incluso en terrazas de pisos habitados. En la foto se ven unos pollos de búho real en la terraza de un edificio abandonado en Madrid, donde llevan criando más de 10 años.

Verderón serrano

Mejor estación del año:	primavera, verano e invierno en zonas de invernada.
Instantes para captar:	cantos desde perchas altas, alimentación en el suelo y entre flores, grupos familiares, juveniles recién emancipados.
Dificultades:	especie discreta y no muy común, iluminación irregular en pinares, tendencia a permanecer semiescondido.
Equipo y material:	teleobjetivo 300–500 mm, *hide* ligero, ropa mimética.
Mejores lugares para su fotografía:	Sierra de Gredos, Sierra de Guadarrama, Picos de Europa, Sierra de Urbión, Montes de León, Sistema Ibérico (Sierra de la Demanda/Moncayo), Serra da Estrela y sobre todo en pinares de alta montaña con claros de bosque y pastizal.

El silbido verde de los altos pinares

El verderón serrano es un pequeño fringílido de plumaje discreto con colores amarillentos, combinados con tonos verdes y grisáceos. Pero ese amarillo destacado, ilumina los pinares de montaña con su presencia, y lo convierten en una pequeña joya de las alturas

En invierno puede formar grupos modestos, mezclándose con otros fringílidos en busca de semillas. Su canto, aflautado y alegre, resuena en claros y laderas soleadas desde los primeros días de la primavera. Prefiere los pinares subalpinos y hábitats frescos, donde alterna vuelos ondulados con posados visibles en arbustos, rocas y copas de árboles.

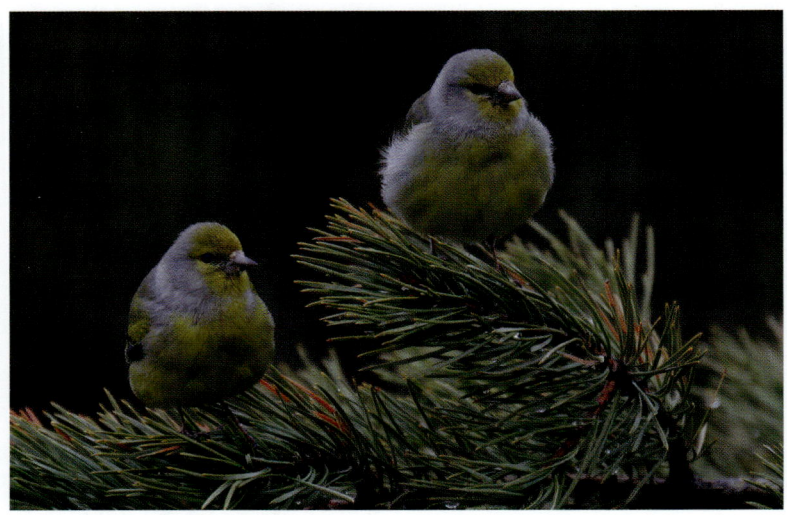

Pareja de verderones serranos.
f/8 - 1/80 s - ISO 800 - Distancia focal 400 mm - balance de blancos sombra.

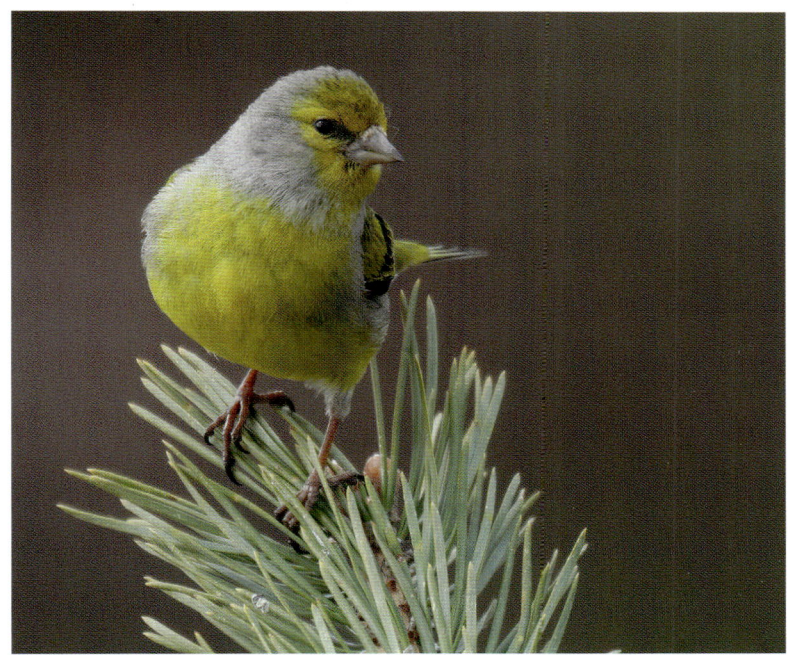

Macho de verderón serrano.
f/6.3- 1/200 s - ISO 1250 - Distancia focal 560 mm - balance de blancos automático.

Es un ave ágil, vivaz y siempre alerta: observarlo a contraluz, con su silueta perfilada sobre el dosel del pinar, es una escena típica de las montañas europeas. El verderón serrano también es conocido por su carácter territorial, especialmente durante la época de cría. Los machos cantan con fuerza desde las copas de los árboles para marcar su territorio, emitiendo notas melodiosas que resuenan entre los troncos de los pinos. Este canto no solo sirve para atraer a las hembras, sino también para advertir a otros machos de su presencia.

CÓMO FOTOGRAFIAR
Una técnica eficaz consiste en situarte en laderas soleadas donde los verdecillos acuden a cantar desde perchas elevadas. Apoyado en el lado sombrío de un pino o escondido entre la vegetación o *hide*,

podremos observarlos a distancias optimas, cuando acuden a cantar. Debido a su carácter confiado, puede llegar a situarse muy cerca sin alarmarse.

Fotografiar al verderón serrano exige paciencia, buena escucha y capacidad para trabajar con luz irregular entre árboles. Su comportamiento inquieto y su predilección por moverse entre ramas pueden complicar el enfoque, pero con estrategia se consigue imágenes muy estéticas.

«En primavera, los machos cantan desde puntos elevados: copas de pinos jóvenes, rocas prominentes en claros, y arbustos altos en laderas soleadas»

Escuchar su canto es la manera más rápida de situarlo. Una vez detectado, observaremos sus rutas habituales, ya que suelen alternar entre un posadero de canto y áreas de alimentación en praderas próximas. Colocar un *hide* ligero en un claro del bosque, cerca de un punto de agua o una zona de semillas naturales, es una opción excelente. Esta ave se acostumbra rápido al elemento estático, permitiendo fotografiarlo relajado y con naturalidad.

Durante la primavera los machos son más confiados, y podemos captarlos cantando usando una focal larga (400–500 mm). Hay que esperar que repitan su patrón: suelen volver al mismo posadero. Podemos jugar con contraluces suaves al amanecer para resaltar el amarillo del plumaje. Las nubes finas, frecuentes en montaña, actúan como un difusor perfecto.

En verano, grupos familiares se alimentan de semillas en praderas y claros. Para estas escenas podemos realizar acercamientos muy lentos, adoptando una posición baja. Avanzar lentamente hasta quedar

a distancia cómoda y esperaremos el momento de relajación cuando se concentran en el alimento. Utilizaremos una apertura amplia (f/5.6 o f/4) para desenfocar hierbas y restos vegetales.

«Las fotos de juveniles con plumaje moteado son especialmente tiernas y llamativas»

La luz en pinares puede ser muy contrastada. Para evitar sombras duras es mejor fotografiar en primeras y últimas horas del día, usar una medición puntual o ponderada al ave, y mantener la velocidad alta (1/800–1/1250 s) para congelar sus movimientos. Configurar el AF-C con punto flexible para seguirlo entre ramas sin enganchar el fondo. Si la luz es muy dura, es mejor buscar zonas de sombra uniforme: el color del verderón destaca más sin contrastes excesivos.

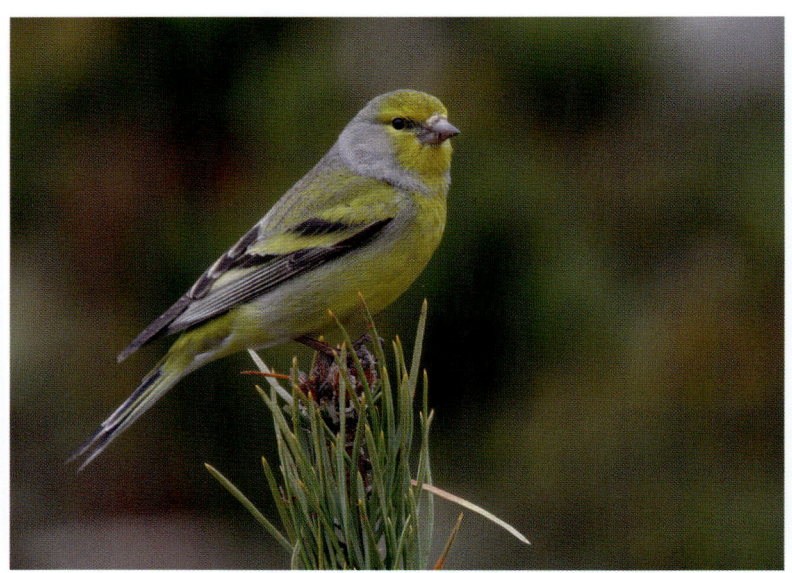

Verderón serrano sobre copa de pino.
f/8 - 1/80 s - ISO 1000 - Distancia focal 560 mm - balance de blancos automático.

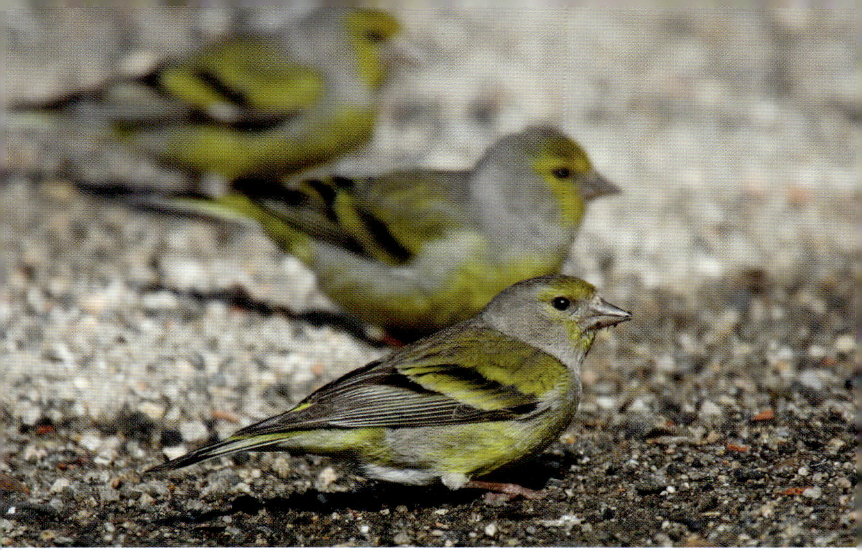

Verderones serranos en busca de sales.
f/8 - 1/500 s - ISO 400 - Distancia focal 560 mm - balance de blancos sombra

El otoño ofrece otro tipo de oportunidades fotográficas, ya que el verderón serrano empieza a agruparse en bandadas más grandes. Aunque las temperaturas bajan y el follaje se va tornando dorado, el ave continúa alimentándose de semillas en espacios abiertos. Fotografiar a primeras horas del día permite obtener imágenes suaves y naturales, con un fondo despejado que resalta la figura del verderón serrano en su hábitat montañoso. Un momento igualmente fotográfico es cuando el verderón serrano baja a beber en charcos poco profundos o en bordes de arroyos. Durante estas pausas, tendremos excelentes oportunidades para capturar imágenes nítidas de todo su plumaje. Además, cuando se alimenta de las semillas de flores silvestres, su comportamiento se vuelve más pausado y meticuloso, permitiendo acercamientos sutiles. En estos momentos, se pueden capturar interesantes composiciones donde el verderón interactúa con su entorno, especialmente si el fondo está lleno de colores suaves y flores que acompañan al amarillo brillante de su plumaje, creando una escena llena de vida y armonía natural.

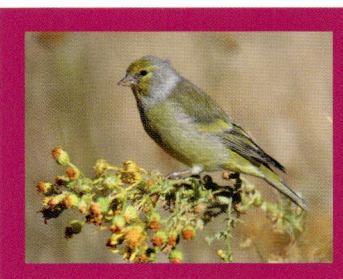

¿SABÍAS QUÉ...?
El verderón serrano es un especialista de montaña: su presencia está estrechamente ligada a pinares subalpinos y áreas frías. A diferencia del verderón común, raramente baja a cotas medias en época de cría.

Mirlo capiblanco

Mejor estación del año:	primavera, paso prenupcial y postnupcial.
Instantes para captar:	alimentación de bayas, posadas en rocas, vuelos cortos entre piornos, cantos en laderas de montaña.
Dificultades:	especie muy desconfiada, ambientes de alta montaña con meteorología impredecible, fondos con fuertes contrastes, aproximación difícil.
Equipo y material:	teleobjetivo 400–600 mm, hide ligero o camuflaje natural, ropa térmica y silenciosa, monopié, protección para el equipo frente a lluvia.
Mejores lugares para su fotografía:	cordilleras del norte y centro peninsular (Pirineos, Cordillera Cantábrica, Sistema Central), Serra da Estrela, collados y laderas subalpinas y zonas de matorral montano con roquedos y claros.

El montano de peto blanco

El mirlo capiblanco es uno de los túrdidos más emblemáticos de la alta montaña. Su plumaje oscuro, contrasta con su llamativo "babero" blanco, que brilla como un pequeño destello en mitad de laderas rocosas, piornos y brezales de altura. Es un ave que invita al silencio: aparece y desaparece con movimientos nerviosos, siempre alerta, aprovechando cualquier roca como atalaya de vigilancia.

Su presencia está profundamente ligada a ambientes fríos y abiertos. En primavera, los machos se posan en rocas elevadas para lanzar un canto melancólico que resuena entre neveros y gélidas corrientes de aire. Durante el paso migratorio, desciende algo más, visitando setos cargados de bayas donde se alimenta con avidez antes de retomar el viaje.

«Tiene la elegancia sobria de quienes viven en la frontera entre el bosque y las nubes»

Cuando se siente amenazado, emprende un vuelo corto y tenso, posándose de nuevo a unos metros en otra roca, desde donde observa con ojo crítico antes de decidir si alejarse definitivamente.

CÓMO FOTOGRAFIAR
El mirlo capiblanco se observa bien mediante la técnica del "ascenso previo": llegar muy temprano a los canchales o pedregales de alta montaña donde se alimenta al amanecer. Si ya estás allí cuando ellos empieza su actividad, sentado entre rocas y sin hacer movimientos bruscos, el mirlo se mostrará confiado y puede llegar a estar cerca, mientras busca insectos o bayas entre las piedras y

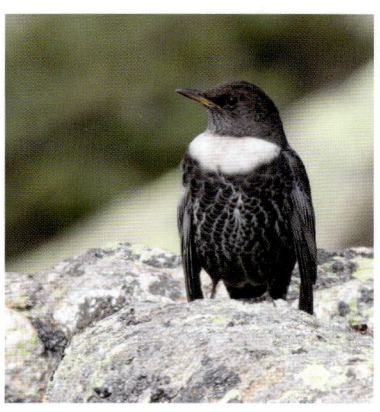

Mirlo capiblanco en su hábitat.
f/8 - 1/640 s - ISO 800 - Distancia focal 560 mm - balance de blancos automático.

matorrales.

El mirlo capiblanco exige un enfoque fotográfico estratégico. Es desconfiado, muy móvil y se desplaza en zonas donde la luz cambia rápido. Pero con preparación y paciencia se pueden conseguir imágenes de una fuerza estética extraordinaria.

Esta ave utiliza posaderos repetidos, normalmente rocas prominentes o arbustos altos desde los que vigila y canta. Es por ello, que debemos dedicar tiempo a observar desde la distancia con prismáticos. Identificaremos cuales son las rocas que usan con mayor frecuencia y es ahí donde estará nuestra foto buscada. Una vez detectada su rutina, regresaremos el día siguiente con el hide o camuflaje, buscando el mejor sitio donde poder disimular nuestra figura, mientras enfocamos a uno de los posaderos observados anteriormente.

En ambientes abiertos y silenciosos, aproximarse a pie raramente funciona. Es mejor utilizar algún tipo de red o tela de camuflaje que nos oculte entre las roca o arbustos. Colocarnos al amanecer para evitar ser visto y esperar el momento, ya que el ave suele recorrer los mismos circuitos, así que si nos instalamos en un punto adecuado, tendremos actividad constante. Podremos captar momentos como: posturas erguidas de vigilancia, cantos desde rocas iluminadas, vuelos cortos y momentos de alimentación sin estrés.

Las luces en alta montaña, presentan contrastes muy fuertes, especialmente con plumajes oscuros. Por ello lo mejor es buscar las luces del al amanecer o atardecer, y evitar la luz cenital que nos puede quemar los blancos del babero y oscurecer el resto del plumaje. Usaremos +1/3 o +2/3 EV para conservar detalle en las zonas negras, y en días nublados, aprovecharemos la luz difusa que realza texturas del plumaje sin quemar blancos. Y si se presenta niebla ligera, aprovecharemos este momento que produce fondos pastel que dan un toque mágico a la imagen.

Durante el paso migratorio, el mirlo capiblanco se alimenta de diversos frutos en arbustos que encuentran en las zonas montañosas. Para estas escenas se pueden realizar composiciones, incluyendo ramas con frutos para fotos más narrativas. Ajustes de 1/800–1/1200 s para movimientos rápidos entre ramas.

«Esperar a que eleve la cabeza con la baya en el pico, es el momento icónico»

Este túrdido es perfecto para incluir contexto de alta montaña, como pueden ser rocas cubiertas de líquenes, piornos, brezos, enebrales, fondos de cumbres desenfocadas, y restos de nieve. Jugar con planos amplios aporta una sensación de soledad y dureza ambiental, muy propia de la especie.

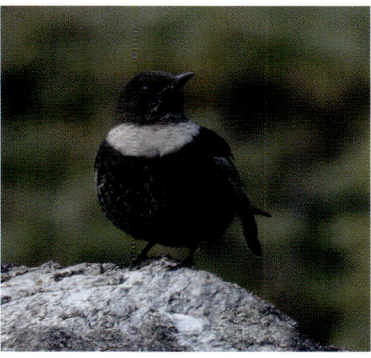

Vigilando sobre puntos elevados de rocas.
f/8 - 1/500 s - ISO 1250 - Distancia focal 800 mm - balance de blancos nublado

Oso pardo

Mejor Estación del año:	primavera.
Instantes a captar:	en su entorno sobre rocas, sobre troncos, alimentándose.
Dificultades:	largas distancias de observación y en hábitats complicados.
Equipo y material:	teleobjetivos, duplicadores, trípodes, prismáticos, telescopio, adaptador.
Mejores Lugares para su fotografía:	R. Biosfera Valle de Laciana (Villablino), P. Natural de Somiedo, P. Natural Fuentes Carrionas y Fuente Cobre, P. Natural de las Fuentes del Narcea, Degaña e Ibias.

El gran rey del bosque

Es el animal más grande y poderoso de nuestra fauna terrestre. Capaces de comer casi de todo, aunque su dieta normalmente es vegetariana. En los duros inviernos del norte, suelen hibernar en los primeros meses del año, debido a la escasez de alimento que marca esta época. Antes de hibernar se han preparado comiendo y acumulando la grasa suficiente.

«Como suelen hibernar en la época previa al invierno, se alimentan lo suficiente para poder sobrevivir»

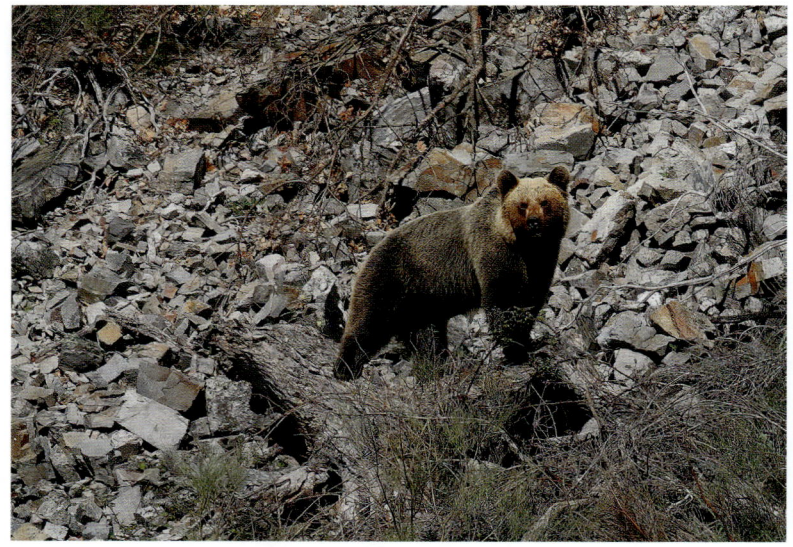

Ejemplar fotografiado mientras busca comida entre rocas y troncos caídos.
f/8 - 1/640 s – ISO 200, Modo manual – Distancia focal 1000 mm - balance de blancos automático.

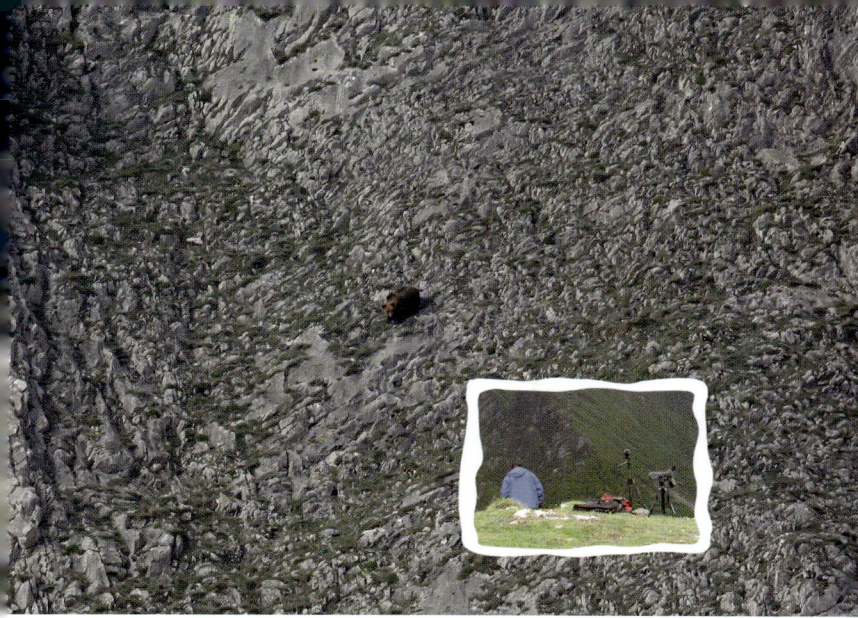

Cómo se hizo. *Puntos altos de montaña, con buena visibilidad de otras laderas, nos ayudará a observar y fotografiar osos. Un buen lugar es el parque natural de Somiedo.*

Tardan varios años en alcanzar la madurez sexual y entre cada camada las hembras suelen tardar unos tres años. Por lo tanto, es una especie a la que cuesta ampliar su población.

Eso sí, es para nosotros un gran honor seguir teniendo osos en nuestra Península, reinando en las zonas más abruptas y salvajes de nuestras montañas.

CÓMO FOTOGRAFIAR

Con la primavera iniciada, los brotes de hierbas en praderas hacen que se les pueda ver con mayor facilidad, al no estar tan ocultos en los bosques. También el fin de la hibernación les hace pasar más horas alimentándose. Y el inicio del celo de esta especie nos brinda la opción de ver más osos juntos, en busca de hembras. Todas estas condiciones, hace que aumenten en esta época las opciones de poder ver y fotografiar a estos escasos y tímidos animales.

«En primavera se juntan varios condicionantes, que hacen que sea la mejor época para poder ver y fotografiar a nuestros osos Al principio y final del día es cuando mayores posibilidades tendremos de fotografiarlos, porque son las horas en las que se encuentran más activos»

Durante estas horas, la mejor opción es ubicarse en puntos elevados y con muy buena visibilidad de amplias zonas y laderas opuestas. Es mejor que dichas laderas, estén relativamente cerca para que en caso de verlos los podamos fotografiar sin molestia ninguna hacia el animal. Es necesario observar con prismáticos y/o telescopios cada rincón de la zona, si queremos descubrir a nuestros queridos osos. Durante esta actividad, podremos observar distintos animales que comparten hábitat, como corzos, rebecos, jabalíes, y con mucha suerte algún lobo o gato montés.

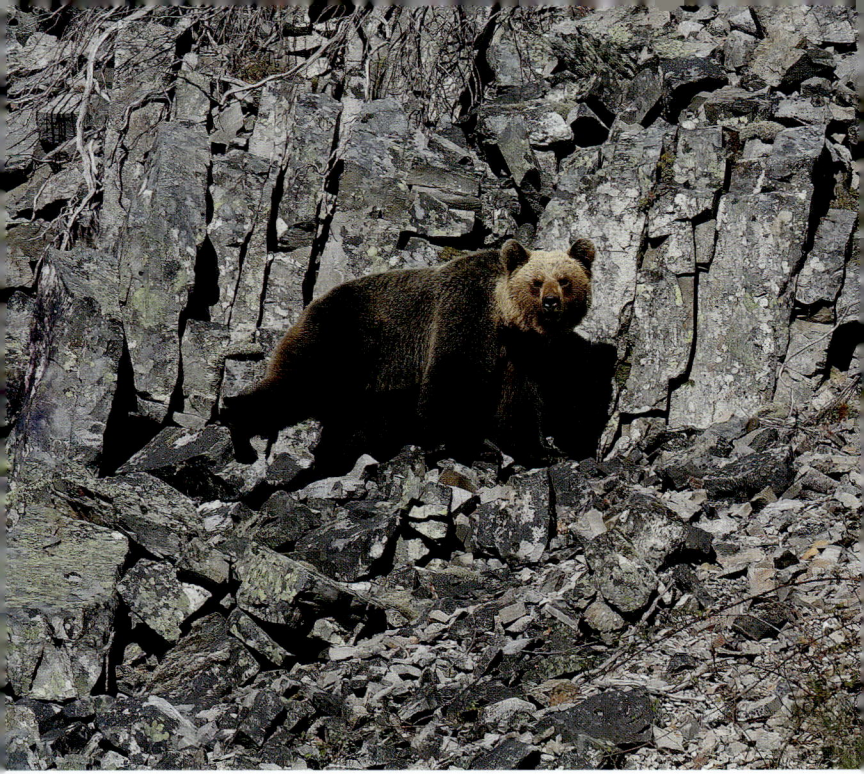

Oso pardo caminando por un desfiladero rocoso, mientras observa su territorio.
f/8 - 1/800 s – ISO 320, Modo manual – Distancia focal 1000 mm - balance de blancos automático.

Durante los años en los que he ido a fotografiar osos, han sido muchas las esperas para ver y localizar algún ejemplar. Muchas no han dado resultado, otras sí, pero a distancias no válidas fotográficamente y otras pocas los he visto y disfrutado en el lugar esperado.

«No es fácil descubrirlos y a veces cuando los vemos, no suele ser a la distancia idónea. Por todo ello, conseguir buenas fotos de estos animales es una satisfacción excepcional»

En estas zonas montañosas es frecuente que las nieblas impidan la visibilidad de una ladera a otra, anulando las opciones de poder seguir observando con nuestros prismáticos. Si esto ocurre, es posible recorrer lugares y caminos donde descubramos huellas de estos animales. No es difícil ver grandes pisadas en el barro, animando más si cabe la ilusión de verlos. También es posible realizar estas rutas durante las horas centrales del día que hay menor actividad en los plantígrados. Es un verdadero lujo disfrutar de la presencia de osos en nuestras montañas. Han sido muchas las visitas realizadas para ver y fotografiar a estos animales, y siempre con la misma ilusión y ganas. No es fácil hacer buenas fotos de estos animales, porque desde los lugares en los que podemos observarlos sin interferir en su conducta, las distancias de observación entre nosotros y los osos suelen ser muy grandes.

«Grandes teleobjetivos y multiplicadores son fundamentales para obtener fotos aceptables, ya que las distancias suelen ser excesivas»

Teleobjetivos superiores a 400 mm y el uso de multiplicadores 2.0 - 1.4 es casi obligatorio para obtener fotografías en las que se pueda apreciar al animal a mayor tamaño y con cierto detalle. El uso del trípode también es fundamental para mantener estable el equipo durante el periodo en el que los fotografiamos, una vez vistos.
Con el uso de los multiplicadores aumentamos la distancia focal de nuestra lente, pudiendo aumentar el tamaño del sujeto fotografiado en la imagen, pero también afecta al resto de parámetros, como puede ser la apertura de diafragma. En este caso afecta negativamente ya que disminuye dicha apertura y salvo en ciertos objetivos de gran calidad, se suele perder el autofocus, pasando a disparar en modo manual con lo que ello conlleva. Resulta complicado obtener imágenes nítidas y con calidad, pero cuando conseguimos obtener alguna que nos guste, la satisfacción también se multiplica, compensando del todo nuestras largas jornadas.

«El digiscoping es una técnica que nos puede valer, cuando las distancia sean tan grandes, que nuestros teleobjetivos se quedan cortos»

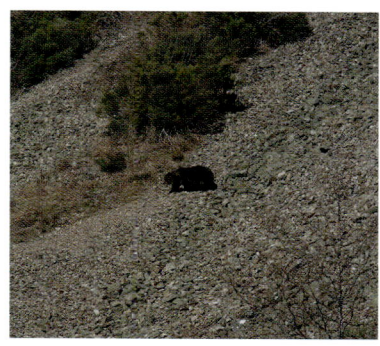

Enorme ejemplar de macho de pelaje oscuro, siguiendo los rastros de una hembra en época de celo. **f/8 - 1/1000 s – ISO 500, Modo manual – Distancia focal 560 mm - balance de blancos luz día.**

Otra técnica muy válida en este tipo de fotografía, cuando las distancias son enormes, es el *digiscoping*, que consiste en acoplar la cámara al telescopio, mediante un adaptador y poder realizar las fotografías. Suelen tener algo menos de calidad, pero en función del telescopio y la cámara utilizada, los resultados suelen ser muy buenos.
En estas fotografías no se eligen los fondos, ni las luces, ni los escenarios; es poder sacar el mejor partido cuando la oportunidad se presenta. Anticiparse una vez visto el animal, a la ruta que va siguiendo, y determinar cuál puede ser el mejor lugar y momento para su fotografía. Estar preparado y acertar para cumplir nuestro objetivo.

¿SABÍAS QUÉ…?
Antiguamente se podían encontrar en casi todo el territorio peninsular. Aunque estuvo a punto de extinguirse, el oso en estos últimos años se está recuperando cada vez más, lo que favorece también a su observación y fotografía.

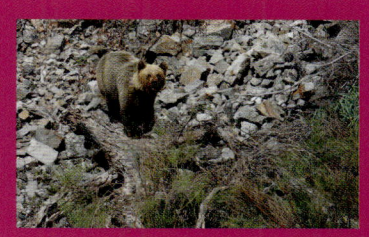

Urogallo común

Mejor estación del año:	primavera.
Instantes para captar:	cantando, con la cola en abanico, en acción.
Dificultades:	escasísimas aves, un periodo de celo muy cortó y en lugares restringidos.
Equipo y material:	*hide*, redes camuflaje, teleobjetivos, trípode, saco de dormir, permiso reglamentario.
Mejores lugares para su fotografía:	Valle de Arán, Pallars Sobira, Alto de Urgel, Alta Ribagorza, P. Natural de Sorteny.

El gallo silvestre

Ave galliforme muy escasa en nuestra Península, cuyas poblaciones se encuentras divididas en dos regiones, la Pirenaica, con un mayor número de ejemplares, y la otra población en la Cordillera Cantábrica, más escasa y al límite de la extinción.

«Ave muy difícil de ver, pero que podemos saber de su existencia a través de sus señales»

Es un ave muy difícil de observar. Pero podemos saber que hay urogallos en ciertos lugares a través sus rastros, como

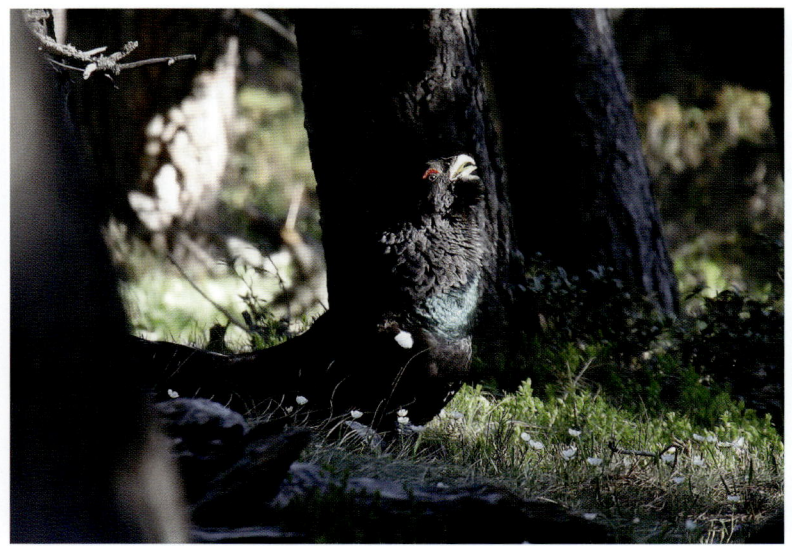

Macho de urogallo cantando en uno de los pocos cantaderos que aún quedan.
f/8 - 1/125 s – ISO 800, Modo manual – Distancia focal 560 mm - balance de blancos sombra.

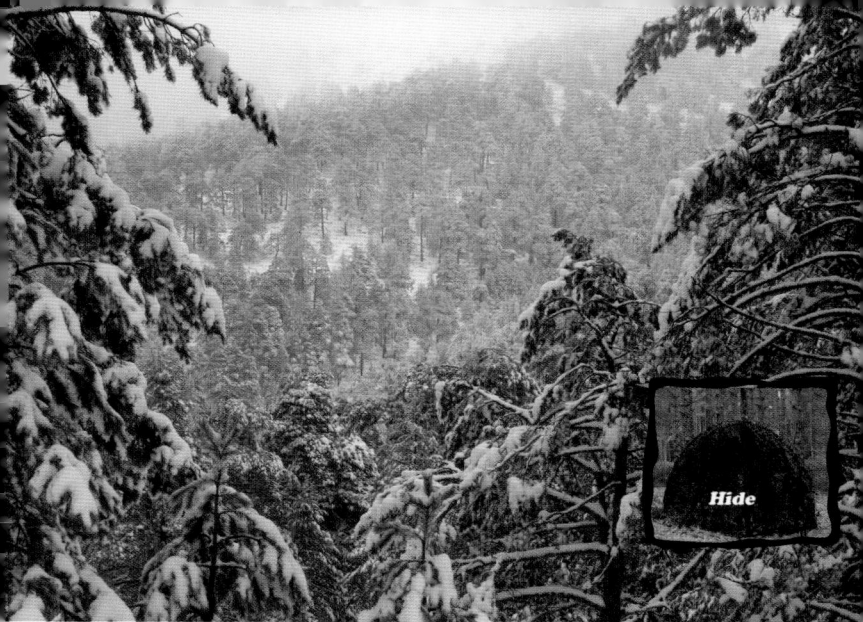

Hide

Cómo se hizo. *Monte típico pirenaico donde es posible encontrar esta especie. Con un* hide *portátil colocado la noche anterior se puede disfrutar de este espectáculo único.*

sus huellas sobre nieve o barro, plumas en escarbaderos o excrementos de una forma y tamaño que son inconfundibles.

En primavera se inicia su celo, y es cuando más visibles y menos tímidos se muestran. Eligen zonas denominadas cantaderos para realizar sus cortejos nupciales.

En cambio, en invierno cuando el alimento escasea, suelen pasar la mayor parte del tiempo entre ramas de árboles alimentándose de sus hojas, protegidos entre la maleza.

CÓMO FOTOGRAFIAR

Entre los meses de abril, mayo y junio, dependiendo de las condiciones meteorológicas suele ser el periodo del celo. Es el mejor momento para captar uno de los mayores espectáculos naturales ibéricos. Especie con gran dimorfismo sexual. Machos y hembras se juntan ahora en esta época para perpetuar la especie. Los lugares elegidos, son y han sido

seleccionados durante años, escenarios salvajes, testigos mudos de lo que allí sucede. Son los llamados "cantaderos" por esas expresiones y sonidos que emiten los machos y en menor medida las hembras. Mi trabajo fotográfico con esta especie ha sido solo una vez, hace bastantes años. Colaboré con el censo de urogallos en cantadero, con el Departamento de Área Natural de Andorra, y puedo decir que ha sido una de las experiencias que se quedan grabadas en tus sentidos para toda la vida. Este método se denomina *Censo al canto*.

La actividad se realizó en el mes de mayo, cuando el celo estaba en el momento de máxima acción. A media tarde, junto con personal del Área Natural, partimos desde Andorra al punto elegido donde podíamos llegar en vehículo. Una vez allí, cada uno de nosotros cargamos con el equipo correspondiente. Un *hide*-tienda individual, saco, esterilla, mochila con ropa, comida, bebida, y en mi caso añadir trípode, redes y equipo fotográfico.

Una ascensión larga, dura, difícil y pesada con tanta carga. Recuerdo que las paradas hasta llegar a la zona eran cada vez más seguidas y largas, pero teníamos que llegar pronto antes del anochecer. Así fue, lo conseguimos y llegamos al lugar. Ya pude comprobar en la zona señales de urogallo; vimos en un pequeño claro un montón plumas incluida la cola completa de una depredación sobre uno de ellos, posiblemente de águila real y, además, muchos excrementos repartidos por todo el cantadero.

Nos repartimos a lo largo de ese lugar en las zonas indicadas por el personal que realizaba el censo. Cada uno montamos el *hide* y preparamos el saco y ropa para pasar la noche. Aproveché este momento para dejar el equipo fotográfico montado con el trípode y la cámara asomando sobre una de las ventanas en las que intuía podían aparecer al amanecer.

Los nervios, los sonidos de la noche, el viento golpeando tu *hide* y un sinfín de cosas más impidieron que pudiera dormir. Aun no podía creer que estaba allí, a tan solo horas de ver un espectáculo soñado por todos los amantes de la naturaleza. En la misma noche los machos van llegando sobre las copas de los pinos y es posible escucharlos cuando se posan cerca. La tensión aumenta, haciendo más largo de lo normal la noche. Deseando que el sol salga para poder verlos, pero incluso horas antes de que ocurra, ya se les puedes escuchar cantando. No puede ser, ya están preparados y yo aún no veo nada.

Ejemplar con la cola en abanico, tan característica cuando están en los cantaderos en busca de hembras.
f/8 - 1/40 s – ISO 1250, Modo manual – Distancia focal 560 mm - balance de blancos sombra.

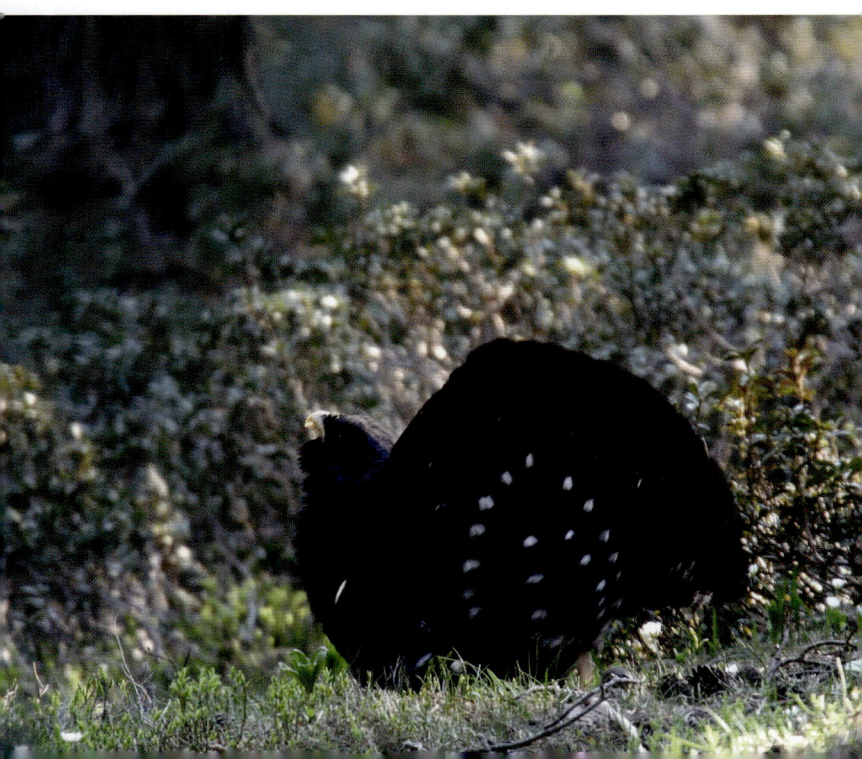

Recorro todas y cada una de las ventanas, pero sin luz es difícil saber dónde están, aunque a estas horas, suele ser sobre los árboles. Van pasando minutos y tus ojos ya empiezan a ver incluso en la oscuridad, pero aún no se divisan. Seguimos hasta que la luz comienza a atravesar las ramas de los pinos que nos rodean; ahora sí, acabo de ver al primero. Picotea alguna hierba, pasea, mira, y recorre el lugar, hasta que empieza su canto, sus saltos, espectáculo salvaje puro.

Escucho otro; sí, lo tengo en la ventana derecha y ahora otros dos más arriba. No me lo puedo creer, no tengo luz para foto, ni con ISO al máximo. Debo esperar y no quiero que se vayan; es necesario estar tranquilo. Si, es así, hay que disfrutar este momento, no se olvidará. Con el paso del tiempo, cada vez más luz; entonces sí, ahora toca intentar plasmar estos momentos en nuestras cámaras. Resulta complicado, nervios, posiciones incomodas, luces y sombras, movimientos sin apenas luz.

Para realizar las fotografías, los ISO han sido los más elevado posibles para intentar tener la mayor velocidad de disparo, intentando captar imágenes del ave cantando y con la cola desplegada en abanico, tan bella y característica.

«No hacer nada de ruido cuando estamos dentó del hide es importantísimo para no molestar ni alertar a las aves, y además puedan permanecer cerca lo que dure la jornada»

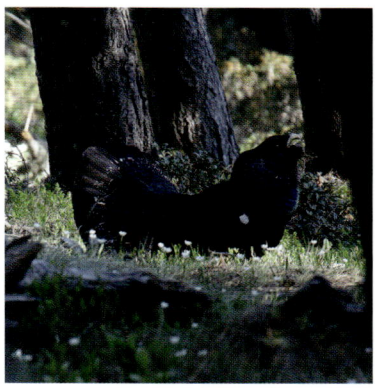

Urogallo emitiendo su salvaje canto, que una vez que lo escuchas es difícil poder olvidar.
f/8 - 1/100 s – ISO 1000, Modo manual – Distancia focal 560 mm - balance de blancos automático.

Al cabo de pocas horas, que pasan volando, las aves bajan su actividad y vuelan refugiéndose en el interior del bosque. Esperaremos a que todas hayan volado para poder dar por terminado el trabajo. Nos juntamos, comentamos todas las vistas para el censo, y regresamos dando por finalizada la jornada.

En la actualidad varias agencias ofertan *hides* de pago para fotografiarlos con todos los permisos y haciendo que se cumplan las normas obligatorias para evitar dañar estas zonas. Con esta emblemática y escasa especie, solo pueden realizarse con la correspondiente autorización de la administración competente.

¿SABÍAS QUÉ…?
A veces, ejemplares de urogallos, se acercan a pueblos o poblaciones, comportándose de manera dócil y mansa. Se cree que son trastornos que ocurren cuando las poblaciones son muy pequeñas y fragmentadas.

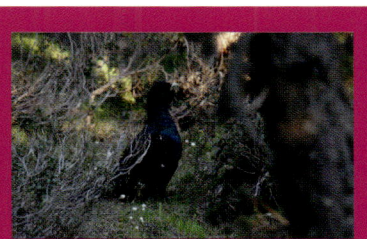

Nutria europea

Mejor estación del año:	invierno.
Instantes para captar:	nadando, jugando, alimentándose, secándose.
Dificultades:	sus hábitos nocturnos.
Equipo y material:	teleobjetivos, red de camuflaje.
Mejores lugares para su fotografía:	P. Nacional de Monfragüe, Río Miño y Tella (Galicia), Río Esva (Asturias), Río Jándula (Andújar), Río Becedas y la Angostura de Tormes (Ávila), Río Guadalquivir (Córdoba), Cabezuela del Valle y Jerte, Río Segre (Montellá Martinet).

La nadadora juguetona

En los últimos años esta especie está en progresión y ha vuelto a ocupar territorios ibéricos en los que hace décadas dejó de existir.

La nutria es una excelente buceadora y con un pelaje de propiedades aislantes que le ayuda a soportar las temperaturas del agua en cualquier estación del año. La podemos ver en distintos ecosistemas, tanto en agua dulce como en agua salada. Es, además, una hábil cazadora, capturando peces y otros animales ligados al sistema acuático como cangrejos, anfibios, y aves acuáticas, entre otros.

Nutria europea descansando sobre una roca después salir del agua, mientras esta pescando.
f/5.6 - 1/125 s – ISO 800, Modo manual – Distancia focal 400 mm - balance de blancos automático.

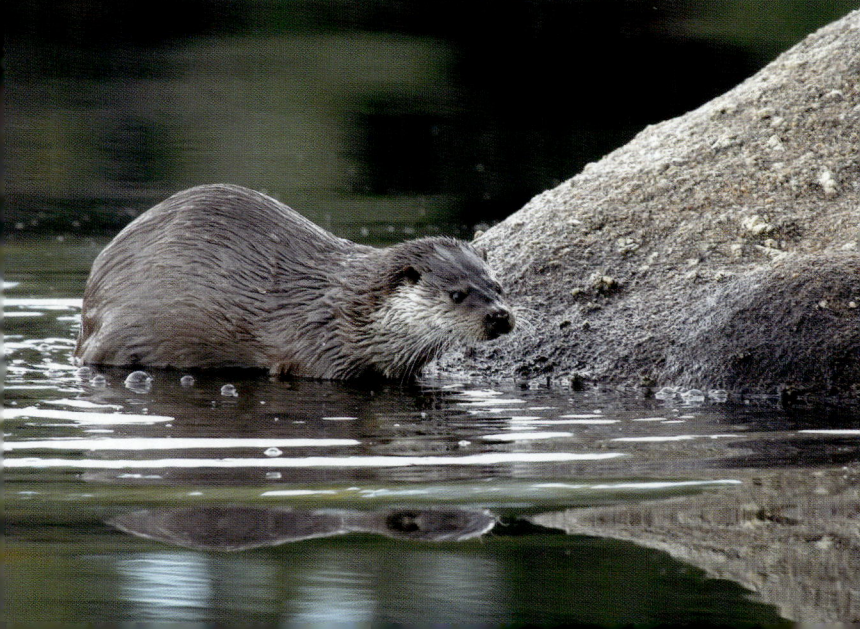

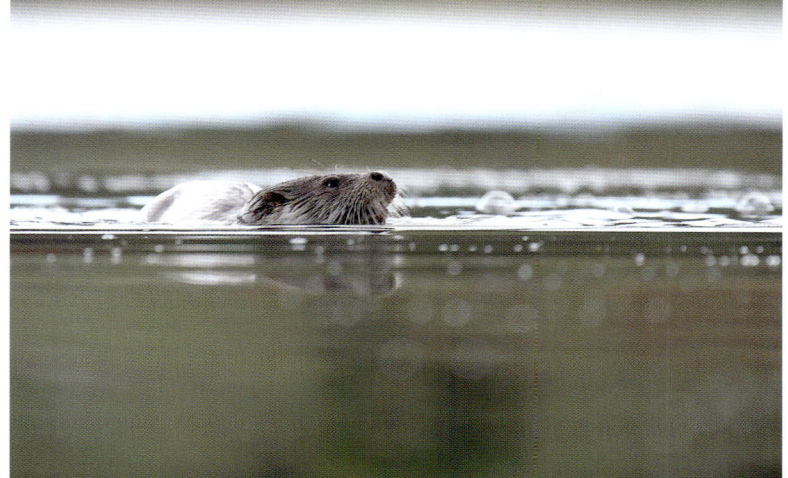

Ejemplar fotografiado desde la orilla a ras del agua, para estar a su nivel y tener el menor ángulo posible.
f/5.6 - 1/125 s – ISO 800, Modo manual – Distancia focal 400 mm - balance de blancos automático.

CÓMO FOTOGRAFIAR

Lo primero que debemos de hacer es buscar lugares propios para ellas, e identificar rastros que nos ayuden a confirmar que en este lugar hay nutrias. Lo mejor y más eficaz es dar un paseo por las orillas, en las zonas de barro podremos ver sus huellas de pisadas que tienen cinco dedos. También ver sobras de comida que suelen dejar como colas de peces o restos de ranas. Y una de los más notorios e identificables son sus excrementos que suelen dejar en zonas visibles para marcar territorio; en ellos podremos observar restos de su alimentación como escamas, espinas, trozos de cangrejo, etc.

«Buscar sus rastros en las orillas es el trabajo previo, para conocer si hay ejemplares, y con qué frecuencia visitan los tramos inspeccionados»

En la época de celo los machos emiten un tipo de silbido que suelen hacer por las noches. Esto nos ayudaran a descubrir dos objetivos principales: que hay nutrias y que están en periodo de celo.

Dicho periodo suele ser finales del año, aunque no siempre ya que depende de varios factores. Pero las veces que las he podido ver y fotografiar ha sido coincidiendo con su celo, entre el final del otoño y el inicio del invierno.

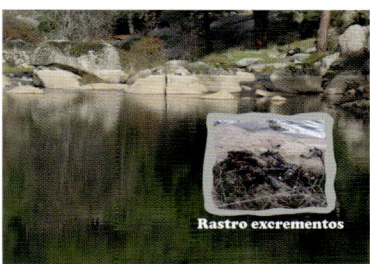

Lugar donde se `as puede observar y rastros que indican que en esta zona hay nutrias. El río Jándula en Andújar es un buen lugar para verlas.

Durante este periodo, pasan a ser más visibles durante el día, porque normalmente suelen ser de hábitos nocturnos, con su mayor actividad desde el atardecer hasta el anochecer y por ello son muy difíciles de ver, y más aún de fotografiar.

«En el periodo de celo, la podremos observar durante el día, dado que su actividad aumenta en esta época»

Ahora ya estamos preparados, hemos descubierto su lugar. Lo mejor en este momento es acomodarse en un lugar con buena visibilidad del tramo acuático que hemos elegido, quietos, tranquilos, sin hacer ruido y observar todo lo que transcurre. Si todo va bien, no tardaremos en descubrir una pequeña cabeza que emerge a la superficie del agua y se vuelve a sumergir. Juega, nada, pesca, y si es junto con otra nutria, que no sean crías, estará en época de celo.

Observar antes de hacer nada, es fundamental para realizar un buen reportaje. Es necesario analizar qué hacen, si se quedan en un tramo pescando o están siguiendo una corriente y se van de la zona. Si se encuentran en el tramo tranquilas, y durante un cierto tiempo, lo que conviene hacer es conseguir tener la distancia idónea para fotografiarlas con nuestros teleobjetivos.

Como técnica aconsejo acercase muy lentamente cuando se sumergen y pararse cuando salen a la superficie. Se las puede seguir cuando están bajo el agua, por el camino de burbujas que van dejando cuando se desplazan buceando. Esto es fundamental para saber por dónde van a emerger y estar con la cámara preparada. Si lo hacemos bien, podemos

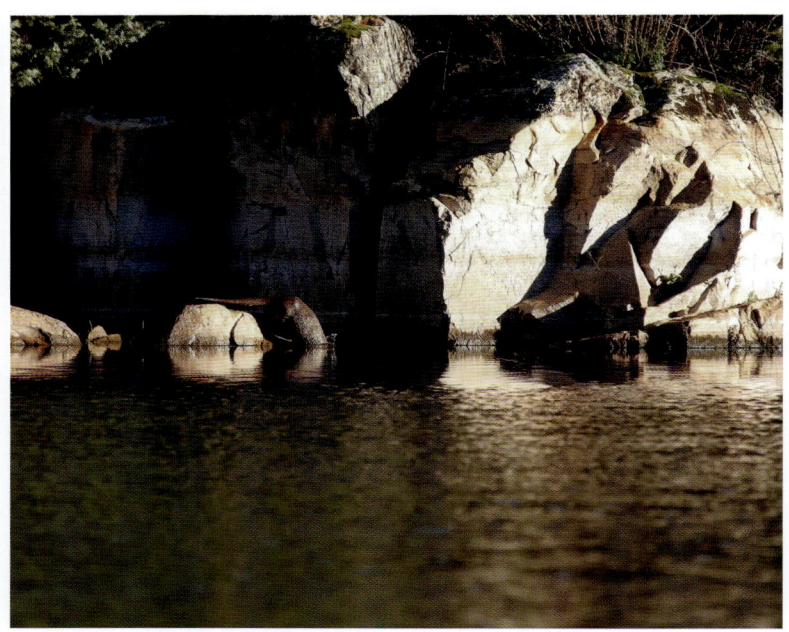

Individuo lanzándose desde una roca para pescar, en una fría mañana de invierno.
f/6.3 - 1/400 s – ISO 200, Modo manual – Distancia focal 400 mm - balance de blancos luz día.

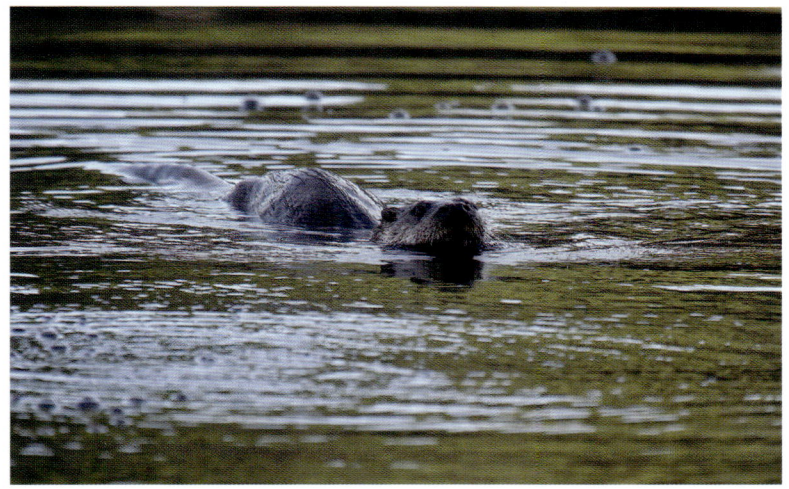

Nutria nadando sobre rio dejando un rastro de burbujas lo que nos ayudará a seguirlas cuando estén sumergidas.
f/5.6 - 1/200 s – ISO 320, Modo manual – Distancia focal 400 mm - balance de blancos nublado.

estar cerca de la orilla donde están ellas, y fotografiarlas cada vez que salen, pero siempre sin hacer movimientos bruscos, ni ruido.

Aun así, suelen ser curiosas y si ven algún bulto extraño cerca de la orilla y no las hemos asustado con ruidos o movimientos, se pueden acercar a ver qué somos, haciendo que la jornada fotográfica sea inolvidable.

Para estas fotografías y en estos ambientes con las luces muy escasas, suelo subir ISO 800 o superior, para tener la mayor velocidad de obturación posible y con el diafragma a la mayor apertura que nos permita nuestro equipo, f/2.8, f/4.5.

«Con la escasa luz del entorno, para tener velocidades de disparo medio, estamos obligados a subir ISO con la mayor apertura de diafragma»

A veces únicamente las vemos en el tramo elegido, pero de paso, nadando hacia otro lugar. Siendo así, hay que recorrer antes que ellas, el tramo en su dirección, pero lejos de la orilla, para no delatar nuestra presencia. Y llegar a un lugar que consideremos que sea tranquilo y esperar a ver si la suerte está de nuestro lado, para realizar lo comentado anteriormente.

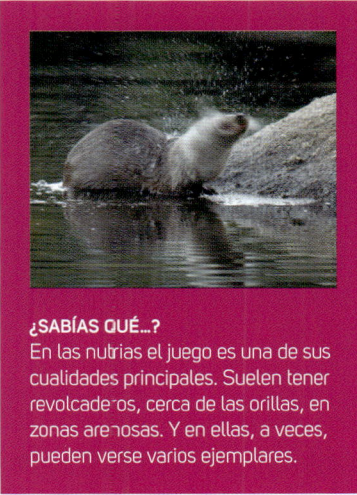

¿SABÍAS QUÉ...?
En las nutrias el juego es una de sus cualidades principales. Suelen tener revolcaderos, cerca de las orillas, en zonas arenosas. Y en ellas, a veces, pueden verse varios ejemplares.

Cárabo común

Mejor estación del año:	otoño, invierno.
Instantes para captar:	de día en su posadero.
Dificultades:	suelen permanecer oculta durante el día.
Equipo y material:	teleobjetivos, trípode.
Mejores lugares para su fotografía:	P. Natural de las Fuentes del Narcea, Degaña e Ibias, P. Natural Monte Aloia, Las Medulas, Sierra de Espadán, P. Natural de los Alcornocales, muy distribuido por gran variedad de bosques ibéricos.

El ulular nocturno

Es la rapaz nocturna cuyo sonido nos es más familiar y característico. Aunque se puede escuchar todo el año, su máxima actividad sonora suele ser de invierno a primavera coincidiendo con su periodo de celo. Como en todas las rapaces nocturnas, el color críptico de su plumaje les ayuda a pasar desapercibidas incluso cuando se encuentran al descubierto y a poca distancia.

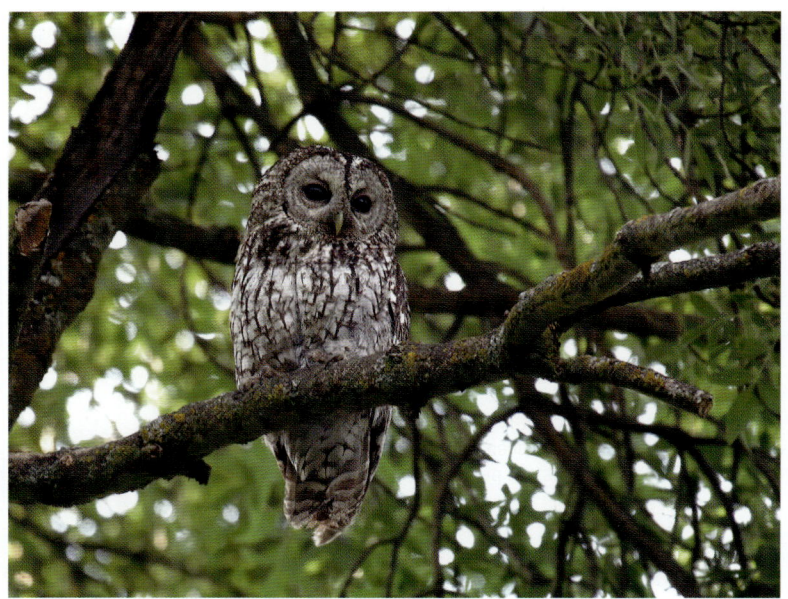

Macho de cárabo posado en una rama, donde podemos observar sus enormes ojos negros.
f/6.3 - 1/160 s – ISO 200, Modo manual – Distancia focal 400 mm - balance de blancos automático.

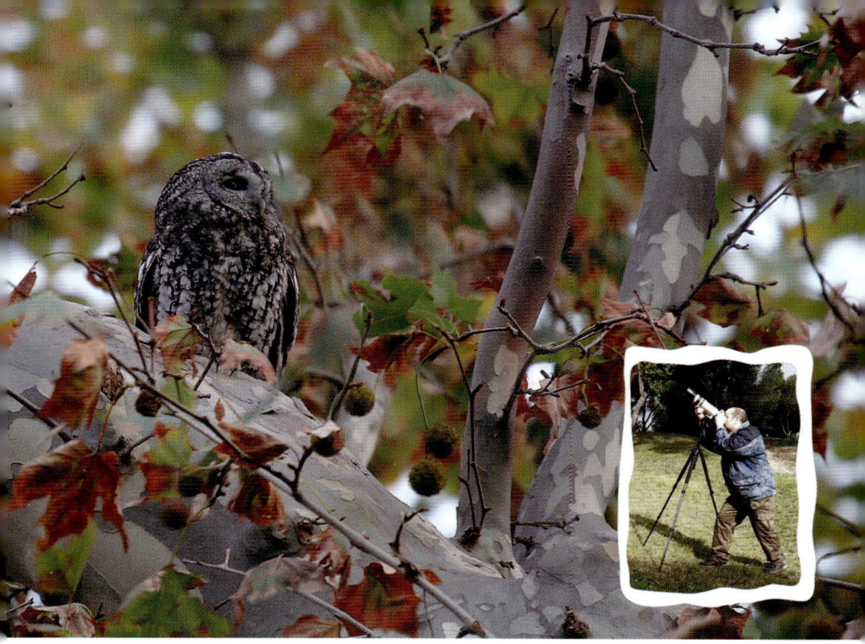

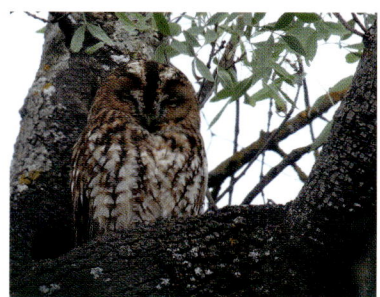

Cómo se hizo. *Fotografía de cárabo en un parque urbano de Madrid (El Retiro). En los días de otoño suele salir de su hueco antes del anochecer.*

«Los cárabos poseen un plumaje muy críptico que les ayuda a pasar desapercibidos, y a camuflarse en su entorno»

Además, poseen diferentes tonalidades de plumaje según distintos individuos. Pueden ir desde el color pardo rojizo, hasta el color grisáceo claro, o con tonalidades intermedias, dependiendo básicamente del entorno en el que se encuentran. Esto les facilita más aún si cabe, ocultar su presencia. Junto con la lechuza común, tiene la coloración del ojo oscura en su totalidad, a diferencia del resto de rapaces nocturnas que presentan distinto color en el iris.

CÓMO FOTOGRAFIAR
Rapaz que habita en bosques por excelencia, aunque también en otros ecosistemas. Lo primero que debemos hacer para empezar en su trabajo fotográfico, es detectar su presencia. Visualmente resulta muy complicado, pero no tanto si prestamos atención a su canto en las noches de invierno y primavera que es cuando más suelen cantar.

Ejemplar fotografiado mientras dormita de día, en la entrada de su agujero.
f/5.6 - 1/60 s – ISO 200, Modo manual – Distancia focal 400 mm - balance de blancos automático.

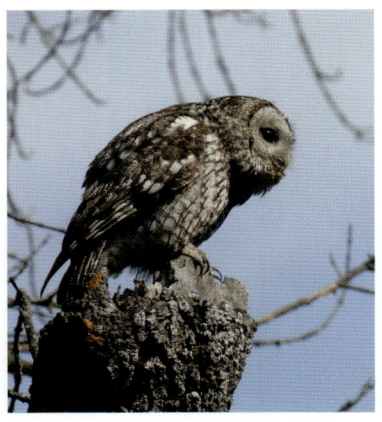

Si escuchamos sus cantos en un territorio con asiduidad, ya tenemos una parte del trabajo realizado. Sabemos que viven allí; ahora el gran reto es descubrirlos de día mientras descansan en sus posaderos diurnos. Me han servido de gran ayuda siempre para esto, el escuchar al resto de pajarillos, cuando realizan cantos de peligro y advertencia.

«Escuchar cantos de alarma de otras aves, nos ayudará a detectar a esta y otras rapaces»

Muchas aves que son potenciales víctimas de los cárabos, si los detectan de día en un posadero, emiten multitud de cantos y sonidos de alarma alrededor suyo, avisando al resto de habitantes que allí hay un peligro. Si escuchamos estas alarmas de

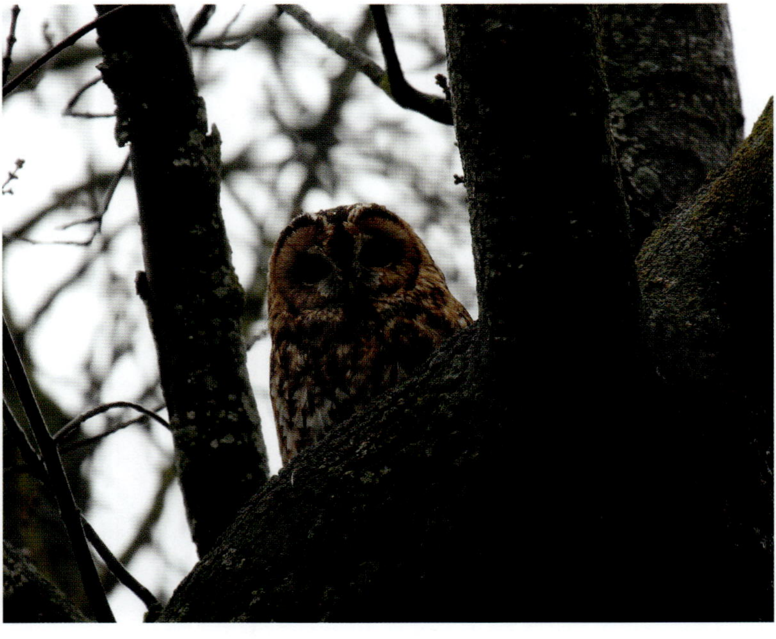

Cárabo fotografiado en su posadero de caza mientras vigila alguna posible pieza.
f/6.3 - 1/1000 s – ISO 400, Modo manual – Distancia focal 400 mm - balance de blancos luz día.

Individuo de morfo rojiza observando el entorno después de una tormenta. Pueden apreciarse las gotas de lluvia en su plumaje.
f/5.6 - 1/60 s – ISO 400, Modo manual – Distancia focal 400 mm - balance de blancos nublado.

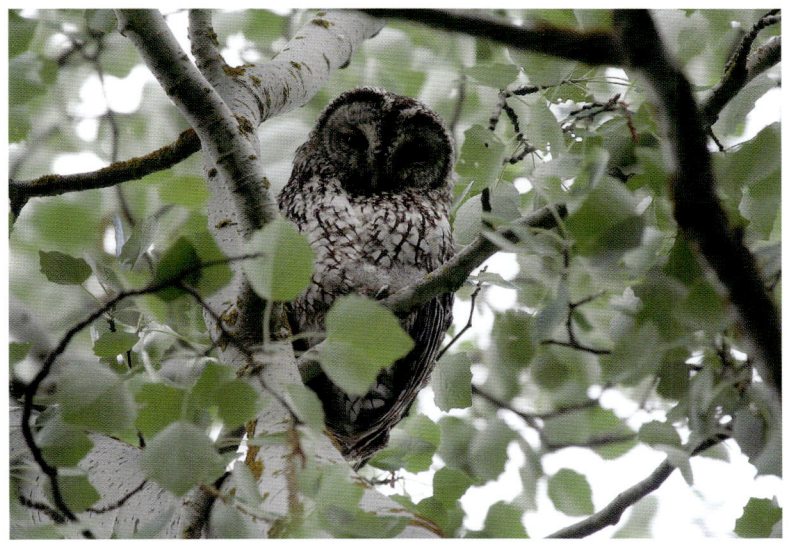

Individuo de morfo gris descansando, pegado a la rama de un árbol. De esta forma suelen pasan desapercibidos.
f/6.3 - 1/100 s – ISO 200, Modo manual – Distancia focal 400 mm - balance de blancos nublado.

varias aves en un árbol, es señal que allí hay algún depredador o peligro. Pero las veces que he detectado a los cárabos en sus posaderos, ha sido así; primero escuche las alarmas y cuando me he ido acercando muy despacio para no perturbar el entorno, he detectado a los cárabos descansando en sus posaderos y al resto de aves volando y gritando a su alrededor.

Descubiertos sus posaderos diurnos, que suelen ser habituales en años, siempre y cuando no haya muchas molestias a su alrededor, el resto del trabajo es hacer las fotografías en el mejor ángulo, luces, y posibilidades que nosotros estimemos. A veces estos posaderos los toman a ciertas horas, ya que en otras descansan en algún agujero cercano. Si las horas a las que ocupan dicho punto son con luz escasa, lo mejor es ayudarse de un trípode y temporizar el disparo evitando que las fotos salgan movidas. Ya que estos animales permanecen inmóviles mucho tiempo.

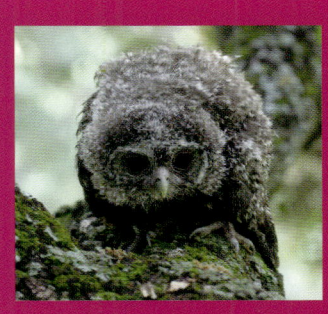

¿SABÍAS QUÉ...?
Los pollos suelen salir pronto del nido sin saber volar. No están abandonados, por lo tanto, es mejor no tocarlos porque los padres los controlan y alimentan. Y si están en alguna zona de peligro como una carretera o similar, se los puede ayudar, dejándoles sobre en una rama de un árbol cercano.

Piquituerto común

Mejor estación del año:	otoño, invierno.
Instantes para captar:	en su posadero natural de pináceas.
Dificultades:	fotografiarlos a su altura con buen fondo.
Equipo y material:	teleobjetivos, trípode, redes.
Mejores lugares para su fotografía:	P. Natural Cadí-Moixeró, P. Nacional de Aigüestortes i Estany de Sant Maurici, P. Nacional de la Sierra de Guadarrama, P. Natural de la Serranía de Cuenca, P. Nacional de Sierra Nevada, Guardamar del Segura.

El loro ibérico

Los piquituertos son aves de picos curvados y cruzados, únicos en la Península, y de esta característica viene su nombre. La adaptación del pico es debido a su alimentación principal como son las semillas de las piñas de coníferas. Con la forma de su pico pueden abrir y alimentarse de estas semillas con gran habilidad.

«Los picos curvados y cruzados de los piquituertos son únicos entre las especies de aves ibéricas»

Los machos adultos tienen color rojizo y las hembras verdoso, pero hay varios tonos en los jóvenes de ambos sexos.

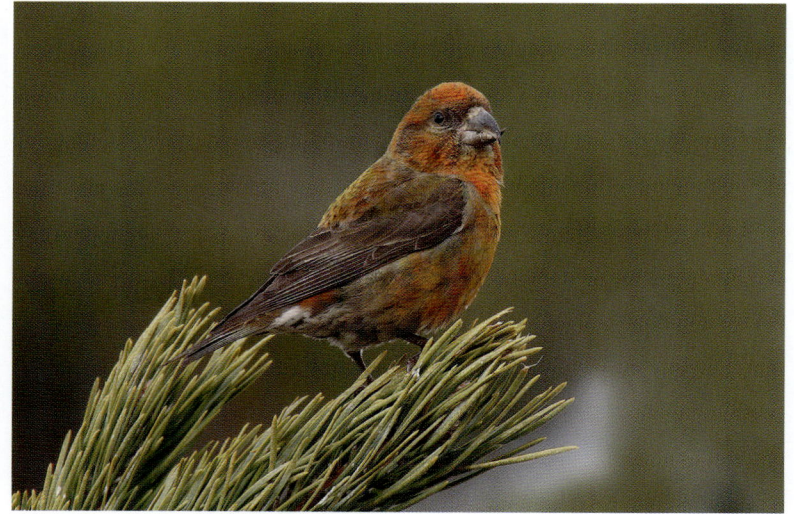

Macho fotografiado sobre la copa de un pino. Se puede apreciar su característico pico torcido.
f/8 - 1/160 s – ISO 200, Modo manual – Distancia focal 560 mm - balance de blancos automático.

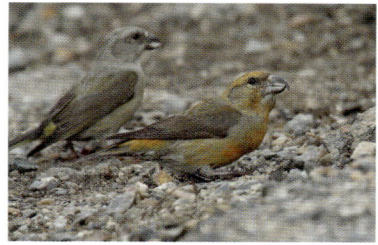

Pareja de piquituertos buscando alimento entre el terreno. Se observa la diferencia de coloración entre ambos sexos.
f/10 - 1/200 s – ISO 400, Modo manual – Distancia focal 560 mm - balance de blancos automático.

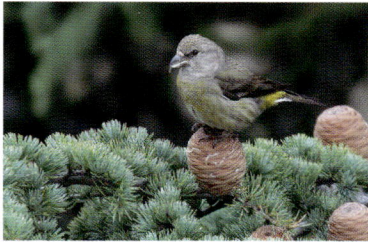

Hembra posada sobre la piña de un cedro.
f/8 - 1/125 s – ISO 200, Modo manual – Distancia focal 560 mm - balance de blancos automático.

CÓMO FOTOGRAFIAR

Suelen tener cierta querencia a árboles tipo coníferas para alimentarse sobre todo de piñas. Por ese motivo debemos elegir un buen lugar, seleccionar el punto donde colocarte para fotografiarlos a su nivel y poder tener fondos limpios, que no sean cielo; es el instante en el que les fotografiemos.

Por ello es importante hacer seguimiento, descubrir estos lugares y una vez sabido, permanecer lo más oculto y quieto posible cuando están por allí. De los distintos lugares donde los he observado, el mejor punto para mí fue en una ladera de pinos, donde solían alimentarse. Los he observado en pinos medianos que, vistos en pendiente hacia arriba, llegas a tener las copas de estos árboles a tu nivel y a no muchos metros de distancia.

«En laderas empinadas de pinos, puedes llegar a tener a tu nivel las copas de árboles donde se alimentan los piquituertos»

Otra opción más laboriosa es montar una caseta en altura con ayuda de andamios, tipo torre. Y así poder tener los árboles a tu nivel. Solo que esta opción te limita hacer fotografías para el árbol que elijas como posadero y a la distancia de tu torre. En cambio, si no usamos la torre, y la ladera tiene mucha pendiente, puedes ir cambiando de árbol sin tener que estar tan condicionado, camuflándote sobre otros árboles con las redes y el trípode.

Una vez hecho el trabajo, esperaremos a que lleguen para alimentarse; suelen hacerlo en grupos más o menos numerosos y siempre nos darán muchas oportunidades.

Si hemos elegido bien la distancia y el fondo, podremos ir variando la apertura del diafragma para que nuestro fondo sea tan desenfocado como deseemos.

¿SABÍAS QUÉ…?
A menudo se las puede ver picoteando en paredes y muros, donde obtienen sales, que necesitan para su digestión alimenticia.

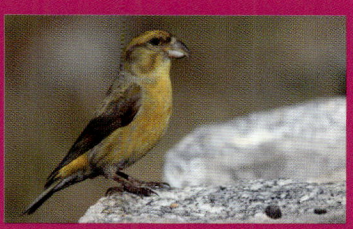

Jilguero lúgano

Mejor estación del año:	invierno.
Instantes para captar:	alimentándose, contraluces, composiciones.
Dificultades:	están en movimiento continuamente y entre muchas ramas.
Equipo y material:	teleobjetivos.
Mejores lugares para su fotografía:	P. Natural de Gorbeia, Ceberio, Montseny, P. Natural Sierra Mariola, P. Natural Señorío de Bértiz, R. Biosfera de Urdaibai, R. Biosfera de los Valles de Omaña y Luna, Jardines de Aranjuez (Madrid), P. Natural Sierra de las Nieves.

El invernante de los alisos

Estas aves las encontraremos mayormente durante la estación de invierno. Suelen estar en grupos más o menos numerosos, tanto desplazándose, como alimentándose. Son aves forestales, pero en esta estación las podemos encontrar alimentándose en alisos cerca de zonas de riberas.

«Cuando se alimentan de los alisos adoptan multitud de posturas, pero que no resultan fáciles de captar como uno desea»

Según como sea de duro el invierno y se hayan reproducido en primavera, podremos verlos en bandos abundantes o

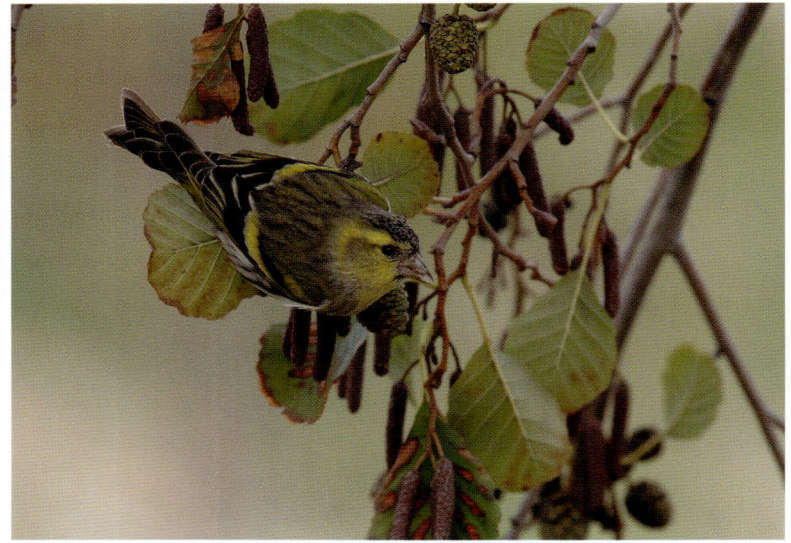

Jilguero lúgano fotografiado en cruz con la línea que siguen las ramas, favoreciendo la composición.
f/9 - 1/200 s – ISO 200, Modo manual – Distancia focal 400 mm - balance de blancos nublado.

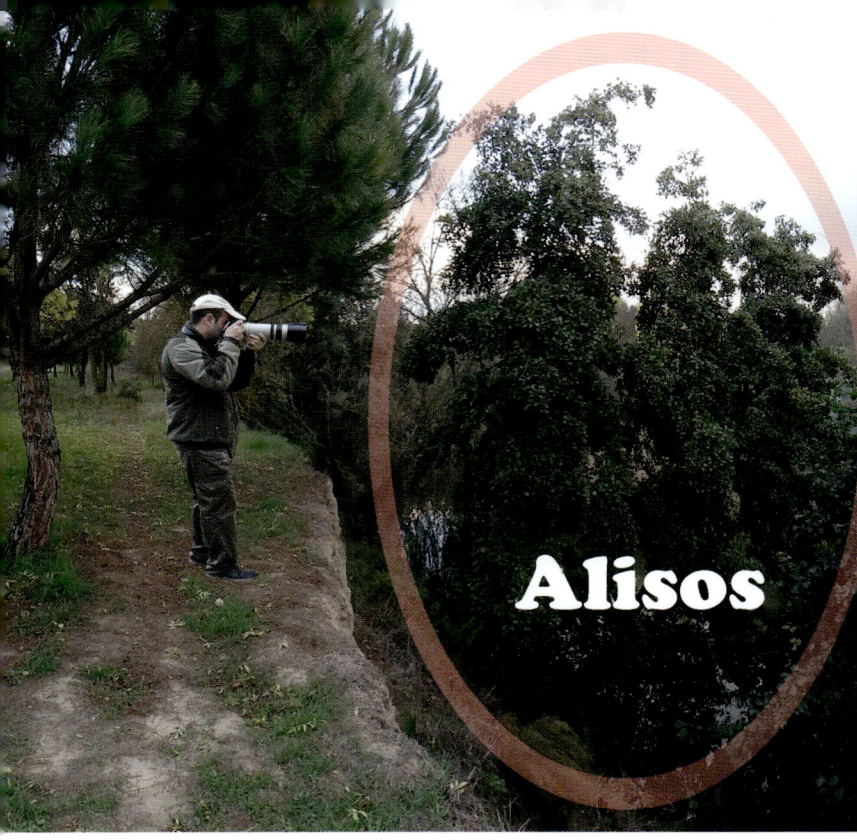

Cómo se hizo. *Fotografiar desde un punto elevado, para tener las copas de los alisos a nuestra altura y que los fondos no sean cielo.*

escasos; cada año es distinto y depende mucho de estos factores.

CÓMO FOTOGRAFIAR

Lo mejor como trabajo previo, es detectar alisos en zonas cercanas de nuestros lugares de campeo. De esta manera podemos repetir más sesiones, aumentando las posibilidades de captar nuestras mejores fotografías.

En invierno deberemos visitar estos alisos y descubrir si están siendo utilizados por grupos de jilgueros lúganos. No siempre recorren todos los alisos, aunque estén muy juntos unos de otros. Además,

muchas veces lo hacen durante unos días, que suele ser cuando están las semillas de manera óptima para alimentarse; después recorren otros lugares y árboles.

«Las semillas de los alisos son una fuente importante de alimentación para estas aves»

Es frecuente que tengan ciertas preferencias por unos árboles y en estos suelen repetir durante años. Lo más difícil para fotografiarlas es situarse a su nivel e intentando tener un fondo que no sea cielo y lo más desenfocado posible.

Culebra lisa europea

Mejor estación del año:	primavera, verano.
Instantes para captar:	enroscada, entre piedras, deslizándose.
Dificultades:	encontrar ejemplares de manera despejada.
Equipo y material:	objetivos normales, teleobjetivos.
Mejores lugares para su fotografía:	Monte Pindo, P. Natural Posets Maladeta, P. Natural del Lago de Sanabria, P. Nacional de los Picos de Europa, Sierra de la Culebra, P. Nacional de Aigüestortes y Estany de Sant Maurici, P. Natural de la Serranía Cuenca, Sierra Gúdar, P. Natural Ports, P. Natural Ubiñas-La Mesa, Sierra de Gredos, P. Nacional de la Sierra de Guadarrama.

La comesaurios

Este reptil suele vivir en la región norte peninsular y también en algunas zonas del centro. Para ser de un tamaño pequeño, es una auténtica depredadora de saurios como lagartijas y lagartos.

Es un animal muy veloz y de costumbres diurnas normalmente. Suele cazar al rececho buscando sus presas entre piedras y recovecos.

«Es una feroz devoradora de saurios, atacando a los que por su tamaño puede tragar. Suele enroscarse a sus cuerpos, mientras se los va tragando»

Puede vivir en diferentes tipos de hábitat con bastante maleza o en claros; también las podemos ver, en zonas de pradera con vegetación variada.

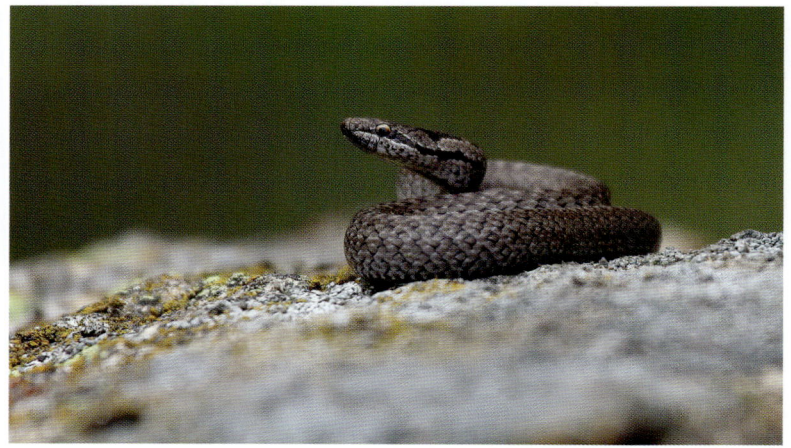

Ejemplar fotografiado sobre una roca mientras permanece en estado de alerta. Es muy importante molestar lo menos posible.
f/4.5 - 1/400 s – ISO 200, Modo manual – Distancia focal 135 mm - balance de blancos automático.

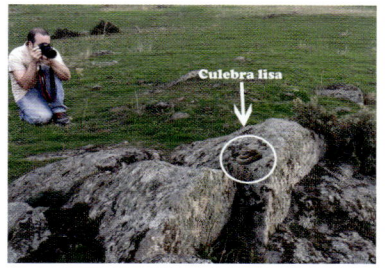

Cómo se hizo. *Fotografía intentando tener el mismo nivel que el animal, desde la mejor distancia que nos permita nuestro equipo.*

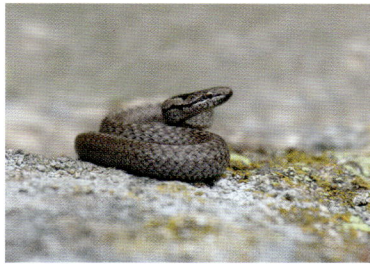

Culebra fotografiada con distinto fondo, procurando destacar al máximo su mirada.
f/4.5 - 1/320 s – ISO 250, Modo manual – Distancia focal 100 mm - balance de blancos automático.

CÓMO FOTOGRAFIAR

Lo más importante a la hora de fotografiar reptiles y demás animales es intentar molestar lo menos posible.

En el caso de reptiles como las culebras es complicado llegar a verlas en zonas despejadas. Pero en paseos de campo sí se pueden localizar; otra historia es fotografiarlas en condiciones.

«Para evitar que estos animales se inquieten y huyan rápido, debemos de actuar con movimientos lentos y suaves»

Para las fotografías, mi compañero canino -*Sol*, que fue mi perro y compañero de paseos durante muchos años- me ayudó a la hora de que el reptil tomara una posición de precaución.

Fue quien la descubrió y me avisó de su presencia; se encontraba la culebra entre unas rocas. Tomé unas cuantas imágenes hasta que el perro se relajó y se fue buscando otros vientos. En esos momentos el reptil aprovechó para esconderse entre las mismas rocas de la zona.

«Con estos animales las mejores fotografías se consiguen teniendo el menor ángulo entre ellos y la cámara; lo mejor es inclinarse o tumbarse en caso necesario»

Las primeras tomas con el cuerpo enroscado y la mirada atenta fueron las que más me gustaron; después fue deslizándose por el lugar, siendo más complicado captar un buen momento. Este tipo de técnica también vale si vas con un acompañante. Sin manipular la especie, si el acompañante puede distraer su atención, para intentar que el animal pare al menos unos segundos. Así podemos tener el tiempo suficiente para fotografiarlo de una forma lo más natural posible.

Un objetivo normal-medio o un teleobjetivo corto son más que suficiente para retratar este tipo de animales. Cerraremos apertura de diafragma, si es de nuestro interés mostrar al reptil en su ambiente, consiguiendo enfocar muchas zonas de la foto. Y viceversa, si queremos destacar una parte sobre el resto, como puede ser su mirada o la cabeza, abriremos al máximo el diafragma.

¿SABÍAS QUÉ...?

Esta especie, al igual que las víboras, es ovovivíparas. Sus crías se desarrollan en huevos, en el interior de la madre. Cuando se realiza la puesta de huevos, salen inmediatamente de ellos y son totalmente independientes desde ese momento.

Tejón

Mejor estación del año:	verano y otoño.
Instantes para captar:	salidas de las tejoneras, alimentación nocturna, encuentros familiares.
Dificultades:	actividad nocturna, sigilo extremo, foco en condiciones de muy poca luz.
Equipo y material:	teleobjetivos luminosos, trípode, barreras de infrarrojos, linternas cálidas.
Mejores lugares para su fotografía:	bosques atlánticos del norte peninsular, sierras de la Cordillera Cantábrica, Montes de Toledo, Sistema Central, valles húmedos del Pirineo y Parque Natural de Montesinho.

El excavador enmascarado de la noche

El tejón es uno de los mamíferos más esquivos de nuestra fauna. De aspecto robusto, andar decidido y esa característica cara enmascarada en blanco y negro, es un animal que parece surgir del bosque como una sombra antigua. Su presencia suele pasar desapercibida incluso para quienes pasean a menudo por los mismos lugares que él recorre cada noche.

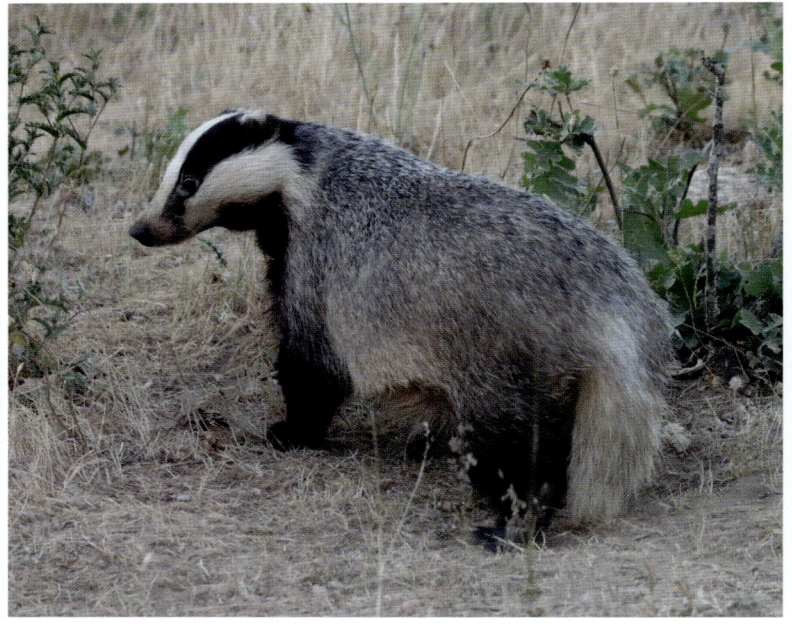

Tejón fotografiado antes del amanecer.
f/5.6 - 1/160 s - ISO 2500 - Distancia focal 400 mm - balance de blancos sombra.

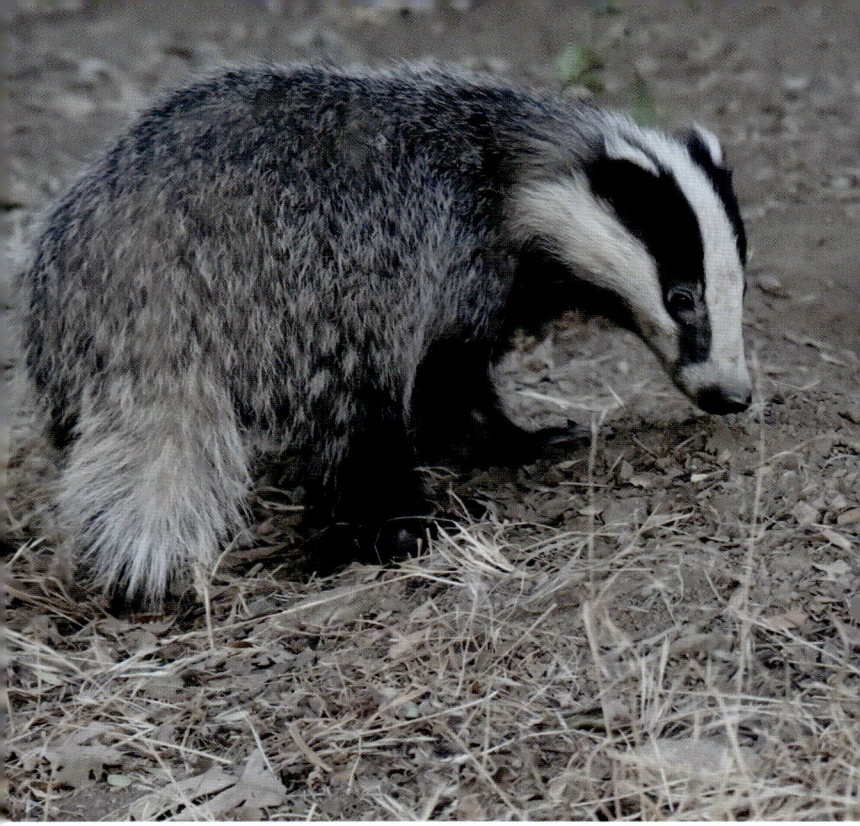

Tejón entrando a la tejonera
f/6.3 - 1/100 s - ISO 4000 - Distancia focal 560 mm - balance de blancos sombra

Construye complejas tejoneras con múltiples galerías, aprovechando raíces, roquedos y antiguos refugios naturales que remodela a su gusto. Allí crían y viven en pequeños clanes familiares, donde las interacciones son sorprendentemente tiernas y sociales.

«En sus paseos nocturnos, el bosque parece abrirse ante él como si reconociera a un viejo compañero»

Su dieta es amplia: lombrices, frutos, insectos, raíces, pequeños vertebrados. La variedad es enorme y cambia según el territorio y la estación. Este oportunismo alimentario explica en parte su éxito en casi toda la Península, especialmente en zonas donde el mosaico de prados, huertas y bosques ofrece alimento durante todo el año.

CÓMO FOTOGRAFIAR
Observar al tejón en su entorno natural no es solo una cuestión de paciencia, sino también de entender sus costumbres y comportamientos. Los tejones son animales nocturnos y de hábitos muy marcados, lo que significa que se guían por un horario regular que puede preverse

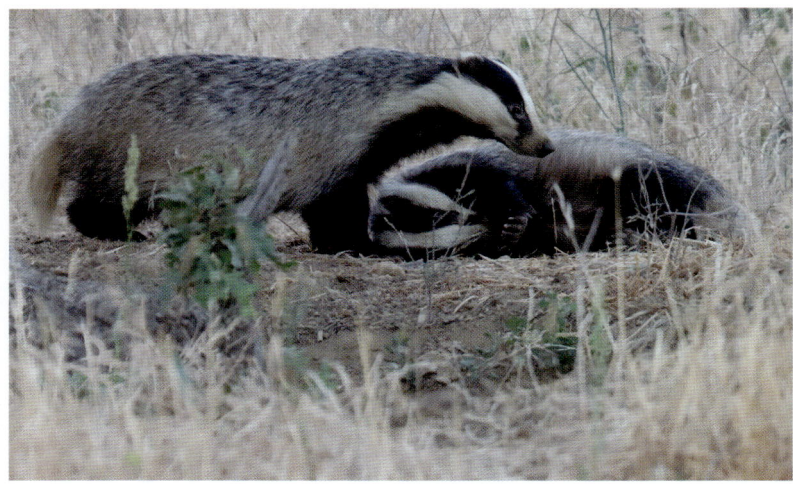

Pareja de tejones en la entrada de la tejonera.
f/5.6 - 1/160 s - ISO 5000 - Distancia focal 560 mm - balance de blancos sombra.

si se conoce bien el terreno. La paciencia juega un papel esencial aquí, ya que no es suficiente con ir simplemente a esperar: hay que estudiar los patrones de movimiento y las rutas que siguen durante días o incluso semanas antes de intentar capturarlos en una toma. El tejón no es una especie que se apresure, por lo que cada uno de sus movimientos es una oportunidad para observar, aprender y finalmente capturar una imagen única. Cuanto más tiempo pases observando sin intervenir, más detalles podrás recoger, desde sus gestos hasta las pequeñas interacciones que ocurren mientras interactúan con su entorno.

Para ver tejones de cerca sin interferir en su vida, funciona muy bien la técnica del "silencio previo": llegar dos horas antes del crepúsculo, situarte con el viento de cara y quedarte totalmente inmóvil cerca de las sendas que parten de las tejoneras. El tejón es extremadamente rutinario: suele salir por el mismo punto y detenerse unos segundos a "olfatear el aire". Si estás allí antes de que su actividad comience, inmóvil y con ropa discreta, podrás verlo llegar a verlo si ocurre antes del anochecer.

Fotografiar al tejón es entrar en otro ritmo: más lento, más silencioso y profundamente atento. No es una especie que permita improvisar. La clave es conocer sus rutas y horarios, que suelen mantenerse bastante regulares mientras nadie las altere.

El primer paso consiste en localizar tejoneras activas observando huellas, entradas frescas, restos de tierra removida y letrinas cerca. Una vez identificado el lugar, conviene estudiar a qué hora comienzan a salir. En verano suelen asomarse al crepúsculo; en otoño, ya entrada la noche.

«La paciencia es tu mejor aliado: el tejón te observa mucho antes de que tú lo percibas

Para trabajar sin molestar, es esencial mantenerse a distancia, situarse a favor del viento y evitar movimientos bruscos. Permanecer camuflado con la vegetación local, esperando cómodamente sin influir en su comportamiento. Si optas por fotografiar rutas de paso, busca estrechamientos naturales: sendas entre helechos, claros en bosques densos o bordes de praderas por donde suelen desplazarse.

La dificultad principal será la escasa luz. Aquí entra en juego el equipo: teleobjetivos con buena apertura e ISO altos sin miedo. Podemos utilizar barreras de infrarrojos en sus caminos, que suelen estar muy marcados, y congelar momentos sin presencia del fotógrafo, proporcionando imágenes de enorme naturalidad.

Otro aspecto técnico a tener en cuenta es la estabilización de la cámara. En condiciones de baja luminosidad, es común que las velocidades de obturación sean lentas, por lo que un trípode robusto o un sistema de estabilización es fundamental para evitar imágenes borrosas. Si se opta por disparar en modo manual, el fotógrafo debe ser consciente de la cantidad de luz disponible y ajustar la velocidad de obturación en consecuencia. Para las fotos de acción, como cuando los tejones se mueven rápidamente, rebuscan en el suelo o interactúan entre ellos, se recomienda disparar en ráfaga para asegurarse de capturar el momento preciso. Resulta útil disparar por encima de 1/250 s y mantener la apertura lo más amplia posible, jugando con la profundidad de campo para destacar la máscara facial característica.

«Las fotografías de interacciones entre tejones pueden ser tan emocionantes como las capturas de sus momentos solitarios»

Hay un momento especialmente bello: la primera salida de la tejonera. El tejón asoma con cautela, huele, escucha y entonces emerge entero. Si has preparado la escena, puedes captar ese instante lleno de tensión y curiosidad. También las noches húmedas, cuando el bosque brilla con reflejos y el tejón aparece lentamente con el hocico brillante por la humedad, ofrecen resultados únicos.

Impagable es la sensación de escuchar unos pasos suaves, sentir que estás siendo evaluado desde la oscuridad y, finalmente, ver cómo acepta tu presencia mientras sigue con lo suyo. Esa convivencia respetuosa es el verdadero premio.

¿SABÍAS QUÉ...?

Las tejoneras pueden tener décadas de antigüedad y ser utilizadas por varias generaciones. Algunas llegan a albergar decenas de metros de túneles entrelazados, ampliados año tras año por los propios tejones.

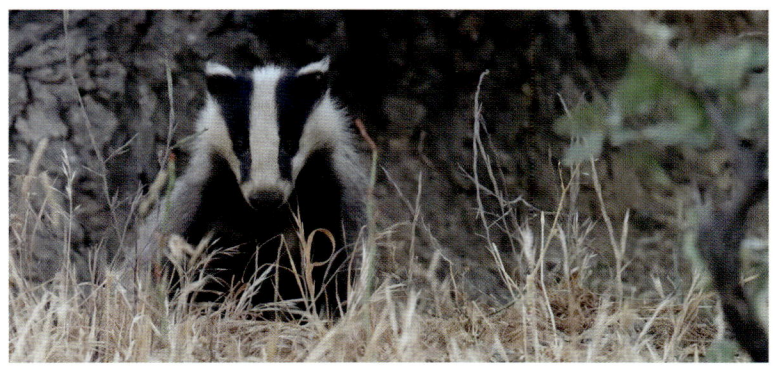

Joven tejón sorprendido al amanecer.
f/5.6 - 1/80 s - ISO 5000 - Distancia focal 560 mm - balance de blancos sombra.

Corzo

Mejor estación del año:	primavera y verano.
Instantes para captar:	amaneceres en prados, machos marcando territorio, hembras con crías.
Dificultades:	extrema sensibilidad al ruido, esquivo y de movimientos rápidos.
Equipo y material:	teleobjetivos de 300–500 mm, monopié, *hide* portátil, ropa de camuflaje y silenciosa.
Mejores lugares para su fotografía:	Montes de León, Cordillera Cantábrica, Pirineo, Sierra de la Demanda, Sistema Ibérico, Llanuras y páramos de Guadalajara y Soria, Valles húmedos del norte peninsular y Serra da Peneda-Gerês.

El duende de los claros

El corzo es uno de los animales más sutiles y elegantes del bosque. Sus saltos ligeros y ese modo casi silencioso de aparecer entre los helechos le han valido el apodo de "duende". Vive a medio camino entre lo visible y lo escondido; incluso cuando se deja ver, parece hacerlo con la prudencia de quien escucha todo lo que ocurre a su alrededor.

Las hembras cuidan a sus crías en zonas tranquilas, a menudo en praderas escondidas o manchas de matorral donde la seguridad prima sobre cualquier otra cosa. Los machos, más territoriales, dedican buena parte de la primavera a marcar su dominio con frotas y raspaduras, creando patrones curiosos en la vegetación. Su alimentación varía con la estación: brotes tiernos en primavera, frutos y hojas en verano, y tallos leñosos cuando el frío aprieta. Esa capacidad para aprovechar casi cualquier recurso vegetal explica su presencia en tantos ecosistemas, desde los montes atlánticos hasta bosques mediterráneos húmedos o laderas de montaña.

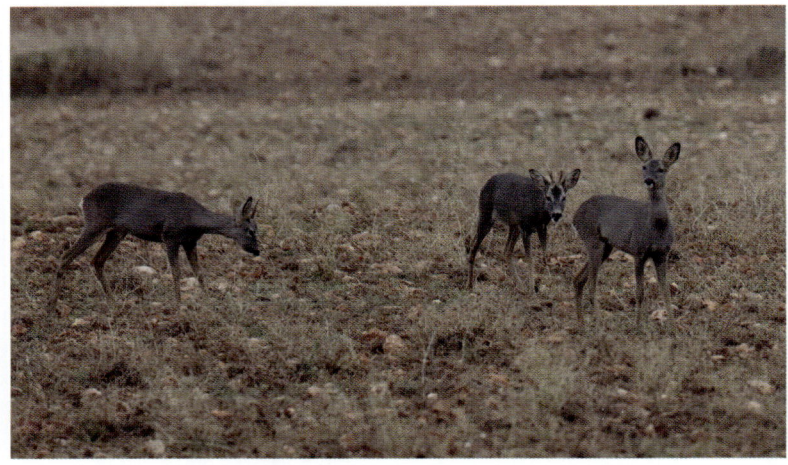

Machos de corzo en busca de la hembra.
f/6.3 - 1/640 s - ISO 2000 - Distancia focal 560 mm - balance de blancos nublado.

CÓMO FOTOGRAFIAR

Una forma delicada y eficaz de observar corzos de cerca es emplear la "espera vegetal": esconderse en pequeños rodales de matorral que crecen entre claros, donde ellos suelen detenerse a alimentarse al amanecer. No se trata de perseguirlos, sino de situarte donde acuden habitualmente. Si llegas muy temprano, te agachas tras el matorral sin moverte y mantienes el viento a favor, los corzos aparecerán de manera natural y es posible que pasen a escasos metros, confiados, sin notar tu presencia. Fotografiar al corzo exige una combinación delicada de silencio, distancia y lectura del terreno. No es un animal que tolere errores: una rama crujida o un cambio brusco de viento y desaparecerá sin mirar atrás.

«Un error, y un ladrido de corzo nos delatará»

La primera luz del día es el momento más especial. En primavera, cuando la hierba está cargada de rocío y la niebla cubre los valles, los corzos salen a alimentarse en claros abiertos. Anticiparse implica llegar antes del alba, ubicarse contra el viento y escoger un punto donde el sol, al levantarse, bañe la pradera de forma lateral.

«El éxito no depende del equipo, sino de ser aceptado por el entorno

Un *hide* ligero permite trabajar en zonas abiertas sin alertar a los animales, pero igual de efectivo es usar la vegetación natural: setos, montículos, pequeñas vaguadas. Lo crucial es no destacar. Ropa silenciosa, tonos neutros y movimientos lentos hacen toda la diferencia.

La época del celo, a finales de julio y agosto, ofrece momentos espectaculares: persecuciones entre machos, llamadas insistentes y carreras circulares alrededor de las hembras. En estas escenas conviene usar velocidades altas (1/1000 s o más) para congelar las explosiones de movimiento. Una apertura amplia ayuda a separar al corzo del fondo, especialmente en zonas con matorral denso.

Las crías, escondidas en la hierba alta, requieren máxima ética: nunca acercarse, nunca interponerse entre ellas y su madre, nunca manipular nada del entorno. La mejor estrategia es esperar a que la hembra las lleve a una zona más abierta y, desde gran distancia, captar la delicadeza con la que interactúan. Pero quizá lo más inolvidable ocurre al atardecer, cuando un macho emerge desde el límite del bosque. Te observa, evalúa el viento y da un par de pasos seguros. Ese breve instante, es el auténtico premio del fotógrafo de naturaleza.

¿SABÍAS QUÉ…?

El corzo presenta una peculiaridad única entre los ungulados europeos: las hembras pueden retrasar el desarrollo embrionario mediante implantación diferida, de modo que el parto coincide con la mejor época de abundancia alimentaria.

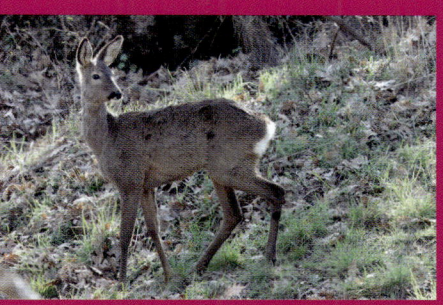

Zorzal alirrojo

Mejor estación del año:	invierno y pasos migratorios.
Instantes para captar:	alimentación en suelos húmedos, consumo de frutos, vuelos en bandos, posados vigilantes en arbustos.
Dificultades:	especie muy arisca, movimientos rápidos, grupos dispersos, luz baja en bosques y setos.
Equipo y material:	teleobjetivos 400–600 mm, *hide* portátil, ropa mimética, trípode.
Mejores lugares para su fotografía:	Parque Natural de la Serranía de Cuenca, Campiñas de Extremadura (Badajoz/Cáceres), Sierra Norte de Madrid, Páramos de Burgos y Soria, Santander, Marismas de Santoña (Cantabria) y Tierra de Campos (Valladolid–Palencia).

El viajero rojizo del norte

Cuando las temperaturas caen en el norte de Europa, miles de zorzales alirrojos viajan hacia el sur, llenando de vida silenciosa los prados húmedos, los bosques desnudos y los setos cargados de bayas. Su ceja blanca y su mancha rojiza bajo las alas permiten distinguirlo al vuelo, especialmente cuando un grupo arranca desde el suelo dejando un destello rojizo en medio del frío.

A diferencia de otros túrdidos que permanecen todo el año, el alirrojo es un huésped estacional, inquieto y reservado. Se mueve en pequeños bandos que avanzan de árbol en árbol, alternando patrullas rápidas con momentos de intensa alimentación en el suelo blando, donde busca lombrices e insectos escondidos bajo la hojarasca.

«Tiene la elegancia del que no necesita llamar la atención para ser recordado»

En días húmedos y sin viento, es más activo aprovechando la disponibilidad de alimento. Cuando encuentra un arbusto cargado de bayas, el grupo entero puede entrar en una especie de frenesí silencioso, engullendo frutos con rapidez antes de desplazarse a otro punto.

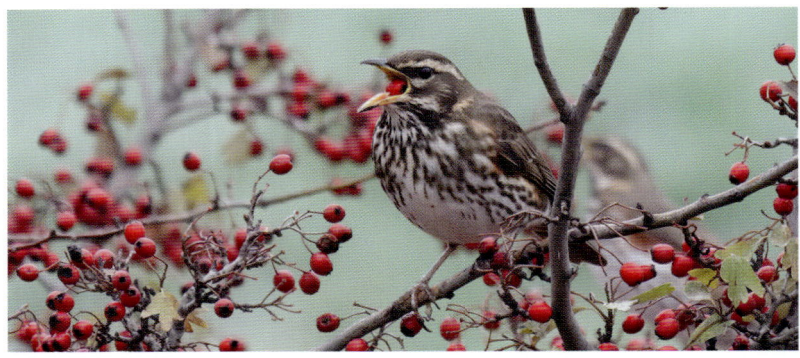

Zorzal alirrojo comiendo frutos de majuelo.
f/6.3 - 1/250 s - ISO 1000 - Distancia focal 800 mm - balance de blancos nublado.

CÓMO FOTOGRAFIAR

La técnica más útil es aprovechar los "árboles comederos": serbales, acebos o majuelos cargados de frutos durante el invierno. Su apetito hace que ignoren por completo un observador quieto situado detrás del tronco de un árbol cercano. Acudirán en grupo, entrando y saliendo del árbol, permitiendo observaciones nítidas a poca distancia.

El zorzal alirrojo es una especie esquiva y extremadamente sensible al movimiento, por lo que la estrategia debe centrarse en el sigilo, la distancia y la anticipación del comportamiento.

En invierno, las dos claves son: suelo húmedo para buscar lombrices, y arbustos de frutos (endrinos, majuelos, serbales). Si encuentras un seto cargado de bayas, vuelve con frecuencia ya que los zorzales alirrojos lo visitan de forma regular, especialmente al amanecer y al mediodía.

Entre 20 y 30 metros es la distancia cómoda para ellos. Para trabajar desde cerca sin asustarlos lo mejor es utilizar hide portátil, colocándolo con antelación, preferiblemente antes del amanecer, y sin alterar el seto o la vegetación para "mejorar" la vista, ya que necesitan cobijo.

Desde un hide, el zorzal se comporta con naturalidad, lo cual permite capturar interacciones dentro del grupo y pequeños gestos como sacudidas de plumas o breves vuelos cortos entre ramas.

Los días nubosos son perfectos para fotografiar alirrojos, evitando sombras duras en el plumaje y resaltando los tonos crema de pecho y ceja. Amaneceres fríos con escarcha o niebla aportan atmósferas únicas. Intentaremos situarnos con luz lateral suave para que la mancha rojiza bajo el ala aparezca con mayor intensidad cuando despliega o se estira.

Fotografiarlos mientras se alimentan en el suelo es uno de los momentos más fotogénicos. Para ello hay que detectarlos, y lo mejor es buscarlos en grandes praderas o sotobosques, si el invierno es duro en Europa. Esto hace que sean muchos más los individuos que llegan a la península,

aumentando la posibilidad de poder verlos en más lugares.

Si logramos encontrarlos en alguno de estos sitios, lo mejor es un acercamiento muy despacio y casi a ras de suelo. Elegir aperturas amplias (f/4–f/5.6) para separar al ave del fondo, manteniendo velocidades entre 1/800–1/1200 s para congelar movimientos rápidos de búsqueda.

«Esperar momentos en los que el zorzal levanta la cabeza con una lombriz o una baya en el pico, son imágenes muy expresivas»

Si aparece un pequeño grupo, céntrate en el individuo más confiado, que suele dar las mejores oportunidades. El zorzal alirrojo tiene vuelos breves y tensos, saltando de rama en rama antes de bajar al suelo. Al tener muchos depredadores alados, suelen estar muy alerta cada poco tiempo, por lo tanto hay que observar cada vez que se avanza mientras estén alimentándose y parar cuando permanecen en observación. Los comportamientos respetuosos, siempre nos permitirán observarlos más tiempo y obtener mejores fotos.

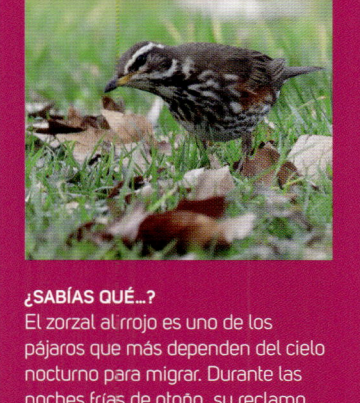

¿SABÍAS QUÉ...?

El zorzal alirrojo es uno de los pájaros que más dependen del cielo nocturno para migrar. Durante las noches frías de otoño, su reclamo suave y agudo puede escucharse pasando sobre pueblos y bosques, sin llegar a ser vistos.

Ciervo ibérico

Mejor Estación del año:	otoño.
Instantes a captar:	berrea, luchas, apareamiento.
Dificultades:	restricciones de uso público en muchas de sus zonas.
Equipo y material:	teleobjetivos, multiplicadores, trípode.
Mejores Lugares para su fotografía:	P. Natural Sierras de Cazorla, Segura y Las Villas, P. Natural Sierra de Andújar, P. Nacional de Doñana, P. Nacional de Cabañeros, P. Nacional de Monfragüe, P. Natural de Saja-Besaya, P. Natural Redes, P. Natural de Despeñaperros.

El señor del bosque

El ciervo es el más grande de los cérvidos que hay en la Península Ibérica. Poseen un porte de belleza asombrosa y son el más claro ejemplo del monte mediterráneo, en belleza y bravura. Hay un gran dimorfismo sexual en peso y tamaño entre ambos sexos, pero la diferencia más importante son las cuernas que poseen los machos y de las que carecen las hembras.

«Los grandes machos poseen enormes cornamentas que utilizan como defensa y para luchar entre ellos, en época de celo»

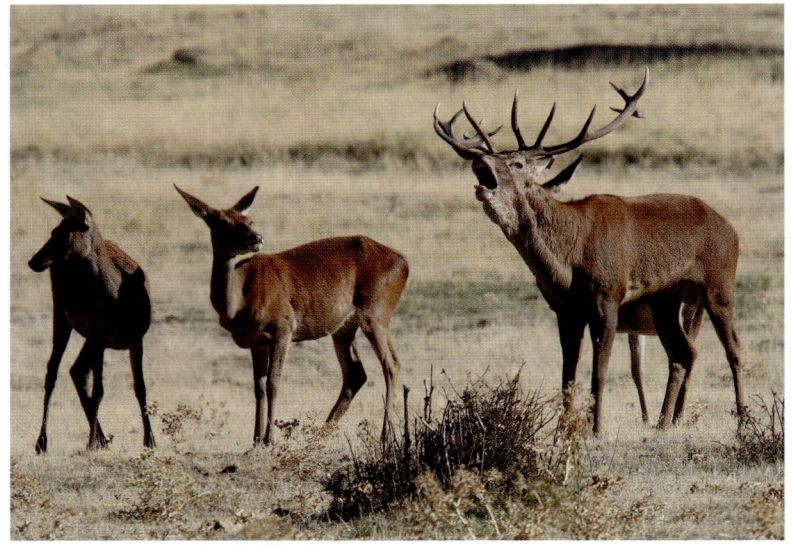

Gran ejemplar de ciervo berreando junto a un grupo de hembras, protegiéndolas de otros machos.
f/8 - 1/1000 s – ISO 400, Modo manual – Distancia focal 500 mm - balance de blancos luz día.

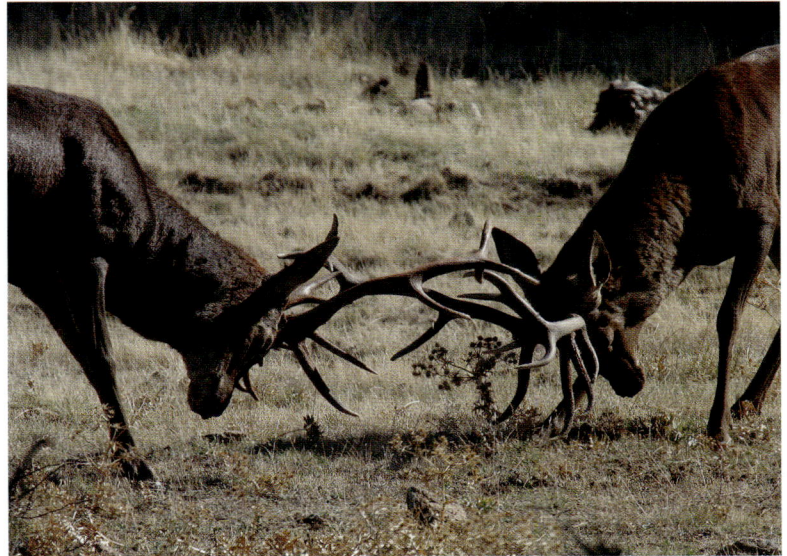

Lucha de dos machos, chocando sus cuernas, para demostrar quién es el más fuerte.
f/8 - 1/1250 s – ISO 200, Modo manual – Distancia focal 560 mm - balance de blancos automático.

El color suele ser pardo rojizo, con tono más claro en el vientre y escudo anal similar en ambos sexos. A los machos les crece la cuerna con su primer año de vida, la cual irán renovando cada año. Inicialmente sus cuernos suelen ser dos varas y se les llama varetos; es a partir de los tres y cuatro años cuando la cornamenta empieza a mostrar su forma característica adulta, con la roseta, luchaderas, contraluchaderas, candiles... que utilizarán como defensa y para luchar con otros rivales en la época de celo.

CÓMO FOTOGRAFIAR

Los ciervos por el hecho de haber sido cazados desde el principio de los tiempos, les hace ser animales muy tímidos, huidizos y desconfiados por naturaleza. Pero en la actualidad la creación progresiva de parques nacionales, naturales, reservas, etc., donde su caza está más limitada, les ha permitido adquirir más confianza y menor recelo a los humanos. En estos lugares es donde se les puede legar a ver de manera más o menos confiada y a distancias razonables. El amanecer y atardecer son sus mejores momentos de observación, porque a estas horas suelen acabar o empezar su actividad diaria. Es importante moverte con sigilo por sus zonas y también ayuda ir camuflado o con colores discretos para no ser detectados desde lejos. Pero lo más importante que hay que tener en cuenta es su agudeza olfativa; por lo tanto, lo mejor es ir con el viento de cara para evitar que nos detecten por el olor.

Entre los meses de septiembre y noviembre, en función del clima y la zona, se produce la berrea, uno de los espectáculos más impresionantes que podemos disfrutar en la Península Ibérica. Durante la época de celo, sus berridos son escuchados a grandes distancias; por lo tanto, no es difícil saber en qué zonas se encuentran. Una vez ubicados, lo mejor es observar desde un buen lugar como se van desarrollando los acontecimientos. Si tenemos suerte los podremos ver a placer y obtener de este modo las mejores fotografías con momentos de acción.

«En el periodo de celo pierden su timidez y se hacen más visibles»

Visto desde lejos, lo mejor es la aproximación discreta caminando o en vehículo si el lugar lo permite. Hacer paradas en cada aproximación e ir fotografiando para asegurar las fotos es básico y no irnos de vacío. Después nos podemos ir acercando un poco más y repetir el ejercicio hasta llegar a nuestra distancia satisfactoria. Para captar momentos nítidos con estos animales que suelen estar en movimiento continuo, lo mejor es utilizar velocidades de disparo lo más altas posibles, por ejemplo 1/1000 s, manteniendo el ISO al nivel más bajo que permita nuestro equipo.

Estos animales en época de celo se muestran muy absortos en la perpetuación de la especie, y menos preocupados por el resto de las cosas. Los machos berrean con gran fuerza para ganar al mayor número de hembras. Y es en esta época cuando se producen las grandes luchas y combates entre los machos, carreras y apareamientos. Siempre prefiero utilizar un gran teleobjetivo y multiplicador, porque las distancias suelen ser grandes.

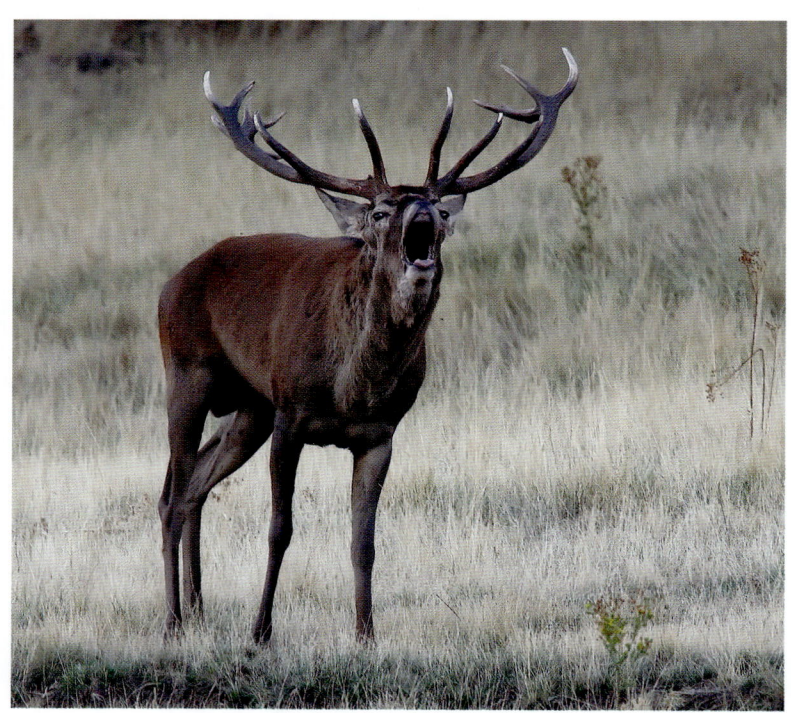

Ciervo macho de gran cornamenta, berreando por todo lo alto, durante la época de celo.
f/8 - 1/800 s – ISO 640, Modo manual – Distancia focal 560 mm - balance de blancos automático.

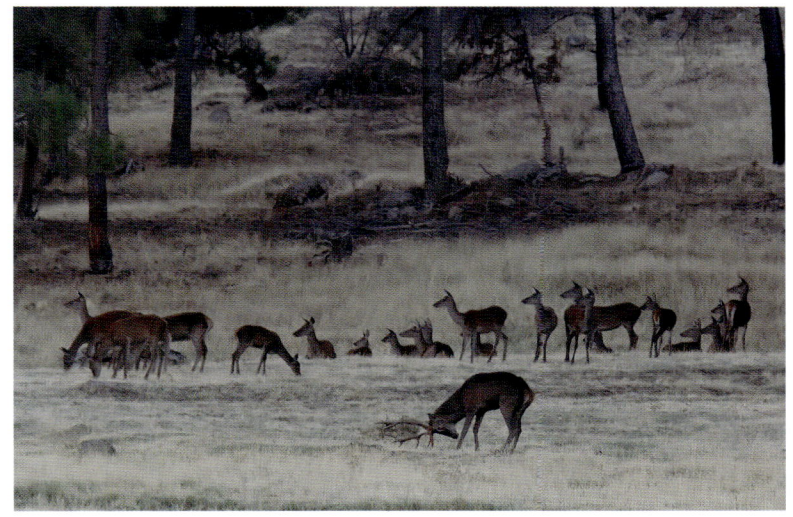

Grupo de hembras reunidas, junto a un macho marcando territorio.
f/5.6 - 1/400 s – ISO 200, Modo manual – Distancia focal 300 mm - balance de blancos automático.

(Distancia focal 400 mm – 560 mm o superiores.)
Este es uno de los mejores momentos para fotografiar al señor de nuestros bosques. Otra buena opción si tenemos tiempo, es observar las zonas donde cada atardecer se producen los hechos, que suele ser donde se alimentan las hembras habitualmente. Descubierto un buen lugar, se puede realizar durante las horas del día un pequeño escondite con redes y vegetación del entorno a una distancia prudencial para no interferir en el comportamiento. Y esperar al atardecer que es cuando empiezan a juntarse machos y hembras. Un trípode nos ayudará a soportar los equipos, y dependiendo de la hora a la que empiecen, iremos combinando nuestros parámetros en cada exposición.

Por nuestra parte es obligatorio visitar los parques naturales y nacionales, donde se les puede ver de manera tranquila y sin temor desde los distintos puntos accesibles que existen en cada paraje.

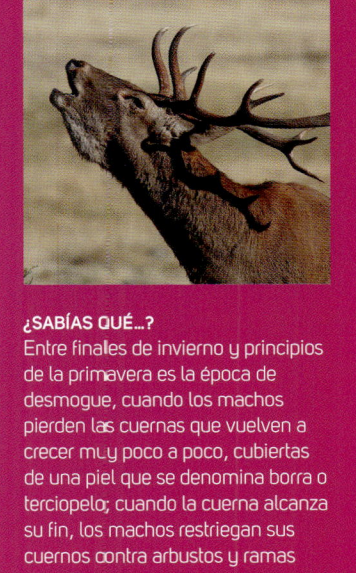

¿SABÍAS QUÉ...?
Entre finales de invierno y principios de la primavera es la época de desmogue, cuando los machos pierden las cuernas que vuelven a crecer muy poco a poco, cubiertas de una piel que se denomina borra o terciopelo; cuando la cuerna alcanza su fin, los machos restriegan sus cuernos contra arbustos y ramas para eliminar la borra.

Gineta

Mejor estación del año:	invierno, primavera.
Instantes para captar:	andando, saltando, trepando, retratos.
Dificultades:	fotografiar con barreras en la noche.
Equipo y material:	objetivo, trípodes, barrera IR alta velocidad, flash, disparadores en remoto (*triggers*), baterías, pilas, pinzas.
Mejores lugares para su fotografía:	Sierra de Cazorla, P. Natural de la Sierra de Collserola, P. Natural de la Sierra Norte de Guadalajara, R. Natural de la Sierra de Malcata, P. Natural de Las Batuecas - Sierra de Francia, P. Natural de Sant Llorenç del Munt i l'Obac.

La bella matadora

Denominada así por Félix Rodríguez de la Fuente, este bello animal es un ejemplo de belleza y letal cazador.
Se pueden encontrar en diversos hábitats, pero suelen estar ligados a zonas con arbolado, donde poder esconderse durante el día. Buenos lugares para encontrar sus rastros son zonas de ríos pequeños, con árboles maduros. Además, es un animal más o menos común, pero al ser nocturno, es complicado saber de su presencia.

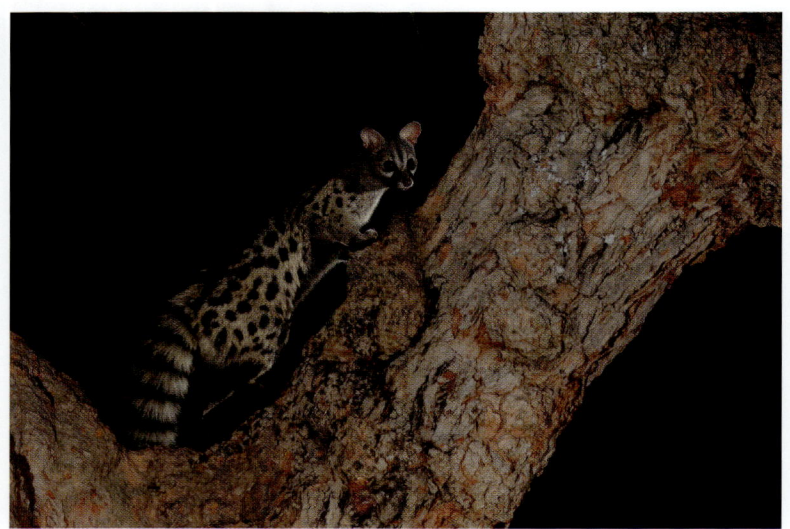

Fotografía de gineta trepando un árbol en busca de alimento.
f/11 - 1/100 s – ISO 100, Modo manual – Distancia focal 100 mm - balance de blancos flash + 2 flashes a 1/8 de potencia y otro a 1/16.

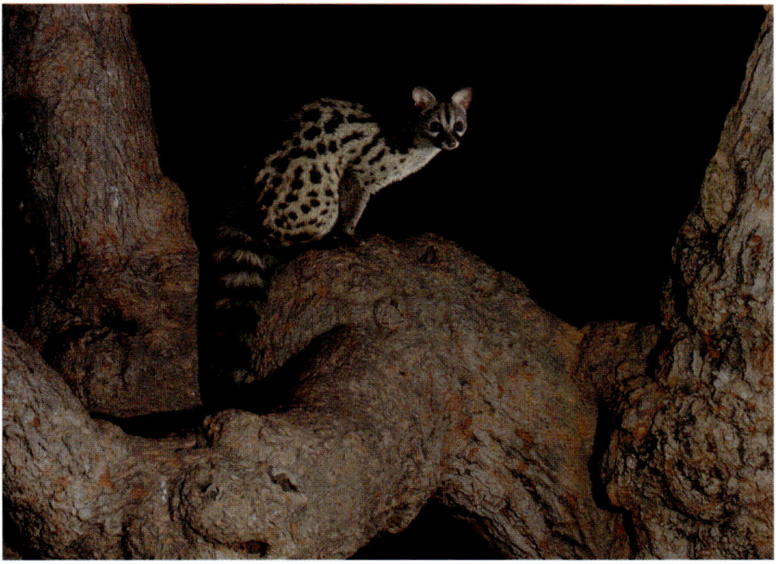

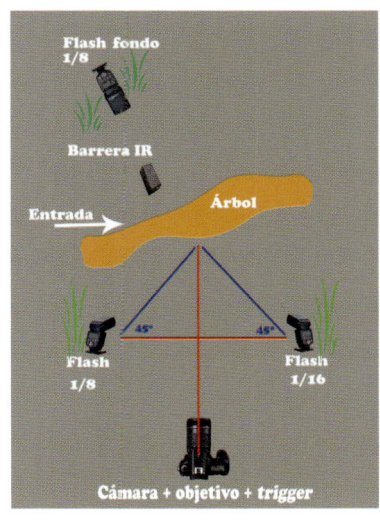

Ejemplar fotografiado apostado sobre el tronco de una enorme morera.
f/9 - 1/80 s – ISO 200, Modo manual – Distancia focal 80 mm - balance ce blancos flash + tres flashes a 1/8 de potencia.

«De hábitos nocturnos, utiliza huecos de los árboles para descansar durante el día»

Son animales nocturnos, excelentes cazadores y capaces de trepar con mucha agilidad. Poseen una enorme y preciosa cola, de longitud similar a su cuerpo. Su color es gris con manchas negras que le ayudan a ocultarse perfectamente, aunque también se han observado ejemplares casi negros en su totalidad.
Su alimentación es también variada como aves, reptiles, insectos, y frutos diversos, pero preferiblemente pequeños mamíferos.

CÓMO FOTOGRAFIAR
Averigüemos primero los territorios de ginetas para después realizar el trabajo fotográfico. Lo primero que debemos detectar son sus letrinas, lugares donde depositan gran cantidad de excrementos durante largos periodos de tiempo.

Cómo se hizo. *Esquema de iluminación empleado para realizar las fotografías de gineta.*

«Encontrar letrinas de ginetas nos dará la información necesaria para poder realizar el trabajo fotográfico»

Suelen ser puntos elevados, como una gran piedra, montones de piedras juntas, o troncos de árboles. Es necesario recorrer zonas cercanas con agua, donde haya buena cobertura vegetal y distinta variedad de elementos, como grandes lanchas de piedras o troncos, para encontrar las letrinas de estos animales.

En ellas podemos observar si son recientes y el tipo de alimentación que consumen. Descubiertas y sabiendo que son recientes, ya sabremos que en esta zona hay ginetas. Lo siguiente que es necesario hacer, es buscar un sitio propio, por la zona, para fotografiarlas.

Cebar con distintos tipos de comida, con el permiso autorizado, y observar que lo van utilizando con asiduidad. Si tenemos cámara de fototrampeo, nos ayudará a saber a qué hora suelen acudir, qué y cuántos ejemplares. A veces acuden distintos animales como zorros o garduñas. Hecho esto, y comprobado que acuden con asiduidad a nuestro escenario, lo mejor es montar antes equipos simulando la cámara y los flashes; por ejemplo, con cajas o *briks*, sujetos en palos, como si fueran nuestros equipos montados de verdad. De esta manera acostumbramos a los animales que entran a no recelar, cuando montemos los equipos verdaderos. El resto del trabajo consiste en montar nuestro propio equipo. La combinación más básica y con muy buenos resultados es colocar tres flashes. Dos de ellos frontales, a 45º y con distinta altura para dar volumen a las sombras y otro en la parte posterior, para perfilar la silueta, en modo manual y con potencias parciales de 1/8 o 1/16. Es conveniente ir probando con nosotros mismos de modelo, hasta conseguir la iluminación deseada.

«Cámara y flashes tienen que estar con el modo de reposo apagado, para que de este modo puedan funcionar cuando el animal corte el haz de la barrera»

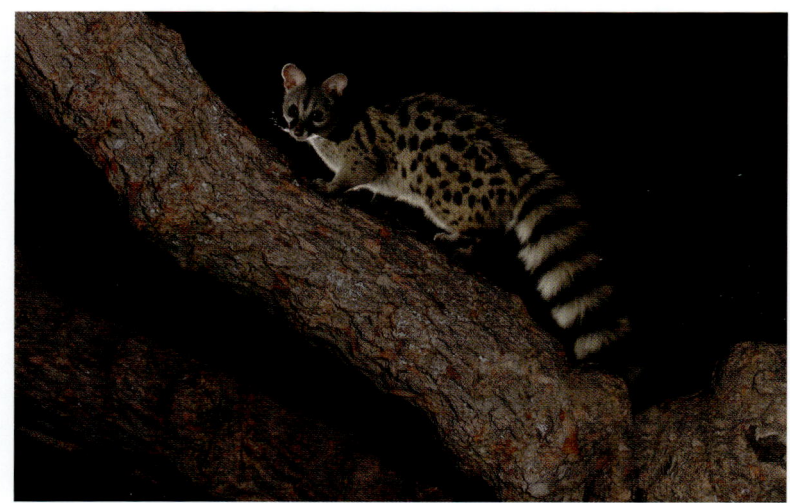

Gineta en paralelo. En esa toma se ha buscado la composición paralela del animal con las ramas del árbol.
f/11 - 1/80 s – ISO 200, Modo manual – Distancia focal 80 mm - balance de blancos flash + 2 flashes a 1/8 de potencia y otro a 1/16.

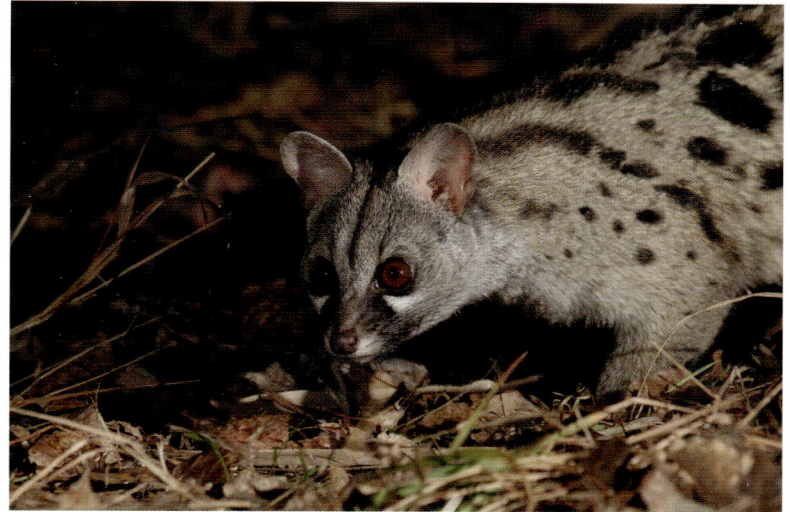

Individuo fotografiado mientras buscaba rastros por la superficie del terreno.
f/10 - 1/100 s – ISO 200, Modo manual – Distancia focal 100 mm - balance de blancos flash + tres flashes a 1/8 de potencia.

La barrera la situaremos en la zona que queremos que corte el haz para realizar la fotografía. Para ello debemos tener muy bien definido el escenario para no tapar ninguna parte del animal. Un tronco inclinado, nos ayudara a aislar al animal, del resto del entorno.
La barrera será la que dispare la cámara y los flashes, mediante *triggers* o disparadores remotos.

«Variando potencias parciales de velocidad en los flashes, podemos obtener imágenes de alta velocidad, como saltos»

Es más que suficiente una cámara en enfoque modo manual y con un objetivo de 50-100. Y los parámetros de ISO 100 – 200, un diafragma de f/11 o similar, y velocidad 1/80 -1/100 que se pueden ir modificando, en función de cómo veamos las fotos que hagamos de prueba.
No olvidar que, al trabajar de noche, las temperaturas son bajas, hay rocío

o incluso puece llover. Por lo tanto, es necesario proteger nuestros equipos; recomiendo telas impermeables y de colores oscuros.

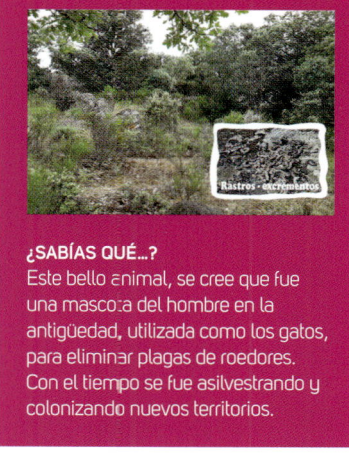

¿SABÍAS QUÉ...?
Este bello animal, se cree que fue una mascota del hombre en la antigüedad, utilizada como los gatos, para eliminar plagas de roedores. Con el tiempo se fue asilvestrando y colonizando nuevos territorios.

Cigüeña negra

Mejor estación del año:	verano.
Instantes para captar:	caminando y pescando en el agua.
Dificultades:	aves muy desconfiadas y además, escasas.
Equipo y material:	*hide*, redes camuflaje, teleobjetivos.
Mejores lugares para su fotografía:	Embalse de Valdecañas (Cáceres), de Orellana (Badajoz), de Navalcán (Toledo) y de Cazalegas (Toledo), P. Nacional de Monfragüe, La Vera, Embalse Rosarito (Ávila - Toledo), P. Natural Arribes del Duero, P. Nacional de Doñana, Aznalcázar, Brazo del Este (Sevilla), Embalse de Santillana (Madrid), R. Natural de la Sierra de la Malcata, P. Natural del Duero Internacional.

La dama de negro

Estas elegantes aves nos visitan en mayor número en primavera; unas en paso migratorio hacia regiones de Europa, y otras eligen nuestra Península para criar. Mucho menos común y bastante más desconfiada que su prima la cigüeña blanca, hace que esta especie sea un gran reto para todos los fotógrafos.

«Desconfiadas donde las haya, nada tienen que ver con la común y humanizada cigüeña blanca»

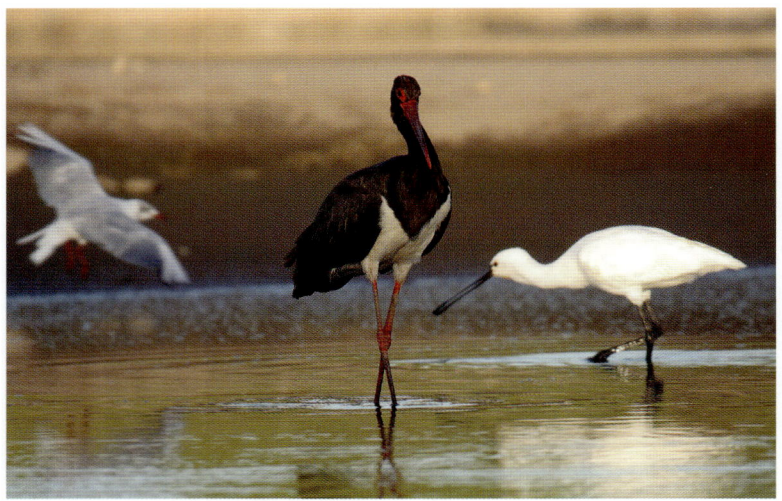

Ejemplar de cigüeña negra, caminando por la charca y flanqueado por dos especies distintas.
f/5.6 - 1/320 s – ISO 200, Modo manual – Distancia focal 400 mm - balance de blancos automático, modo de medición evaluativa.

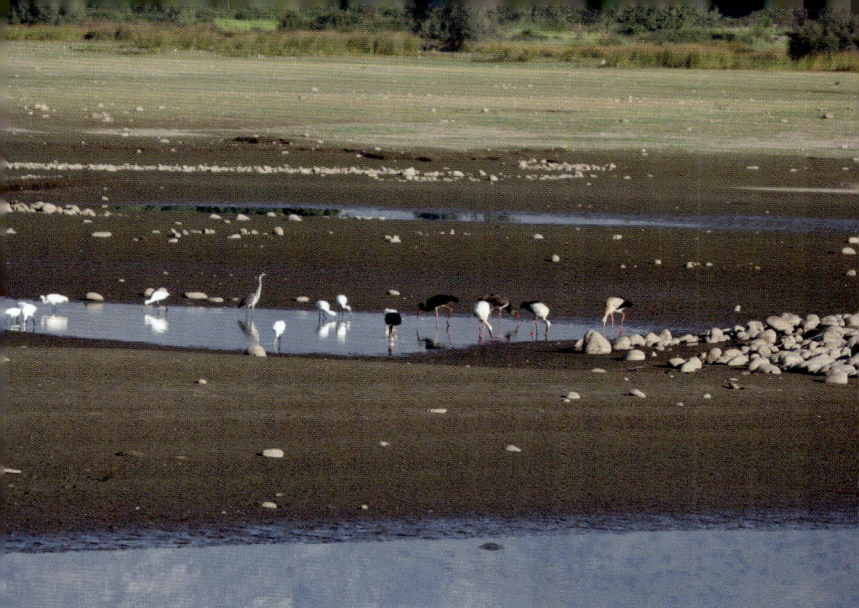

Lugar donde se las pueden ver. *Grandes y medianos charcones donde se quedan atrapados muchos peces, favoreciendo su pesca por varias especies.*

Con plumaje negro en gran parte de su cuerpo, poseen unas iridiscencias, que vistas de cerca las hace aún más bellas y espectaculares.

CÓMO FOTOGRAFIAR

Los meses de verano son los mejores para intentar fotografiar a esta especie. En esta estación, se suelen agrupar numerosos ejemplares en distintas zonas encharcadas como lagunas, pantanos, ríos, etc...
La época de cría terminó y entonces adultos y jóvenes se juntan en zonas de abundante comida; se van preparando, y tomando fuerzas para su dura migración postnupcial.
Debido a su carácter tímido y asustadizo, eligen lugares tranquilos donde la presencia del hombre es escasa y lejana, lo que nos ayuda poco a la hora de intentar fotografiarlas en su medio, buscando alimento, y recorriendo zonas acuáticas.

«Julio y agosto son de los mejores meses en donde podemos intentar su fotografía; veremos individuos de distintas edades y además otras especies de aves»

La técnica del *hidrohide* con esta especie, nunca me ha dado resultado, porque con cualquier objeto que les produzca inseguridad, no dudan en abandonar el lugar. En mis ntentos con este método, se han ido sin m ramientos mucho antes de haber podido acercarme a una distancia razonable.
Las colas de embalses, sobre todo en Extremadura, y Toledo, son lugares muy buenos para ellas en esta época. Al disminuir el nivel del agua, se van generando grandes charcones en los que la comida está asegurada. Todos los peces se quedan aislados sin posibilidad de unirse al cauce principal, a no ser que haya alguna gran tormenta. Cada día que pasa hay menos agua y resulta más

fácil su captura. Estos lugares acaban reuniendo grandes grupos de todo tipo de aves, cada una de ellas especializada en distintas técnicas de pesca.

Lo primero es ir controlando desde la lejanía estas zonas encharcadas para ver cuáles son las que más aves atraen. Las cigüeñas negras son las que suelen bajar si lo ven todo muy tranquilo y casi siempre lo hacen cuando ven a otras especies. Por lo tanto, ayuda mucho que haya otras aves allí pescando.

"Es necesario invertir todo el tiempo necesario en camuflar perfectamente el escondite. Si algo las hace dudar, no bajarán al lugar que hemos seleccionado»

Una vez comprobado qué charcas son las más visitadas, elijo un charcón y monto un pequeño escondite a ras de suelo, en una zona cercana de la orilla donde he decidido probar suerte. Rodeo con piedras el lugar

Cigüeña negra en acción de pesca. Cuando se observa de cerca, se puede contemplar la elegancia y belleza que poseen estos animales.
f/5.6 - 1/400 s – ISO 400, Modo manual – Distancia focal 400 mm - balance de blancos automático, Modo de medición evaluativa.

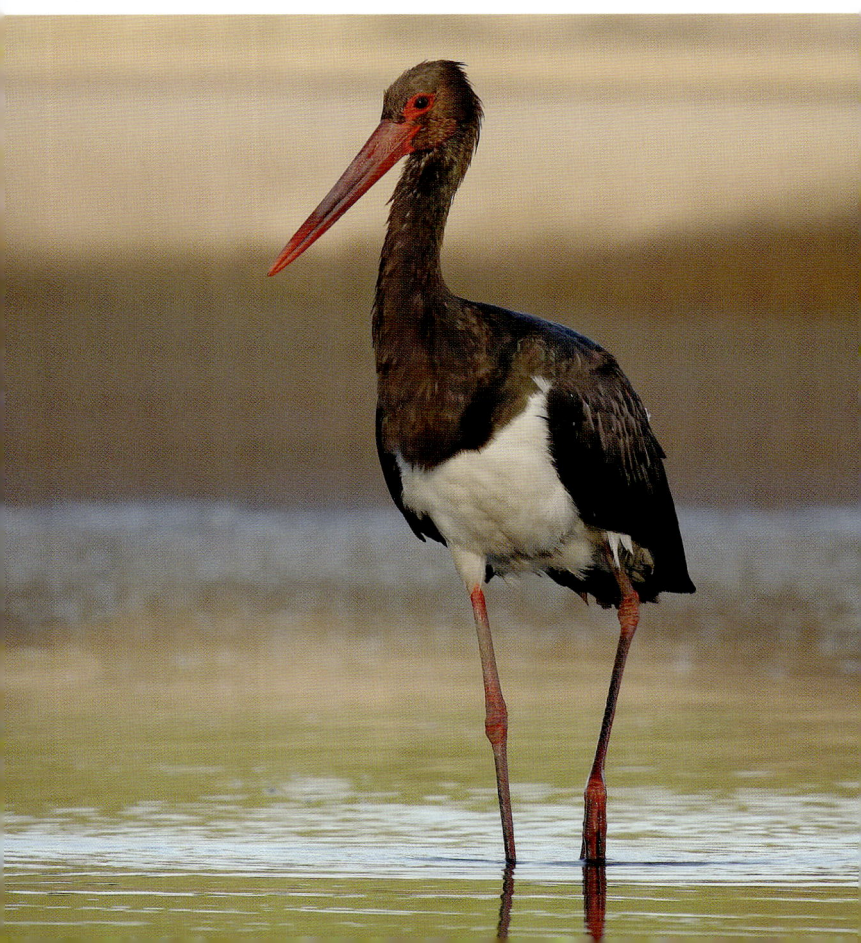

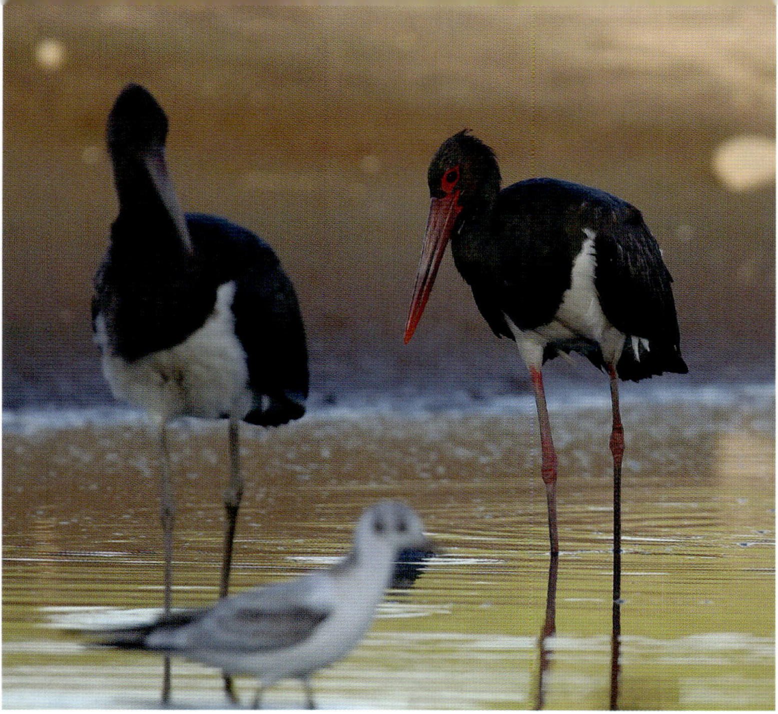

Dos ejemplares fotografiados juntos, donde se aprecia la diferencia de edad en sus colores de pico y patas. Juvenil a la izquierda, adulto a la derecha.
f/6.3 - 1/250 s – ISO 200, Modo manual – Distancia focal 400 mm - balance de blancos automático, Modo de medición evaluativa.

de mi escondite y lo camuflo con todo tipo de vegetación que hay por la zona, ayudado de redes y telas de camuflaje. Debe de quedar lo más natural posible; no se debe de notar que hay algo raro. Debemos invertir todo el tiempo necesario en camuflar perfectamente con vegetación nuestro escondite. Si no lo hemos camuflado bien, será muy difícil que las cigüeñas negras bajen a la charca elegida. A la hora de fotografiar estas aves, resulta difícil medir la luz correctamente debido a su contrastado plumaje negro con partes blancas, y sumado a todo ello las luces del fondo y del agua que tengamos en ese momento. Suelo elegir el Modo de *medición evaluativa* donde la cámara ajusta la exposición adecuada a la escena.

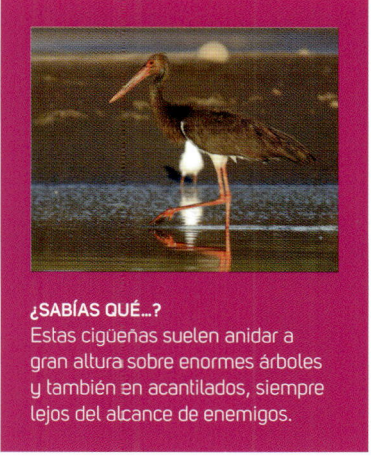

¿SABÍAS QUÉ...?
Estas cigüeñas suelen anidar a gran altura sobre enormes árboles y también en acantilados, siempre lejos del alcance de enemigos.

Buitre negro

Mejor estación del año:	invierno, primavera.
Instantes para captar:	retratos, posados, vuelos.
Dificultades:	aislar ejemplares cuando comen en grupo, desconfiados cuando vuelan.
Equipo y material:	teleobjetivos, *hide*, redes de camuflaje, trípode.
Mejores lugares para su fotografía:	P. Nacional de Cabañeros, R. Natural Valle de Iruelas, P. Nacional de Monfragüe, Candeleda, P. Nacional de la Sierra de Guadarrama, El Espinar.

El monje

Esta inmensa ave tiene el honor de tener la mayor envergadura de todas las aves ibéricas, con casi tres metros de punta a punta.
Suelen ir volando solos o en parejas, normalmente. Pero también es frecuente verlos juntos, con sus hermanos los leonados, a la hora de comer y buscar comida. Crían en nidos que son enormes plataformas, encima de grandes árboles. Y son un símbolo de nuestro monte mediterráneo más salvaje.

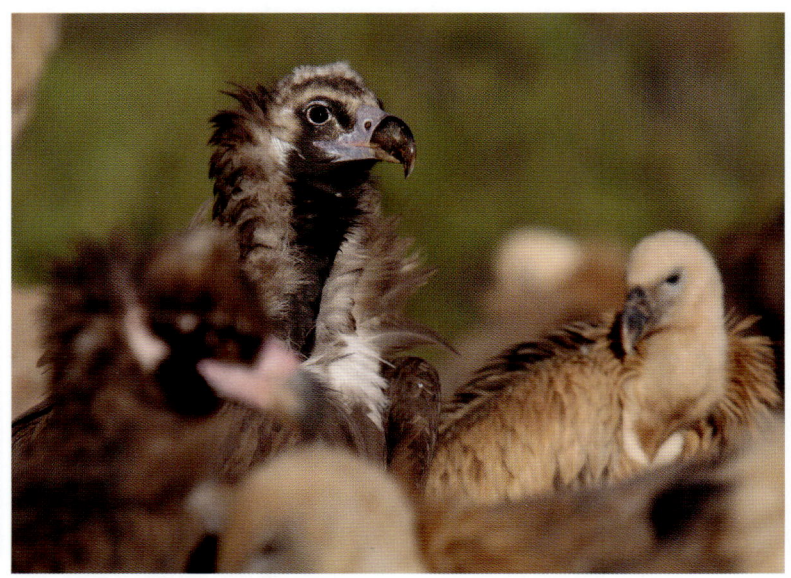

Retrato de un gran individuo de buitre negro, destacando sobre el resto de comensales.
f/5.6 - 1/200 s – ISO 200, Modo manual – Distancia focal 400 mm - balance de blancos luz día.

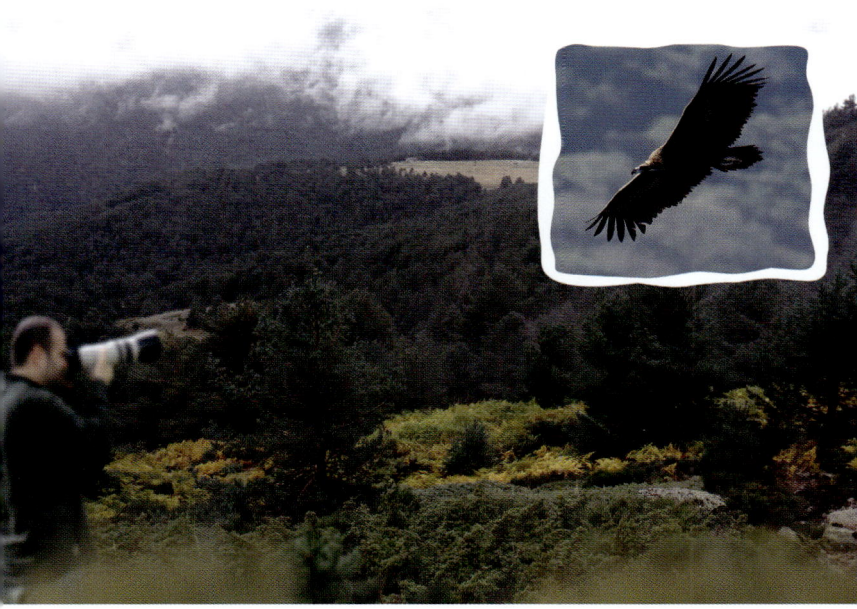

Lugar desde donde se suelen observar de manera regular vuelos de buitre negro, como en el Mirador de los Buitres, *cerca de El Espinar (Segovia).*

«Tenemos el deber de cuidar y mantener esta especie para que siga surcando en nuestros cielos. Una de las siluetas más emblemáticas de nuestro monte mediterráneo»

A finales del siglo pasado estuvieron a punto de desaparecer y en la actualidad se ha podido ver una notable mejora en la población de esta especie.

CÓMO FOTOGRAFIAR

Dos acciones son las que más me gustan para fotografiar a estas enormes aves, cuando vuelan y cuando van a alimentarse. Son muy variados los momentos que podemos captar en esta última acción. Es casi un ritual, el acercamiento, el caminar, las poses, posturas. Un espectáculo visual, cuando lo podemos llegar a contemplar.

«Vuelos y acciones en carroñadas, son de los mejores momentos para captar en esta especie»

Para captar acciones de vuelos, lo mejor es situarse en zonas elevadas, donde sea posible verlos volar por allí, con frecuencia. De esta manera los podemos captar a buenas distancias y con distintos fondos que no sean c elo. En zonas altas del Valle de Iruelas, como puede ser el observatorio *La Lancha de las Víboras*. Otro buen punto es el *Mirador de los Buitres*, cerca de El Espinar (Segovia).

Para fotografiar vuelos de estos enormes animales, suelo usar velocidades de disparo superiores a 1/1000 s. Cuando la luz natural es escasa, a veces quedan ciertas partes oscuras del ave, pero resulta también muy atractivo mostrar únicamente ciertas partes iluminadas que destaquen del resto, como puede ser el pico y ciertas partes de la cabeza.

Para captar momentos de alimentación, los mejores lugares son en carroñadas y muladares. En estos lugares, es posible verlos juntos a distintas especies.

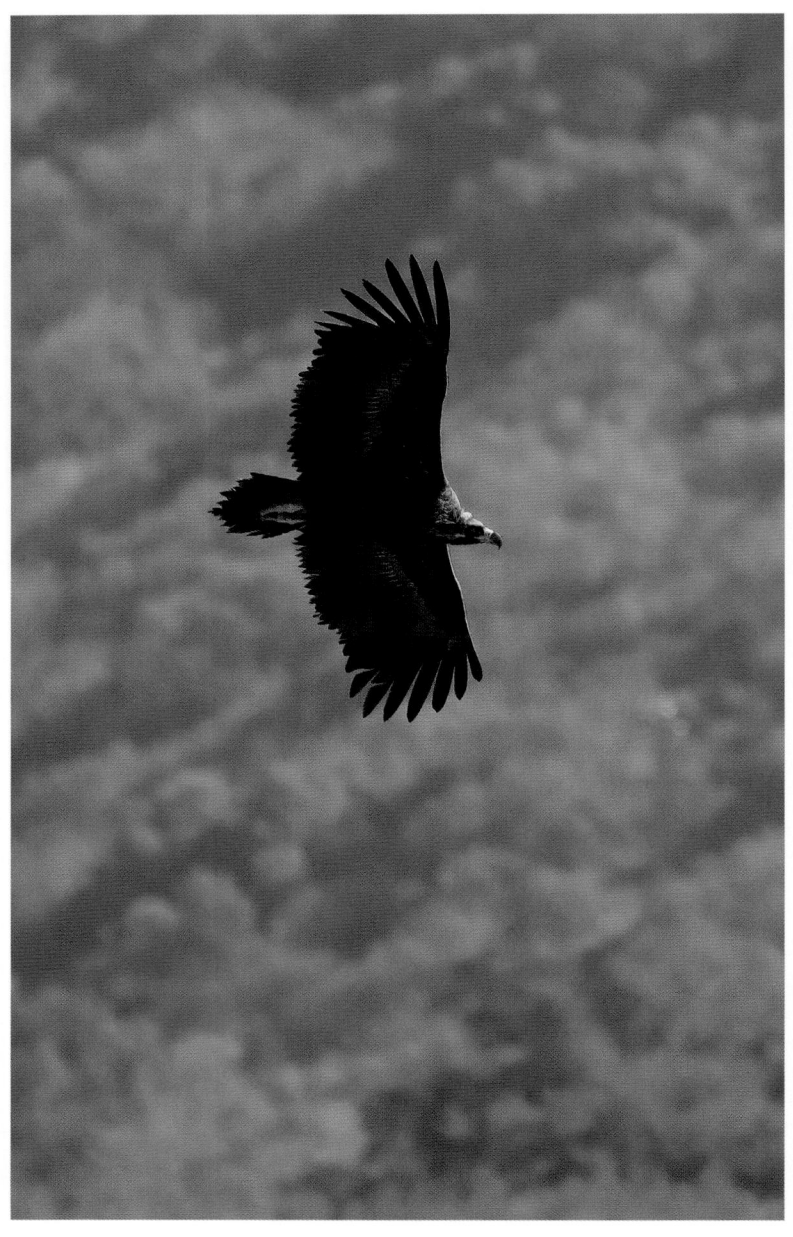

Ejemplar adulto de buitre negro, volando sobre el monte mediterráneo en busca de alimento.
f/5.6 - 1/2500 s – ISO 1000, Modo manual – Distancia focal 400 mm - balance de blancos luz día.

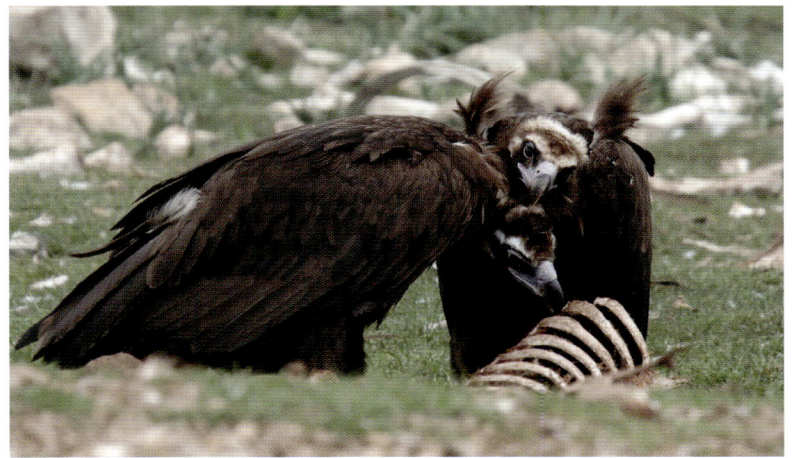

Pareja de buitres negros alimentándose de los restos de un animal muerto.
f/8 - 1/1250 s – ISO 800, Modo manual – Distancia focal 350 mm - balance de blancos nublado.

Contemplar cómo interactúan entre ellas, sus turnos, y momentos a la hora de comer.

En zonas donde los observamos campear, se pueden ir cebando con carroña y restos de comida, eso sí en gran abundancia, para acostumbrar a estas aves a comer en estos puntos, y con el permiso correspondiente. Si somos constantes en el tiempo, tendremos la gran parte del trabajo hecho. Cuando esto ocurra, solo hay que dejar preparado un *hide* a una distancia óptima. Observar y comprobar en varios días que bajan a comer sin ningún problema, y realizar las fotografías deseadas.

«Para atraer toda la atención en el detalle, lo mejor es tener máxima apertura de diafragma, y centrar todo el foco en su mirada»

En estas fotografías intento aislar a un ejemplar del resto de aves que hay alrededor. Y para hacer que resalte, un buen método es fotografiar con la máxima apertura de diafragma, haciendo que nuestro ejemplar destaque sobre el resto de las aves que estén en distinto plano, que quedarán desenfocadas.

Son llamados 'monjes' por las plumas del cuello y su figura, que nos hacen recordar a estos personajes.

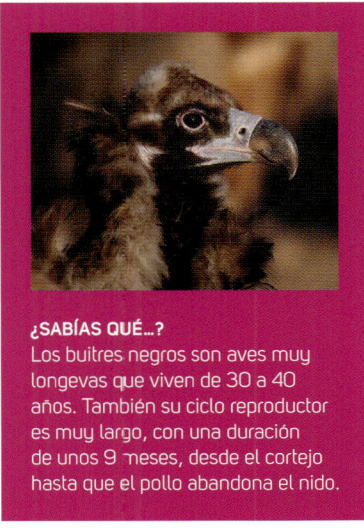

¿SABÍAS QUÉ...?
Los buitres negros son aves muy longevas que viven de 30 a 40 años. También su ciclo reproductor es muy largo, con una duración de unos 9 meses, desde el cortejo hasta que el pollo abandona el nido.

Rabilargo

Mejor estación del año:	invierno, primavera.
Instantes para captar:	composiciones de varios ejemplares, en posaderos.
Dificultades:	componer con su larga cola.
Equipo y material:	teleobjetivos, trípode, *hide*, redes.
Mejores Lugares para su fotografía:	P. Natural Sierra de Andújar, P. Nacional de Doñana, P. Nacional de Monfragüe, P. Natural de las Sierras de Cazorla, Segura y Las Villas, Sierra de Hornachuelos, Sierra Norte de Sevilla, Valle del Jerte.

Los bandoleros ibéricos

Ave que, en Europa, solo la encontramos en la Península Ibérica. Existe otra población mundial de esta ave que se asienta en el oriente asiático.

«Ave que en Europa solamente la podemos ver y disfrutar en la Península Ibérica»

Posee unos colores y una silueta muy característica e inconfundible. Suelen ir en bandos más o menos numerosos, y sus cantos nos ayudaran a encontrarlos con relativa facilidad.

Viven y anidan en colonias, y no dudan en defender y atacar a cualquier intruso, sea cual sea su tamaño, cuando se sienten amenazados. Dentro de sus dimensiones son aves muy fuertes y valientes, y ligadas a nuestro monte mediterráneo.

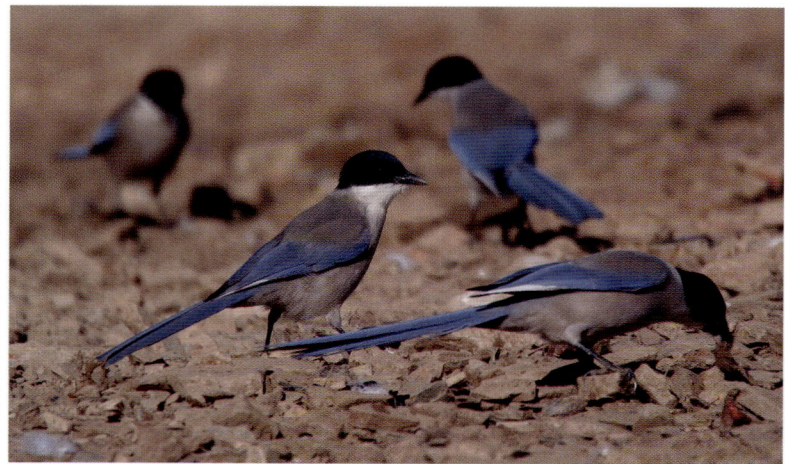

Grupo de rabilargos buscando comida, sobre un terreno que contrasta muy bien con sus colores.
f/8 - 1/320 s – ISO 200, Modo manual – Distancia focal 560 mm - balance de blancos automático.

CÓMO FOTOGRAFIAR

En zonas de Andalucía y Extremadura, suele ser bastante común, y por ese motivo son los mejores lugares para verlos y fotografiarlos.

Aun siendo común en estos lugares y más o menos fáciles de ver, no lo es tanto el poder hacer buenas composiciones fotográficas. Al ir en bandos, resulta algo complicado separar a un individuo.

Lo primero que hago como técnica para fotografiarlos, es ubicarles en zonas donde acostumbran a juntarse para alimentarse o beber.

Localizadas estas zonas, donde compruebo que son utilizadas en varios días, intento atraerlos buscando el mejor escenario para ellos. Suelo montar un escondite con redes a la sombra de algún matorral o zarzal, para estar más camuflado por la sombra. Y a una distancia razonable de mi escondite, les voy preparando un pequeño comedero y bebedero, con el permiso correspondiente. Al ser omnívoros suelen alimentarse de casi todo, pero les gusta mucho la fruta y restos de carne cruda que suelo preparar y poner en pequeños trozos.

«Preparar un comedero donde puedan alimentarse hará que las tengamos de modo continuo y podamos probar distintas combinaciones fotográficas»

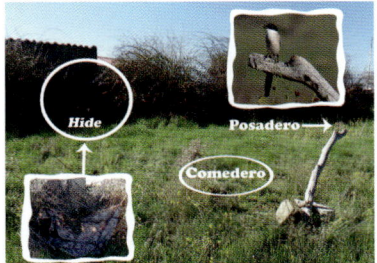

Cómo se hizo. *Escondite a la sombra entre la maleza y con el sol de espaldas. Comedero y posadero a la distancia que deseamos buscando las mejores combinaciones.*

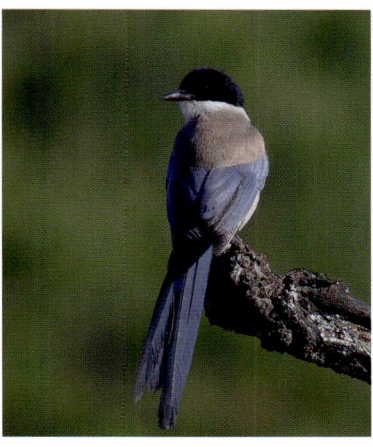

Rabilargo en posadero con su larga cola.
f/8 - 1/160 s – ISO 200, Modo manual – Distancia focal 560 mm - balance de blancos automático.

Una vez detectado por ellos, si hacemos que no les falte comida y bebida, no suelen faltar a esta cita. Esta técnica es muy válida para multitud de aves que podemos encontrar en parques y bosques. A partir de aquí, queda de nuestra parte la ejecución fotográfica. Para ello suelo probar distintos posaderos y en diferentes posiciones buscando que la combinación del ave y posadero sea atractiva. También juego con las luces, probando tener al sujeto en la sombra y el fondo iluminado, o ambos a la sombra o en la luz. Con ello voy combinando, en cada momento distintas aperturas de diafragma para que nos den la mejor calidad.

¿SABÍAS QUÉ...?

Son aves que anidan en colonias, y en ocasiones individuos que no se ha reproducido o han fracasado en la reproducción, ayudan en la cría de otros compañeros, favoreciendo a la supervivencia de la especie.

Lagarto ocelado y lagarto verdinegro

Mejor estación del año:	primavera, verano.
Instantes para captar:	sobre rocas soleándose, retratos.
Dificultades:	captarlos enteros con la longitud de su cola.
Equipo y material:	teleobjetivos, objetivos medios.
Mejores lugares para su fotografía:	Lagarto ocelado: Sierra de Baza, P. Natural Sierra de Hornachuelos, P. Nacional de Monfragüe, P. Natural Sierra Calderona, P. Natural de las Sierras de Cazorla, Segura y las Villas, Aldealabad del Mirón (Ávila), P. Natural Serranía de Cuenca, Lagarto verdinegro: Gozón (Asturias), Somiedo, P .Nacional de la Sierra de Guadarrama, Galicia, Sierra de Gredos, Sanabria, P .Nacional Peneda - Gerês.

Timon y lacerta

El lagarto ocelado es el lagarto más común y abundante que podemos encontrar en la Península, además de ser también el más grande.

El lagarto verdinegro es un endemismo ibérico y está más relacionado con zonas cercanas a ríos y arroyos. No es tan mediterráneo como el lagarto ocelado y se encuentra más presente en la zona norte ibérica. El macho, en época de celo, presenta un color azul intenso en la cabeza que le confiere ser uno de los más bellos lagartos ibéricos.

«Han desarrollado varias defensas para poder hacer frente a todos sus enemigos»

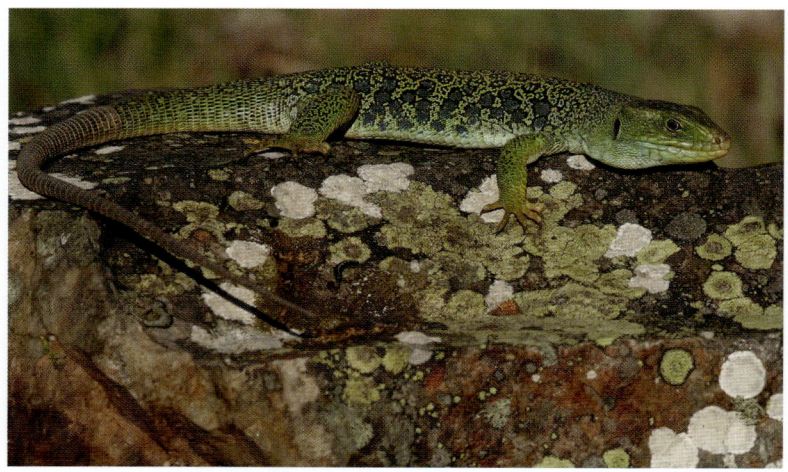

Lagarto ocelado soleándose sobre la roca que utiliza de escondite, a primeras horas de la mañana.
f/10 - 1/640 s – ISO 200, Modo manual – Distancia focal 280 mm - balance de blancos automático.

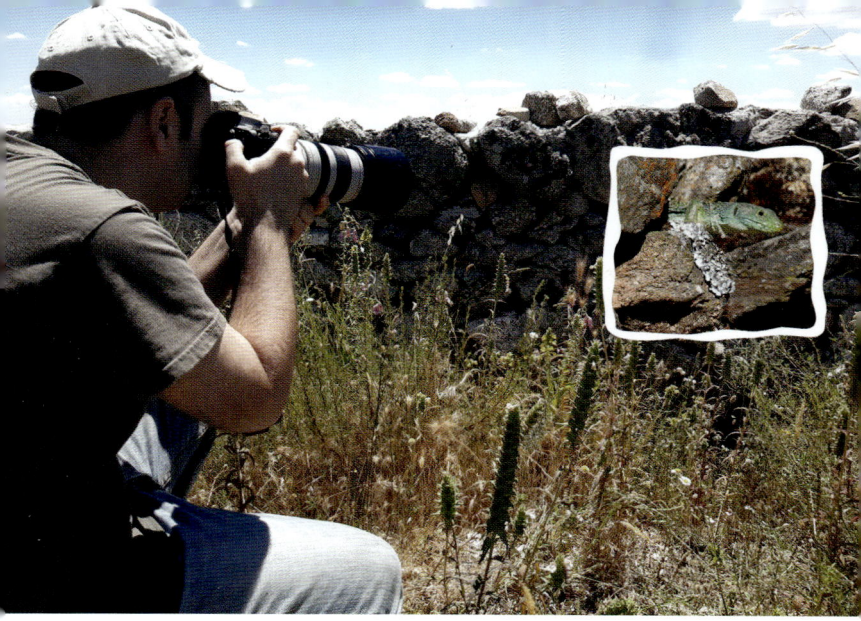

Cómo se hizo. *Fotografiando lagartos ocelados en una pared de piedra, en la que aparecían distintos ejemplares. Quieto a una distancia prudencial, se los puede observar muy bien.*

Estos lagartos, como protección ante los enemigos, suelen ser muy rápidos y usan su velocidad para escapar y esconderse en lugares de muy difícil acceso. Además, tienen colores similares a su entorno, que les hace pasar desapercibidos. Y como característica muy común en este tipo de reptiles, son capaces de perder la cola como defensa, que puede regenerar en el futuro.

CÓMO FOTOGRAFIAR

Suelen hibernar o brumar en invierno, permaneciendo aletargados en dicha estación. Por lo tanto, la mejor época es primavera y verano, que es cuando están más activos y tienen mayor actividad. Lo primero que hago es investigar en lugares que suelen ser querenciosos por estos animales como por ejemplo zonas de piedras o rocas, taludes arenosos, zonas de matorral cercanos a cursos de agua, canchales, muros, etc.

Es necesario visitar estos lugares de día, sin prisa, e ir observando en cada paso qué movimientos podemos descubrir en el terreno.

Este tipo de lagartos suelen tener distancias de seguridad medias, por lo que podemos descubrirlos a nuestro paso, si no los hemos llegado a ver antes. Conviene hacer acercamientos lentos y tranquilos, observando continuamente si la especie que deseamos fotografiar está tranquila o empieza a huir. Si vemos que se encuentra tranquila, nos podremos acercar más, hasta la mejor distancia que consideremos. En cambio, si comprobamos que huye, lo mejor es pararse y estar inmóviles. Con esta técnica por lo general, vuelven a salir si se escondieron y se quedan tranquilos, si ven que el posible peligro no se mueve. Les gusta utilizar la misma zona para solearse por las mañanas y poder activar su organismo, no muy lejos de sus zonas de protección y escondite. Si descubrimos

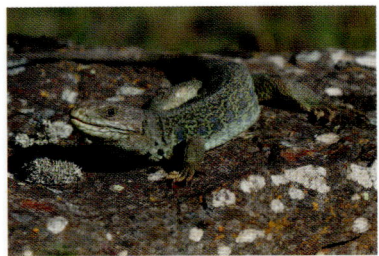

Ejemplar de lagarto ocelado observando su territorio, desde un punto elevado.
f/8 - 1/800 s – ISO 200, Modo manual – Distancia focal 200 mm - balance de blancos automático.

pueblo de Ávila, llamado Aldealabad del Mirón. Allí, en muchas paredes de piedra que hay en el propio pueblo, se pueden ver con facilidad.

En cambio, el verdinegro suele confiar más en su camuflaje. Si nos acercamos muy lentamente los podemos llegar a tener a muy pocos centímetros. En los alrededores del Lago de Sanabria hay una muy buena población de esta especie.

«A primeras horas del día se solean para poder activarse; por este motivo resulta más fácil acercarnos a ellos si los descubrimos»

estas zonas, lo ideal es hacer una espera al inicio del día desde un punto que consideremos bueno en distancia y nivel. Estar preparado sin hacer mucho ruido, con pocos y lentos movimientos; es cuando podemos tener posibilidades de éxito.
El lagarto ocelado es más desconfiado y suele huir antes y ocultarse más tiempo. Un buen lugar por su abundancia es un

No son especies en los que por distancia sea obligatorio el uso de grandes teleobjetivos; con un 200 mm es posible sacar buenas fotografías. El secreto de hacerles bonitas instantáneas no reside en la distancia focal, ya que los podemos tener bastante cerca.
Lo más complicado en la fotografía de estos reptiles es tenerlos al mismo nivel y poder resaltar su belleza, sin que haya

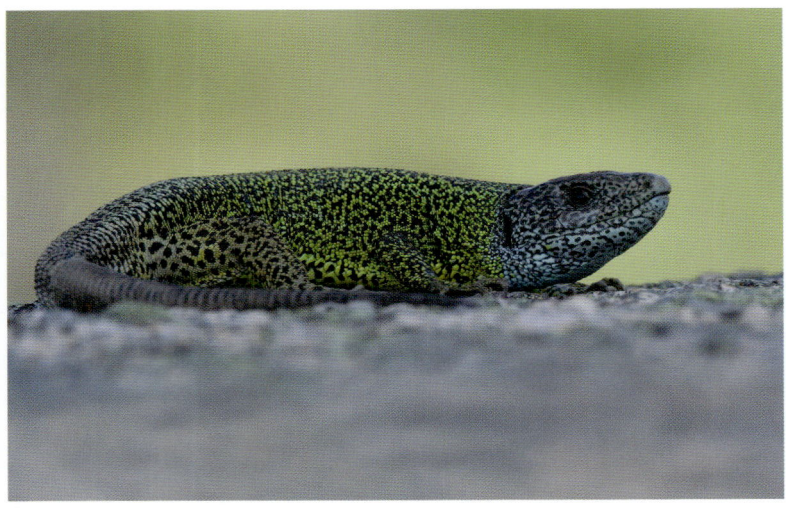

Lagarto verdinegro fotografiado a su nivel. Para ello es necesario estar tumbado, si el terreno lo permite, en las zonas donde suelen solearse.
f/14 - 1/100 s – ISO 400, Modo manual – Distancia focal 400 mm - balance de blancos nublado.

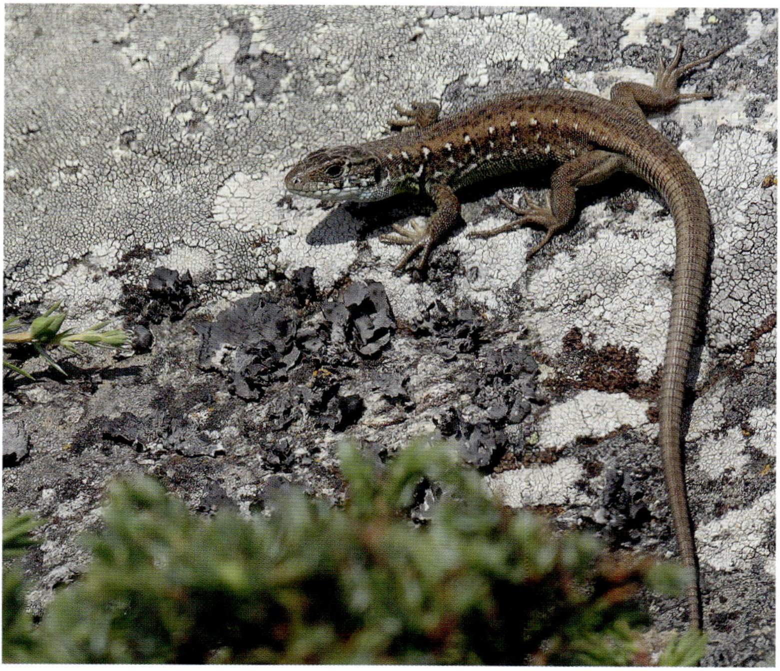

Ejemplar juvenil de lagarto verdinegro recorriendo una roca cercana a un arroyo, mientras busca alimento.
f/9 - 1/640 s – ISO 200, Modo manual – Distancia focal 285 mm - balance de blancos luz día.

partes cubiertas por elementos del lugar, como ramas, piedras, plantas... Lo más fácil sería hacerles fotos desde arriba, pero con el ángulo picado no se resaltan los detalles y no salen bonitas fotos. Lo ideal es tumbarse y estar a su nivel, pero suele ser complicado debido al terreno en el que suelen encontrarse (zonas pedregosas mayoritariamente). Otra dificultad es poder capturar la totalidad de su cuerpo en la misma fotografía, porque poseen una cola muy larga que resulta difícil cuadrar en la foto.

Por lo tanto, descubierta su zona donde suelen solearse a primeras horas de la mañana y con mucha paciencia acaban colocándose en esa posición que estábamos buscando. Y si no ocurre, podemos ir realizando retratos, mientras tanto.

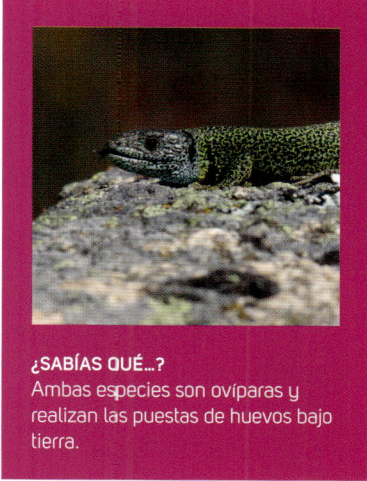

¿SABÍAS QUÉ...?
Ambas especies son ovíparas y realizan las puestas de huevos bajo tierra.

Jabalí

Mejor estación del año:	verano y otoño.
Instantes para captar:	macho de día en su rutina diaria.
Dificultades:	su desconfianza y sus hábitos nocturnos.
Equipo y material:	teleobjetivos, trípode, *hide*, redes.
Mejores lugares para su fotografía:	P. Natural de Despeñaperros, P. Natural Sierra de Cardeña y Montoro, P. Natural Sierra de Andújar, Sierra de San Pedro, Torrelodones (Madrid), P. Natural de Collserola.

La piara salvaje

Los jabalíes son animales sociales que suelen juntarse en piaras. Hembras, crías y jóvenes acostumbran a ir juntos, en cambio machos viejos suelen ir de modo solitario o con algún joven macho. Su bravura y astucia les ha hecho ser un trofeo muy cotizado por cazadores, sobre todo grandes machos. Y esto a su vez les ha obligado a ser aún más desconfiados.

«Animales de gran astucia y desconfiados que suelen campar de noche, con la oscuridad como aliada»

Son animales de salvaje belleza; están ocupando cada vez más zonas urbanas debido a la facilidad con la que encuentran alimento en estos territorios y también ayudados por la escasez de predadores

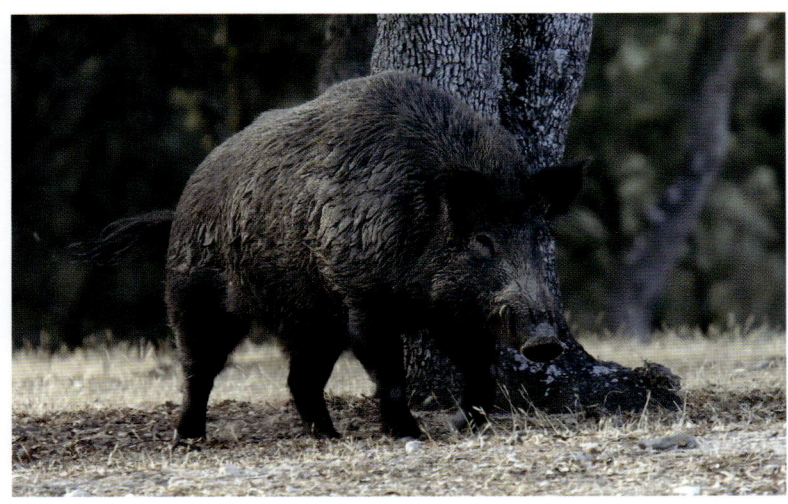

Macho de jabalí fotografiado mientras se acerca a uno de su revolcaderos, para darse un baño de barro.
f/2.8 - 1/160 s – ISO 400, Modo manual – Distancia focal 300 mm - balance de blancos automático.

naturales. En algunas zonas se han tomado medidas por la peligrosidad que pueden ocasionar como accidentes de tráfico, enfermedades a mascotas, etc.

CÓMO FOTOGRAFIAR

En su medio natural son animales nocturnos normalmente, salvo en zonas despobladas que se les puede ver de día. Muy amantes de las charcas y baños de barro. Una buena opción para fotografiarlos es buscar sus bañaderos y revolcaderos, sobre todo en épocas del año donde la escasez de agua obligue a estos animales a ir a ciertos puntos de manera más asidua.

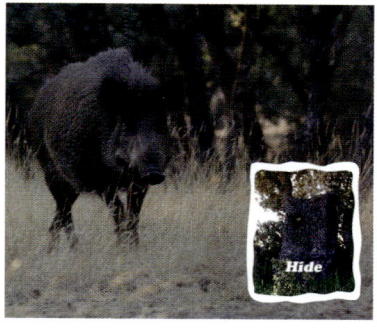

Cómo se hizo. *Escondite* hide, *preparado cerca de una charca, muy frecuentada por jabalís.*

«Las charcas son usadas por estos animales de manera habitual. En épocas secas, suelen concentrarse mayor número en las que tienen agua de manera permanente»

Sus rastros y señales en estos lugares son inequívocos. Esto nos dará información de que dichos lugares son utilizados por ellos. Los troncos de los árboles son usados como rascaderos en las zonas cercanas a las charcas. Y en el barro se puede observar las pisadas y revolcadas, cuando son utilizados.

Lo mejor para estos animales es el acecho; esconderte en un buen lugar, con buena visibilidad a estas charcas, nos ayudará a poder verlos y fotografiarlos. Suelen juntarse en familias y las opciones fotográficas que nos pueden dar son muchas y variadas. Si nos hemos ubicado en un buen lugar, sin llamar la atención, en esta época podremos observarlos, y con suerte fotografiarlos si sus llegadas son antes del anochecer.

«Tener teleobjetivos luminosos nos favorecerá a la hora de enfocar y sacar mejores fotos»

Con la escasez de luz a las que suelen verse, es de gran ayuda un teleobjetivo con aperturas de diafragmas lo más grandes posibles (f/2.8 o similar) ya que, para evitar ser descubiertos, tendremos que situarnos a distancias más o menos largas. Cuanta más luz entre por el diafragma hasta el sensor, más podremos aumentar la velocidad de disparo y mejor calidad de fotos obtendremos.

¿SABÍAS QUÉ...?

Suelen dormir o sestear varios ejemplares juntos, pero con la cabeza orientada a distintas direcciones para controlar toda la zona y sus posibles enemigos.

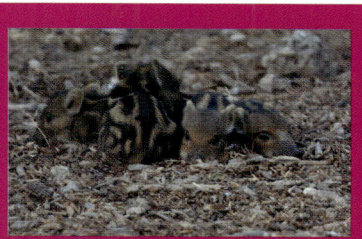

Milano real

Mejor estación del año:	invierno.
Instantes para captar:	posados, vuelos.
Dificultades:	hacer que se posen en nuestros posaderos.
Equipo y material:	*hide*, redes camuflaje, teleobjetivos, trípode.
Mejores lugares para su fotografía:	Comarca Tierra de Campos - (Palencia, Valladolid, Zamora y León), Comarca la Jacetania (Huesca y Zaragoza), Pamplona, Sierra de San Pedro, Tiétar.

El cometa rojo

Esta bella rapaz de característico vuelo, nos hace recordar muchas veces el vuelo de las cometas. Además, como características principales, que podemos observar fácilmente, es su cola ahorquillada y las manchas blancas en la parte inferior de cada ala.

«Rapaz con vuelo de planeo similar a las cometas y con cola ahorquillada»

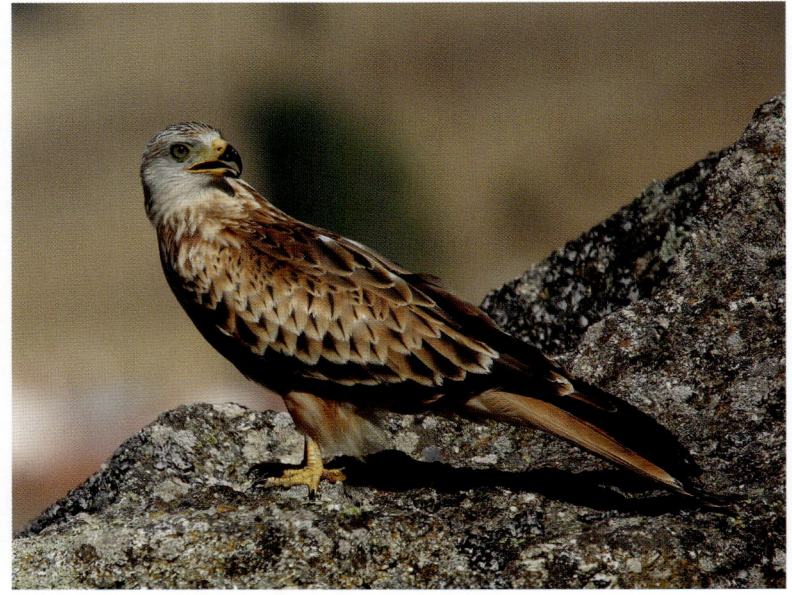

Foto de milano real, en composición de imagen cruzada con la roca en donde se encuentra.
f/8 - 1/1000 s – ISO 200, Modo prioridad a la apertura – Distancia focal 500 mm - balance de blancos automático.

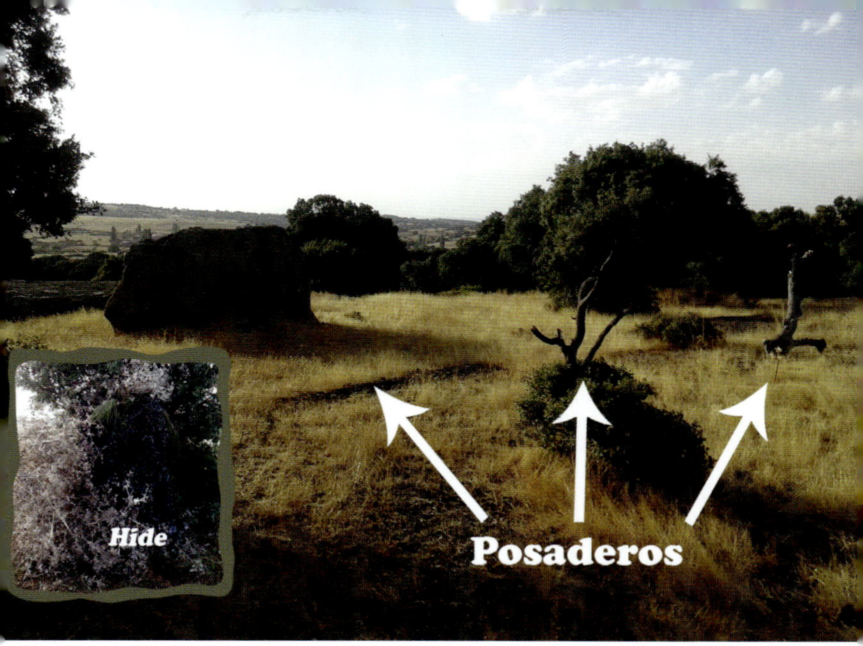

Hide

Posaderos

Cómo se hizo. *Zona preparada con distintos posaderos para favorecer mayor variedad de posados y fondos.*

Son buenos cazadores, que depredan sobre gran variedad de pequeños y medianos animales, pero no hacen feos ni a la carroña ni a los vertederos. Esto les ha beneficiado en tiempos de escasez, pero también les ha perjudicado, con muchos casos de cebos envenenados.

CÓMO FOTOGRAFIAR

En los meses finales del año es cuando más ejemplares de Europa se desplazan a nuestra Península a pasar el invierno. En esta época se juntan con los residentes y por lo tanto la mejor estación para poder verlos y disfrutar de sus vuelos.

«La llegada del frío hace que miles de ejemplares vengan de Europa a pasar el invierno»

Como ocurre con todas las rapaces, son las aves más difíciles de fotografiar en buenas condiciones y cercanía; tenemos

que valernos de nuestro ingenio para poder obtener buenos resultados.
En invierno, es cuando más ejemplares tenemos y mayor escasez de comida hay, por lo que es la mejor estación para intentar trabajar esta especie.

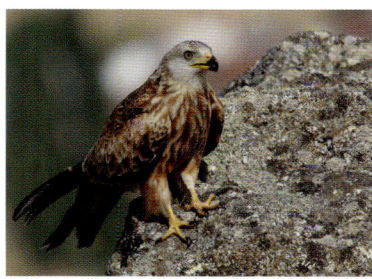

Ejemplar de milano real posado, en el que se le puede apreciar su enorme cola ahorquillada.
f/8 - 1/800 s – SO 200, Modo prioridad a la apertura – Distancia focal 500 mm - balance de blancos automático.

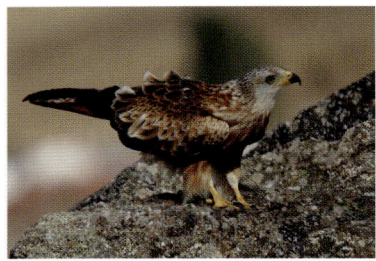

Ejemplar observando el entorno antes de bajar al suelo a por alimento.
f/8 - 1/1000 s – ISO 200, Modo prioridad a la apertura – Distancia focal 560 mm - balance de blancos automático.

La técnica utilizada en este caso, y que funciona muy bien en esta época con muchas rapaces diurnas que no desprecian la carroña, es la de ir cebando un lugar estratégico con resto de comida. Para poder realizar este trabajo es necesario un permiso autorizado de la administración correspondiente. Importante siempre con carne cruda y saber la procedencia de dichos restos, para evitar la transmisión de enfermedades o venenos.

El principio suele ser complicado hasta que empiezan a tomarlo. Si no han entrado de día, cuando llega la noche zorros, jabalíes, y otros animales acaban con la comida. Por lo tanto, no queda más remedio que seguir cebando. Otras veces diferentes carroñeros diurnos son los que acaban con la comida antes de ser descubierta por la especie elegida.

Por ello es importante colocar el comedero en un territorio donde haya milanos reales y los veamos campear por estas zonas a menudo. Suelo ubicar el comedero cerca de una zona donde haya maleza a una distancia razonable, y es allí donde preparo el escondite.

«Hay que ser constante aportando comida en el lugar y saber esperar el momento oportuno»

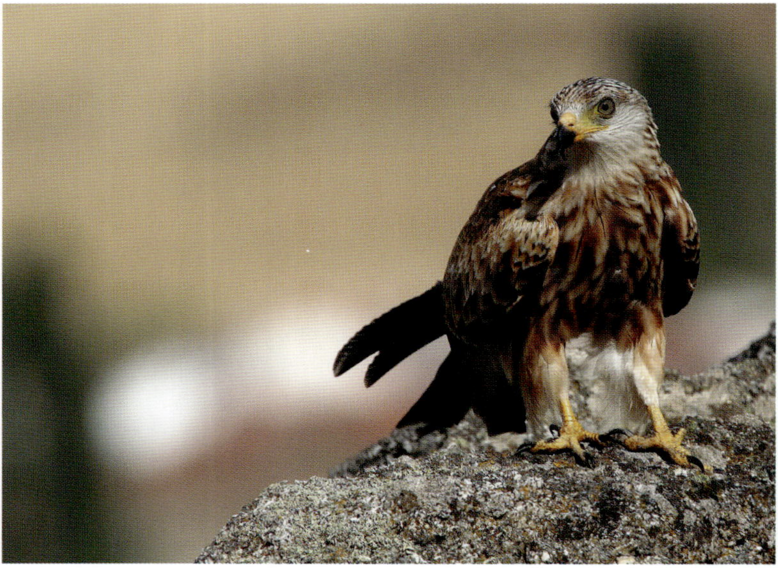

Milano real descansando después de alimentarse. En su pico se pueden apreciar los restos.
f/8 - 1/1250 s – ISO 200, Modo prioridad a la apertura – Distancia focal 560 mm - balance de blancos automático.

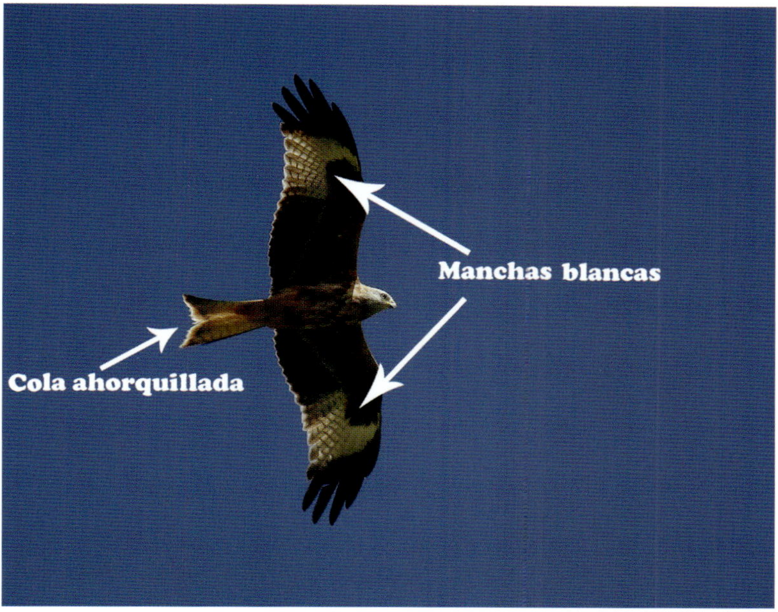

Manchas blancas

Cola ahorquillada

Silueta en vuelo de milano real, donde se pueden apreciar sus características más notables.

Cuando compruebas que lo toman, ya es cuestión de seguimiento y observación, dado que no todos los días bajan. Una vez conocidos los mejores días, y preparado el escondite, no queda más que esperar con nuestro equipo montado, y los parámetros fijados. Lo mejor siempre es antes del amanecer para no ser vistos y cuando son menos recelosos. Podemos optar con el modo semiautomático de *Prioridad* a la apertura. En esta configuración fijamos el ISO y la apertura f a nuestro gusto, según queramos más o menos profundidad de campo. Y será la cámara quien marque el tiempo de exposición.

Una tarea complicada es poder conseguir que lleguen a posarse en los posaderos que hemos previsto. Son más las veces que optan por agarrar la comida dando pasadas en vuelo sobre la comida que los hemos preparado; pero con constancia y paciencia seguro que es posible conseguirlo.

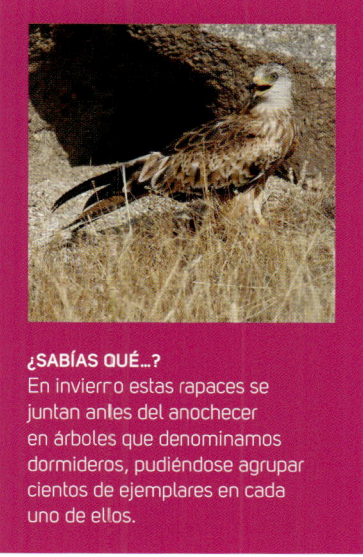

¿SABÍAS QUÉ…?
En invierno estas rapaces se juntan antes del anochecer en árboles que denominamos dormideros, pudiéndose agrupar cientos de ejemplares en cada uno de ellos.

Zorro rojo

Mejor estación del año:	invierno, primavera.
Instantes para captar:	caminando, su mirada, lucha con otros carroñeros, cazando, saltando.
Dificultades:	animales muy esquivos; suelen ser nocturnos.
Equipo y material:	teleobjetivos, redes, trípode.
Mejores lugares para su fotografía:	Sierra de Cazorla, Zona periurbana de Lugo, Selva de Irati, P. Nacional de Monfragüe, P. Natural de Saja-Besaya, P. Nacional de la Sierra de Guadarrama.

El raposo astuto

Este astuto mamífero lo podemos encontrar distribuido en cualquier hábitat, aunque preferiblemente es un habitante de los bosques. Su mayor actividad es nocturna, pero también se los puede observar de día en algunos bosques y parques.
Su grande y poblada cola, los embellece mucho más, sobre todo en épocas de otoño e invierno que suele aumentar su pelaje para soportar el frío.

«Un superviviente capaz de subsistir en casi cualquier hábitat»

Son animales muy inteligentes que han sabido sobrepasar todas las dificultades

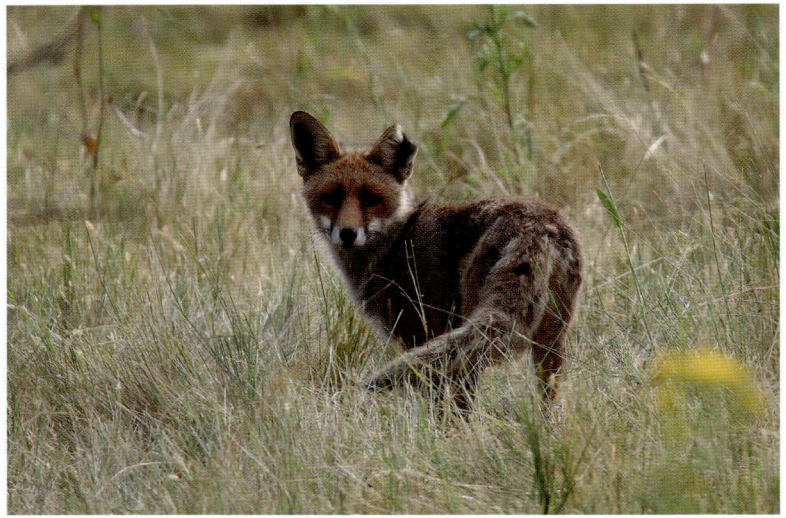

Fotografía de zorro con una falta en la oreja izquierda, debido a la vida tan perseguida que llevan estos animales.
f/8 - 1/100 s – ISO 800, Modo manual – Distancia focal 560 mm - balance de blancos automático.

para sobrevivir. Últimamente se ven en algunos bosques y parques zorros acostumbrados a la presencia humana, y que son alimentados por humanos, siendo un problema a medio plazo para ellos.

CÓMO FOTOGRAFIAR

La Sierra de Cazorla es un fantástico lugar para descubrir este animal, ya que allí hay una alta densidad de esta especie.

Para fotografiarlos se puede realizar mediante paseos de campo al atardecer o al amanecer. Los mamíferos ibéricos acostumbran a ser nocturnos y en estas horas suelen tener picos de actividad y por lo tanto, es más fácil descubrirlos.

Lo malo de estos horarios es la escasez de luz para fotografiar en movimiento.

El secreto consiste en descubrirlos antes que ellos a ti; porque cuando te ven, suelen huir y la fotografía no tiene valor, si la realizamos con un animal escapando de nosotros.

Para conseguir llegar a verlos antes, el secreto consiste en caminar muy despacio, y constantemente escuchar y mirar a larga distancia, para poder ver animales. Es así como se pueden llegar a ver, siempre y cuando estén distraídos en su rutina ya que los animales tienen estos sentidos más desarrollados que nosotros, y por norma general suelen descubrirnos ellos antes. Con esta escasa luz, nuestras velocidades de disparo, sin abusar del ISO que genera mucho ruido en las fotos, suelen ser bajas, y es difícil captar imágenes congeladas

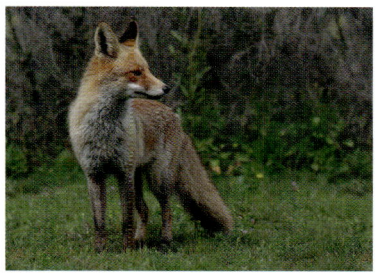

Precioso zorro rojo que hace un alto en el camino para observar a su alrededor. Cualquier sonido o movimiento los pone en alerta rápidamente.
f/8 - 1/250 s – ISO 400, Modo manual – Distancia focal 560 mm - balance de blancos automático.

y nítidas. Cuando los tenemos a una distancia razonable, pero el animal está a lo suyo, suelo utilizar un truco para que se queden parados y poder hacer las fotos con mejor calidad.

«Un truco bueno para que se paren si no nos ven, es emitir un silbido mientras les apuntamos con la cámara fotográfica. Mejor si estamos agachados y escondidos»

Evitaremos usar ráfaga de disparo, para que el ruido no delate nuestra presencia y el animal huya del lugar, dando por finalizada la jornada.

Si se hace bien, lo podemos tener tranquilamente campeando y dando muchas opciones fotográficas, hasta que se vayan a sus encames.

¿SABÍAS QUÉ…?

Es un animal ampliamente integrado en la cultura popular del hombre. Perseguido hasta la saciedad por sus hábitos alimentarios, ligados muchas veces a la actividad granjera del hombre. Sin embargo, ha sabido seguir entre nosotros.

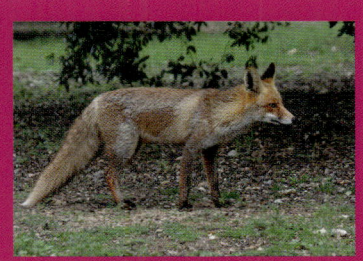

Abubilla

Mejor estación del año:	primavera, verano.
Instantes para captar:	volando, con la cresta desplegada, alimentándose.
Dificultades:	fotografiar en alta velocidad.
Equipo y material:	teleobjetivo, trípodes, barrera IR alta velocidad, flash, disparadores en remoto (*triggers*), baterías, pilas, pinzas.
Mejores lugares para su fotografía:	Sierra de San Pedro, P. Nacional de Monfragüe, Vegas Altas Guadiana, Sierra Norte de Sevilla, Comarca de los Pedroches (Córdoba), en distintos parques de ciudades como Marbella, Madrid, Sevilla y también en multitud de pueblos.

La mariposa de plumas y cresta

Es un ave preciosa, engalanada de una llamativa cresta, que cuando la levanta y abre es una auténtica maravilla.
Viene siendo cada vez más común poder observar este ave todo el año. Antes era mucho más estival, y solo se veían en primavera y verano, estación que aprovechan para criar.

«Ave cada vez más común, que podemos observar en bastantes parques urbanos»

Ambos sexos son similares, y sus alas son negras con franjas blancas, muy vistosas. Las podemos ver muchas veces recorriendo el suelo, mientras buscan entre la vegetación, insectos con su fino y largo pico.

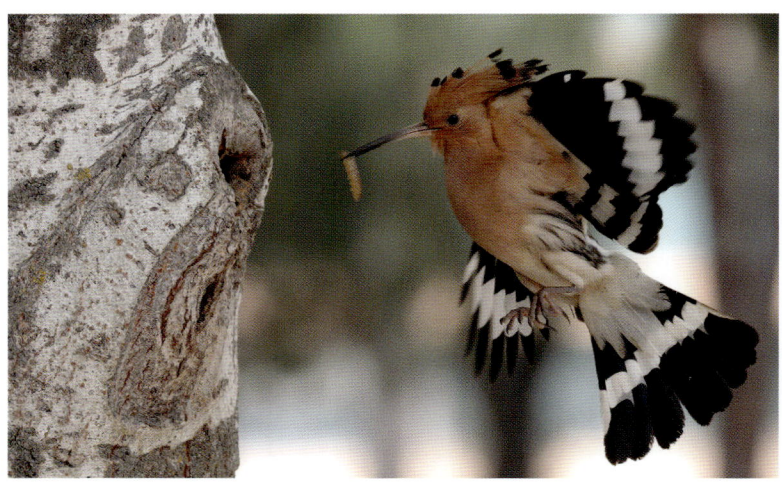

Abubilla fotografiada en vuelo antes de entrar el nido.
f/8 - 1/2000 s – ISO 2000, Modo manual – Distancia focal 260 mm - balance de blancos sombra + flash de apoyo a 1/8 de potencia.

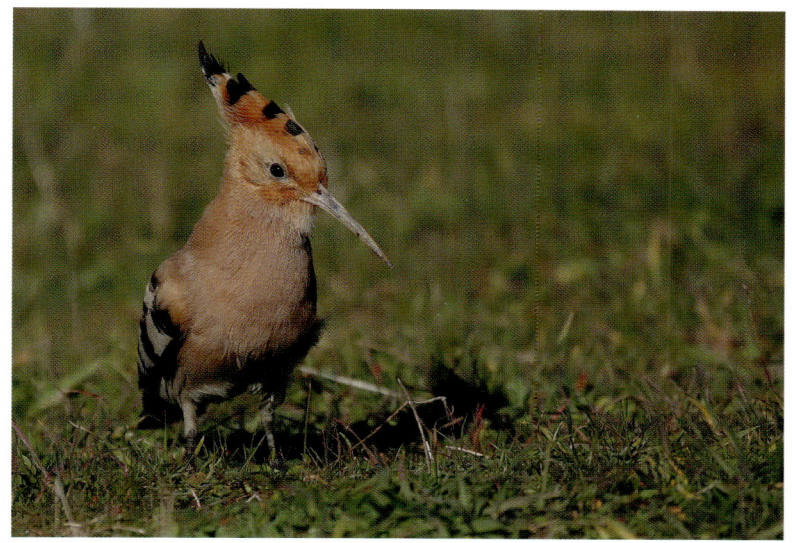

Ejemplar fotografiado en suelo mientras busca alimento clavando su pico en la tierra.
f/5.6 - 1/2000 s – ISO 200, Modo manual – Distancia focal 560 mm - balance de blancos automático.

Viven en diversos hábitats, pero los preferidos por esta especie son las dehesas, donde se combinan árboles con huecos para anidar, y zonas abiertas para buscar su alimento.

CÓMO FOTOGRAFIAR

Al ser común, no es difícil detectar un territorio donde veamos alguna pareja de abubillas. Para fotografiar esta especie lo podemos realizar de varias formas y métodos.
Uno puede ser mientras buscan alimento por el suelo. Si las vemos así, lo mejor es ir comprobando qué lugar recorren, y ubicarnos desde lejos a la zona a la que pueden llegar. Esperar escondido detrás de un árbol o arbusto; ya solo queda tenerlas a buena distancia.
Otra puede ser volando, cuando llegan al nido, o en posadero con la cresta desplegada. Para poder realizar esta técnica hay que tener permiso autorizado; lo primero es descubrir el nido, y que se encuentre a una altura apropiada.

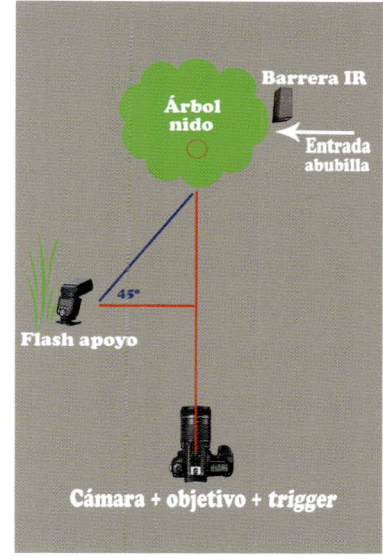

Cómo se hizo. *Esquema de iluminación empleado para realizar las fotografías en vuelo de abubilla.*

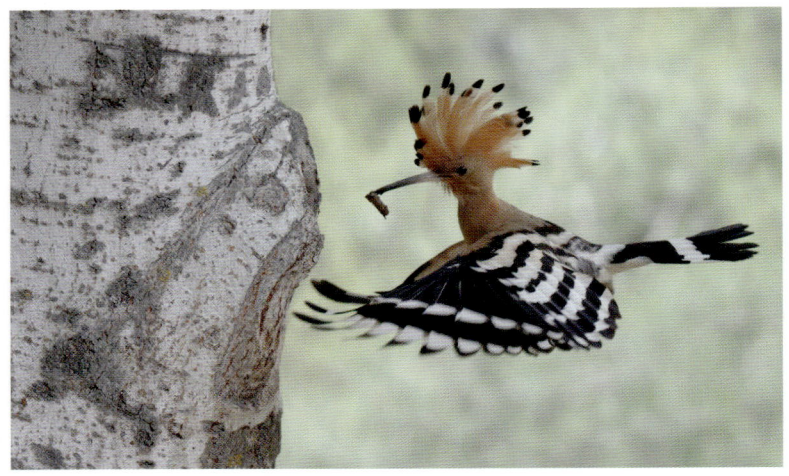

Preciosa abubilla captada en perfecta simetria y con la cresta desplegada.
f/8 - 1/2000 s – ISO 1600, Modo manual – Distancia focal 160 mm - balance de blancos automático + flash de apoyo a 1/16 de potencia.

Si somos buenos observadores, en época de ceba, no es difícil descubrir a estas aves en sus idas y venidas para alimentar a su prole. El máximo respeto a la especie, siempre a la hora de realizar las fotografías ha de ser nuestra máxima, y más en momentos tan delicados como la cría. Si hemos llegado a este punto, se puede utilizar la técnica de alta velocidad, muy usada también para otras aves. Con esta técnica evitamos estar presentes, camuflando el equipo y atentos para no ser vistos por otras personas que puedan actuar indebidamente.

«Con la técnica de alta velocidad podremos captar momentos muy difíciles de conseguir si estamos presentes»

No es una técnica fácil, y además requiere de muchos instrumentos y utensilios. La que vamos a describir es básica y más o menos sencilla, pero es aplicable a multitud de especies y momentos. Según la vayamos dominando, se puede ir aumentando la complejidad que cada uno desee, aumentando y variando tipos de iluminación, barreras, flashes, decorados, etc. En esta técnica, se hace imprescindible el uso de varios flashes en función del escenario, y animal. A la hora de ir ampliando el equipo, es importante comprar elementos compatibles con nuestra cámara. Otros componentes serán los *triggers* (disparadores remotos del flash), trípodes, baterías-pilas y pinzas de sujeción. Por último, y muy importante, la barrera IR. Hay muchos tipos de barrera que podremos conseguir en tiendas de fotografía y electrónica. También, si queremos, se puede utilizar, en algunos casos, disparador en remoto en lugar de la barrera. Hay que montar la cámara en trípode y enfocar en AF al punto que deseamos hacer la foto, poniendo un modelo, o ajustándolo con un punto cercano y en el mismo plano, como puede ser el posadero. Una vez enfocada, ajustar en modo manual para que no cambie el foco. Lo más común es utilizar dos flashes, a 45° del sujeto; si usamos barrera, esta hace que se dispare la cámara y los flashes a la vez.

En cambio, si lo hacemos con un disparador en remoto, este será el encargado del disparo de cámara y flashes.

«Se puede utilizar barrera o disparar en remoto para activar la cámara y flashes»

Este método funciona muy bien, en ambientes oscuros. Colocaremos los flashes a unos 2-3 metros del sujeto, y los ajustaremos a potencias parciales cortas de 1/8 o 1/16; con esto conseguimos el equivalente a velocidades de disparo muy altas de 1/4.000 o 1/6.000 según el equipo. Esto es así, porque este es el tiempo que el flash emite luz. Usaremos otro para iluminar el fondo, para ello, se suele utilizar una tela de color más o menos uniforme (verde – amarillo) a unos 3-4 metros en la parte posterior del sujeto, y el flash a potencia parcial similar o más corta 1/16 o 1/32. Instalaremos la cámara a unos 5-10 metros y con un teleobjetivo de 200 mm o similar nos puede valer. Ajustaremos la cámara a bajo ISO 100-200; velocidad 1/250 o inferior; y el diafragma lo iremos probando a F8 o F16, hasta conseguir realizar que las fotos de prueba salgan totalmente oscuras, sin el uso de ningún flash. Elegiremos esta velocidad de disparo en la cámara, ya que con el uso de flash normalmente no admite velocidades de disparo superiores a 1/250 o 1/320 en función de la cámara. Pero como hemos dicho, la velocidad será el tiempo que emite luz el flash; si usamos una mayor velocidad de disparo en la cámara aparecerán las cortinas del obturador, malogrando la fotografía.

«Todos estos ajustes y distancias se pueden ir modificando en función de cómo vayamos viendo los resultados»

Es posible trabajar con otra opción cuando la iluminación es buena. En este caso se puede utilizar la luz y el fondo natural, y usar algún flash de apoyo. Utilizaremos parámetros de cámara como por ejemplo velocidades de disparo superiores a 1/2000,

y diafragma f8 o similar. Con estos dos parámetros fijados, ya solo ajustaremos el ISO que nos permita realizar la fotografía. Esta opción es válida, si la cámara es muy buena y soporta ISOS altos. Porque, con estos rangos, e. ISO suele ser superior a 2000 y aparece mucho ruido.

Se puede utilizar solo uno o dos flashes, que ayuden a iluminar la especie, sin flash de fondo, ya que emplearemos también la luz natural. Cuanta menor iluminación artificial usemos, mayor velocidad de disparo deberemos tener en la cámara (1/1000 s o superior). Mantendremos una apertura de diafragma aproximada de f8-f11, y con estos parámetros ajustaremos el ISO que nos permita tener la imagen iluminada. Probaremos, cerrando y abriendo diafragma, hasta encontrar la combinación cue más nos agrade.

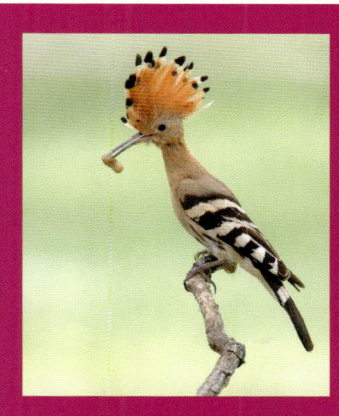

¿SABÍAS QUÉ...?

Las abubillas muchas veces son conocidas como aves apestosas o de mal olor; es debido a la defensa que tienen tanto la hembra como los pollos cuando están en el nido y se sienten amenazadas. Ese olor proviene del líquido que segregan de la glándula uropigial y los excrementos.

Águila imperial ibérica

Mejor estación del año:	invierno y primavera.
Instantes para captar:	vuelos territoriales, posados vigilantes.
Dificultades:	distancia, fuerte contraste de luces, sujetos impredecibles.
Equipo y material:	teleobjetivos luminosos, monopié, hide.
Mejores lugares para su fotografía:	Sierra de San Pedro, Montes de Toledo, Parque Nacional de Doñana, Sierra Morena, Campo de Montiel, Dehesas del Sistema Central y Parque natural Valle del Guadiana.

Soberana de la dehesa

El águila imperial ibérica es una de las rapaces más emblemáticas de Europa y un símbolo viviente de la conservación en la Península. Su porte altivo, las grandes manchas blancas en los hombros y esa mirada penetrante que parece medir cada movimiento, la convierten en la auténtica soberana de las dehesas.

Durante décadas estuvo al borde de la extinción, pero los esfuerzos de conservación, junto a la recuperación de sus hábitats, han permitido que sus poblaciones se estabilicen. Aun así, sigue siendo una especie muy sensible a la alteración humana y extremadamente celosa de su territorio.

«Cada vuelo es una declaración de poder. Apenas necesita batir las alas para imponerse en el cielo»

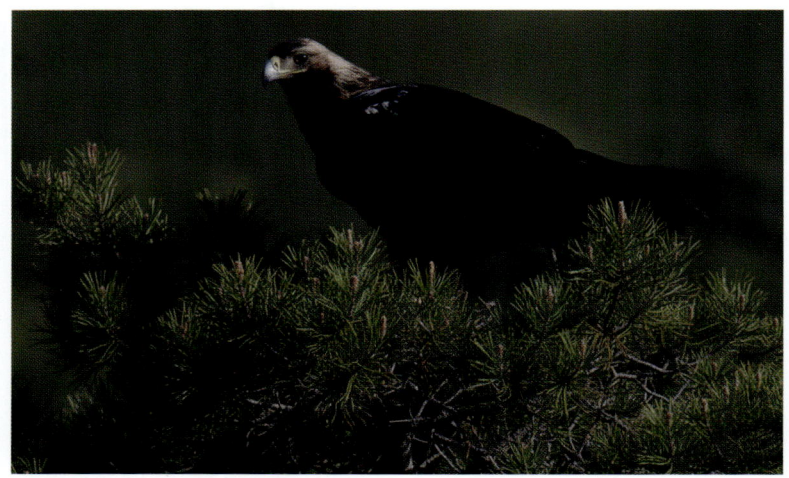

Adulto sobre uno de sus posaderos.
f/5.6 - 1/200 s - ISO 2000 - Distancia focal 1000 mm - balance de blancos nublado.

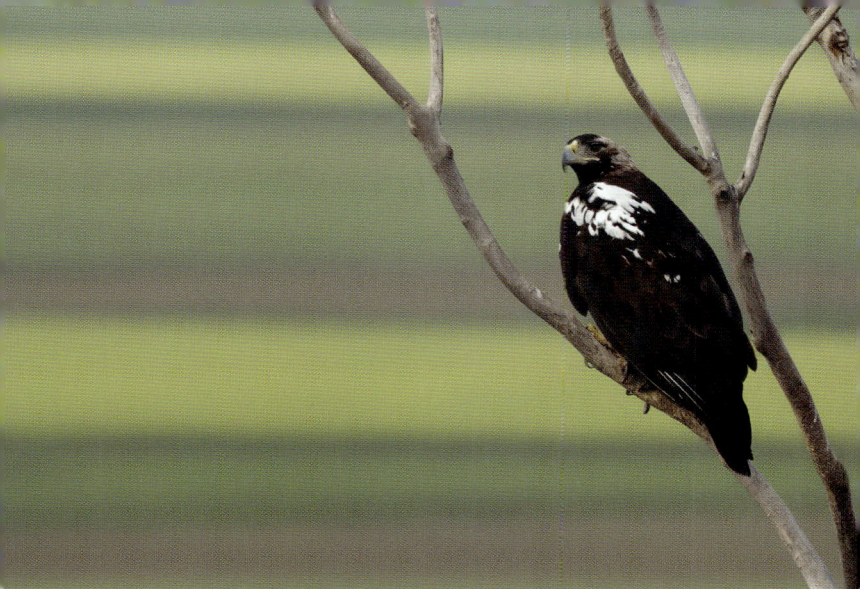

Águila imperial ibérica vigilando su territorio.
f/5.6 - 1/50 s - ISO 4000 - Distancia focal 1000 mm - balance de blancos nublado.

Se mueve sobre extensiones de encinas y alcornoques, donde localiza a sus presas—principalmente conejos—desde posaderos elevados. Visitar sus dominios en silencio y a distancia prudencial es una experiencia en la que se siente cómo el paisaje se adapta a ella, y no al revés.

CÓMO FOTOGRAFIAR

El águila imperial ibérica es un ave que exige mucho más que solo buenos reflejos para capturar su imagen. Requiere paciencia, observación y, sobre todo, respeto por su espacio y su comportamiento natural. Entender sus costumbres es clave, pues el águila suele seguir trayectorias y rutinas muy marcadas que pueden ser predecibles si se estudian a fondo. Pasar horas en silencio, observando y aprendiendo de su lenguaje corporal, es parte del proceso de preparación antes de la toma. Las águilas, por su naturaleza, son extremadamente cautelosas y cualquier mínimo indicio de presencia humana puede hacer que se alejen

rápidamente. Por lo tanto, cuanto más puedas adaptarte a su ritmo y a sus tiempos, más oportunidades tendrás de capturar imágenes impresionantes sin alterar su comportamiento Una manera eficaz de observar a corta distancia a este majestuoso águila es aprovechar las zonas de "posaderos tradicionales", troncos secos, grandes pinos o rocas elevadas donde suelen detenerse para vigilar el territorio. Si estudias el área durante varios días y detectas aquel posadero que usa con mayor frecuencia, puedes instalar un hide muy bien camuflado a gran distancia y durante la noche previa, evitando cualquier presencia humana al amanecer. El águila volverá al posadero por iniciativa propia y podrás verla a una distancia prudencial, pero con nitidez suficiente para fotografiarla sin molestarla.

La fotografía del águila imperial es un desafío apasionante, lleno de paciencia y de momentos que, cuando por fin se alinean, quedan grabados para siempre.

Los mejores escenarios suelen encontrarse

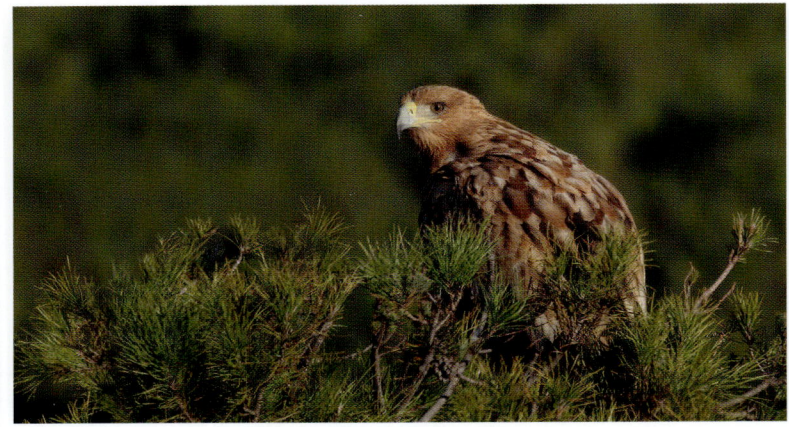

Jover ejemplar de águila imperial ibérica con su característico plumaje.
f/8 - 1/800 s - ISO 800 - Distancia focal 1000 mm - balance de blancos luz día.

en dehesas tranquilas y fincas con oteros naturales, donde las águilas usan los mismos posaderos una y otra vez. Localizar esos puntos es la clave: grandes árboles, viejos postes o rocas dominantes desde donde vigilan su territorio.

"Lo esencial es entender su rutina, sin perseguirla"

Cuando se aproxima la primavera, las parejas muestran una actividad frenética: vuelos territoriales, persecuciones y los primeros aportes al nido. Este periodo ofrece momentos únicos, pero exige aún más respeto: mantener grandes distancias y jamás acercarse a zonas de cría. Un buen hide, montado con antelación y sin generar molestias, permite trabajar con tranquilidad. Uno de los aspectos más impresionantes al fotografiar al águila imperial ibérica es su vuelo majestuoso. El águila imperial tiene una envergadura de alas considerable, lo que les permite realizar vuelos lentos pero controlados, además de maniobras rápidas cuando lo requieren. A veces, las águilas vuelan en círculos amplios, elevándose aprovechando las térmicas, lo que proporciona una oportunidad única para capturar la elegancia y la potencia de sus alas extendidas. El viento juega un papel fundamental en este tipo de vuelos, ya que las águilas lo utilizan para ganar altura sin esfuerzo. Observar cómo se aprovechan de las corrientes de aire para moverse sin batir las alas puede ser un espectáculo fascinante que también puede convertirse en una foto memorable.

Para fotografiar estos vuelos, es esencial tener en cuenta la velocidad de obturación. Cuanto mayor sea la velocidad, más nitidez se logrará en las alas del águila, especialmente si está realizando maniobras rápidas. Las velocidades de obturación superiores a 1/1600 s son ideales, ya que el plumaje oscuro de la imperial absorbe mucha luz, por lo que conviene compensar ligeramente la exposición y vigilar los brillos del cielo. Estas velocidades aseguran nitidez en maniobras rápidas, y una apertura amplia ayuda a desprenderla del fondo, especialmente cuando vuela cerca de las copas de encinas o sobre praderas luminosas. Pero si el águila está más tranquila o volando en círculos, se puede bajar a 1/1000 s para un efecto más suave que capture la fluidez del movimiento. La apertura de la lente también juega un papel crucial, ya que ayuda a separar al águila del fondo, especialmente si está volando sobre un paisaje de praderas abiertas o dehesas. Aprovechar las horas del amanecer y el atardecer también puede añadir una luz cálida que realza los colores del plumaje de la imperial, creando imágenes llenas de contrastes y texturas.

«Hay un instante mágico cuando se posa: un parpadeo, una sacudida leve de plumas y la sensación de que el tiempo se detiene para ella»

Si buscas momentos mágicos, espera a que el águila use un posadero habitual. Suelen llegar con determinación, observar durante segundos y después relajarse. Es entonces cuando se pueden captar perfiles elegantes, miradas tensas o ese gesto inconfundible con el que examina cada rincón de su reino.
Un consejo clave: aprender a leer el viento. La imperial suele aproximarse a los posaderos a favor del viento, lo que permite anticipar el ángulo del aterrizaje y preparar el encuadre antes de que la escena se produzca.
Otro aspecto fascinante y fotográficamente enriquecedor son las interacciones entre las parejas de águilas, o entre estas y otros animales en su territorio. Durante la primavera, cuando las águilas se preparan para la cría, las interacciones se intensifican. Las persecuciones entre miembros de la misma especie, las peleas con otras aves o incluso la transmisión de presas a la pareja son momentos invaluables para los fotógrafos de vida silvestre. Estos momentos no solo son espectaculares visualmente, sino que también cuentan una historia de vínculo y supervivencia. La forma en que el águila transporta su presa, la expresión en su rostro cuando observa un intruso o la comunicación con su pareja mediante llamadas, todo ello añade una capa emocional a las fotografías que rara vez se encuentra en otras especies.
Para estos momentos de interacción, la anticipación es la clave. Estar al tanto de las señales que las águilas emiten, cuando defienden su territorio o los vuelos de

persecución hacia otros rapaces, permite posicionarse adecuadamente para capturar el momento decisivo. Los fotógrafos deben estar listos para realizar disparos rápidos y, a menudo, en ráfaga, ya que estos eventos suceden de manera fugaz. En cuanto a la técnica, la velocidad de obturación debe ser aún más alta, superior a 1/2000 s, para congelar la acción rápida y garantizar que la imagen esté perfectamente enfocada. En estos instantes, las águilas pueden realizar movimientos rápidos y con giros bruscos, lo que también ofrece oportunidades para capturar la majestuosidad de estos vuelos rápidos en una fracción de segundo. Todo ello requiere discreción, planificación y, sobre todo, constancia. Regresar varias veces refuerza la comprensión del territorio y multiplica las oportunidades.
La fotografía de animales salvajes, especialmente de especies en peligro como el águila imperial ibérica, no solo exige un buen manejo técnico, sino también una actitud ética hacia la naturaleza. El respeto por el hábitat y el comportamiento del águila debe ser primordial. No debemos sobrepasar los límites de acercamiento que puedan generar estrés o alterar la rutina de la especie, sobre todo en áreas de cría. El uso de hide camuflado es una herramienta excelente, pero siempre debe usarse de manera responsable, asegurándose de no invadir las zonas sensibles. Además, es importante no interferir con los patrones de caza o de anidamiento de estas aves, que ya son lo suficientemente vulnerables debido a la pérdida de hábitat y la disminución de presas naturales.

¿SABÍAS QUÉ…?
Según avanza la edad, las águilas imperiales adquieren su característico "hombro blanco". Los juveniles muestran plumaje mucho más claro y uniforme, que se va oscureciendo progresivamente hasta definir el patrón adulto después de varios años.

Gaviota patiamarilla y gaviota de Audouin

Mejor estación del año:	verano.
Instantes para captar:	posadas en zonas marinas naturales, contraluces.
Dificultades:	luces duras, y dificultad de acercase a ellas en zonas tan abiertas y despejadas.
Equipo y material:	teleobjetivos.
Mejores lugares para su fotografía:	Gaviota de Audouin: Delta del Ebro, San Pedro del Pinatar, Mar Menor, Santa Pola. Gaviota patiamarilla: Estuario del Tajo, P. Nacional Marítimo-Terrestre de las Islas Atlánticas de Galicia, Islas Cíes, P. Natural de los Aiguamolls de l'Empordà, Delta del Ebro, San Pedro del Pinatar, Mar Menor, Santa Pola.

Piratas del mar

Aves ligadas al mar y zonas costeras. La gaviota de Audouin es endémica de la zona mediterránea y aunque escasa en la Península, su población va en aumento en los últimos años.

Más abundante y común es la gaviota patiamarilla, que debe su nombre al color de sus patas; la podemos observar por todas las costas peninsulares y en muchas zonas del interior.

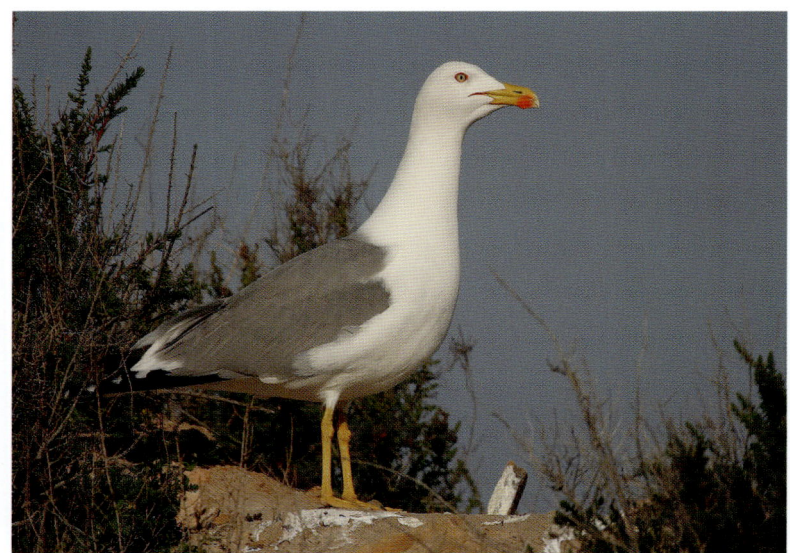

Ejemplar adulto de gaviota patiamarilla sobre una zona de terreno que separa distintas salinas, en San Pedro del Pinatar.
f/5.6 - 1/3200 s – ISO 200, Modo manual – Distancia focal 400 mm - balance de blancos luz día.

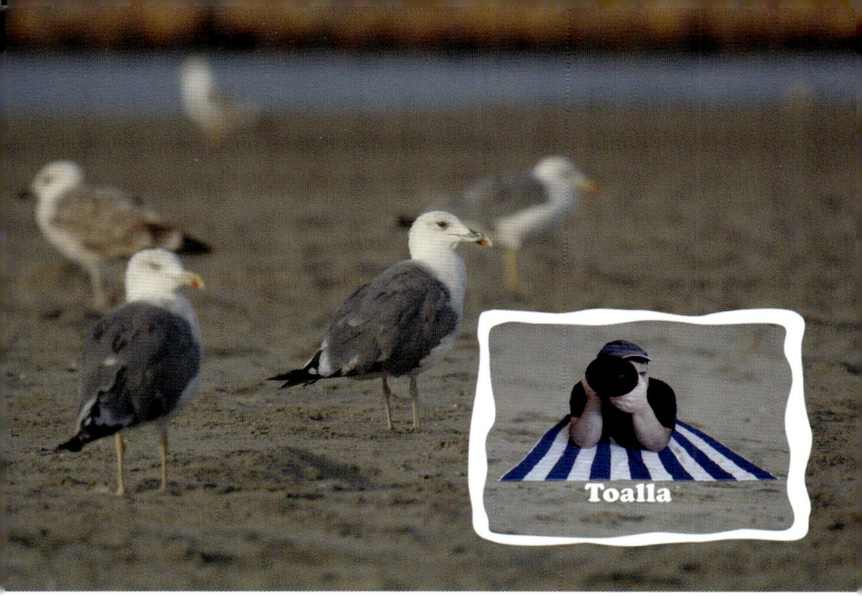

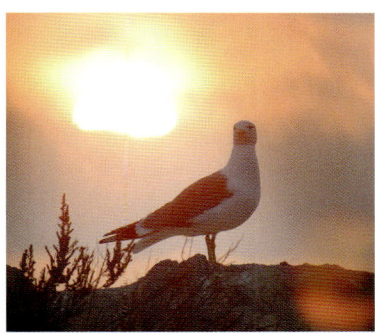

Cómo se hizo. *Fotografiando gaviotas tumbado en la playa con una toalla, cerca de sus zonas querenciosas. De esta manera no nos toman por peligro y nos dejaran acercarnos y estar a su nivel.*

«Sus cantos son banda sonora de muchas zonas costeras y puertos, avisando de quienes son las reinas de estas zonas»

Han sabido adaptarse a convivir con el hombre, alimentándose muchas veces de los restos que desechamos tanto de pesca, como de basureros.

CÓMO FOTOGRAFIAR

El Mediterráneo es un escenario fantástico para disfrutar de ambas especies y el verano es una muy buena estación para practicar su fotografía. A parte del buen tiempo, las podemos observar cómo recorren playas donde horas antes han estado muchos bañistas disfrutando de la playa. Suelen aprovechar restos de comida que han dejado o de peces que aparecen muertos en las orillas.

En mis jornadas con estas aves aprovechaba las mañanas cuando el sol empezaba a amanecer por el horizonte

para combinar distintas luces y contraluces en las fotografías. Caminado por la misma playa puedes obtener muchas posibilidades fotográficas; al estar acostumbrados a los bañistas, suelen dejar acercarnos a distancias razonables.

Patiamarilla fotografiada a contraluz, intentado captar el sol del amanecer en composición con el ave.
f/5.6 - 1/200 s – ISO 200, Modo manual – Distancia focal 400 mm - balance de blancos automático.

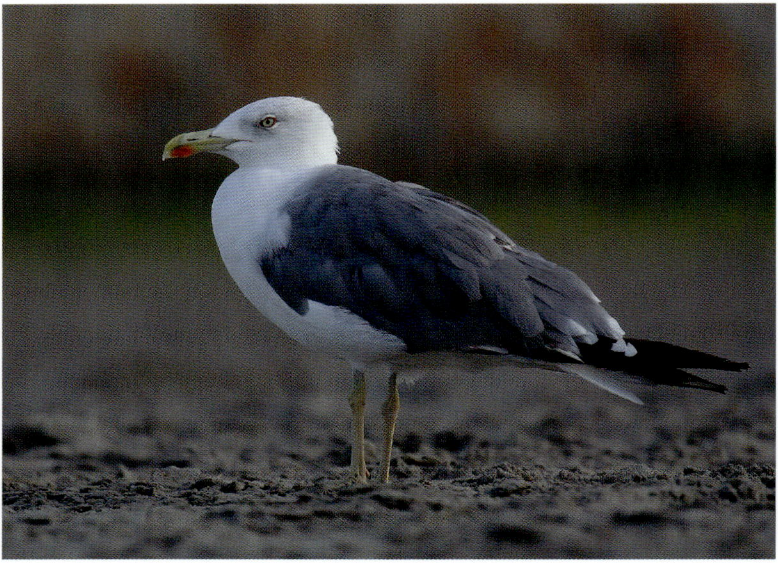

Gaviota patiamarilla fotografiada a ras de suelo, estando tumbado.
f/5.6 - 1/800 s – ISO 320, Modo manual – Distancia focal 400 mm - balance de blancos automático.

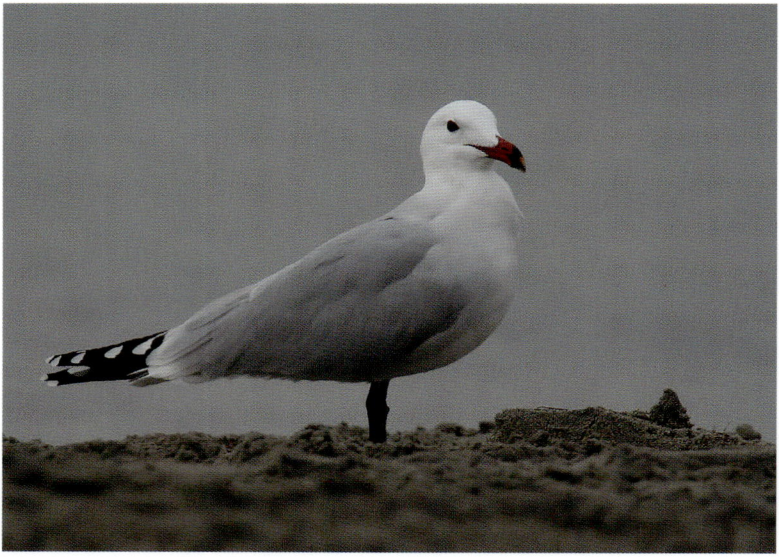

Gaviota de Audouin fotografiada a su nivel sobre la arena de la playa.
f/8 - 1/400 s – ISO 400, Modo manual – Distancia focal 560 mm - balance de blancos nublado.

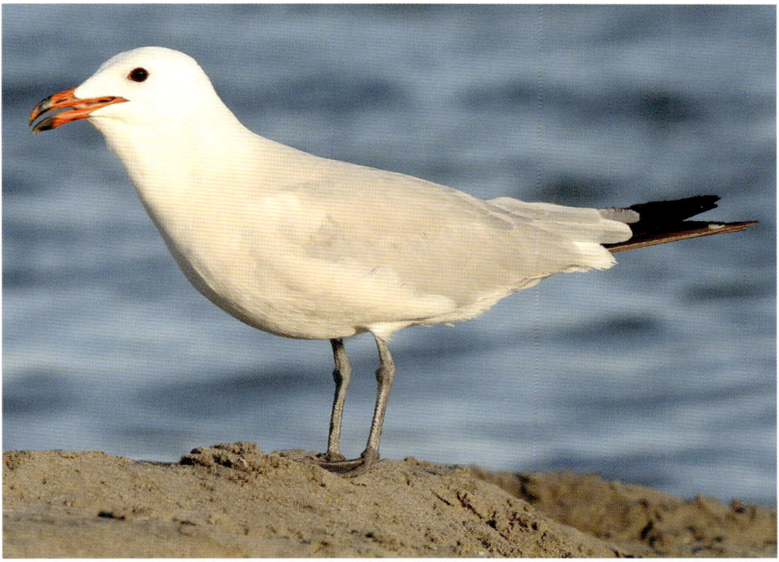

Ejemplar de Gaviota de Audouin captada con las ultimas luces del atardecer y el mar de fondo.
f/8 - 1/320 s – ISO 200, Modo manual – Distancia focal 235 mm - balance de blancos automático.

«Subexponer las fotografías cuando las luces empiezan a ser duras es una buena opción para no quemar los blancos de sus plumajes»

Conviene tener cuidado para no quemar los blancos de estas aves. Cuando las luces empiezan a ser duras y el sol se encuentre más alto, suelo subexponer para no perder detalles en los blancos.
Como estrategia, en las zonas que las veía agrupadas recorriendo alguna orilla, solía tumbarme con una toalla y la cámara. Aunque en un principio suelen huir, si en la zona hay algo que las atrae o les gusta, suelen volver; por lo tanto, la paciencia es fundamental. Si en una zona esto no funciona, siempre se puede ir probando en otra donde estén en similar actitud; con paciencia y constancia acabaremos teniendo muy buenos resultados con estas especies.
Podemos optar por tener el sol de cara

y aprovechar para realizar contraluces o también jugar con las luces del sol reflejadas en el agua, para combinaciones más artísticas

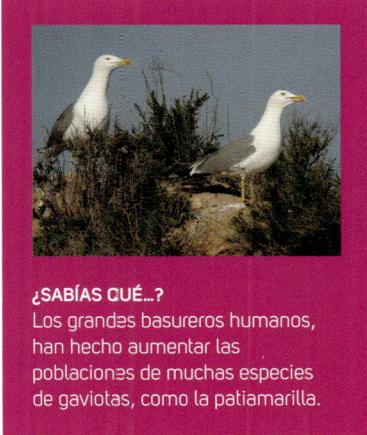

¿SABÍAS QUÉ…?
Los grandes basureros humanos, han hecho aumentar las poblaciones de muchas especies de gaviotas, como la patiamarilla.

Cormorán grande

Mejor estación del año:	otoño e invierno.
Instantes para captar:	con alas desplegadas, pescando, retratos.
Dificultades:	el uso del *hidrohide* en estaciones de otoño e invierno.
Equipo y material:	teleobjetivos, *hidrohide*, vadeador.
Mejores lugares para su fotografía:	Ría de Vigo, P. Nacional Marítimo-Terrestre de las Islas Atlánticas de Galicia, R. Natural del Estuario del Tajo, Mar Menor, Embalse de la Serana y Alqueva, P. Nacional de Doñana.

Cuervo de mar

Su nombre significa cuervo de mar o marino, por su plumaje negro y vivir en zonas marinas. Normalmente se las ve en invierno en la Península Ibérica, aunque hay zonas de interior en las que se las puede contemplar todo el año, incluso reproduciéndose.

«Eficiente pescador, capaz de capturar peces de gran tamaño»

Ave que debido a su gran apetito se alimenta de bastantes peces a diario; por esa razón no es bienvenida por pescadores.

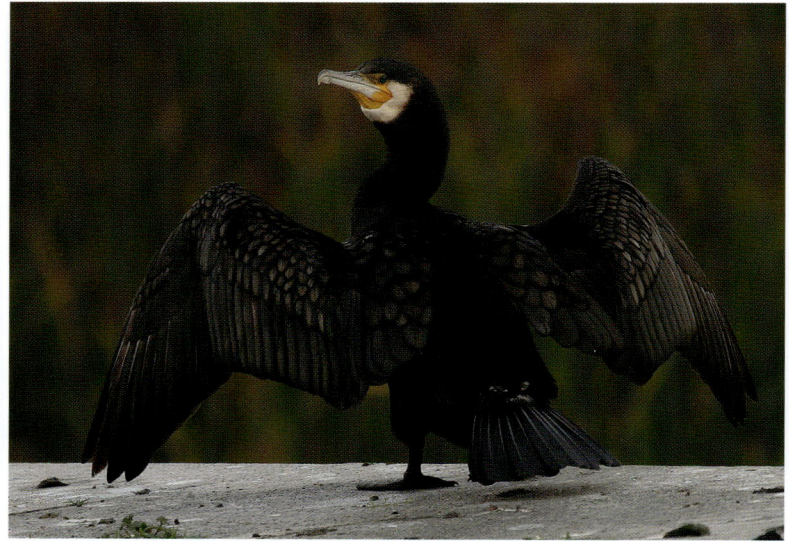

Cormorán grande con las alas estiradas en su pose habitual, mientras permanece secando su plumaje.
f/6.3 - 1/125 s – ISO 200, Modo manual – Distancia focal 400 mm - balance de blancos automático.

CÓMO FOTOGRAFIAR

Este bello animal pasa gran cantidad del tiempo secando su plumaje sobre alguna roca o posadero, desplegando las alas. Es uno de los mejores y más bonitos momentos que podemos tener para fotografiarlos.

«En sus posaderos habituales pasan gran cantidad del tiempo que aprovecharemos para fotografiarlos»

Es fácil detectar sus posaderos que suelen utilizar normalmente y durante largos periodos de tiempo. Como no suele ser habitual que dichos posaderos estén cerca de algún lugar donde les podamos fotografiar con facilidad, lo más práctico es intentar acercarnos con la técnica del *hidrohide*. Consiste en hacer un escondite flotante que podamos introducir en el agua y no se hunda soportando el peso de la cámara. Nosotros estaremos con la mitad inferior del cuerpo sumergidos, mientras la otra mitad irá dentro de dicho escondite, pudiendo ir acercándonos poco a poco

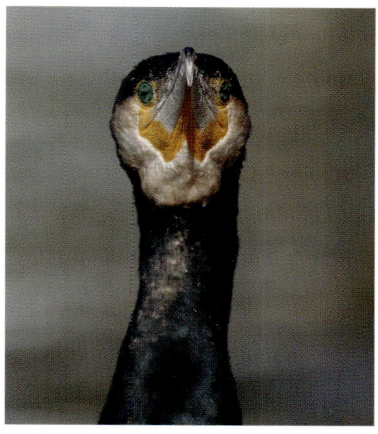

Retrato de cormorán grande en el que se puede apreciar su ganchudo pico y sus ojos color verde esmeralda.
f/5.6 - 1/1600 s – ISO 200, Modo manual – Distancia focal 400 mm - balance de blancos automático.

dentro del agua sin ser vistos, a la mejor distancia y con la posición de luz que consideremos óptima.

«La técnica llamada hidrohide, es muy útil para acercarnos a estas aves cuando están descansando en zonas de interior de agua»

Esta técnica es muy práctica si no hay grandes corrientes de agua y si la profundidad es pequeña porque, si no hacemos p e, resulta complicado tomar fotos decentes. Cuando logramos acercarnos, es posible incluso tenerlo a muy pocos metros y aprovechar el momento para retratar y buscar detalles, dado que tienen unas plumas que parecen escamas y color iridiscente y unos ojos color verde esmeralda, dignos de ver en detalle.

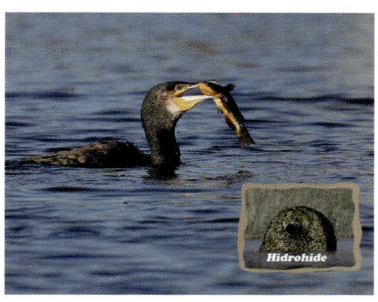

Como se hizo. *Fotografiar cormoranes mediante el uso de hidrohide, hace que podamos tener ángulos y distancias extraordinarias.*

¿SABÍAS QUÉ...?
En algunos países asiáticos son utilizadas para pescar con una cuerda o anilla en el cuello para no tragarse los peces. Esta técnica es llamada *ukai*.

Chorlitejo patinegro

Mejor estación del año:	verano.
Instantes para captar:	sobre la arena, en su entorno, soportando ventiscas.
Dificultades:	acercarte a ellos sin poder esconderte.
Equipo y material:	teleobjetivos, coderas, rodilleras.
Mejores lugares para su fotografía:	P. Nacional de Doñana, Delta del Ebro, Delta del Llobregat, P. Natural Bahía de Cádiz, Paraje Natural de las Marismas del Odiel, P. Natural de la Albufera de Valencia, Playas de Valencia (entre Gandía y Cullera), Ría de Arousa.

El playero de las dunas

Estas aves pertenecen a la familia de las limícolas y son muy activas y rápidas. Fuera del periodo reproductor suelen ir en grupos buscando alimento.
Son pequeñas dentro de su grupo y el macho en época de celo, presenta sus tonos de plumaje mucho más acentuados.

«Las podemos ver recorrer playas a gran velocidad cuando detectan alimento, y también algún peligro»

Son habituales igualmente en algunas lagunas del interior peninsular, pero están muy ligadas a las zonas marinas.

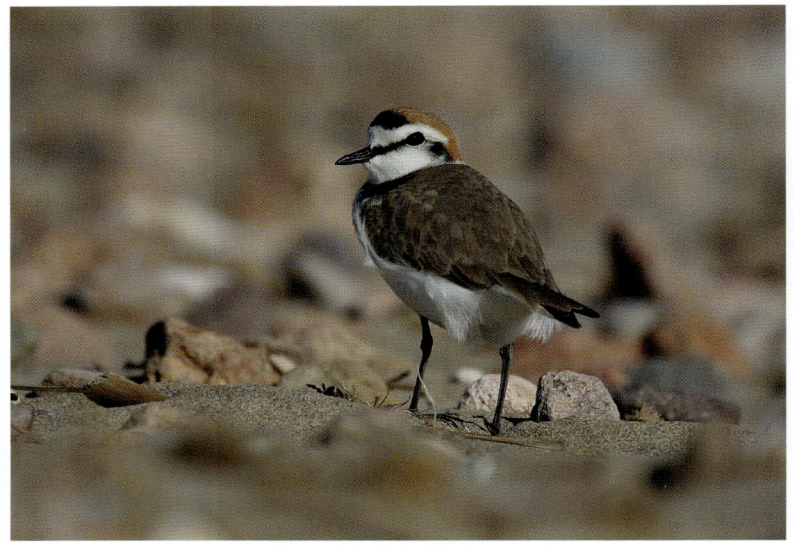

Chorlitejo patinegro fotografiado con plumaje nupcial, entre desenfoques de distintos elementos.
f/6.3 - 1/2500 s – ISO 200, Modo manual – Distancia focal 400 mm - balance de blancos luz día.

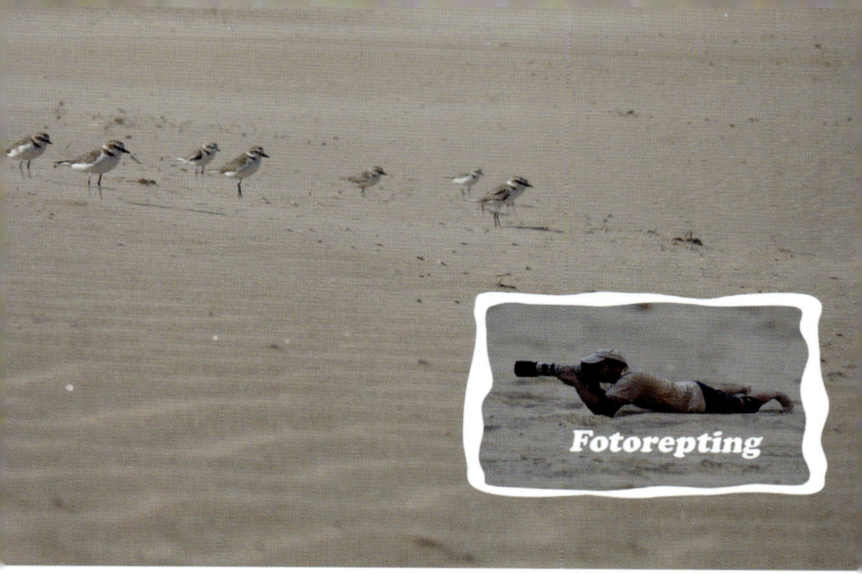

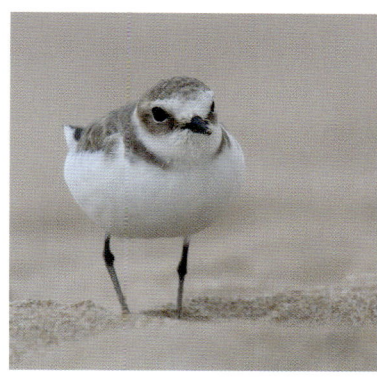

Cómo se hizo. Fotorepting - *Técnica que consiste en ir reptando lentamente por el suelo, hasta llegar a tenerlos a la distancia idónea.*

CÓMO FOTOGRAFIAR

En playas donde desemboquen medianos y pequeños ríos, son buenos lugares para buscarlos. Me gusta trabajar estas aves a final del verano, después de su periodo de cría ya que las molestias siempre son menores.

La zona de Gandía es un buen lugar, cerca donde desemboca el río Serpis. No son muchos los ejemplares que podemos ver, pero los suficientes para hacer un buen trabajo fotográfico.

Es necesario detectar al grupo de estas aves y mejor a primeras horas del día que es cuando menos personas se encuentran por la zona, porque muchas veces la gente al pasear espantan continuamente a las aves.

«Finales de verano es buen momento para fotografiar estas aves en muchas playas del Mediterráneo»

Una vez descubierto el bando o individuos sueltos, es probar sus distancias de seguridad en dos o tres intentos.

Suelo acercarme despacio mientras los voy observando. Examino a qué distancia se paran, veo a qué distancia andan en dirección contraria a la mía y a cuál empiezan a correr más rápido. En este caso paro y permanezco inmóvil hasta

Ejemplar fotografiado de frente mientras recorre la playa. **f/8 - 1/125 s – ISO 400, Modo manual – Distancia focal 420 mm - balance de blancos nublado.**

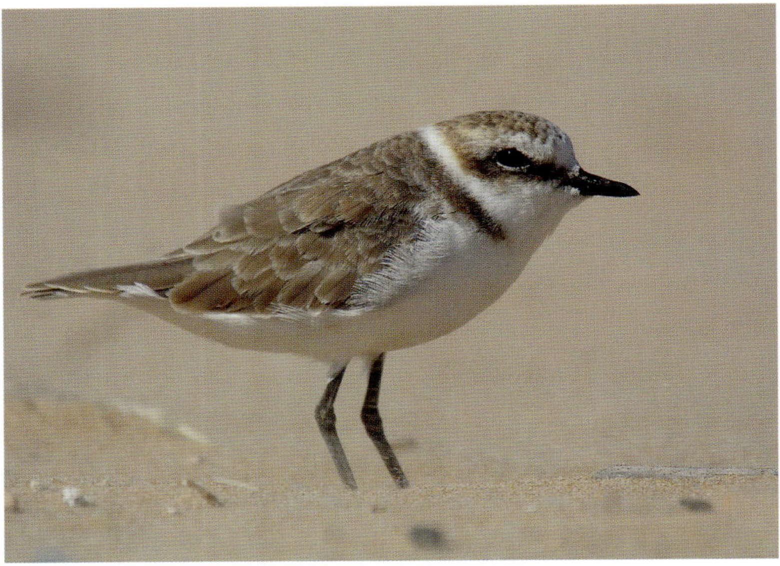

Individuo aguantando la ventisca de arena, mientras vigila a los paseantes.
f/8 - 1/100 s – ISO 200, Modo manual – Distancia focal 510 mm - balance de blancos automático.

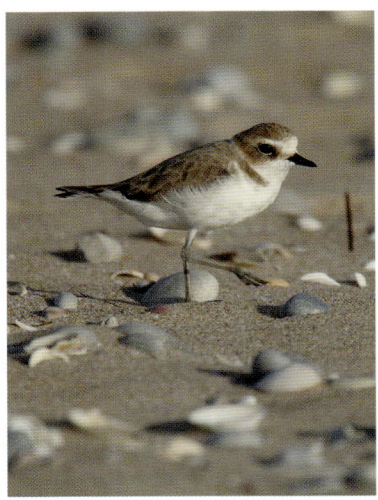

Composición fotográfica de chorlitejo patinegro paseando entre conchas y piedras.
f/11 - 1/800 s – ISO 200, Modo manual – Distancia focal 560 mm - balance de blancos nublado.

que vuelven a ganar confianza y retoman su rutina. Comprobadas las distancias en un par de intentos, ya tengo claro en qué momento tumbarme en el suelo, justo antes de llegar a la distancia en la que suelen pararse.

Ahora empieza lo que yo denomino *fotorepting*, que consiste en ir reptando y arrastrándote por la arena muy lentamente hasta llegar a una buena distancia fotográfica. Para ello lo mismo de siempre; si ves que paran es necesario también detenerse hasta que vuelvan a la normalidad. Cuando uno está tumbado, estas especies suelen aceptarte mejor que si vas de pie o agachado.

Es una técnica que me encanta y la suelo practicar siempre que puedo con multitud de limícolas que son las aves que más suelen aceptarla. Da mejores resultados si es en lugares cercanos a poblaciones, ya que suelen estar más acostumbrados a la presencia humana.

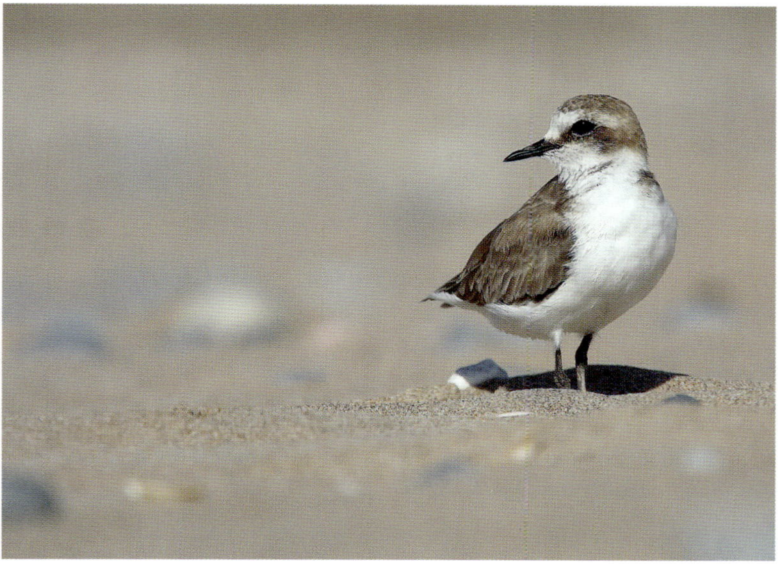

Fotografía de ejemplar, intentando dejar el máximo aire hacia donde dirige la mirada.
f/8 - 1/1250 s – ISO 500, Modo manual – Distancia focal 560 mm - balance de blancos automático.

Las primeras veces que la practiqué en zonas cercanas a playas, la vestimenta utilizada fue el bañador y camiseta sin mangas, lo que ocasionó heridas en codos y rodillas que sufrían más en los días siguientes al volver a practicar esta técnica. Para evitarlo, recomiendo utilizar coderas y rodilleras, ya que las articulaciones serán las que más utilicemos para estos desplazamientos y, por lo tanto, las que más sufren. Si no tenemos o las hemos olvidado, cualquier tela tipo camiseta la podemos anudar en estas articulaciones y así evitaremos que rocen con el suelo al movernos.

Cuando hay pequeñas ventiscas de arena, suelen permanecer inmóviles y cara al viento. Entonces resulta muy atractivo este tipo de fotografías; podemos utilizar una velocidad de disparo más baja para mostrar el movimiento de la arena cuando pasa sobre el ave.

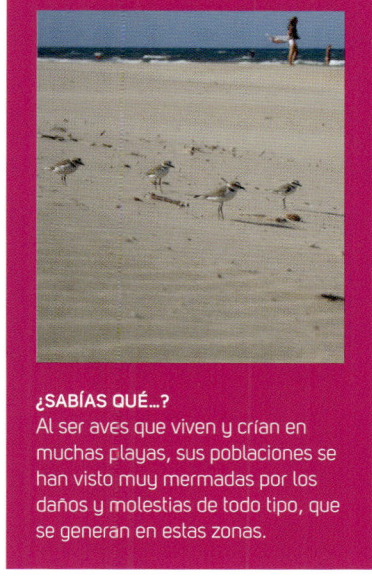

¿SABÍAS QUÉ…?
Al ser aves que viven y crían en muchas playas, sus poblaciones se han visto muy mermadas por los daños y molestias de todo tipo, que se generan en estas zonas.

Negrón común

Mejor estación del año:	invierno.
Instantes para captar:	en el agua y a su nivel.
Dificultades:	escaso en la Península, en paso y en invierno.
Equipo y material:	teleobjetivos, trípode, vadeador.
Mejores lugares para su fotografía:	Ría de Ortigueira, Ría de Aveiro, Santoña, Ría de los Vagones, Golfo de Cádiz.

Los negros marinos

Patos por cuyo nombre son conocidos, ya que suelen ser negros a excepción de la mancha amarilla anaranjada del pico; el plumaje en las hembras es más pardo.

«Patos marinos que en la Península los podemos ver en paso o invierno»

Aves que viven mayormente en el mar, y las podemos ver cerca de algunas costas, normalmente en el norte peninsular.

CÓMO FOTOGRAFIAR

Son patos que durante los meses de invierno visitan algunas costas ibéricas, principalmente en el norte. Al vivir en el mar, es difícil su acercamiento. Por lo tanto, el primer paso es descubrirlos en zonas en las que sea posible observarlos desde alguna playa cercana. Esto es importante para poder captarlos a su nivel, cuando la distancia sea óptima.

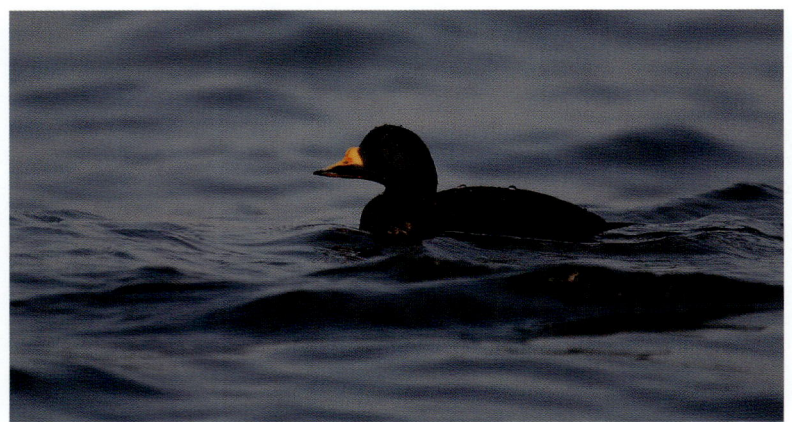

Ejemplar fotografiado con las primeras luces del día, mientras nada. Hay que espera el momento en el que las aguas están tranquilas para no mojar el equipo.
f/5.6 - 1/800 s – ISO 200, Modo manual – Distancia focal 400 mm - balance de blancos automático.

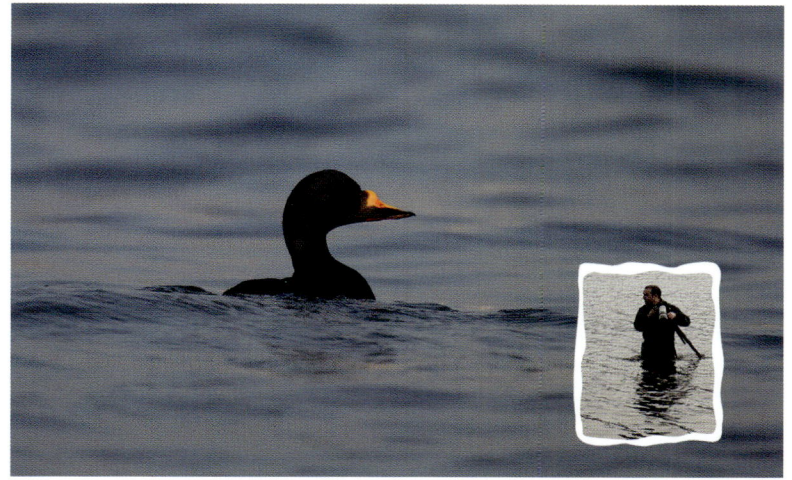

Cómo se hizo. *Con vadeador dentro del agua intentado llegar a la mejor distancia cada vez que se sumergen.*

«Con temporales los podemos tener más cerca de las costas o desembocaduras y así disponer de mejores opciones fotográficas»

Los días de temporal suelen acercase a estuarios o desembocaduras de ríos y son buenos momentos para poder tenerlos más cerca de lo habitual.

Para fotografiarlos, observé durante unos días cómo un ejemplar, a ciertas horas de la mañana, recorría una zona rocosa cercana a la orilla. Solía acercarse cuando no había nadie en dicho lugar. Probé varios días con distintos resultados, ya que no siempre se acercaba lo suficiente. Vestido con vadeador para evitar mojarme y ropa térmica interior, fui recorriendo la orilla cada vez que se sumergía para pescar, y escondiéndome entre las rocas dentro del agua cada pocos metros según avanzaba, hasta que pude tenerlo a una distancia más o menos óptima para mi teleobjetivo. Para poder fotografiarlos a su nivel, utilicé un trípode regulado a poca altura, justo por encima del nivel del mar para evitar que se moje el equipo y estar a la misma altura que el negrón. Es necesario tener mucho cuidado con las olas, porque, si no estás atento, se puede llegar a mojar el equipo fotográfico o darnos un susto nosotros mismos.

Usar el disparo en modo ráfaga ayuda a poder captar distintos instantes dentro de la misma acción.

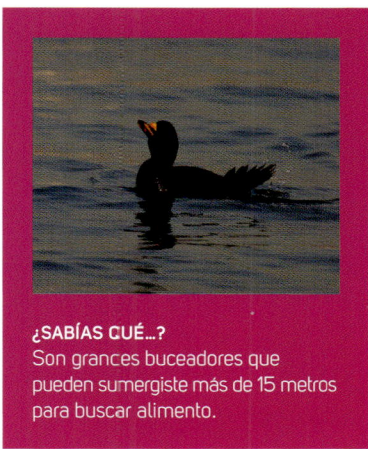

¿SABÍAS QUÉ…?
Son grandes buceadores que pueden sumergiste más de 15 metros para buscar alimento.

Camaleón común

Mejor estación del año:	primavera, verano.
Instantes para captar:	en su entorno.
Dificultades:	encontrar algún ejemplar.
Equipo y material:	teleobjetivos, objetivos medios, objetivo macro.
Mejores lugares para su fotografía:	Playa de Bolonia (Tarifa), Playa del Camaleón (Chipiona), Isla Cristina, Islantilla, Estepona, Nerja, Almuñécar, Aguadulce, Faro (Portugal).

El dragón andaluz

Este animal posee características tan extraordinarias, que los convierten en únicos. Cambia de color su piel en función de la luz y del entorno en el que se encuentran, para convertirse en una parte más de la vegetación existente.

«El camaleón es un animal sorprendente, con características únicas. El poder descubrir uno en su entorno, resulta de lo más complicado»

Es también capaz de mover los ojos en direcciones diferentes, pudiendo ver dos campos distintos, lo que evita tener que girar y mover la cabeza, consiguiendo hacer el menor movimiento y no ser descubierto.

Para alimentarse permanecen quietos, esperando sobre una rama, para lanzar su gran lengua y atrapar insectos descuidados que pasan cerca de ellos.

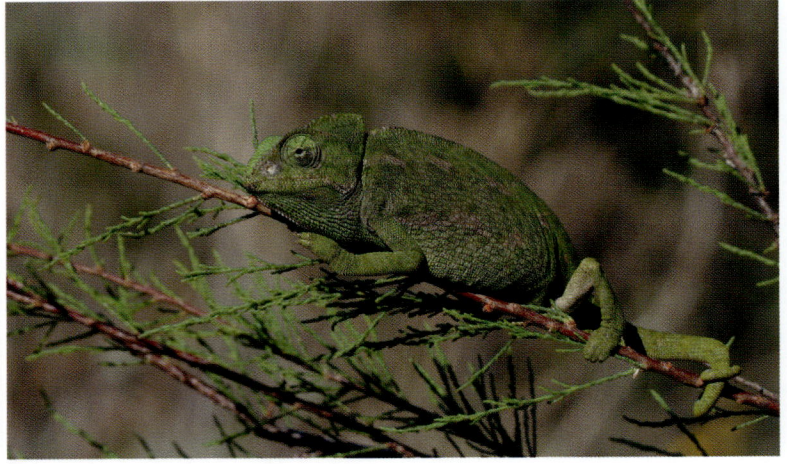

Camaleón adulto perfectamente camuflado en su entorno. Se pueden apreciar las llamativas extremidades que poseen.
f/10 - 1/500 s – ISO 200, Modo manual – Distancia focal 170 mm - balance de blancos automático.

CÓMO FOTOGRAFIAR

Lo más complicado de estos animales ha sido siempre el poder descubrírlos. Agudizar la vista hasta ver uno, es una tarea complicada. Pero cuando llegas a descubrir a uno, resulta una maravilla, obsérvalos tranquilamente y a corta distancia.

«En verano es la época de celo y cuando más opciones podemos tener de descubrir algún ejemplar caminando de una zona a otra»

Para descubrírlos, una técnica consiste en ir por su zona durante la época de celo, dado que los camaleones se desplazan en busca de pareja. Esta es muy buena época para descubrir algún ejemplar caminando por el suelo. Son animales muy lentos y cuando caminan en zona despejada, se les puede ver con mayor facilidad. La playa de Bolonia en Tarifa o la Playa del Camaleón en Chipiona, son muy buenos lugares para poder observarlos. Si no ocurre a la primera, es necesario intentarlo más veces. Entre retamas y pinares es donde más veces los he visto. Una vez descubierto, no conviene manipularlos, salvo que los veamos en una carretera con riesgo de atropello.

«Sin manipularlos los podemos observar a corta distancia, con su lenta pero curiosa actividad diaria»

Es mejor verlos hacer su actividad diaria a corta distancia desplazándose entre

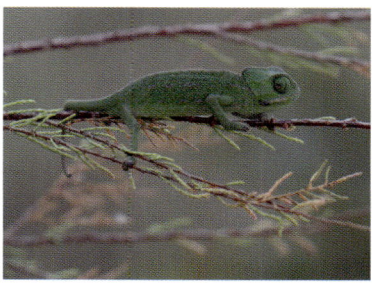

Fotografía de ejemplar juvenil de camaleón desplazándose entre las ramas.
f/7.1 - 1/100 s – ISO 200, Modo manual – Distancia focal 220 mm - balance de blancos automático.

ramas, mirando con esos ojos a todas partes; incluso, con suerte, cómo capturan algún insecto.

Una buena opción fotográfica es esperar en sus desplazamientos hasta tenerlos despejados de vegetación, cuando cambian de rama, cuando enrollan su cola, con los ojos en direcciones opuestas... Siempre esperando el momento, sin interferir en la conducta, nos dejarán tranquilamente multitud de opciones.

Podemos utilizar objetivos macros, si tenemos interés en mostrar algún detalle de tan fascinante animal. O bien teleobjetivos, si queremos fotografiarlos a mayor distancia, o combinar con fondos más desenfocados. Pero con cualquier objetivo normal es posible captar multitud de acciones de estos pequeños dragones andaluces.

¿SABÍAS QUÉ...?

Los camaleones, por el estudio de fósiles, se les consideran animales que han estado en la tierra desde hace millones de años. Se trata de una especie prehistórica de la que es posible disfrutar y proteger en la actualidad.

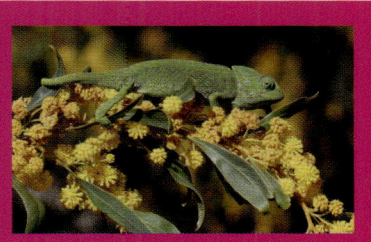

Correlimos tridáctilo y vuelvepiedras común

Mejor estación del año:	invierno.
Instantes para captar:	aves en composición y acción.
Dificultades:	llegar hasta ellas sin poder esconderte.
Equipo y material:	teleobjetivos, coderas, rodilleras.
Mejores lugares para su fotografía:	Mar Menor, P. Nacional de Doñana, Ría de Arousa, Rías Altas de Galicia, P. Natural Delta del Ebro, Paraje Natural Marismas del Odiel, Ría de Avilés, Playa de San Lorenzo (Gijón).

Limicoleando

Son aves que las podemos ver en playas, marismas y estuarios normalmente en los pasos prenupciales y postnupciales. También son invernantes y es posible verlas en bandos, en zonas de costa peninsular, muchas veces ambas especies juntas.

«En invierno las podemos ver en los mismos lugares, aunque cada especie tiene una forma distinta de buscar alimento»

Cada una de ellas busca el alimento de forma distinta. Recorriendo los mismos

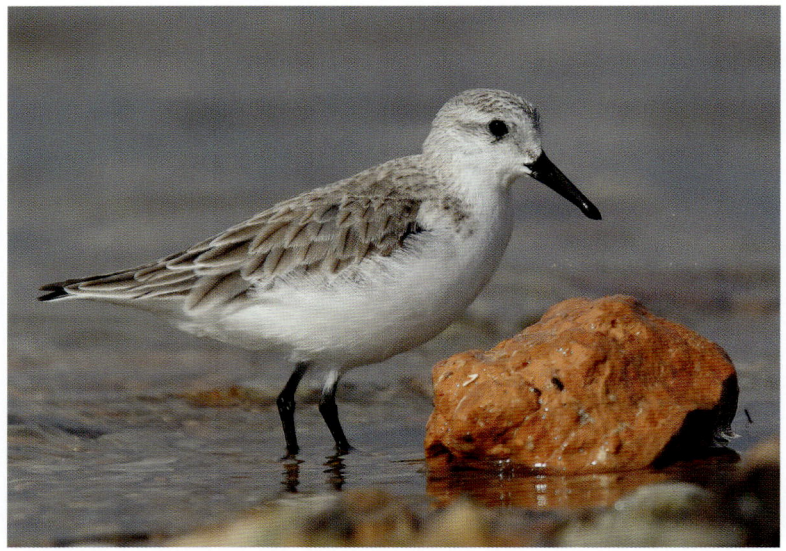

Correlimos tridáctilo con plumaje de invierno, fotografiado en las orillas del Mar Menor, un buen lugar para practicar su fotografía.
f/8 - 1/1000 s – ISO 200, Modo manual – Distancia focal 385 mm - balance de blancos luz día.

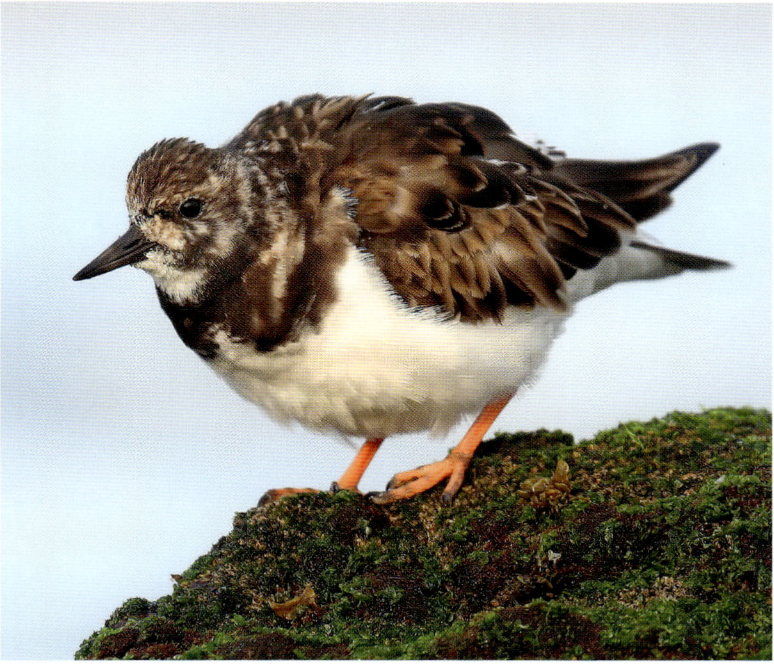

Vuelvepiedras sacudiendo el plumaje después de haberse mojado con el oleaje.
f/5.6 - 1/200 s – ISO 200, Modo manual – Distancia focal 300 mm - balance de blancos automático.

sitios, cada una se ha adaptado para conseguir el alimento de manera distinta evitando competir entre estas y otras especies. Podemos ver a los vuelvepiedras levantando piedras de menor tamaño en busca de pequeñas presas y a los correlimos corriendo sobre las olas para capturar su alimento.

CÓMO FOTOGRAFIAR

Lo primero que suelo hacer es recorrer zonas donde se puede encontrar, como estuarios o playas de costa. La orilla del Mar Menor, sobre el Mediterráneo, es un lugar fantástico para encontrar ambas especies.

Una vez detectados, mi técnica consiste en acercarme a ellos en diagonal hasta que noto que se quedan parados. Una vez

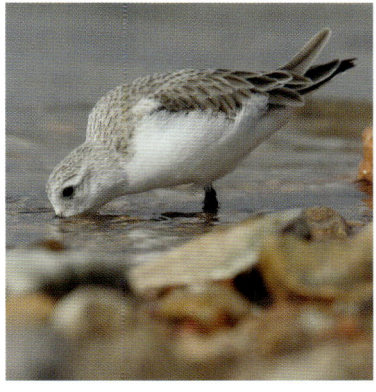

Ejemplar de correlimos tridáctilo buscando comida cerca de la orilla.
f/8 - 1/1250 s – ISO 400, Modo manual – Distancia focal 400 mm - balance de blancos automático

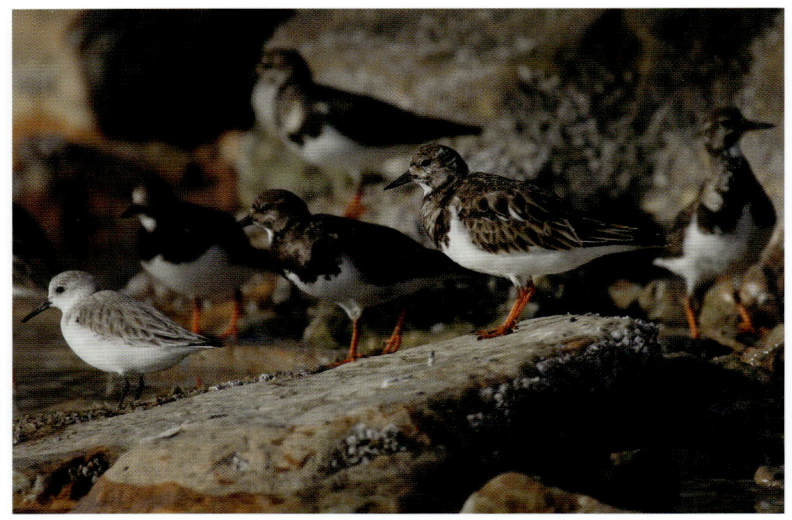

Grupo de vuelvepiedras y algún correlimos descansando sobre rocas.
f/7.1 - 1/3200 s – ISO 400, Modo manual – Distancia focal 400 mm - balance de blancos nublado.

quietos, permanezco inmóvil hasta que vuelven a su normalidad. Observo hacia qué parte de la orilla se desplazan, para avanzar despacio hacia el lugar donde

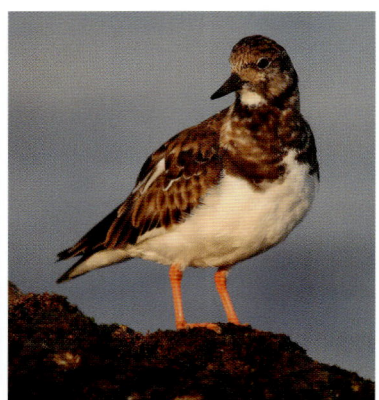

Vuelvepiedras descansando. Estas aves utilizan su pico para levantar piedras mientras buscan alimento.
f/5.6 - 1/500 s – ISO 200, Modo manual – Distancia focal 400 mm - balance de blancos automático.

veo que irán. Estas aves recorren grandes cantidades de terreno buscando comida y, si vamos muy despacio, las podemos tener muy cerca.

Cuando llego al punto al que he estimado que vendrán, me quedo tumbado esperando el momento; cuando esto ocurre, las podremos fotografiar de muchas maneras, y también combinarlas con elementos naturales que hay en la arena como piedras y conchas.

«Es necesario observar al grupo y qué orilla están siguiendo, para colocarnos en un punto antes de que lleguen»

Otra buena técnica que me gusta practicar y que ya he comentado, es la *fotorepting*. Da también muy buenos resultados con estas aves. Como en ambas especies la mejor época es el invierno; suelo ir con rodilleras en los pantalones y una cazadora gruesa para proteger bien los codos.

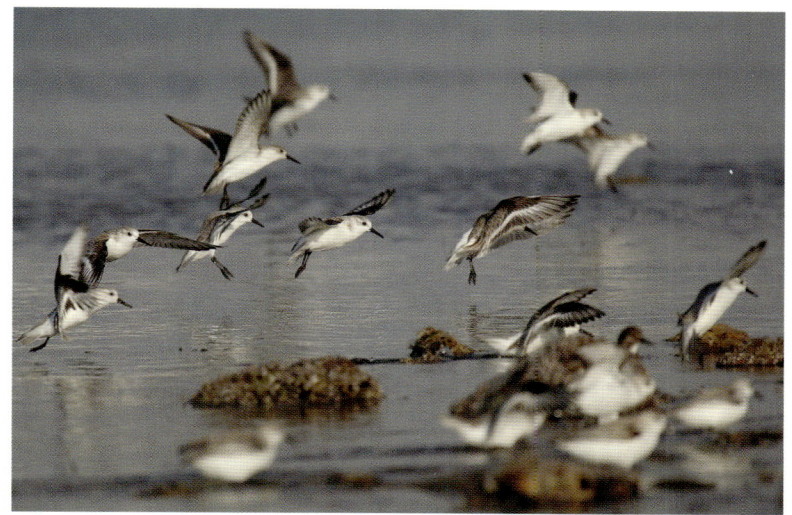

Grupo de correlimos en vuelo, que aterrizan donde se encuentran más ejemplares.
f/9 - 1/2000 s – ISO 200, Modo manual – Distancia focal 400 mm - balance de blancos luz día.

«Las primeras luces de sol en las zonas costeras nos permiten captar a las aves con unas texturas idóneas»

Es importante tener controlada la distancia mínima de enfoque de nuestro objetivo, ya que a veces y sin intención, con esta técnica las aves se han ido acercando tanto hacia mí que los he llegado a tener tan próximas que el objetivo no enfocaba al sobrepasar la distancia mínima de enfoque. Para evitar las sombras producidas por las luces altas, en ciertas partes del cuerpo del ave, las mejores horas para mí, son las primeras de la mañana. Controlando el sol cuando amanece, con los rayos paralelos a la superficie de tierra, podremos obtener unas texturas idóneas en las aves, con aperturas medias de diafragma.

Este método de ver una persona tumbada con una cámara por la playa es posible que llame la atención de algún paseante. Más de una vez me ha ocurrido, que después de haber realizado todo el trabajo de localización, estudio de distancias, reptar,

acercarte y tenerlos a tiro fotográfico, ver que se van volando porque alguna persona se encuentra cerca contemplando lo que estás haciendo. Gafes del oficio.

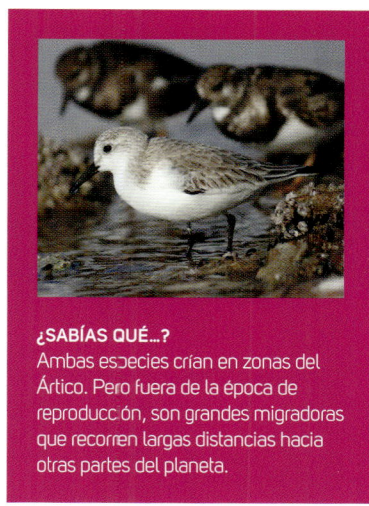

¿SABÍAS QUÉ…?
Ambas especies crían en zonas del Ártico. Pero fuera de la época de reproducción, son grandes migradoras que recorren largas distancias hacia otras partes del planeta.

Espátula común

Mejor estación del año:	primavera, verano.
Instantes para captar:	alimentándose con sus picos, composiciones de varios individuos, vuelos.
Dificultades:	combinar su blanco plumaje con fondos oscuros, independizar un individuo.
Equipo y material:	teleobjetivos, *hide*, redes de camuflaje.
Mejores lugares para su fotografía:	P. Natural de la Bahía de Cádiz, P. Nacional de Doñana, Paraje Natural Marismas de Odiel, Ría de Arosa, Marismas de Santoña, Ría de Villaviciosa, Urdaibai Reserva de la Biosfera, Parque Ornitológico Arrocampo.

Pico plano

Grandes y blancas aves que recorren las marismas en busca de alimento con su enorme y peculiar pico. En época de celo presentan un penacho de plumas en la cabeza, además lucen partes del pecho y pico de un amarillo llamativo.

«Enorme pico plano que usan de una manera asombrosa en zigzag, recorriendo las marismas»

La característica principal de estas aves son sus picos, en forma de espátula,

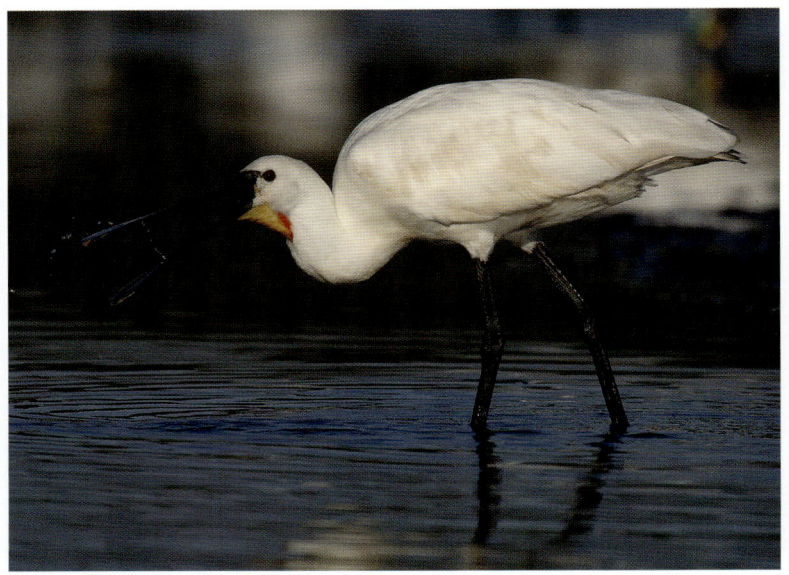

Ejemplar de espátula fotografiado mientras abre su gran pico para alimentarse.
f/5.6 - 1/3200 s – ISO 200, Modo manual – Distancia focal 400 mm - balance de blancos luz día.

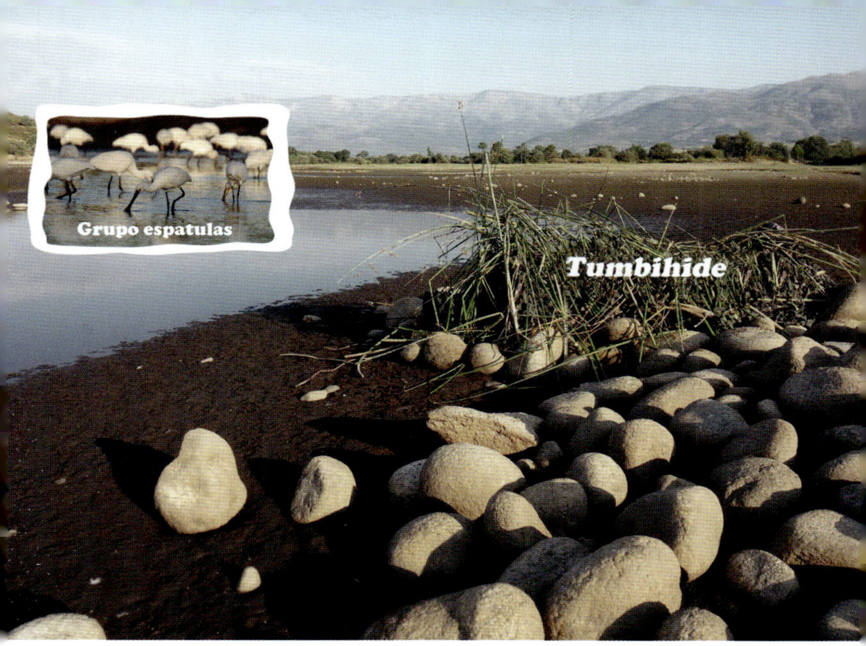

Grupo espátulas

Tumbihide

Cómo se hizo. *Tumbihide preparado en la orilla para fotografiar a estas aves al mismo nivel. Debe de estar lo mejor camuflado posible con elementos del entorno.*

siendo llamadas así por ello. Resulta curioso verlas recorrer las aguas con sus picos, buscando comida.

Las solemos ver en grupos de varios individuos, y en vuelo destacan de las siluetas, sus enormes picos. Sus hábitats favoritos suelen ser marismas y zonas costeras con poca profundidad de agua.

CÓMO FOTOGRAFIAR

Debemos averiguar lo primero dónde se alimentan o dónde descansan. Las Marismas de Odiel son lugares fantásticos donde poder descubrirlas. Suelen ser madrugadoras para llegar a sus zonas de alimentación y después van recorriendo las marismas.

Se pueden desplazar entre marismas de la misma zona, pero suelen tener preferencia por ciertos lugares y a las mismas horas. Este es el secreto que debemos descubrir antes del inicio del trabajo fotográfico.

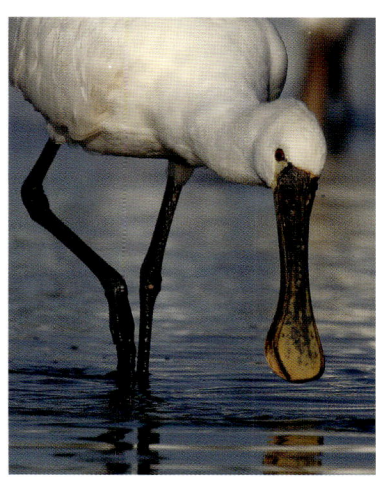

Retrato de espátula, donde se puede apreciar la peculiar forma de su pico.
f/7.1 - 1/2000 s – ISO 200, Modo manual – Distancia focal 400 mm - balance de blancos automático.

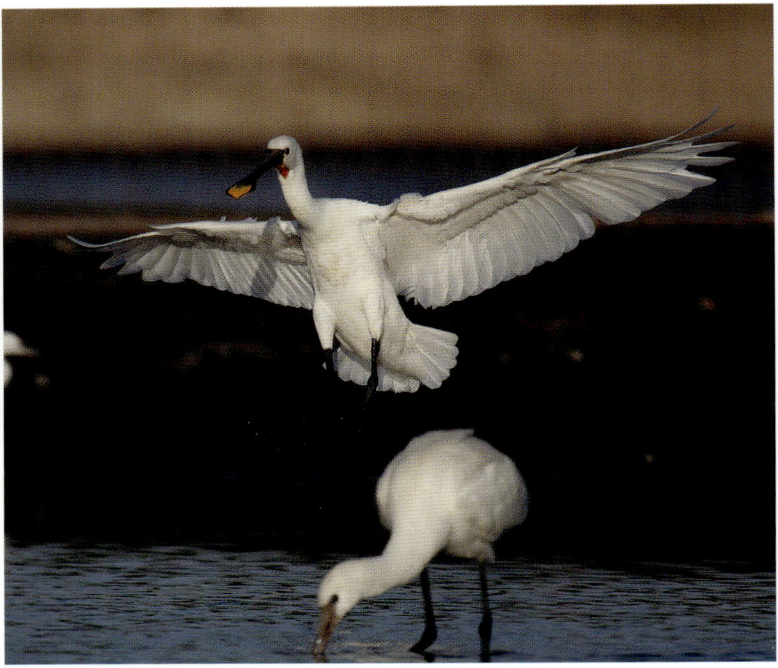

Espátula aterrizando en la charca donde se encuentran más ejemplares de esta especie.
f/5.6 - 1/1000 s – ISO 400, Modo manual – Distancia focal 400 mm - balance de blancos automático.

Sabiendo a qué hora suelen llegar a este punto que hemos elegido, por diversos factores, como tener el sol a la espalda, un fondo que nos resulte atractivo y podamos estar a una distancia optima de las aves. Ya solamente queda preparar un escondite lo más tumbado posible y con vegetación de la zona para no llamar la atención. Siempre son pocas aves las que llegan primero y lo hacen en escala. Las primeras serán las que controlen todo antes de comer y serán las encargadas de hacer que el resto del grupo venga. Si detectan

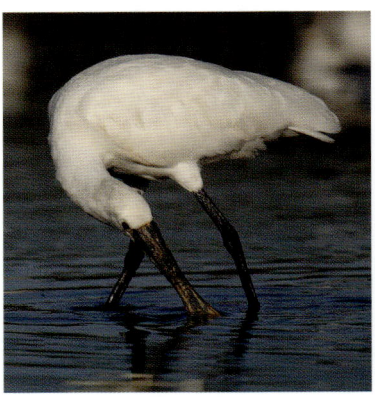

Individuo fotografiado realizando el zig-zag con su pico, mientras busca alimento.
f/6.3 - 1/1600 s – ISO 200, Modo manual – Distancia focal 400 mm - balance de blancos automático.

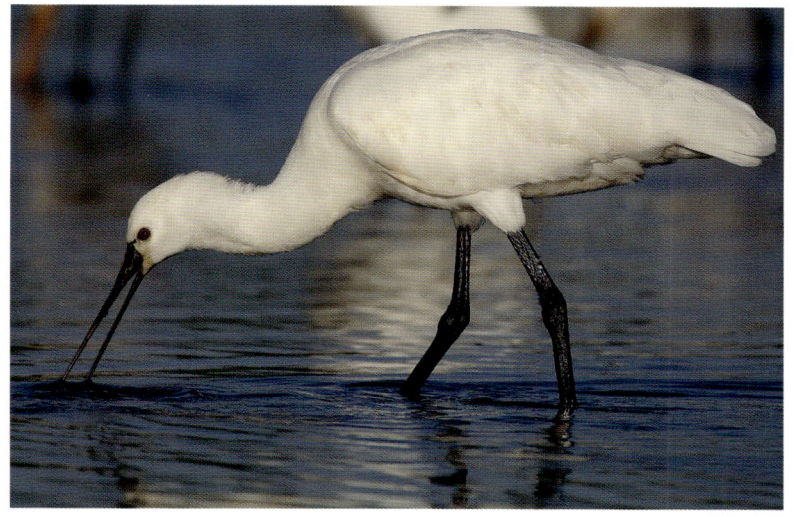

Perfil de espátula fotografiada con las primeras luces del día.
f/5.6 - 1/2000 s – ISO 400, Modo manual – Distancia focal 400 mm - balance de blancos automático.

algo sospechoso se irán y el resto las seguirán a otro lugar. Por lo tanto, yo no realizó ninguna fotografía, ni movimiento, hasta ver que van entrando más espátulas al lugar y empiezan a comer.

«Cuando entran en grupo resulta muy complicado captar imágenes de una acción individual que resalte»

En ciertas zonas los fondos son oscuros por la humedad de la tierra, lo que complica a la hora de configurar la cámara. Para sacar al ave en blanco correcto, los fondos quedan muy oscuros, y en cambio si queremos aclarar más el fondo sobreexponiendo, nos arriesgamos a quemar muchos blancos del plumaje. Controlaremos los parámetros de la cámara cuando enfoquemos al ave, pero siempre hay que revisarlos mientras dure la jornada. Suele ocurrir que, con el aumento de la luz del sol, queden mal configurados y si no lo tenemos en cuenta es posible quemar muchas de las fotografías.

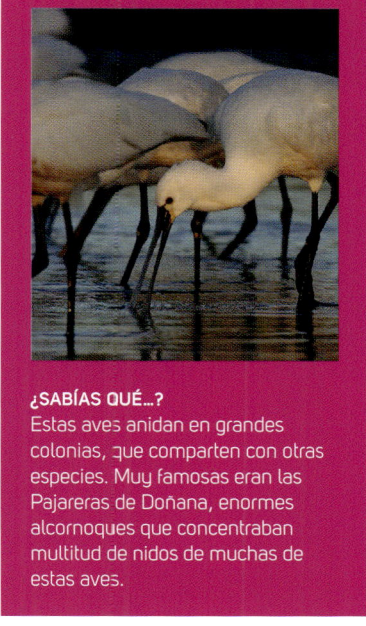

¿SABÍAS QUÉ...?
Estas aves anidan en grandes colonias, que comparten con otras especies. Muy famosas eran las Pajareras de Doñana, enormes alcornoques que concentraban multitud de nidos de muchas de estas aves.

Charrancito común

Mejor estación del año:	primavera y verano.
Instantes para captar:	cebas en vuelo, paradas nupciales, aterrizajes en colonias, lances de pesca, composiciones de varios ejemplares.
Dificultades:	aves muy rápidas, fondos brillantes en playas, colonias sensibles a la presencia humana.
Equipo y material:	teleobjetivos de 400–600 mm, *hide*.
Mejores lugares para su fotografía:	marismas del Guadalquivir, humedales costeros de Huelva y Cádiz, Delta del Ebro, lagunas litorales de la Comunidad Valenciana, Parque Regional Salinas y Arenales de San Pedro del Pinatar y Ría Formosa.

El relámpago blanco del litoral

Pequeño, ligero y preciso, el charrancito común es uno de los pescadores más elegantes de nuestras costas. Con su vuelo vibrante y esa combinación de blanco puro, negro intenso en la cabeza y un pico amarillo que parece una chispa de luz, transforma cualquier orilla en un escenario dinámico. Es un ave colonial, sociable y ruidosa, que defiende su espacio con gran determinación. Construyen sus nidos en el suelo, en zonas abiertas de arena o grava, lo que los hace extremadamente vulnerables a molestias y depredadores. Sin embargo, su capacidad de coordinación y sus vuelos de alarma son impresionantes: un ballet colectivo donde cada individuo parece saber exactamente cuándo y cómo actuar.

«Un destello, un giro y un picado, y el mar responde con una gota que brilla en su pico»

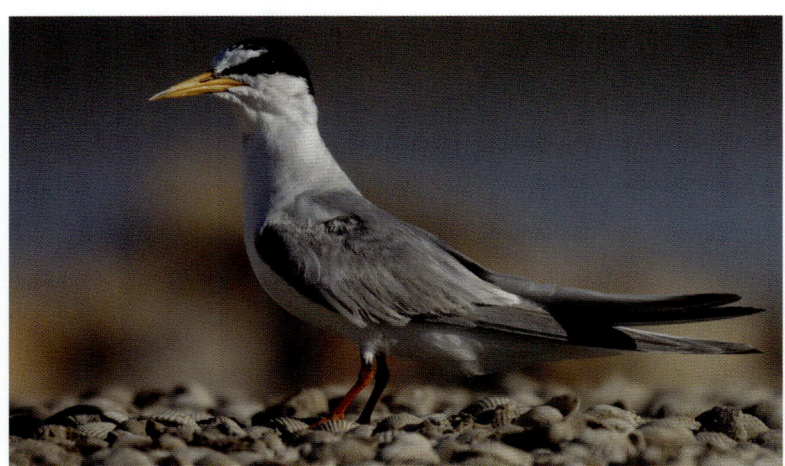

Posado de charrancito común.
f/8 - 1/800 s - ISO 800 - Distancia focal 560 mm - balance de blancos luz día.

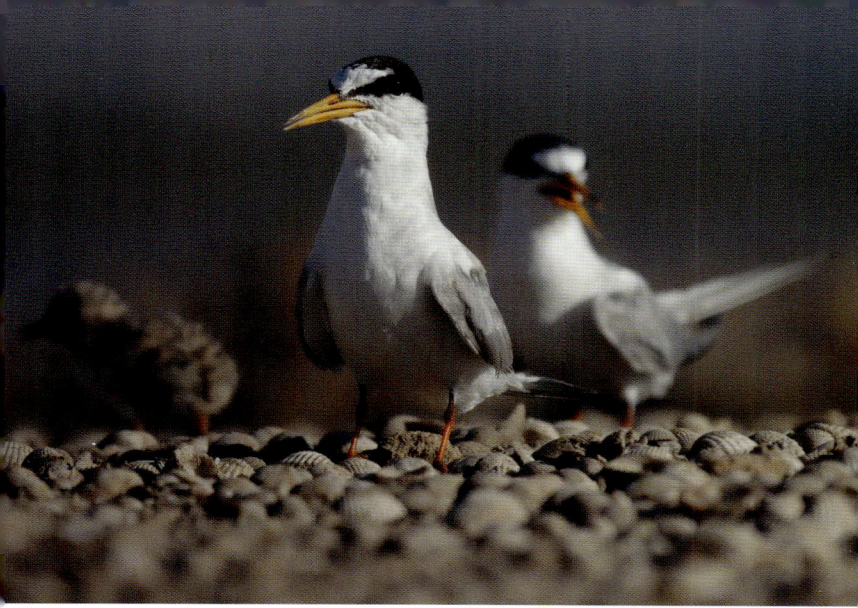

Vida de la colonia.
f/8 - 1/800 s - ISO 800 - Distancia focal 1000 mm - balance de blancos luz día.

Los charrancitos viven para la luz: cuanto más brillante es el día, más se intensifica su actividad. Pescan sobre aguas someras con bruscos descensos, elevándose después con un pequeño pez plateado que refleja el sol. A pesar de su delicado tamaño, estos diminutos aviadores tienen una resistencia sorprendente. A menudo se les ve atravesando grandes distancias en busca de alimento, a veces saltando de una playa a otra sin descanso. Además, su interacción con el entorno es única: aunque pueden ser vulnerables en su anidación, su presencia activa en el ecosistema costero contribuye a mantener el equilibrio natural, controlando pequeñas poblaciones de peces y manteniendo el dinamismo en las aguas cercanas a la orilla. Su canto, una mezcla de trinos y llamadas agudas, forma parte del paisaje sonoro de muchas costas, creando una sensación de vida vibrante y constante.

CÓMO FOTOGRAFIAR

La mejor técnica consiste en alinearte con el suelo utilizando un tumbihide en playas donde crían. En zonas del Parque Regional Salinas y Arenales de San Pedro del Pinatar, es un lugar idóneo ya que se pueden ver colonias delimitadas con puertas para no acceder. Este es el límite que no debemos de sobrepasar para no perjudicar este momento tan delicado. El charrancito desconfía más de figuras erguidas que de bultos bajos, por lo que camuflarse tumbado, a distancia segura de la colonia, permite que los adultos continúen pescando y aterrizando sin estrés. De este modo, puedes observar sus vuelos rasantes y su comportamiento de pesca a corta distancia sin afectar a la colonia. Nunca te acerques a nidos o pollos. Un simple abandono momentáneo por estrés puede poner en riesgo toda la puesta. Trabaja desde lejos, con calma, y deja que la colonia siga su vida sin que tu presencia se note.

Fotografiar charrancitos es un ejercicio de agilidad y de máximo respeto a las colonias. Requiere movimientos controlados, un posicionamiento inteligente y un sentido del ritmo para anticipar sus cambios de dirección.

«Cuando un charrancito se posa confiado a pocos metros de tu hide, sabes que has hecho bien las cosas»

Antes de plantear cualquier foto, es esencial identificar los límites de la colonia marcados naturalmente por su comportamiento. Si un charrancito comienza a emitir llamadas de alarma o sobrevolar repetidamente tu posición, retrocede sin dudarlo. La prioridad es siempre su bienestar. Trabajar desde gran distancia, usando tumbihide permite integrarse en el paisaje sin alterar la dinámica de la colonia. Fotografiar desde muy bajo—casi a ras de arena—crea una perspectiva íntima y difumina el fondo. Se pueden lograr retratos en los que el charrancito destaca nítido sobre planos suaves de color beige y azul.

Los mejores momentos son el amanecer y las últimas horas de la tarde, cuando el sol está bajo. Estas luces permiten contraluces con charrancitos en vuelo que muestran el borde translúcido de las alas.

Si el día es muy luminoso, es recomendable compensar ligeramente la exposición en +0,3 a +1 para evitar que el ave se convierta en una silueta blanca sin detalle.

El vuelo del charrancito es rápido y algo errático. Para congelarlo hay que usar velocidades de 1/2500 s o superiores, programar el modo AF continuo y ráfagas rápidas.

Las cebas son otra joya fotográfica: el macho trae un pez para la hembra y, durante un segundo, ambos quedan alineados en el mismo plano. Anticiparlo requiere estudiar primero la dirección habitual desde la zona de posado hasta donde se encuentra la pareja, no siendo tan fácil de distinguir en colonias de varios individuos.

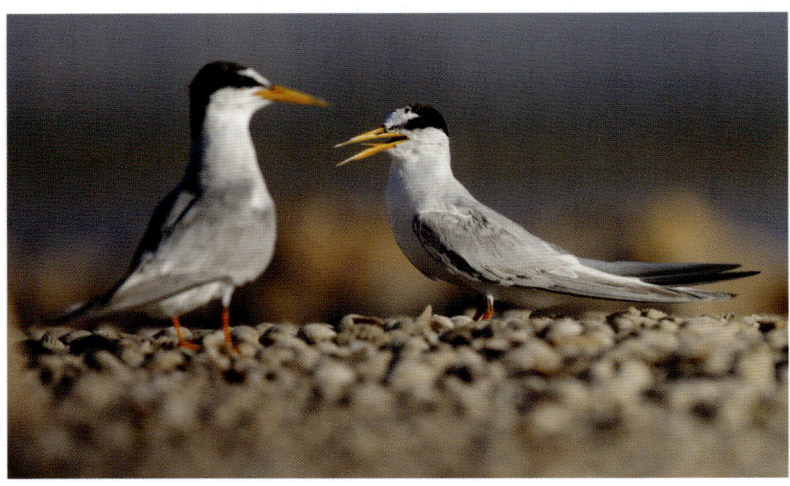

Pareja de charrancitos.
f/8 - 1/800 s - ISO 800 - Distancia focal 1000 mm - balance de blancos luz día.

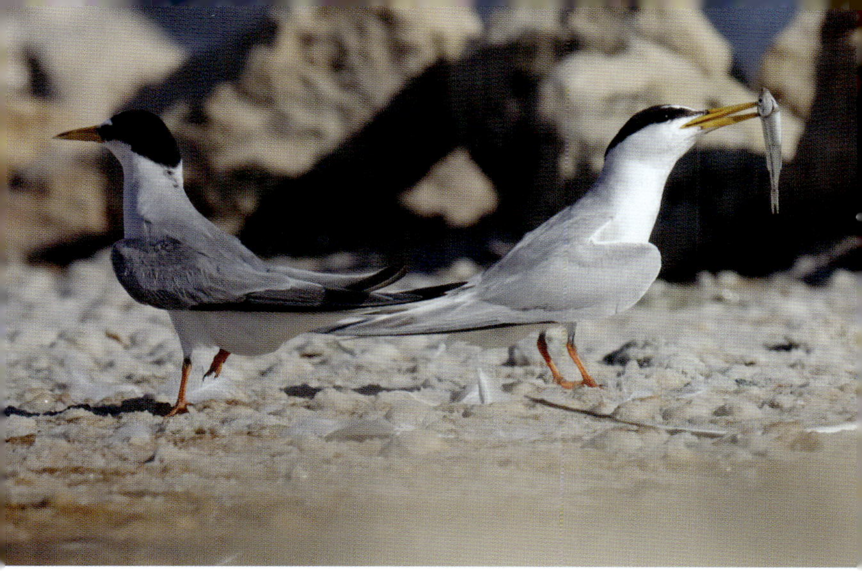

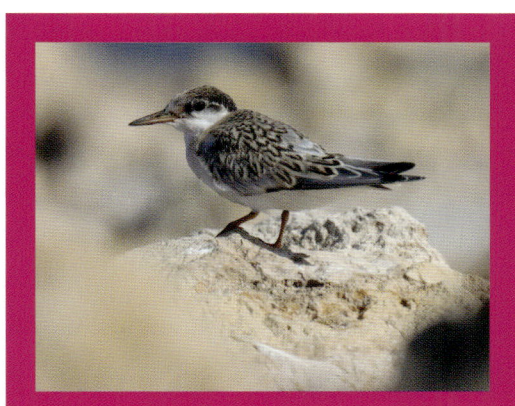

En busca de pareja
f/10 - 1/800 s - ISO 800 - Distancia focal 1000 mm - balance de blancos luz día.

La paciencia es clave cuando se fotografía a esta especie tan activa. En muchas ocasiones, la espera se ve recompensada por momentos fugaces de interacción entre los miembros de la colonia. Durante los vuelos de cortejo, los charrancitos ofrecen una serie de posturas y movimientos que, si se capturan en el momento adecuado, pueden revelar un patrón de comportamiento fascinante. Además, los cambios en el clima, como las brisas suaves o las nubes dispersas, pueden modificar la luz y crear efectos que realzan la silueta del ave. Fotografiar a este pequeño pescador requiere una conexión sutil con su entorno, un respeto profundo por su espacio, y la habilidad de anticipar los gestos más fugaces para capturar su esencia.

¿SABÍAS QUÉ...?
Los pollos de charrancito, recién nacidos, poseen un plumón críptico que se mimetiza perfectamente con la arena. Su estrategia de defensa es quedarse totalmente inmóviles, confiando en pasar desapercibidos.

Flamenco común

Mejor estación del año:	primavera, verano.
Instantes para captar:	aves en composición y acción.
Dificultades:	aves muy esbeltas, con encuadre complicado y en entornos con luces difíciles.
Equipo y material:	*hide*, redes camuflaje, teleobjetivos.
Mejores lugares para su fotografía:	Laguna Fuente la Piedra, El Hondo y Salinas de Santa Pola, P. Nacional de Doñana, P. Natural Delta del Ebro, Complejo Lagunar Alcázar de San Juan, Humedales de Villacañas, Salinas San Pedro del Pinatar, R. Natural Laguna de Pétrola.

La belleza y el arte

El flamenco común es una de las aves que, por sus características y morfología, son muy atractivas de fotografiar por todo el mundo. Aunque a la hora de la verdad, cuando haces fotografías de estas aves y revisas las fotos, resulta complicado obtener alguna imagen que de verdad guste o llame la atención.

El tener las patas y el cuello tan largo y al ir en grupos numerosos, no resulta fácil obtener alguna composición atractiva, aunque al principio pueda resultar extraño

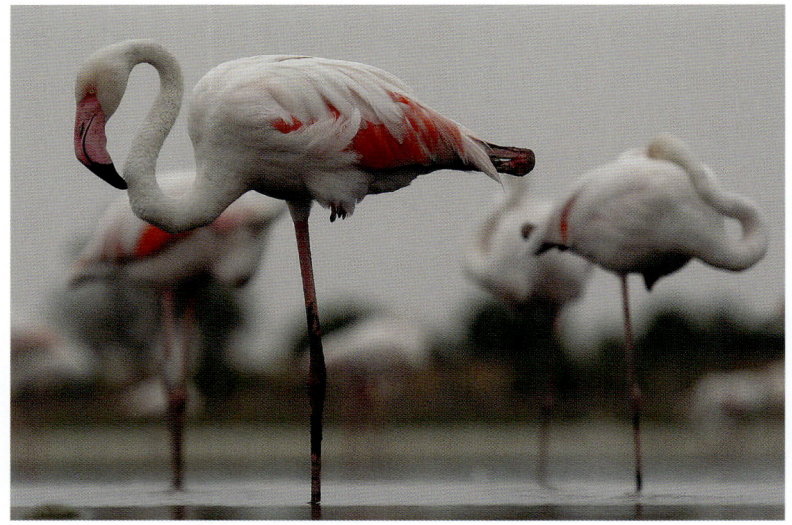

Composición de varios flamencos, mientras descansan sobre un pata.
f/5.6 - 1/1250 s – ISO 200, Modo manual – Distancia focal 300 mm - balance de blancos nublado.

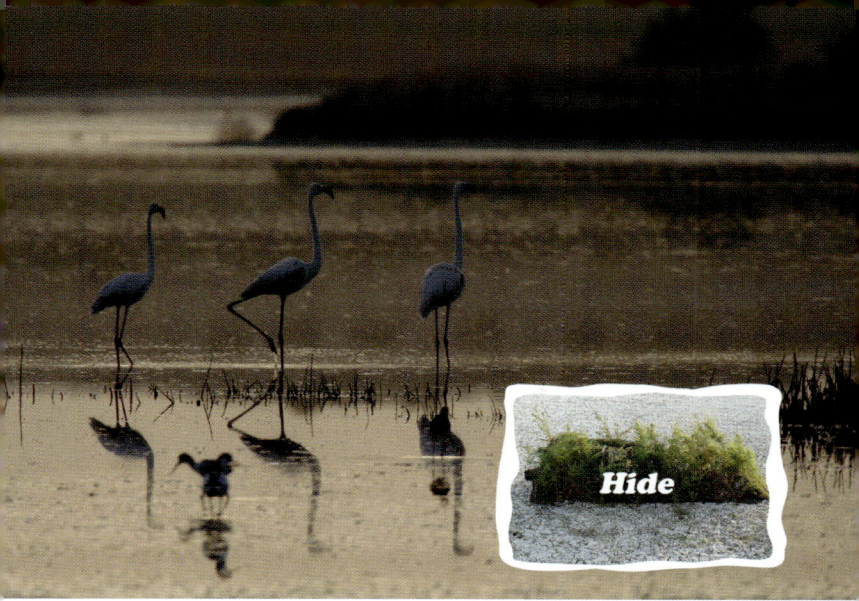

Cómo se hizo. *Tumbihide montado cerca de la orilla para poder fotografiarlos con el menor ángulo posible.*

pensando en un ave tan bella, y con esta gama de colores rosas tan llamativo.

Son aves que habitan en humedales, como lagunas, marismas, playas y estuarios. Las podemos ver con relativa facilidad en zonas del interior de la Mancha, Andalucía y del Levante, pero siempre ligadas a estos medios acuáticos.

Son aves que han ido evolucionando con el paso de los años, hasta tener esta morfología tan peculiar y única; cada parte de su cuerpo se ha adaptado para sobrevivir a la perfección en estos ecosistemas.

CÓMO FOTOGRAFIAR

Lo primero que hice para realizar sesiones fotografías de estas espectaculares aves, fue invertir tiempo para conocer las zonas donde se las puede ver con regularidad y observar los puntos donde se alimentaban con mayor frecuencia. Mis visitas fueron a la Mancha Húmeda, zonas de Doñana y de la Manga, entre otras.

De todas ellas las más cercanas a mi domicilio han sido las zonas de la Mancha

y, además, hay lagunas donde se las puede observar en grandes grupos y con buenas posibilidades fotográficas.

«Elegir un buen lugar para realizar el trabajo es fundamental. Se debe estudiar bien el terreno antes de empezar a fotografiar»

De todas las lagunas visitadas, seleccioné un par de ellas para realizar el trabajo por sus características, dado que el acceso era más sencillo y podía colocarme en puntos favorables y cercanos a donde solían alimentarse cuando el día comenzaba. Para ello utilicé un *tumbihide*, que colocaba el mismo día antes del amanecer para evitar ser visto y que retiraba del lugar una vez terminada la sesión.

Para llegar antes del amanecer, si no vives cerca como es mi caso, supone madrugar. La jornada solía empezar sobre las cuatro, o cinco de la mañana. Llegar, aparcar el coche en un lugar relativamente alejado para que no genere inseguridad en las aves, caminar hacia el punto elegido, colocar el *hide* de noche y sin luz, situarte y esperar a que el sol vaya saliendo. Esperas que empiece el nuevo día, confiando en que las aves hagan lo que realizan todos los días, sin notar tu presencia. Este es el secreto para poder disfrutar del éxito o tener paciencia con el fracaso.

«Para tener éxito es necesario estar dentro de nuestro hide antes del amanecer, y así evitar ser visto por las aves cuando empiece el día»

Una vez que comienza a amanecer y si hemos hecho el trabajo bien, veremos como las aves que en días anteriores divisamos en esta zona, van haciendo acto de presencia. La escasa luz de inicio complica las fotos porque suelen estar en movimiento continuo, alimentándose. No queda más remedio que subir ISO con un valor que nos permita velocidades de disparo igual o superior a 1/250 s, y con la mayor apertura de diafragma.

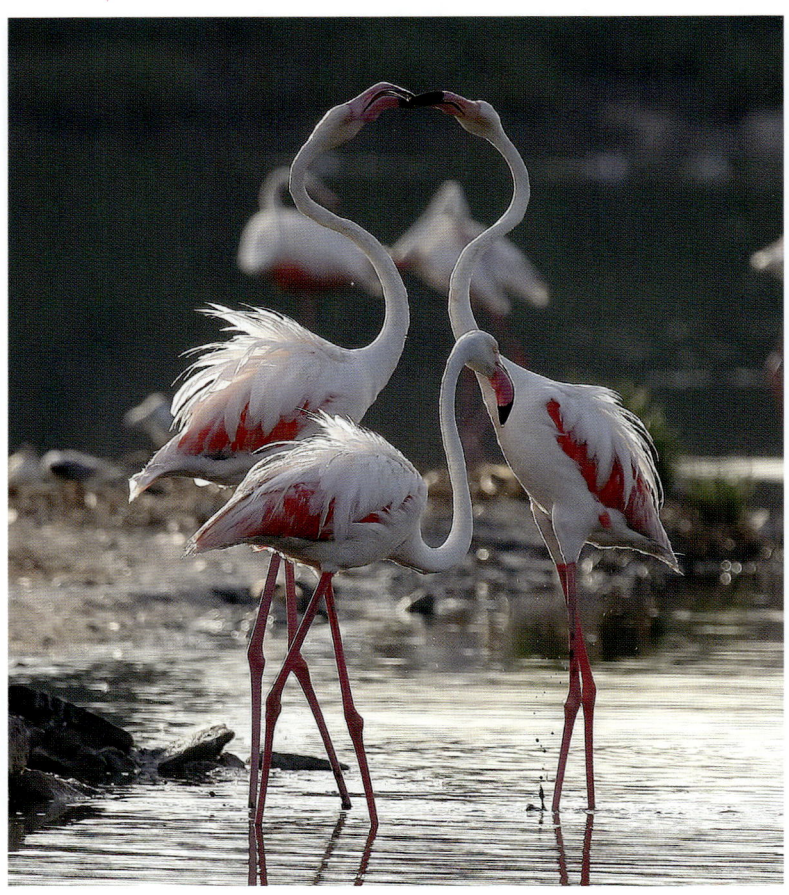

Pareja de flamencos fotografiados durante sus danzas nupciales.
f/5.6 - 1/500 s – ISO 200, Modo manual – Distancia focal 400 mm - balance de blancos automático.

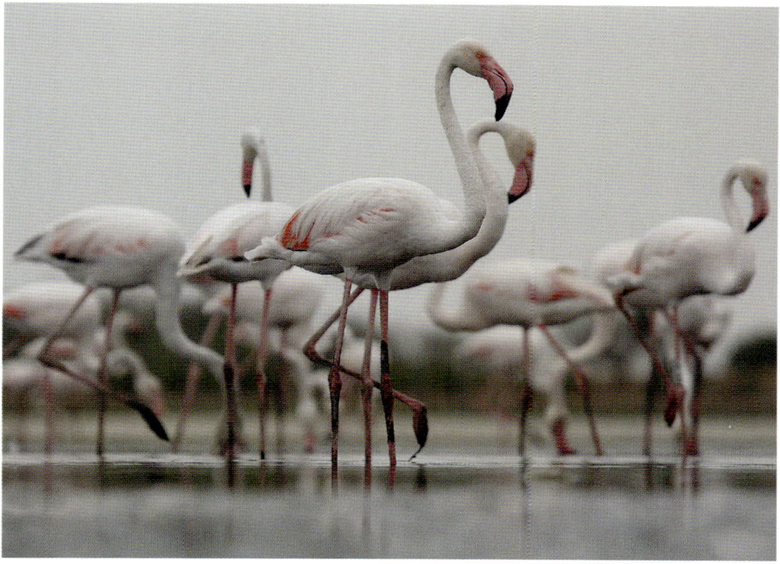

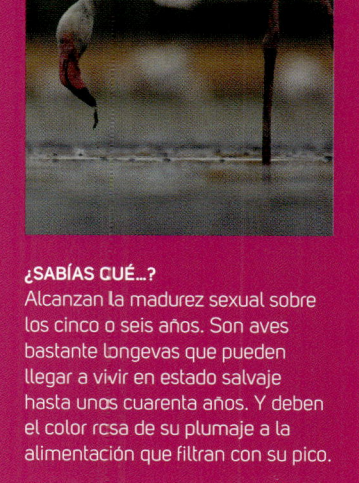

Grupo de flamencos desplazándose por la laguna mientras buscan alimento.
f/5.6 - 1/1600 s – ISO 400, Modo manual – Distancia focal 320 mm - balance de blancos nublado.

Poco a poco veremos que van viniendo más y más aves, se agrupan, vuelan, caminan, aletean, observan. A pesar de todo, la luz va mejorando también y ya se pueden hacer fotos de distinto tipo, y como más nos guste componer con estos modelos. Una opción que utilizo es ir bajando el ISO anterior, manteniendo los valores de velocidad y diafragma, además de subir la velocidad a medida que la luz va mejorando.

Opciones fotográficas: comiendo con su largo cuello mientras filtran el agua, componiendo con varios individuos juntos, composiciones de cuellos y patas, cuando descansan sobre una pata, volando en formación, en el momento en que pelean, danzan, etc. Son multitud de momentos los que podemos captar.

Para poder repetir sesiones en el mismo lugar y evitar que las aves sospechen de nosotros otro día, es importantísimo salir del *hide* cuando ya no estén en nuestra zona; siempre hay algún momento oportuno y la paciencia en estas sesiones es clave.

¿SABÍAS QUÉ...?
Alcanzan la madurez sexual sobre los cinco o seis años. Son aves bastante longevas que pueden llegar a vivir en estado salvaje hasta unos cuarenta años. Y deben el color rosa de su plumaje a la alimentación que filtran con su pico.

Martinete común

Mejor estación del año:	primavera, verano.
Instantes para captar:	posados, en vuelo, pescando.
Dificultades:	ave discreta con hábitos crepusculares y nocturnos.
Equipo y material:	teleobjetivos, trípodes, redes de camuflaje.
Mejores lugares para su fotografía:	P. Nacional de Doñana, Río Guadalquivir (Córdoba), Parque Ornitológico Arrocampo, Delta del Ebro, Río Tajo (Toledo), Río Ebro (Tudela).

La garza nocturna

Con un tamaño más bien pequeño en comparación con el resto de garzas, tiene un comportamiento único entre ellas; su actividad comienza en el crepúsculo y son nocturnas.

«De día las podemos encontrar posadas en lugares tranquilos y ocultos, descansando hasta el anochecer»

En la Península suelen ser estivales normalmente, pero las podemos ver también en invierno en ciertas zonas. De día permanecen posadas mayormente entre ramas de los árboles cercanos a las orillas de las zonas húmedas donde habitan; de esta manera suelen ocultarse estando quietas.

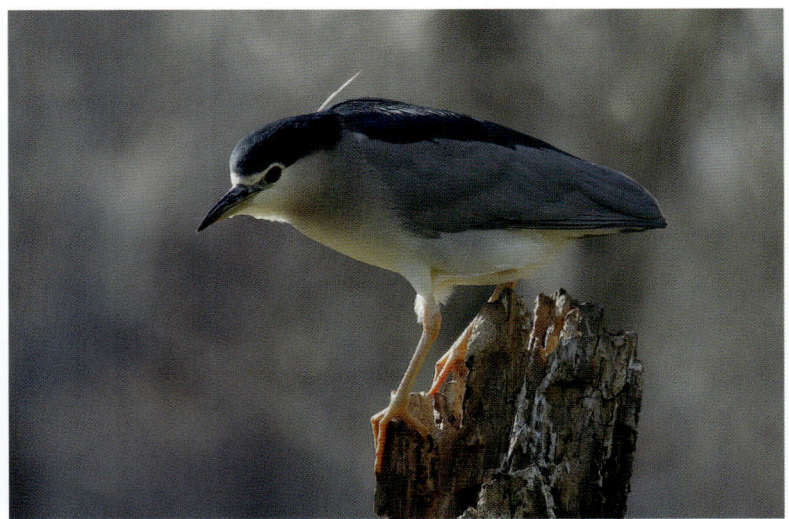

Precioso ejemplar de martinete común, fotografiado sobre su posadero natural, a contraluz.
f/8 - 1/125 s – ISO 200, Modo manual – Distancia focal 560 mm - balance de blancos automático.

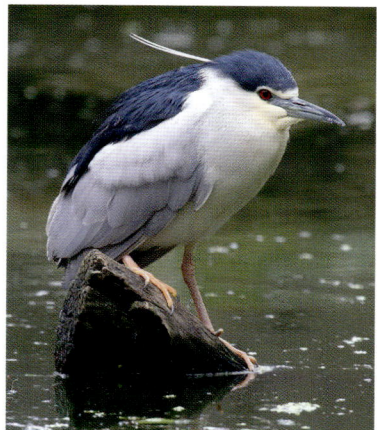

Martinete común posado en un troco sobre el agua, esperando a que un pez se acerque para capturarlo.
f/6.3 - 1/60 s – ISO 800, Modo manual con espejo bloqueado – Distancia focal 400 mm - balance de blancos automático.

Las podemos encontrar en lugares más específicos y favorables formando colonias más o menos numerosas que utilizan como dormideros fuera de la época de cría.

CÓMO FOTOGRAFIAR

No es fácil descubrir a un martinete de día posado en un árbol, cuando descansa. A veces los vemos cuando vuelan al pasar nosotros por allí, y otras veces permanecen inmóviles y aunque tienen unos colores claros, no destacan sobre la maleza oculta donde reposan.

Descubrirlos en esas condiciones no es la parte fundamental, ya que el objetivo fotográfico es captarlos en distintos posaderos sobre el agua mientras vigilan los peces que puedan pescar; pero descubrirlos así, nos ayudará a conseguir nuestra meta.

Lo siguiente es ir a estos lugares cuando va cayendo la tarde y seguirles desde la distancia, cuando vuelan de los árboles donde descansaron de día hasta los distintos posaderos que utilizan para pescar. Suelen repetir sitio bastantes días y en los mismos horarios. Por lo tanto, si tenemos controlado estos lugares, lo mejor es ubicarse antes de que lleguen y estar más o menos ocultos, esperando que aparezcan.

«Al trabajar esta especie con escasas luces, una opción de disparo puede ser con el modo de espejo bloqueado»

En el horario en el que los solemos ver y fotografiar, la luz es escasa. Si nuestra cámara réflex son de las que tienen espejo, aun usando el trípode con bajas velocidades, al pulsar el disparador, el espejo se desplaza hacia arriba para dejar que la luz incida sobre nuestro sensor. Este desplazamiento nos puede trasmitir vibraciones, incluso utilizando disparo en remoto, haciendo menos nítidas las imágenes. En estas condiciones lumínicas, la mejor opción es fotografiar con el modo de espejo bloqueado.

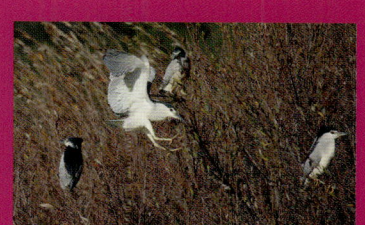

Garceta común

Mejor estación del año:	primavera, verano.
Instantes para captar:	pescando, reflejos, vuelos.
Dificultades:	aves con plumaje muy blanco, difícil no quemar en su entorno.
Equipo y material:	teleobjetivos, *hide*, red camuflaje.
Mejores lugares para su fotografía:	P. Natural de la Albufera de Valencia, P. Nacional de Doñana, Delta del Ebro, P. Natural El Hondo, Brazo del Este, Complejo Lagunar Alcázar de San Juan, Río Ardilla (Jerez de los Caballeros).

La bella blanca

Bella, fina, delicada, así es esta preciosa ave que, moviéndose muchas veces por zonas fangosas y embarradas, mantiene siempre un plumaje perfectamente cuidado y blanco. La podemos observar todo el año en nuestra Península y es una excelente pescadora.

«Resulta ser una gran pescadora, incluso con ese plumaje tan blanco y llamativo, que no le ayuda a pasar desapercibida»

Nos llama la atención el color de sus dedos amarillos destacando sobre sus patas negras, cuando logramos verlos si

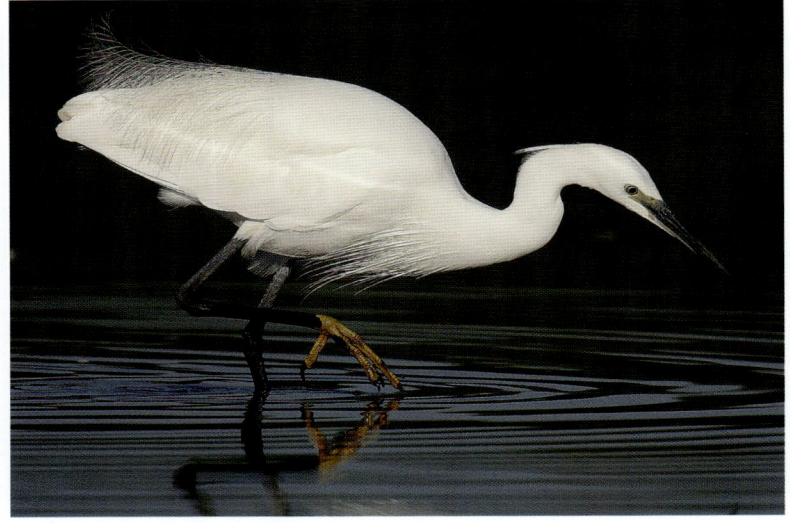

Garceta común fotografiada justo en el momento en el que va a hacer un lance con su pico a modo de arpón, para pescar.
f/5.6 - 1/2000 s – ISO 200, Modo manual – Distancia focal 400 mm - balance de blancos automático.

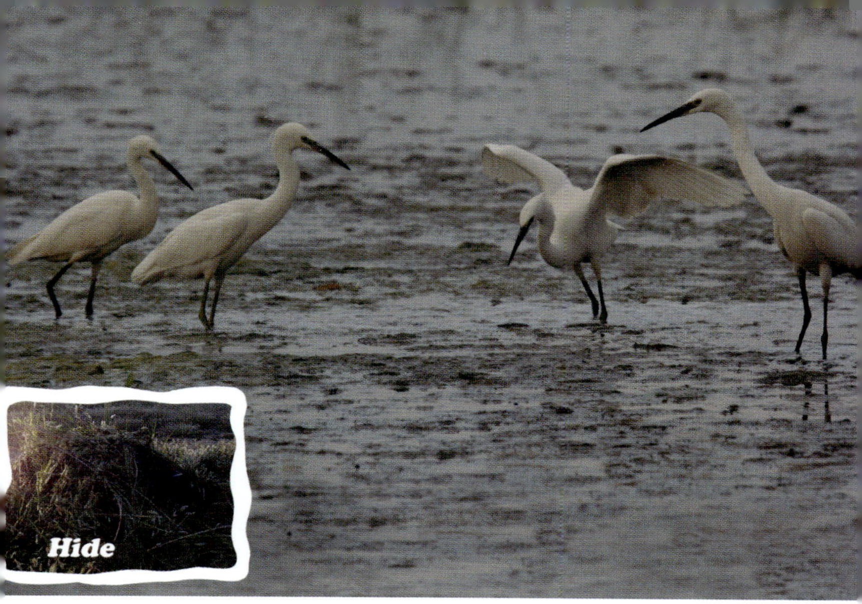

Hide

Cómo se hizo. *Hide camuflado y preparado con el sol de espaldas para tener la mejor iluminación, dentro de nuestro campo fotográfico, cuando estén las garcetas.*

no está dentro del agua. En época de celo tienen unas largas plumas en la cabeza a modo de penacho.

CÓMO FOTOGRAFIAR

Es un ave más o menos común en bastantes medios acuáticos y las podemos observar y fotografiar en diferentes modalidades. Observatorios para aves, como los que hay en el Parque Natural de El Hondo, nos darán buenas opciones para practicar vuelos con esta especie.

«Su blanco color nos resultará más fácil y rápido de enfocar en casi todo tipo de entornos»

En vuelo, su blanco plumaje nos resultará de ayuda para que el AF de la cámara enfoque muy rápido, pudiendo obtener muy buenos resultados, incluso a velocidades medias.
También son muy llamativas las fotografías con su reflejo en el agua,

a modo espejo, cuando están quietas, esperando para capturar algún animal acuático. O cuando lanzan su pico a modo de arpón dentro del agua.

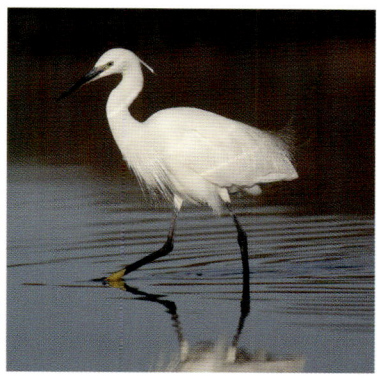

Ejemplar fotografiado mientras pasea por la laguna en busca de alimento.
f/5.6 - 1/2500 s – ISO 320, Modo manual – Distancia focal 400 mm - balance de blancos automático.

149

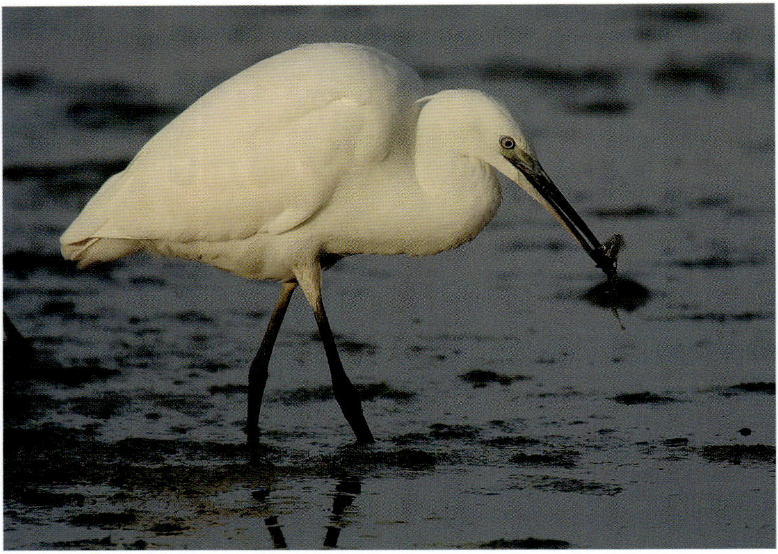

Ejemplar fotografiado con las primeras luces del día con un pequeño pez en el pico.
f/8 - 1/200 s – ISO 400, Modo manual – Distancia focal 560 mm - balance de blancos luz día.

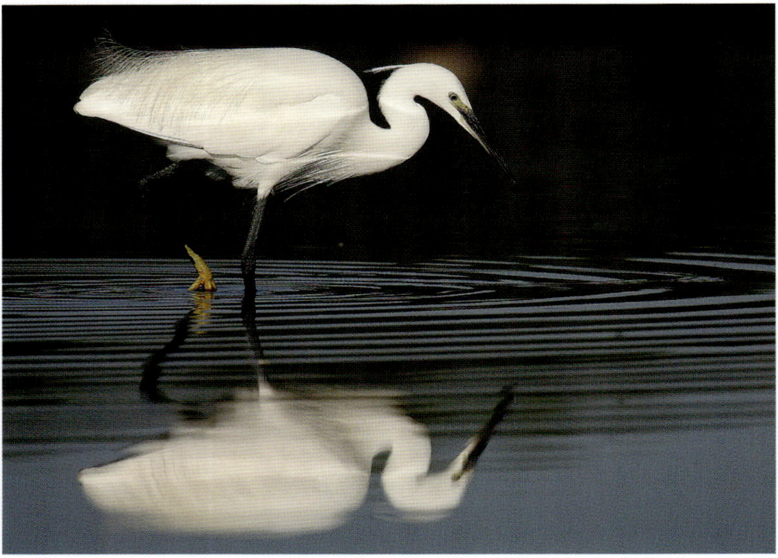

Garceta reflejada sobre el agua mientras intenta capturar su desayuno.
f/6.3 - 1/1600 s – ISO 200, Modo manual – Distancia focal 400 mm - balance de blancos automático.

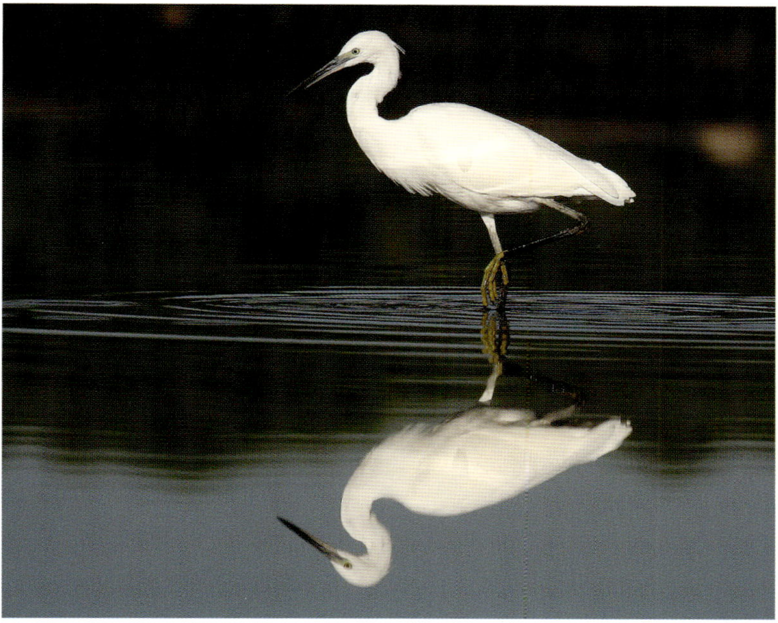

Fotografía de espejo simétrico de garceta, estando con una pata levantada. Este tipo de fotografías son siempre muy vistosas.
f/5.6 - 1/3200 s – ISO 200, Modo manual – Distancia focal 330 mm - balance de blancos automático.

«Los parámetros de la cámara deberán ajustarse cuando enfocamos al ave, porque a veces los preparamos en referencia con la luz del entorno, antes de ver nuestro objetivo»

Es un ave elegante y fotogénica, que podremos captar en multitud de poses distintas. Conviene tener cuidado de no quemar los blancos sobreexponiendo, ya que en los entornos que se mueven son a menudo oscuros en contraste con su plumaje. Si hemos ajustado los parámetros enfocando previamente al entorno antes de ver y enfocar al ave, es imprescindible volver a ajustar y aumentar la velocidad de disparo cuando la enfoquemos. De lo contrario perderemos detalles en blancos que pueden resultar irrecuperables, incluso siendo tratados con programas informáticos posteriores.

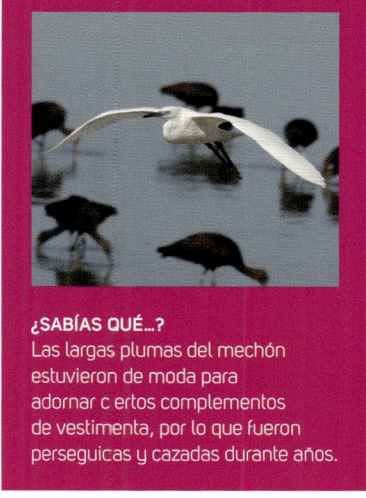

¿SABÍAS QUÉ…?
Las largas plumas del mechón estuvieron de moda para adornar certos complementos de vestimenta, por lo que fueron perseguidas y cazadas durante años.

Zampullín cuellinegro

Mejor estación del año:	primavera, verano.
Instantes para captar:	en el agua, cortejos, poses.
Dificultades:	fotografiarlos dentro del agua.
Equipo y material:	teleobjetivos, redes, *hidrohide*.
Mejores lugares para su fotografía:	Laguna de Navaseca, P. Nacional de Doñana, Soto de Juntas (Madrid), P. Natural El Hondo, P. Nacional de las Tablas de Daimiel, Complejo Lagunar Villafranca de los Caballeros, R. Natural Laguna de Fuente de Piedra.

El periscopio de ojos rojos

Estos pequeños buceadores tienen dos plumajes distintos a lo largo del año; uno en invierno, poco destacado, que no llama mucho la atención y el otro que suelen vestir en primavera. Siendo el plumaje de primavera, un precioso traje negro con dos mechones amarillos en cada parte de la cara, que junto a sus llamativos ojos rojos, les hace destacar entre el resto de aves acuáticas con las que comparten el humedal.

«Su plumaje estival es bastante llamativo en comparación con el invernal que pasa más desapercibido»

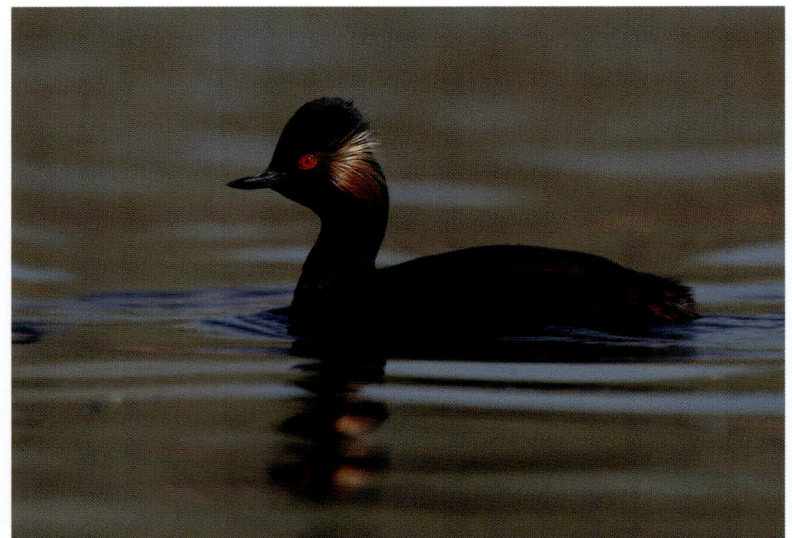

Precioso ejemplar de zampullín cuellinegro fotografiado con su plumaje nupcial impoluto.
f/8 - 1/1000 s – ISO 200, Modo manual – Distancia focal 560 mm - balance de blancos automático.

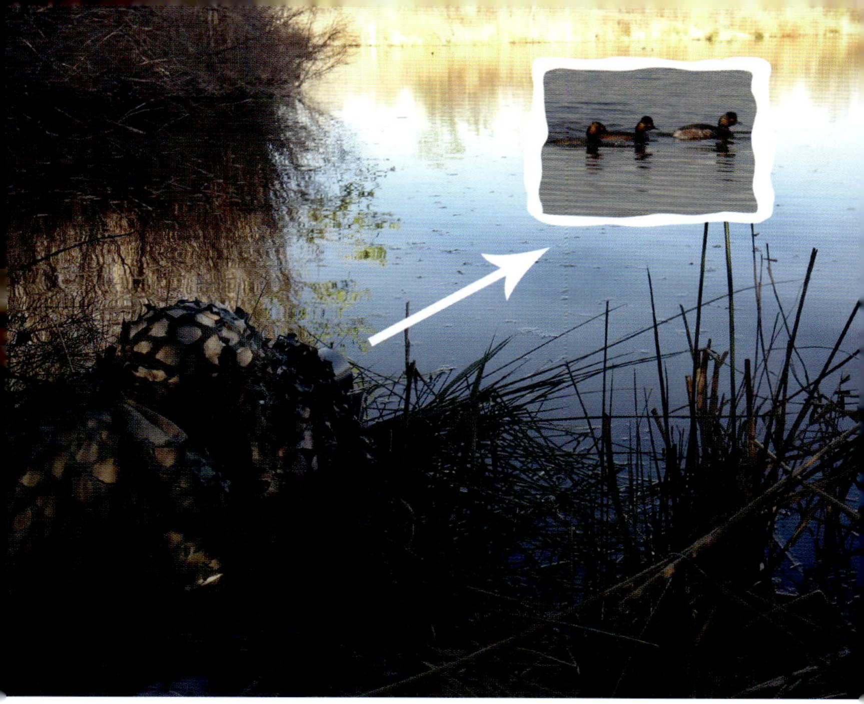

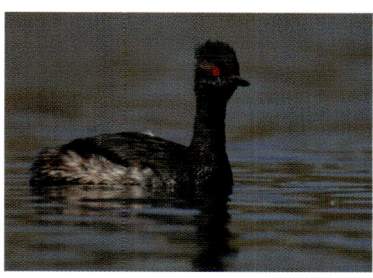

Cómo se hizo. *Con unas redes por encima y apostado al borde de la orilla, se pueden conseguir imágenes espectaculares.*

Aves que en invierno suelen estar en humedales cercas de costas y playas, en grupos más o menos numerosos, pero que en primavera utilizan humedales de zonas del interior, que tengan bastante cobertura vegetal para poder criar con éxito.

CÓMO FOTOGRAFIAR

Uno de los mejores momentos para intentar fotografiar esta especie es en primavera, principalmente por dos motivos: han cambiado de plumaje luciendo ahora el de gala, y es cuando más bonitos están, y también porque empiezan con su periodo de celo, en el cual realizan multitud de actos que podremos captar.

En esta época sus danzas nupciales son difíciles de fotografiar debido a la rapidez de sus movimientos y el corto tiempo que dura su baile, pero merece la pena al menos intentarlo.

Esconderse cerca de la orilla, entre juncos y carrizos, tumbados con una red por

Ejemplar fotografiado con plumaje en transición de invierno-verano.

f/8 - 1/1600 s – ISO 200, Modo manual – Distancia focal 560 mm - balance de blancos automático.

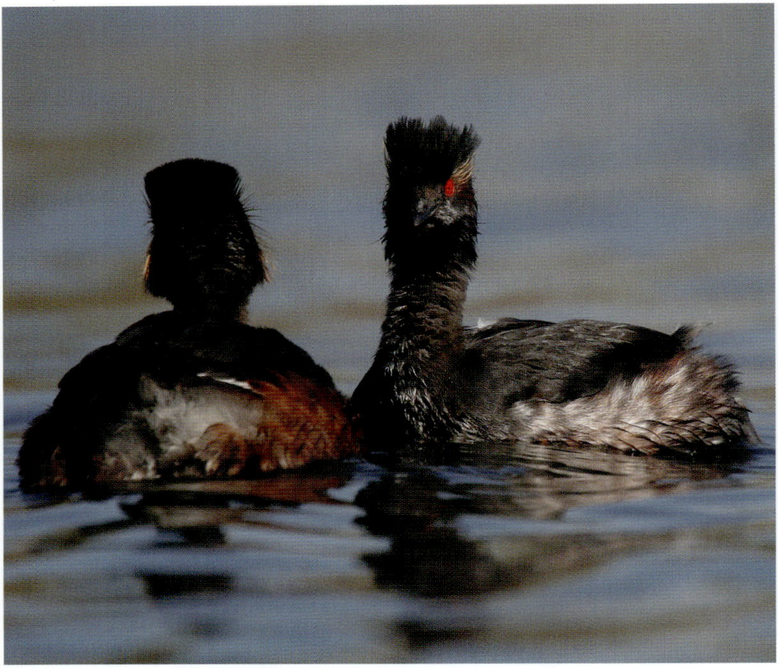

Pareja de zampullines fotografiados durante el cortejo, en época de celo.
f/8 - 1/800 s – ISO 400, Modo manual – Distancia focal 560 mm - balance de blancos automático.

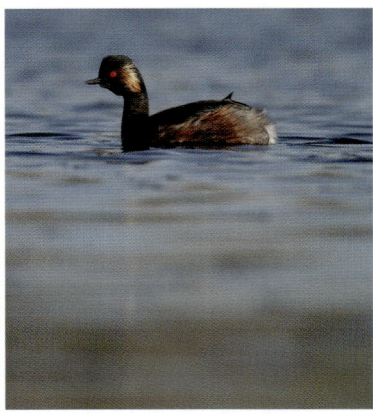

Ejemplar navegando por aguas tranquilas de un lago.
f/5.6 - 1/1250 s – ISO 320, Modo manual – Distancia focal 400 mm - balance de blancos automático.

encima, puede ser una buena opción. Sin embargo, con esta técnica, debemos esperar a que se acerquen a la zona que hemos elegido. Por eso, antes de nada tendremos que haber observado días antes qué lugar suele ser bueno y que en esta zona las aves campeen cerca de la orilla en la que podamos escondernos.

«Camuflarse en la orilla, entre la vegetación, nos puede ser útil cuando las veamos en estas zonas»

A veces esto es complicado y hace que las sesiones no sean del todo fructíferas. Si se puede hacer uso de *hidrohide*, nos ayudará a estar más cerca y con el ángulo que deseemos. Pero se debe realizar con mucha calma y serenidad, para poder

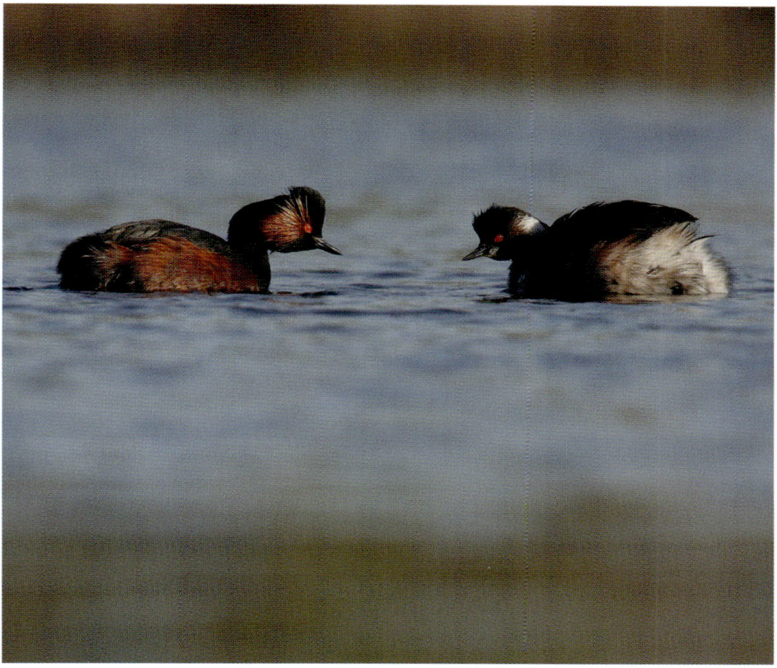

![Fotografía de pareja de zampullines]

Fotografía de pareja de zampullines captados mientras realizan el baile nupcial.
f/5.6 - 1/1250 s – ISO 200, Modo manual – Distancia focal 400 mm - balance de blancos automático.

estar cerca, sin perturbar su tranquilidad. Si intentamos acercamientos rápidos, o muy rectos, es natural que nos consideren como un peligro, alejándose de la zona y creando molestias innecesarias en el lugar.

«Recomiendo enfoque en continuo con varios puntos de enfoque para intentar captar cualquier momento»

Con estas aves podremos utilizar el modo de *enfoque continuo*, ya que normalmente están en movimiento. Pero es importante la selección del punto de enfoque; aconsejo la zona de nueve puntos para tener mayores opciones de enfocar en cualquier pose o movimiento que realicen, y que suelen hacer en este periodo de cortejos.

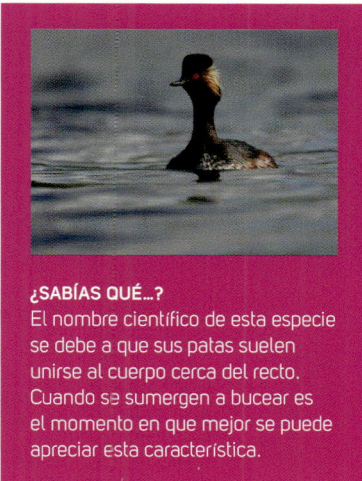

¿SABÍAS QUÉ…?
El nombre científico de esta especie se debe a que sus patas suelen unirse al cuerpo cerca del recto. Cuando se sumergen a bucear es el momento en que mejor se puede apreciar esta característica.

Malvasía cabeciblanca

Mejor estación del año:	primavera, verano.
Instantes para captar:	en el agua a su nivel, persecuciones, poses.
Dificultades:	poder tenerlas cerca cuando estamos dentro del agua, pato escaso.
Equipo y material:	teleobjetivos, *hidrohide*, redes.
Mejores lugares para su fotografía:	Complejo Lagunar Alcázar de San Juan, Laguna de Navaseca, Paraje Natural Punta Entinas - Sabinar, Laguna de Zóñar (Córdoba), Clot de Galvany (Alicante).

El pato de pico azul

Es un pato singular, que fácilmente se distingue del resto. Poseen un curvado y grande pico azul, que destaca en la cabeza blanca de los machos; además, una cola fina y puntiaguda que suelen tener levantada. No es muy común ya que estuvo a punto de extinguirse en la Península en la década de los 70, pero, gracias a programas de conservación, han aumentado notablemente sus poblaciones, aunque sigue siendo escasa.

«Este pato adopta posturas muy curiosas; levanta la cola en ángulo recto, formando con su cuerpo una U»

CÓMO FOTOGRAFIAR
Para fotografiar a este pato y a otros muchos que podemos encontrar en ciertos humedales de interior, la mejor técnica que podemos utilizar es el *hidrohide*. En muchas comunidades es necesario tener un permiso para poder realizar este tipo de fotografía.

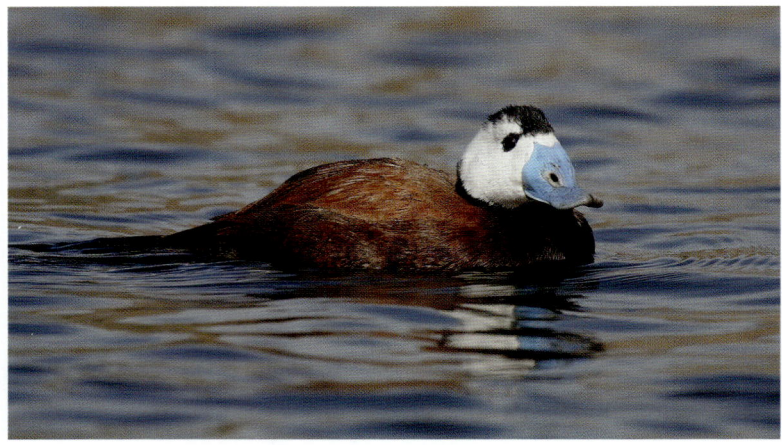

Precioso macho de malvasía fotografiado mientras nada, con la técnica de hidrohide.
f/5.6 - 1/2000 s – ISO 200, Modo manual – Distancia focal 400 mm - balance de blancos automático.

Construir una superficie flotante donde podamos escondernos e ir caminando dentro del agua, mientras nuestros equipos se apoyan en dicha superficie. La parte superior la camuflaremos con redes y telas. Y nosotros nos equiparemos con vadeador, neopreno o bañador, según la temperatura del agua y nuestro gusto. Al permanecer muchas veces quietos dentro del agua, es mejor ir abrigado interiormente.

«El uso de hidrohide es la mejor opción si queremos obtener fotografías de estas aves a su nivel»

En varias lagunas de Almería, hay buenas poblaciones de esta especie, y es donde yo las he trabajado. Observadas las distintas lagunas donde las he visto, he seleccionado una que no era muy grande y en la que te podías mover cerca de la orilla para tocar siempre fondo, teniendo vegetación cerca que ayuda a camuflarte. Es muy importarte tocar fondo, porque cuando esto no ocurre, se pierde estabilidad, lo cual dificulta el poder fotografiar sin apoyo, y es relativamente fácil voltear el *hidrohide*, mojando el equipo. Por lo tanto, cuando vemos que no tocamos fondo, es necesario volver hacia atrás y seguir caminando por donde sí se puede.

«Entrar en el agua sin ser vistos, aunque para ello tengamos que elegir un punto más lejano, nos garantizará que las aves no desconfíen de nosotros»

Yo siempre me meto en el agua con el *hidrohide* montado en un lugar por donde no te vea ninguna especie. De esta manera no alteramos la tranquilidad del lugar.

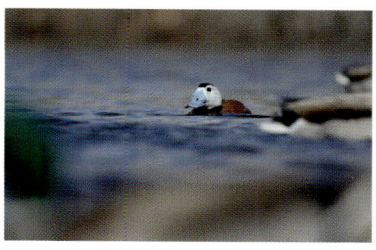

Ejemplar fotografiado entre desenfoques de ánades azulones.
f/5.6 - 1/1600 s – ISO 200, Modo manual – Distancia focal 400 mm - balance de blancos automático.

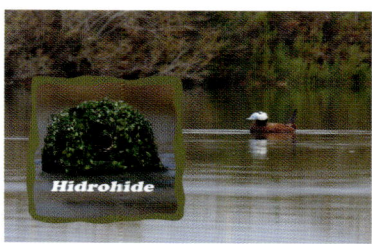

Cómo se hizo. H drohide *utilizado para fotografiar estas aves. Cuerpo sumergido en el interior del hide, y con la cámara escondida en la superficie flotante.*

Si lo hacemos bien, supone tener más de la mitad del trabajo hecho. Lo demás es caminar muy despacio cerca de la orilla hasta donde veamos que están las malvasías. Lentamente y controlando que siguen tranquilas y parando cuando veamos que nos vigilan. Lo mejor en mi trabajo con esta especie era llegar a un punto donde ellas siempre solían ir. Una vez allí estar quieto y esperar; tarde o temprano llegaban, y es mejor que la especie venga donde nos encontramos.

¿SABÍAS QUÉ…?
Unos de los grandes problemas que tuvo y tienen es la h bridación con la malvasía canela que fue introducida en Europa, procedente de América y que se ha expandido considerablemente.

Gaviota reidora

Mejor estación del año:	invierno.
Instantes para captar:	vuelos, barridos, poses.
Dificultades:	aves de vuelos rápido.
Equipo y material:	teleobjetivos.
Mejores lugares para su fotografía:	Embalse de Santillana (Madrid), Lago de la Casa de Campo (Madrid), Embalse de Alcántara (Cáceres), Embalse de Alange (Badajoz), Embalse de Santa Teresa (Salamanca), Delta del Ebro.

La blanca risueña

Han sido sus gritos y cantos, los que le han dado nombre, ya que a veces recuerdan a una risa muy fuerte. Son gaviotas con un tamaño más bien pequeño, tiene el plumaje muy blanco, a excepción de la cabeza que cambian en época de celo a color marrón oscuro.

Aunque vuelve a desparecer pasado el verano, tomando el color blanco con una pequeña parte oscura.

«Son gaviotas bastante ruidosas, además de ser las que más han aumentado su población en estos últimos años»

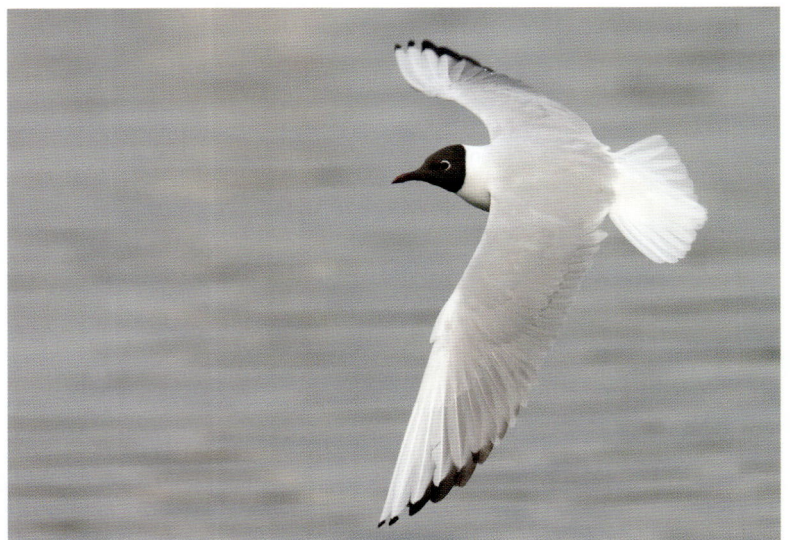

Gaviota reidora con plumaje nupcial, fotografiada en pleno vuelo con las alas abiertas.
f/5.6 - 1/2000 s – ISO 640, Modo manual – Distancia focal 310 mm - balance de blancos automático.

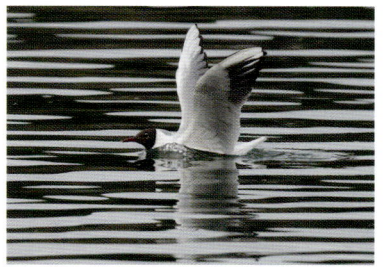

Ejemplar adulto fotografiado en el instante justo que aterriza en el agua.
f/6.3 - 1/1600 s – ISO 640, Modo manual – Distancia focal 400 mm - balance de blancos automático.

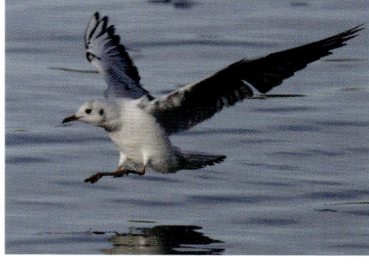

Juvenil de reidora con plumaje invernal, fotografiada en el Lago de la Casa de Campo-Madrid.
f/6.3 - 1/2000 s – ISO 320, Modo manual – Distancia focal 400 mm - balance de blancos automático.

Son las más abundantes que podemos encontrar en lagos y lagunas de interior. Y sobre todo en invierno que es cuando más ejemplares pasan dicha estación en estos lugares. La facilidad que tienen de alimentarse de casi todo les ha ayudado a expandirse en estos últimos años.

CÓMO FOTOGRAFIAR

El lago de la Casa de Campo en Madrid es un fantástico lugar para captar vuelos de estas aves; es un lago artificial de tamaño mediano. En invierno son abundantes las gaviotas reidoras que utilizan dicho lago para pasar el día, alimentándose de insectos, y muchas veces del pan que algunas personas echan a los patos. Recorren volando una y otra vez las orillas de dicho lago, dando bastantes oportunidades al fotógrafo, para captar multitud de instantes.

Deberemos utilizar una velocidad mínima de disparo 1/1000 s para congelar sus rápidos vuelos. Y en función de la luz que tengamos ese día, subiremos el ISO manteniendo dicha velocidad, y con la mayor apertura de diafragma que podamos para que los fondos sean lo más desenfocados posibles.

«Subexponer la foto de estas aves en vuelo nos ayudará a conseguir más detalles sin llegar a quemar los blancos»

Al ser un ave muy blanca, siempre intento subexponer la imagen, para conseguir más detalles en los blancos y no quemar ninguna parte. Porque las veces que he sobreexpuesto cuesta mucho recuperarlos, y en ocasiones no se puede salvar alguna parte quemada.

¿SABÍAS QUÉ...?
Estas aves alcanzan la madurez a los dos años y necesitan otros dos años más para su primera cría. Anidan en colonias y se muestras muy agresivas con intrusos que intenten acercarse a sus colonias.

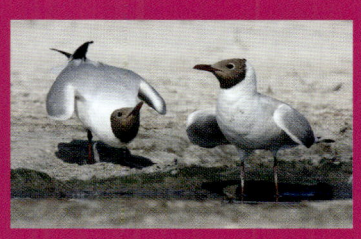

Águila pescadora

Mejor estación del año:	migración otoñal y primaveral; en áreas con presencia invernal, invierno.
Instantes para captar:	lances de pesca, vuelos rasantes, posados vigilantes en postes o ramas, sacudidas de plumaje tras capturar presa, alimentándose.
Dificultades:	acción muy rápida en la pesca, cambios bruscos de dirección, necesidad de buena luz, distancias largas.
Equipo y material:	teleobjetivos 400–600 mm, monopié, multiplicadores, prismáticos.
Mejores lugares para su fotografía:	Parque Nacional de Doñana (marismas y Caño de Guadiamar), Embalse de Barbate (Cádiz), Ría de Huelva (Odiel), Ría de Alvor (Algarve), Embalse de Orellana (Badajoz), Delta del Ebro (Tancada y La Encanyissada), Marismas de Santoña, Costa da Morte (Coruña), Lagoa dos Salgados y Ría Formosa y grandes embalses del interior peninsular.

La flecha de las marismas

El águila pescadora es la síntesis perfecta entre potencia, precisión y belleza. Su silueta clara, con ese antifaz oscuro tan característico, contrasta con el destello de las aguas mientras patrulla en círculos pacientes. Es un ave que vive a medio camino entre dos mundos: el aire donde planea con maestría y el agua donde irrumpe en picado como una flecha. Cada lance de pesca es un espectáculo: se

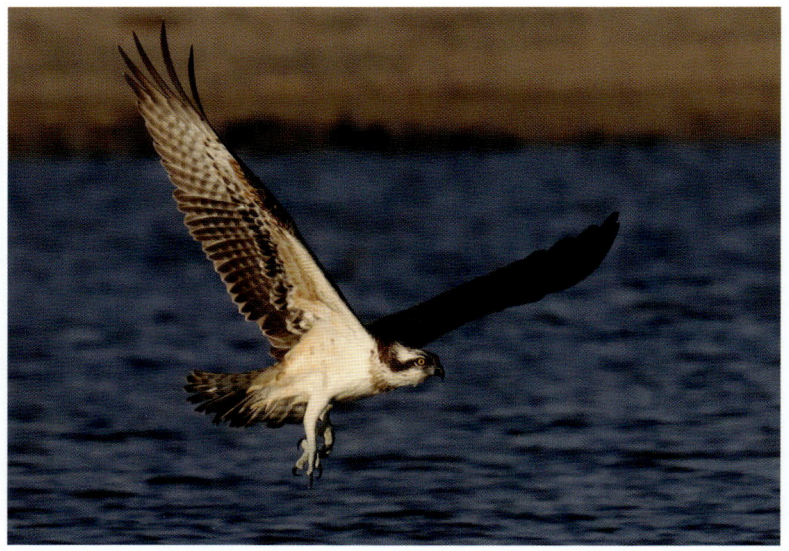

Águila pescadora después de salir del agua
f/8 - 1/1600 s - ISO 2000 - Distancia focal 400 mm - balance de luz día

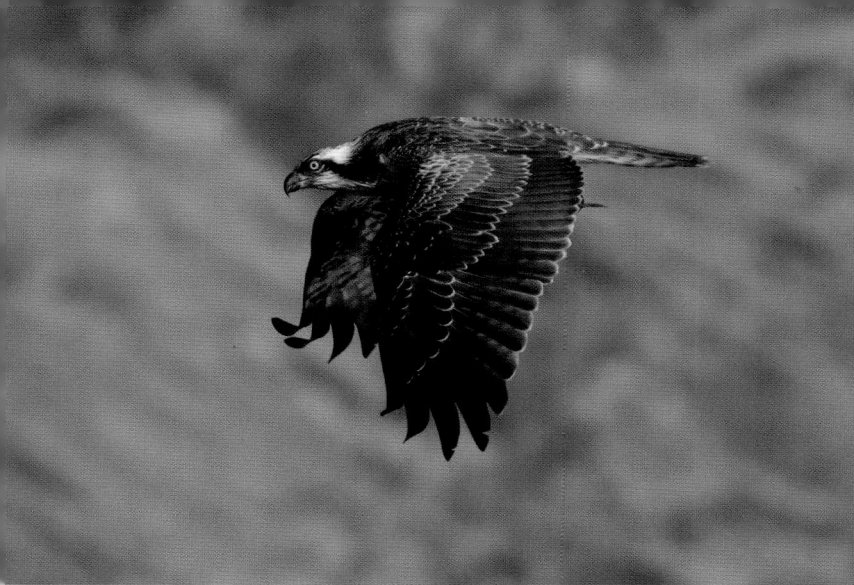

Águila pescadora en vuelo.
f/7.1 - 1/2000 s - ISO 1600 - Distancia focal 800 mm - balance de blancos automático.

cierne, calcula, frena en el aire con las alas extendidas como un paracaídas y, en un instante, se desploma sobre la superficie con un golpe seco. A veces emerge victoriosa, con un pez firmemente sujeto en sus garras orientado hacia adelante para cortar mejor el aire; otras, vuelve a remontar para intentarlo de nuevo.

Aunque durante décadas estuvo ausente como especie reproductora de gran parte de la Península, el esfuerzo de conservación y reintroducción ha permitido que, poco a poco, vuelva a estar presente como nidificante en algunos puntos concretos.

CÓMO FOTOGRAFIAR

Observar el comportamiento del águila pescadora en su entorno natural es clave para anticipar sus movimientos y capturar la fotografía perfecta. Aunque el lance de pesca es el momento más espectacular, la preparación y el vuelo previo también ofrecen oportunidades para imágenes únicas. Las águilas pescadoras tienen un estilo de caza metódico y calculado: su habilidad para detectar peces desde el aire y luego sumergirse a gran velocidad es impresionante, pero hay signos previos que indican el momento exacto en que se lanzarán. Estas señales, como el aleteo profundo y la postura de suspensión en el aire, son el resultado de una destreza desarrollada a lo largo de los años, lo que las convierte en animales increíblemente eficientes. Estar familiarizado con estos patrones te permite anticipar sus acciones, facilitando la captura de fotos llenas de dinamismo y precisión.

La clave para estar preparado para el lanzamiento de la pesca es mantener siempre los ojos en el águila y en el agua. Como fotógrafos, debemos ser conscientes de que estos momentos de acción pueden suceder en cualquier parte del lugar donde esté pescando, y no siempre en el mismo sitio exacto. Para esto, es vital no solo aprender a observar el comportamiento del águila, sino también a leer el entorno. No siempre se puede contar con las condiciones ideales. A veces, la vegetación o el entorno, puede dificultar la visibilidad y la calidad de las imágenes. Sin embargo, esto también abre la puerta a nuevas oportunidades creativas, como capturar el dinamismo de las alas en el momento del lance o a cuando levanta el vuelo al salir del agua.

Para verla cerca sin molestarla, funciona muy bien la técnica de la "orilla baja": situarte a nivel del agua, oculto tras juncos en puntos donde la pescadora hace picados repetidos. Si te mantienes inmóvil durante un buen rato, la rapaz continuará pescando como si no estuvieras, pasando a menudo muy cerca de tu posición cuando remonta tras capturar un pez.

La fotografía de águila pescadora combina espera, anticipación y reflejos rápidos. Es una de las rapaces más fotogénicas,

pero también una de las que exige mayor precisión técnica debido a la velocidad del lance.

Hay que elegir lugares de aguas tranquilas y amplia visibilidad, ya que las pescadoras aman los espacios abiertos donde pueden observar a los peces desde la altura. Los mejores puntos para fotografiarlas suelen ser embalses amplios con orillas despejadas, estuarios donde los peces quedan más accesibles con la marea adecuada, marismas con postes de vigilancia y lagunas costeras con aguas poco profundas. Buscar los lugares donde suelan posarse a vigilar, como árboles secos, postes o incluso boyas,

«La clave de poder captar el lance, es aprender a leer sus movimientos»

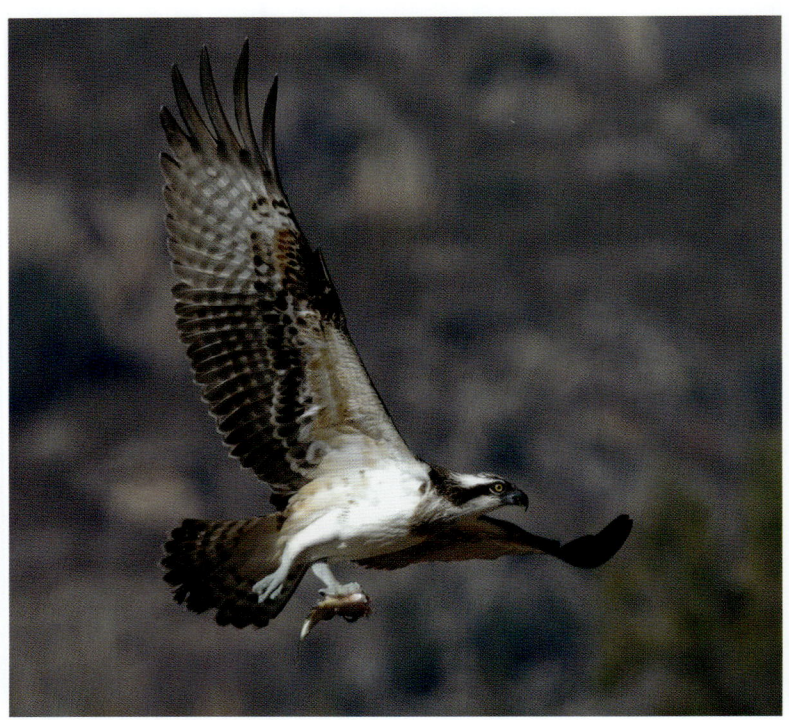

Águila pescadora con una captura.
f/8 - 1/2500 s - ISO 2000 - Distancia focal 800 mm - balance de blancos automático.

Justo antes de lanzarse a por un pez, la pescadora muestra patrones muy definidos: ralentiza su vuelo, aletea de forma más profunda, fija la mirada en un punto del agua, se frena quedando casi suspendida y separa levemente las patas. Ese instante es crítico y te da apenas unos segundos para prepararte para el impacto y la salida del agua.

Para capturar lances nítidos hay que usar una velocidad igual o superior a 1/2000 s para detener la entrada al agua, apertura de f/5.6–f/7.1 para equilibrar luz y nitidez. Subir el ISO lo necesario, la acción vale más que el ruido. Enfoque de seguimiento continuo (AF-C/AI-Servo) con puntos ampliados y en ráfaga lo más rápida que permita tu cámara. Para captar la salida con el pez entre salpicaduras, la velocidad alta es también imprescindible.

A diferencia de usar un *hide*, el permanecer desde orilla permite seguir el vuelo y el picado de una mejor manera. Tras salir del agua, muchas pescadoras realizan una sacudida en pleno vuelo para expulsar el exceso de agua del plumaje. Es un instante fabuloso para fotografiar.

Para captar la salida con el pez entre salpicaduras, la velocidad alta es también imprescindible.

A diferencia de usar un hide, el permanecer desde orilla permite seguir el vuelo y el picado de una mejor manera. Tras salir del agua, muchas pescadoras realizan una sacudida en pleno vuelo para expulsar el exceso de agua del plumaje. Es un instante fabuloso para fotografiar.

«Cuando ves a una pescadora elevarse del agua con un pez brillante entre las garras, comprendes que fotografiarla es intentar atrapar la perfección de un instante irrepetible»

Si una pescadora encuentra una zona rica en peces, repetirá los intentos en el mismo sector durante días o semanas.

Consejos prácticos para enfrentarnos a esta especie, es observar con prismáticos durante días en zonas de paso, para localizarla desde

lejos sin mover equipo innecesariamente. Suelen repetir lugares año tras año en los pasos migratorios, donde realizan paradas de varios días para coger fuerzas y continuar su camino.

«Cuando ves a una pescadora elevarse del agua con un pez brillante entre las garras, comprendes que fotografiarla es intentar atrapar la perfección de un instante irrepetible»

Si una pescadora encuentra una zona rica en peces, repetirá los intentos en el mismo sector durante días o semanas.

Consejos prácticos para enfrentarnos a esta especie, es observar con prismáticos durante días en zonas de paso, para localizarla desde lejos sin mover equipo innecesariamente. Suelen repetir lugares año tras año en los pasos migratorios, donde realizan paradas de varios días para coger fuerzas y continuar su camino.

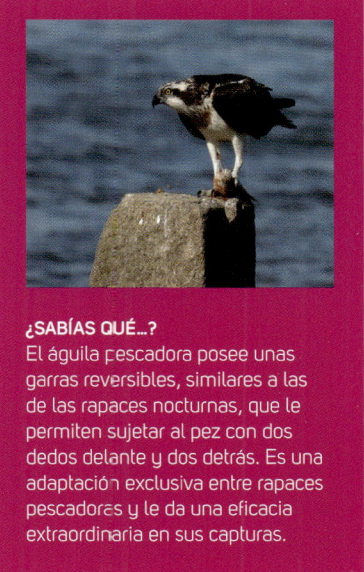

¿SABÍAS QUÉ…?

El águila pescadora posee unas garras reversibles, similares a las de las rapaces nocturnas, que le permiten sujetar al pez con dos dedos delante y dos detrás. Es una adaptación exclusiva entre rapaces pescadoras y le da una eficacia extraordinaria en sus capturas.

Bigotudo

Mejor estación del año:	otoño.
Instantes para captar:	poses entre carrizos, contraluces.
Dificultades:	especie no muy abundante y en hábitats con mucha vegetación.
Equipo y material:	teleobjetivos, multiplicadores, trípode, red camuflaje.
Mejores lugares para su fotografía:	P. Nacional de las Tablas de Daimiel, Laguna de Navaseca, Lagunas de la Guardia, Complejo Lagunar de Alcázar de San Juan, Quero, Laguna de Pitillas.

El bandido del carrizo

El bigotudo es una de las aves más bonitas que podemos observar en las zonas palustres, y una vez que las has visto ya no te deja indiferente. Al no ser abundante, resulta aún más interesante si cabe para el observador.

«Aves escasas en la Península, difíciles de observar en su hábitat, pero con una silueta y colores muy atractivos para los fotógrafos de naturaleza»

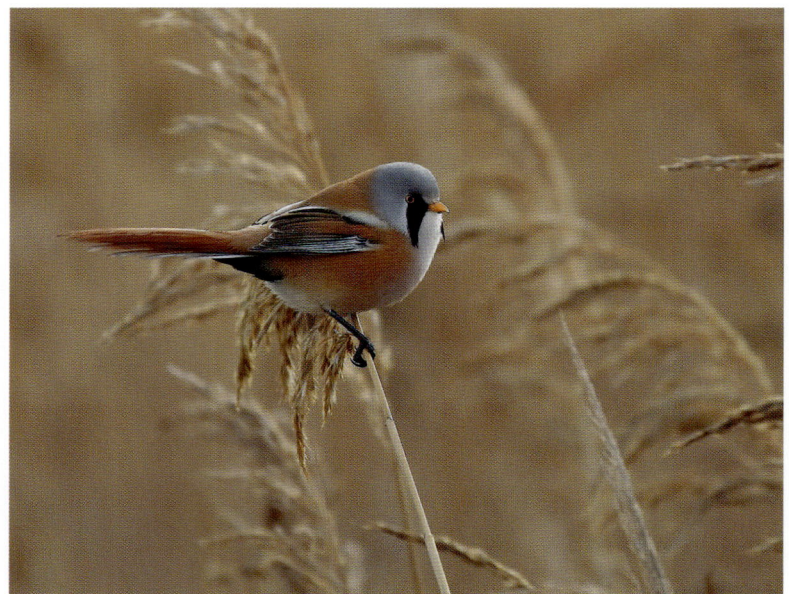

Bigotudo macho posado en el carrizo, con un fondo de colores ocres que le resaltan notablemente.
f/5.6 - 1/320 s – ISO 200, Modo manual – Distancia focal 400 mm - balance de blancos nublado.

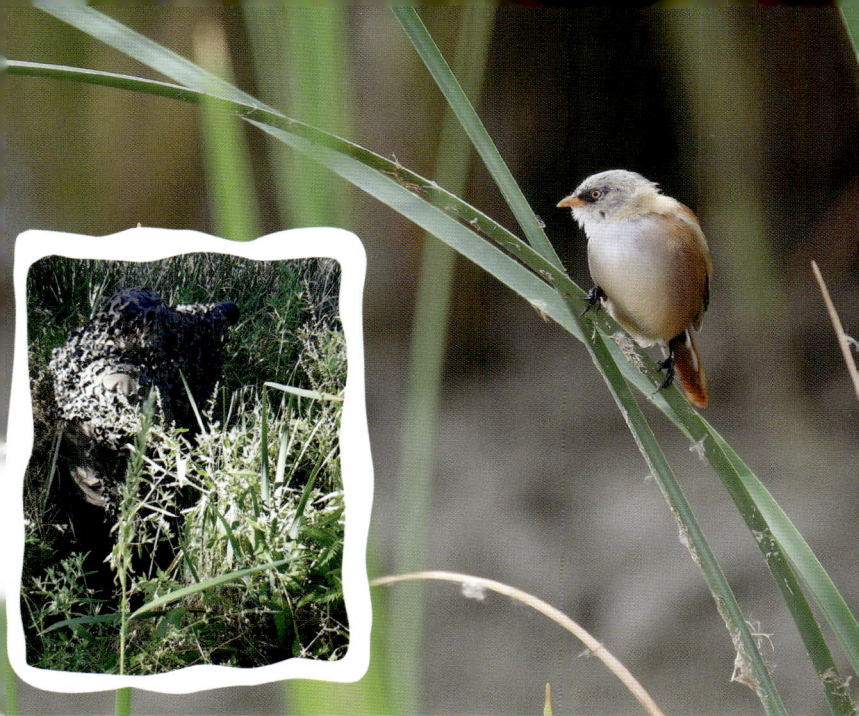

Cómo se hizo. *Con trípode y escondido entre la vegetación es posible llegar a tenerlos a distancias idóneas.*

Son aves muy ligadas a los ambientes palustres y zonas de carrizales en las que vive prácticamente todo el año. Es muy curiosa la forma que tienen de moverse entre los carrizos, y adoptan posturas muy llamativas. A veces con las patas en distintos tallos, otras pendulan en las copas de los carrizos, desafiando a la gravedad.

Excepto en la época de reproducción, suelen estar agrupados en bandos más o menos numerosos y una buena opción para buscarlos y verlos es escuchar sus llamativos y cortos cantos, que suelen realizar a menudo.

CÓMO FOTOGRAFIAR

En otoño e invierno se reúnen en bandos más o menos grandes en ciertas zonas palustres. Si logramos detectar su presencia, podemos realizar acercamientos muy despacio y lo más camuflados que sea posible con el entorno. Suelen tener querencias por ciertas zonas y en ciertas horas, por eso es importantísimo observar en qué lugar concreto suelen verse y en qué horario. Conocidos estos datos, lo demás es constancia, paciencia y un poco de suerte. Porque al moverse por zonas con tanta vegetación es muy difícil poder llegar a pillarles en un punto despejado.

«La dificultad de poder fotografiarlos dentro de su ambiente de manera despejada es un reto para el fotógrafo, debido a la cantidad de vegetación palustre en la que se mueven»

Para obtener fotografías del bigotudo en los instantes deseados, fueron muchas

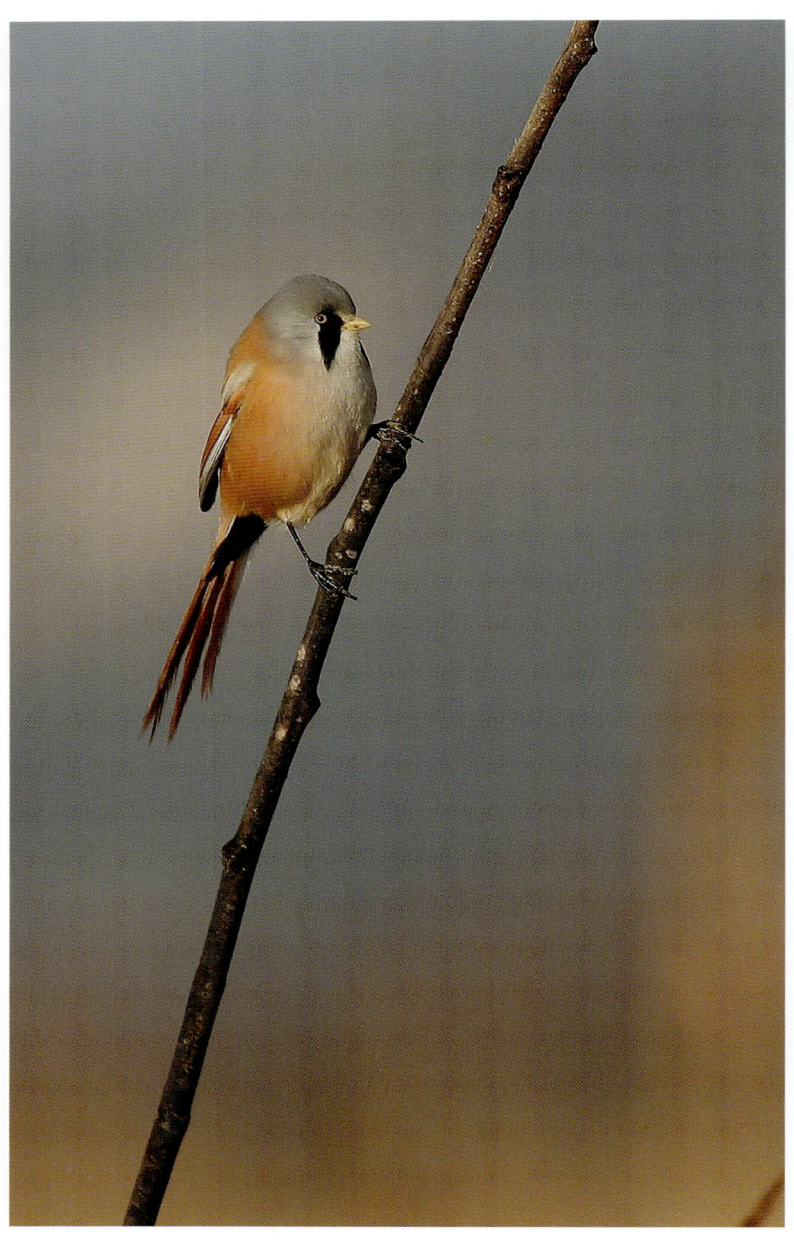

Ejemplar fotografiado sobre una rama que utilizó para controlar todo su territorio.
f/5.6 - 1/1250 s – ISO 200, Modo manual – Distancia focal 400 mm - balance de blancos automático.

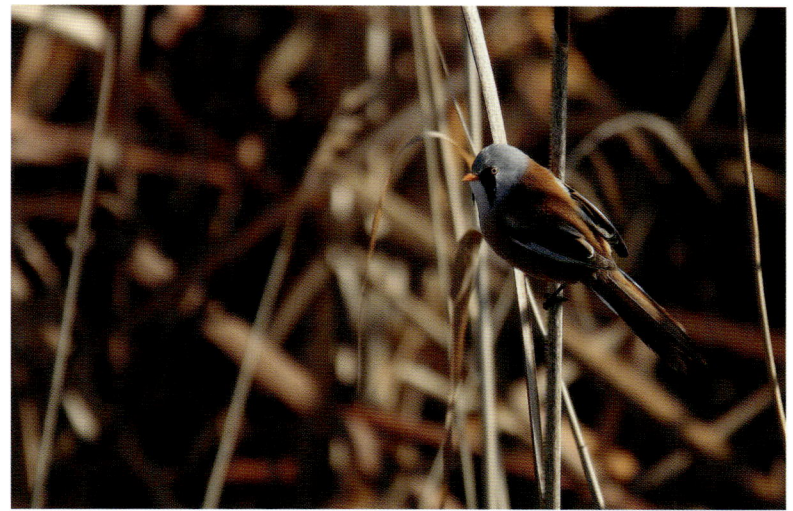

Macho de bigotudo desplazándose entre la vegetación palustre.
f/5.6 - 1/1000 s – ISO 200, Modo manual – Distancia focal 400 mm - balance de blancos luz día.

las visitas a distintas zonas palustres del interior peninsular donde los he ido siguiendo varios años. Elegí siempre días nublados de los meses de septiembre y octubre, que es cuando mayor número de individuos se agrupaban en estos lugares. A pesar de que la luz es escasa, son los días que más me gustan, porque se evitan muchas sombras que son molestas para la fotografía, y más en las zonas donde se mueven. Opté por seleccionar apertura máxima de diafragma y evitar el multiplicador para no tener que bajar más la velocidad de obturación, aunque esta función dependerá de nuestro equipo y las distancias a la que los veamos. Estuve toda la mañana detrás de un pequeño bando que recorría una zona de carrizos junto a un río. Caminando despacio entre la orilla del río y los carrizos, los podía observar cómo se alimentaban, desplazaban, y volaban. Al final la mejor opción fue apostar por estar quieto con una red y trípode, controlando una

pequeña zona de carrizo por la que solían estar; con mucha constancia acaban apareciendo y con suerte los puedes fotografiar como uno soñó.

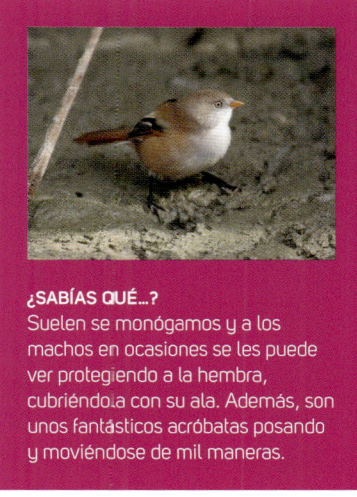

¿SABÍAS QUÉ...?
Suelen se monógamos y a los machos en ocasiones se les puede ver protegiendo a la hembra, cubriéndola con su ala. Además, son unos fantásticos acróbatas posando y moviéndose de mil maneras.

Escribano palustre

Mejor estación del año:	otoño, invierno.
Instantes para captar:	en su hábitat palustre, poses.
Dificultades:	aves no muy comunes, vienen en invierno y de hábitats muy concretos.
Equipo y material:	*hide*, redes camuflaje, teleobjetivos, trípode.
Mejores lugares para su fotografía:	Delta del Ebro, P. Nacional de las Tablas de Daimiel, Complejo Lagunar de Villafranca de los Caballeros, P. Nacional de Doñana, Laguna de Navaseca, P. Natural de la Albufera de Valencia, Embalse de Utxesa (Lleida), Soto Gutiérrez (Madrid), Reserva Natural del Estuario del Tajo (Vila Franca de Xira), Estuario del Rio Miño.

Los invernantes del humedal

Los escribanos son aves de tamaño pequeño-medio, de colores muy discretos y no fáciles de detectar. En la Península las subespecies ibéricas están en grave peligro de extinción y son muy escasas; aunque en invierno un numero notable de la subespecie europea visita nuestros humedales, favoreciendo su observación y fotografía.

«Subespecies ibéricas de estas aves son muy escasas, pero en invierno nos visitan un número importante de la subespecie europea»

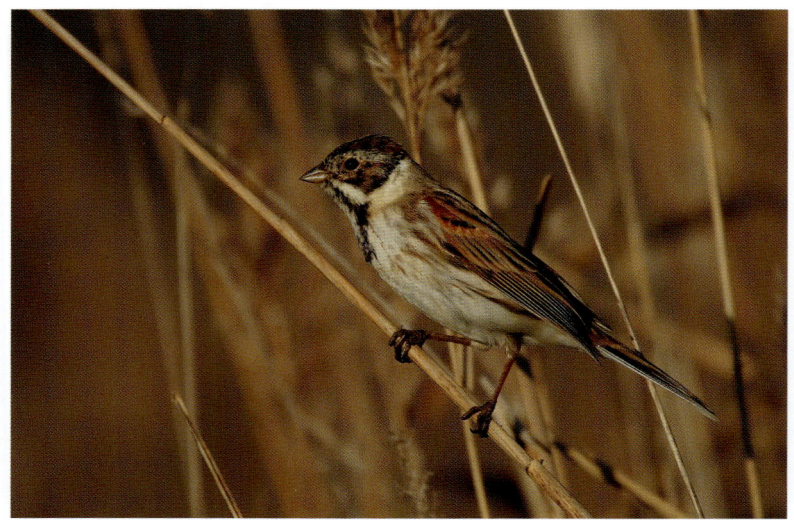

Macho de escribano palustre, aún con su plumaje invernal.
f/5.6 - 1/1250 s – ISO 200, Modo manual – Distancia focal 400 mm - balance de blancos automático.

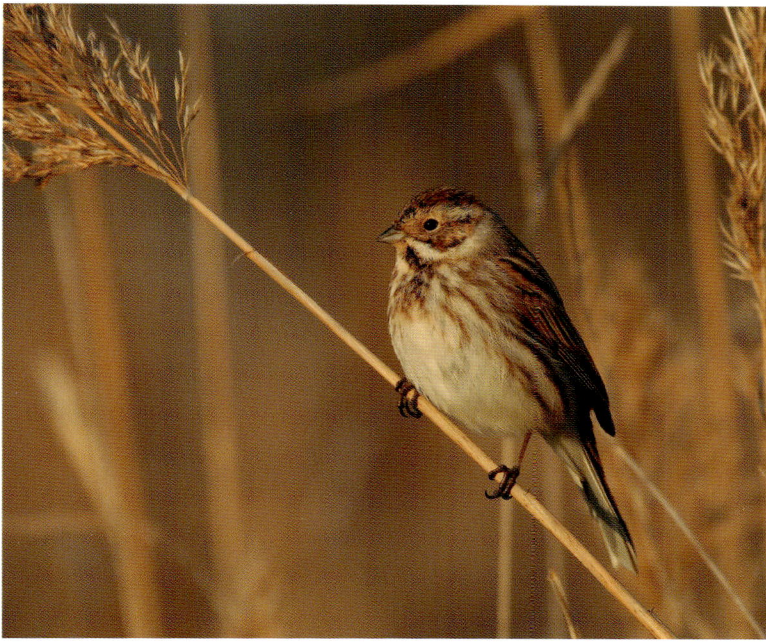

Escribano palustre fotografiado mientras descansa en una delgada rama de vegetación palustre.
f/5.6 - 1/640 s – ISO 200, Modo manual – Distancia focal 400 mm - balance de blancos automático.

El macho cambia el color de cabeza y garganta en la época nupcial, tomando un color negro oscuro que le da un punto más de belleza.

La destrucción de su hábitat es una de las razones más importantes por lo que cada vez hay menos ejemplares.

CÓMO FOTOGRAFIAR

Las mejores épocas para fotografiarlos son otoño e invierno. Zonas de humedal palustre ibérico, son tomadas por muchas de estas aves provenientes de Europa. Las utilizan como zonas de invernada y poder pasar los meses fríos, ya que el clima es algo más llevadero en nuestra Península.

«Los escasos escribanos palustres son aves que cada vez más, atraen a los fotógrafos de naturaleza»

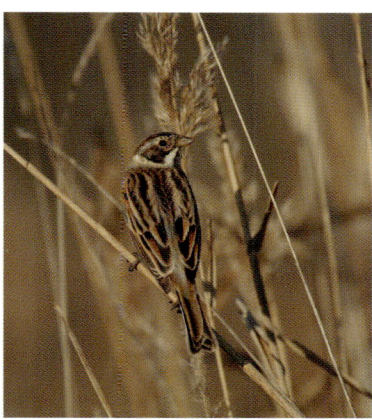

Ejemplar fotografiado de espalda con las ultimas luces del día.
f/6.3 - 1/500 s – ISO 200, Modo manual – Distancia focal 400 mm - balance de blancos automático.

En esta época, suelen reunirse en las zonas palustres, para dormir en grupos más o menos grandes, con otras especies de fringílidos. Las últimas horas del día las podemos utilizar para recorrer estos hábitats y detectar en qué lugares tienen más preferencia, siendo utilizados por mayor número de individuos.

«Cerca de sus zonas de dormidero es donde preparo el lugar con agua y posaderos para poder tener mejor opciones fotográficas»

Localizados estos puntos, los suelo fotografiar de la siguiente manera. Instalo un *hide* bien camuflado, cerca de las zonas de carrizo donde van entrando al atardecer.

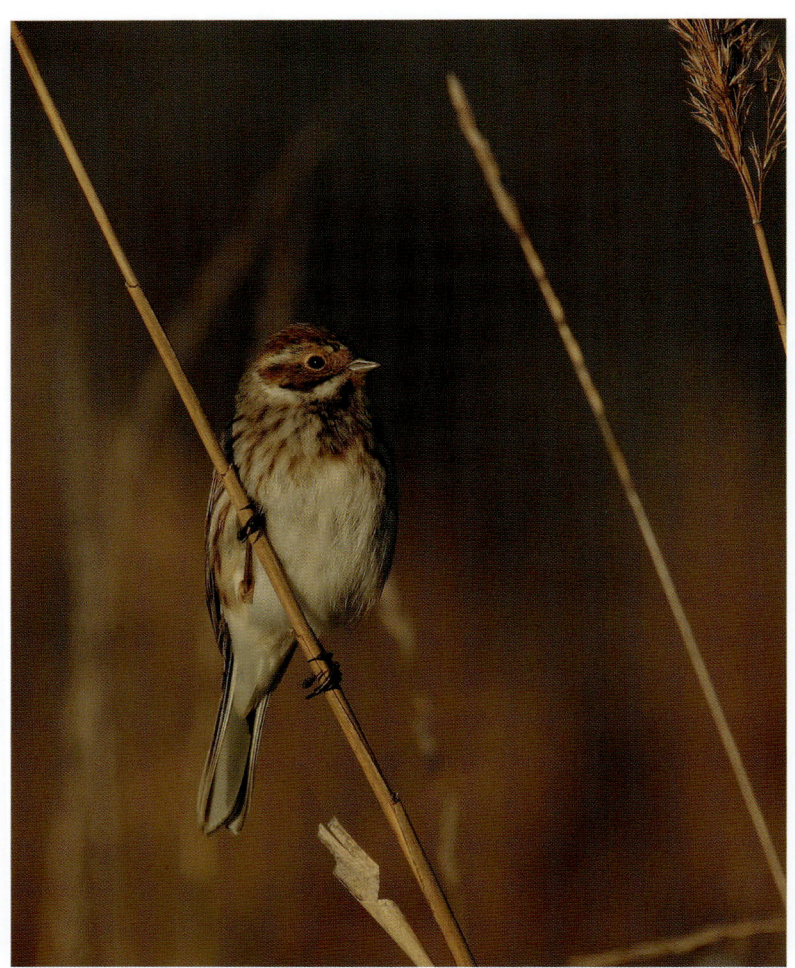

Individuo fotografiado en composición de su posadero y las distintas ramas del lugar, todas en paralelo.
f/5.6 - 1/1000 s – ISO 320, Modo manual – Distancia focal 400 mm - balance de blancos automático.

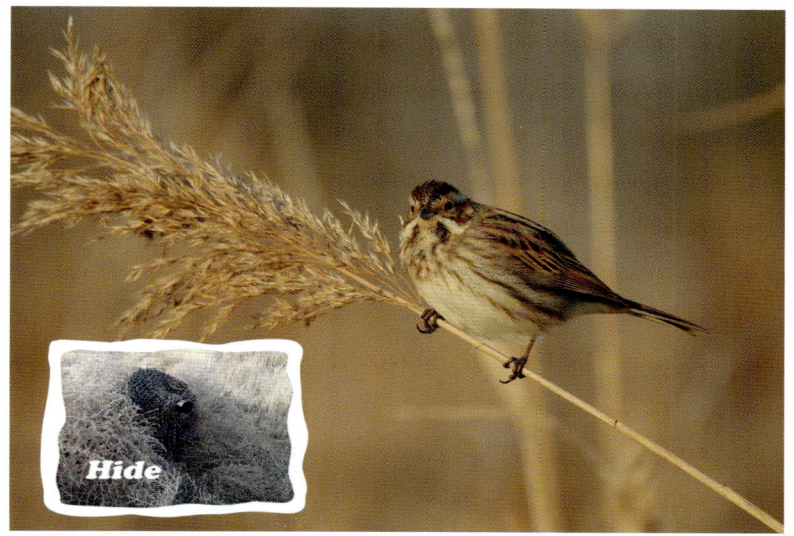

Cómo se hizo. *Hide montado cerca de la vegetación palustre que suelen utilizar antes de ir al dormidero.*

Es necesario estar dentro del *hide* y muy camuflado antes de dicho momento. También preparo cerca del lugar, que más suelen entrar, una serie de posaderos de carrizos y cañas en el punto que mejor me conviene en distancia y en luz. Ahora es cuestión de paciencia y suerte, ya que suelen ir entrando y posándose de rama en rama. A veces no nos ha dado tiempo a enfocar cuando estaban en la rama que queríamos y otras veces están mucho tiempo posados en otra que no es la que nos gusta.

He probado también a instalar en este lugar un pequeño bebedero, para que algunos de ellos, que quieran beber, se queden más tiempo en este punto permitiendo poder hacer más y mejores fotografías.

Al ser aves muy parecidas al ambiente en el que se mueven, a menudo el enfoque automático no funciona correctamente, cuando la luz es escasa y hay pocas diferencias de contraste. Si nos vemos obligados, debemos de cambiar el ajuste de nuestra lente a modo manual.

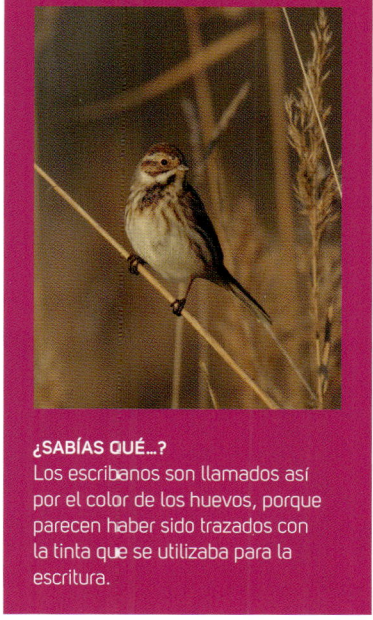

¿SABÍAS QUÉ...?

Los escribanos son llamados así por el color de los huevos, porque parecen haber sido trazados con la tinta que se utilizaba para la escritura.

Calamón común

Mejor estación del año:	primavera, verano.
Instantes para captar:	entre cañas, en el agua nadando.
Dificultades:	verlos de manera despejada.
Equipo y material:	teleobjetivos, redes de camuflaje.
Mejores lugares para su fotografía:	P. Natural del Alto Guadalquivir (Jaén), Laguna de Navaseca, P. Nacional de Doñana, Delta del Ebro, P. Natural de la Albufera de Valencia, Reserva del Regajal - Mar de Ontígola, Parque Ornitológico Arrocampo.

El gallo azul

Ave que posee unos colores llamativos e inconfundibles. Distintas tonalidades de azules en todo el plumaje, la parte posterior blanca y el pico y patas de un color rojo intenso.
Sus enormes dedos les ayudan a desplazarse entre la vegetación de las zonas acuáticas de una manera realmente asombrosa.

«Es el más grande de los rálidos y su plumaje con esos colores azules le hace destacar sobre el conjunto de cañas»

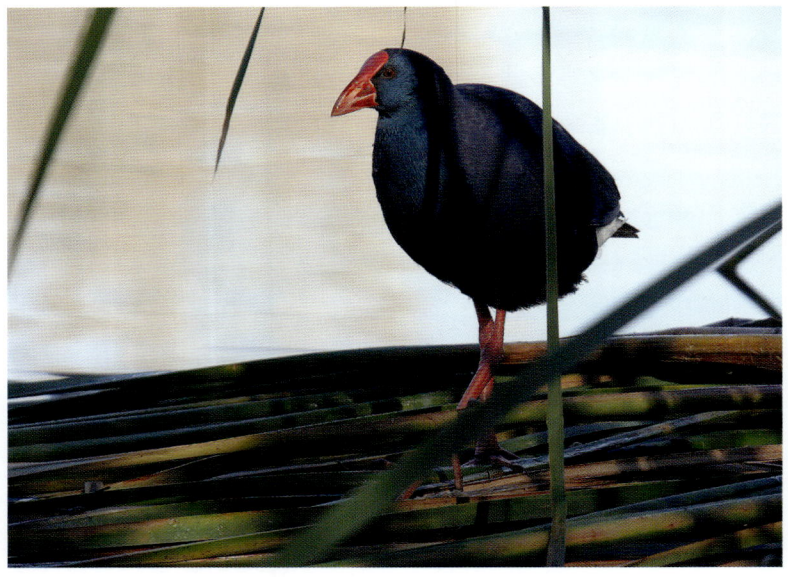

Calamón desplazándose por la vegetación con sus enormes dedos.
f/8 - 1/160 s – ISO 200, Modo manual – Distancia focal 365 mm - balance de blancos automático.

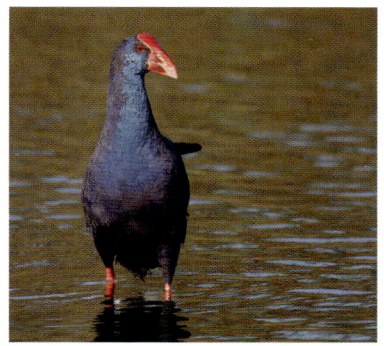

Ejemplar de calamón fotografiado mientras camina por la orilla cercana a un observatorio.

f/5.6 - 1/500 s – ISO 200, Modo manual – Distancia focal 400 mm - balance de blancos luz día.

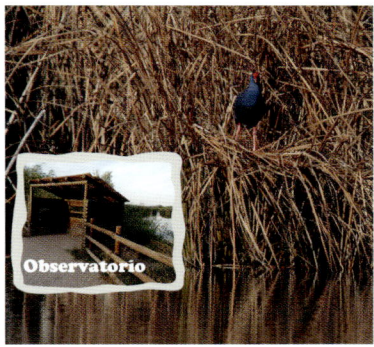

Observatorio

Cómo se hizo. *Observatorios de aves como los que hay en la Laguna de Navaseca, son excelentes lugares para su fotografía.*

CÓMO FOTOGRAFIAR

Lo más complicado al principio es detectar su presencia, pero un apoyo importante es conocer su canto. Inconfundible y audible a mucha distancia, suelen ser aves a las que se las escucha más veces y cuando más cantan suele ser antes del anochecer.

«Su sonoro canto, nos ayudará a descubrir que en esta zona hay calamones; suelen cantar más veces al anochecer»

La Laguna de Navaseca, situada cerca de Daimiel, es un lugar fantástico donde descubrir al galo azul. Se le puede ver alimentándose de tallos vegetales, arrancados con gran destreza por sus enormes dedos. Suele desplazarse andando y nacando, antes que volando. Por lo tanto, si lo descubrimos y no está cerca, tenemos que observar por qué zona se va desplazando.

«La Laguna de Navaseca es un fantástico lugar para fotografiarlos a corta distancia»

Suele ser activo y por ese motivo, nos debemos de ubicar en la zona próxima, a la dirección que van siguiendo. En esta laguna hay unos cuantos observatorios desde los cuales se pueden fotografiar a placer, porque los animales están muy acostumbrados a estos observatorios. No es el mejor ángulo porque me gusta captar a los animales a su nivel, pero podemos optar por mostrar más su entorno, captar reflejos, y otras combinaciones. Y también es posible tener la suerte de verlos cuando suben a la vegetación, pudiéndolos fotografiar a más altura y con mejor ángulo.

Una buena opción fotográfica es cuando su cabeza mira de perfil sobre nuestra cámara. De este modo será posible mostrar su característico ojo rojo y su llamativo pico del mismo color, destacando sobre su azul plumaje.

¿SABÍAS QUÉ…?
Este bello y raro animal en la actualidad se encuentra estabilizando sus poblaciones, ya que a finales del siglo pasado era muy escaso y estuvo a punto de desaparecer. Ahora es más común poder verle en zonas acuáticas y medios palustres bien conservados.

Canastera común

Mejor estación del año:	primavera, verano.
Instantes para captar:	en orillas, caminando, volando.
Dificultades:	descubrirlas en el suelo tranquilas.
Equipo y material:	teleobjetivos, redes de camuflaje.
Mejores lugares para su fotografía:	P. Natural de la Bahía de Cádiz, Paraje Natural Punta Entinas - Sabinar, Delta del Ebro, P. Nacional de Doñana, Paraje Natural de las Marismas del Odiel, La Janda, Villar de Rena, Humedales de Villacañas.

Perdiz de mar

Curiosas aves cuyos vuelos nos hacen recordar a las golondrinas, pero de mayor tamaño. Su coloración con partes rojas en el pico y el plumaje de juveniles hace que sean llamadas en algunos sitios perdiz de mar.

«En vuelo las podemos diferenciar del resto de aves marinas de similar tamaño por su cola ahorquillada y su destacado obispillo blanco»

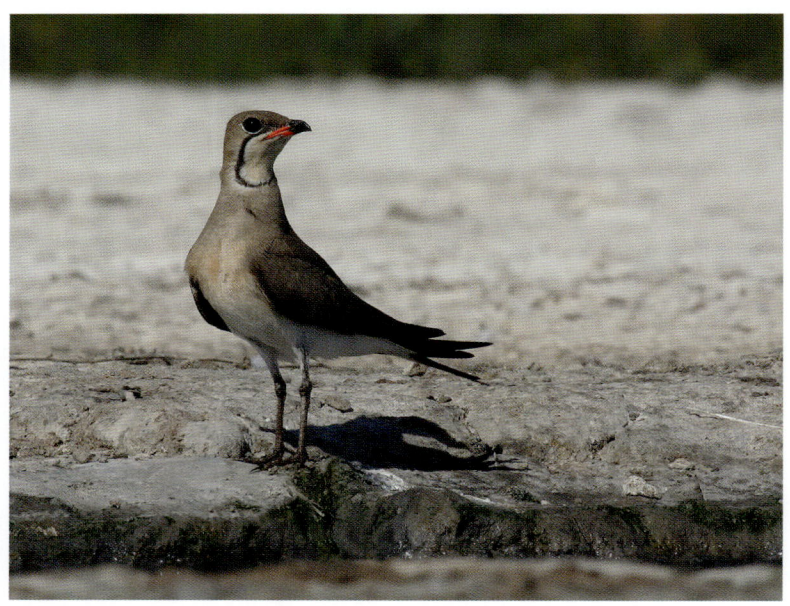

Canastera común fotografiada con su típica pose, antes de entrar a beber.
f/20 - 1/200 s – ISO 200, Modo manual – Distancia focal 400 mm - balance de blancos automático.

Son aves limícolas, pero diferentes del resto. Las podemos ver alimentarse más veces volando que por el suelo, y lo suelen hacer en grupos atrapando todo tipo de insectos voladores.

CÓMO FOTOGRAFIAR

En la época de primavera es cuando estas aves vienen y las podemos observar. El Paraje Natural de Punta Entinas - Sabinar, en Almería, es un fantástico lugar para ello. En dicha reserva hay algún camino que se puede transitar con vehículo, siempre con la máxima precaución.

«En ciertas zonas se pueden observar desde el propio vehículo a muy buenas distancias»

Una buena técnica consiste en ir en vehículo de copiloto y circular muy despacio. Es muy probable que las veamos en el suelo a escasos metros. Es necesario seguir avanzando y parar, cuando las hayamos pasado unos 30 - 40 metros. Bajar muy despacio y quedarse pegado al vehículo, en la parte contraria entre el vehículo y las canasteras, usando al vehículo de barrera para no ser descubierto.

En este momento el coche debe volver hacia donde las vimos; mientras tanto avanzar andando al ritmo del vehículo y pegado a este, hasta llegar a la distancia idónea. En ese momento te puedes quedar tumbado o agachado y dejar que el vehículo avance para no tener ningún obstáculo entre el ave y tu cámara. Si nos ponemos alguna red encima, mejorará nuestro camuflaje.

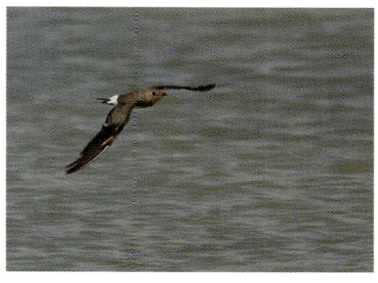

Ejemplar fotografiado en vuelo, en el que se puede apreciar su cola ahorquillada y su destacado obispillo blanco.
f/8 - 1/1250 s – ISO 200, Modo manual – Distancia focal 560 mm - balance de blancos automático.

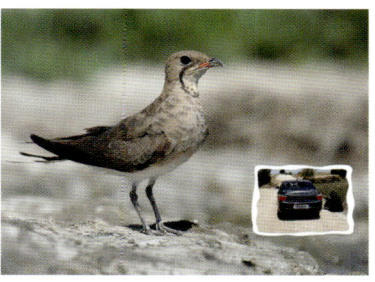

Cómo se hizo. *Utilizar el coche como barrera entre las aves y tú, es muy útil con algunas especies.*

«Nuestras fotografías serán mejores cuanto menor sea el ángulo que forma la línea de enfoque con la línea del suelo»

Se pueden realizar las fotografías desde la propia ventanilla del vehículo sin mayores problemas, pero el ángulo inclinado da peores resultados.

Búho campestre

Mejor estación del año:	invierno.
Instantes para captar:	en posaderos naturales de día.
Dificultades:	descubrirlo de día, aves escasas en la Península.
Equipo y material:	teleobjetivos, red y vehículo.
Mejores lugares para su fotografía:	Reserva Natural de Lagunas de Villafáfila, Tierra de Campos, P. Natural de la Albufera de Valencia, P. Nacional de Doñana, Reserva Natural del Estuario del Tajo (Vila Franca de Xira), La Moraña.

El búho-lechuza

Estas rapaces nocturnas poseen unos llamativos ojos amarillos que destacan al estar sombreados y les da una apariencia de estar siempre enfadadas.

Sus costumbres también diurnas hacen que las podamos ver volar en las zonas que habitan, que suelen ser humedales, pastizales, zonas de cultivo, áreas abiertas y con poca vegetación.

«Zonas abiertas de humedales o de cultivo, con abundancia de topillos, son buenos lugares para encontrar ejemplares de este búho en Invierno»

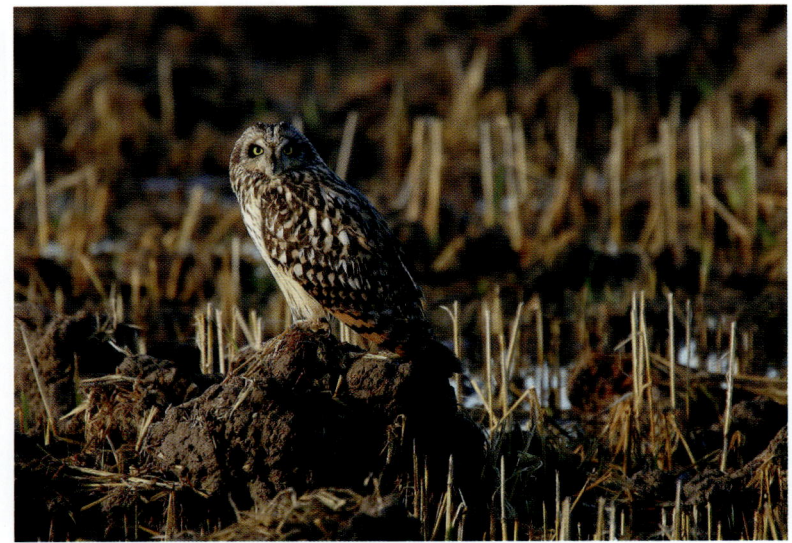

Ejemplar de búho campestre apostado sobre un montículo de tierra, controlando su territorio.
f/8 - 1/125 s – ISO 200, Modo manual – Distancia focal 530 mm - balance de blancos luz día.

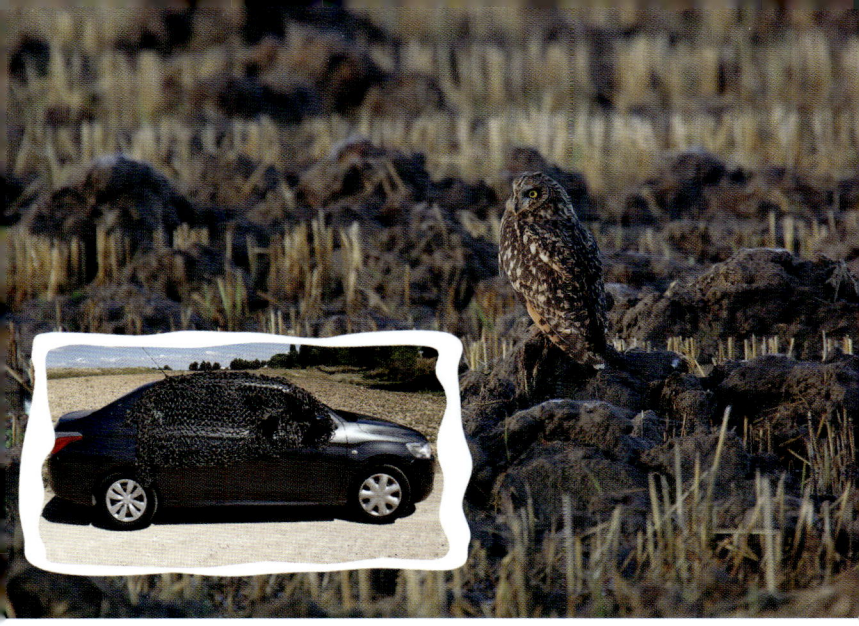

Cómo se hizo. *Utilizar el vehículo como* hide, *da muy buenos resultados. Si lo hacemos debidamente, las molestias serán mínimas.*

En invierno las podemos ver posadas en el suelo, sobre algún poste, pequeño arbusto, roca u otro elemento que sobresalga del terreno. Y no resulta raro encontrarlas posadas en grupos más o menos abundantes, a ciertas distancias entre los distintos ejemplares.

CÓMO FOTOGRAFIAR

Grandes zonas mixtas de humedal y cultivo como las que hay en Villafáfila o en los alrededores del Centro Visitantes José Antonio Valverde en el P. Nacional de Doñana, son de las mejores zonas para poder descubrir a nuestros enigmáticos búhos campestres. Y la mejor época es invierno porque se juntan los pocos residentes que hay, con los llegados de zonas más frías de Europa a pasar dicha estación.

De día, con suerte, es posible ver algunos ejemplares sobrevolando la llanura, intentando detectar alguna presa, si la noche no fue fructífera. Pero el objetivo del trabajo con esta especie es detectarlos de día posados tranquilos y con las menores molestias hacia ellos.

Aunque de día suelen permanecer en el suelo, quietos y camuflados entre las hierbas de la zona, resulta muy complicado verlos y descubrirlos.

«Desde el coche, con la cámara en la ventanilla, los podremos fotografiar a distancias muy buenas»

Por lo tanto, para fotografiarlos en dichas condiciones, lo mejor es ir en vehículo por los caminos permitidos y que se puedan recorrer, en estos lugares. El atardecer es para mí la mejor hora; antes de la puesta del sol; muchos van tomando posiciones descubiertas y puntos más visibles, mientras arreglan su plumaje y se preparan para su jornada de caza. Es cuando más opciones tendremos de ver y fotografiar algún ejemplar, cerca del coche. Con el vehículo a poca velocidad, parar de vez en cuando, para recorrer visualmente nuestro perímetro, así hasta verlos. Es la mejor fórmula y por cierto, nunca bajar del vehículo; los espantaríamos del lugar y crearíamos molestias innecesarias.

«Nunca conviene bajar del coche y caminar hacia el ave; si está lejos, es mejor buscar otros ejemplares o repetir más días»

Desde el vehículo, estas y otras aves no nos consideran un peligro y por lo tanto no huirán. Con una red en la ventanilla para disimular nuestra figura y con la

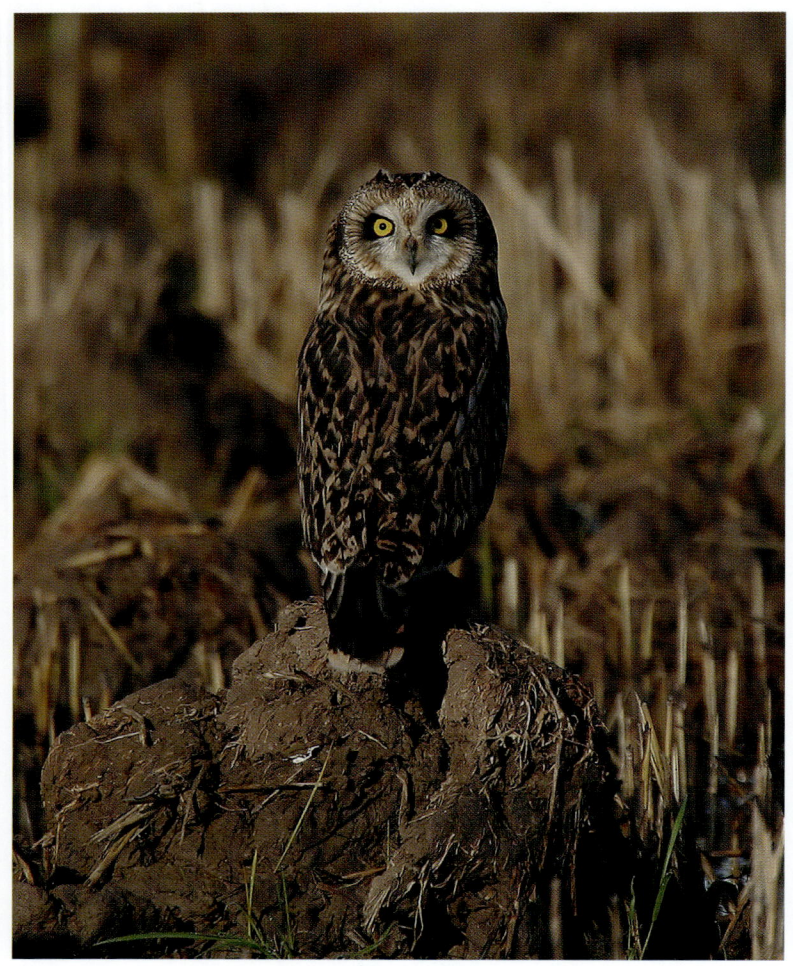

Búho campestre fotografiado con la cabeza girada 180º y mostrando su mirada tan penetrante.
f/8 - 1/640 s – ISO 200, Modo manual – Distancia focal 560 mm - balance de blancos automático.

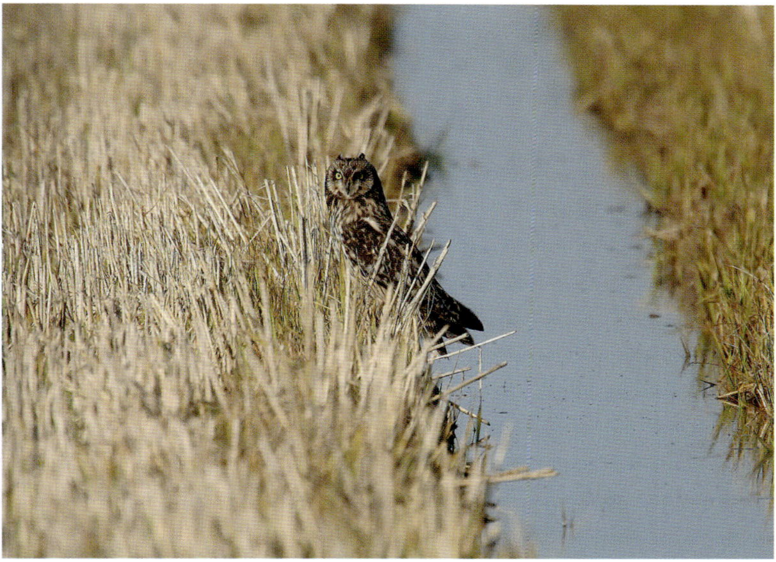

Individuo fotografiado antes de la caída de la tarde, posado al borde de un pequeño regato, dispuesto para cazar.
f/10 - 1/500 s – ISO 200, Modo manual – Distancia focal 560 mm - balance de blancos automático.

cámara apoyada sobre la puerta, es el mejor método para retratarlos a placer. Si la distancia es larga, usaremos multiplicadores si tenemos, o seguiremos recorriendo el territorio para encontrar ejemplares que podemos tener más cerca. Importante, no intentar el acercamiento a pie, ya que aparte de no lograrlo, volarán antes, tomarán la zona como peligrosa y se irán desplazando a otros lugares. Es mejor repetir los intentos varios días hasta tener algún ejemplar cerca.

Como son aves que pueden permanecer durante un buen rato sin hacer ningún movimiento suelo bajar el ISO a 200 para que haya poco grano y más calidad.

A partir de ahí, voy jugando con una gran apertura de diafragma y velocidades muy bajas de disparo. Si veo que dichas velocidades son bajas y la imagen sale movida, voy cerrando diafragma y aumentando velocidad, hasta conseguir el equilibrio.

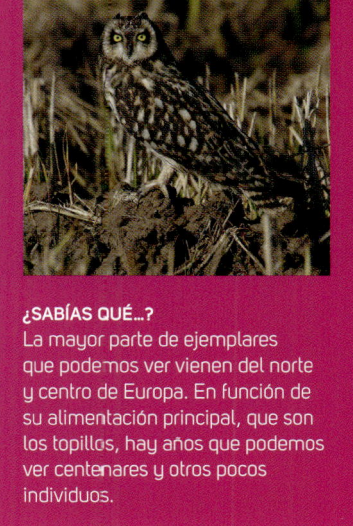

¿SABÍAS QUÉ...?
La mayor parte de ejemplares que podemos ver vienen del norte y centro de Europa. En función de su alimentación principal, que son los topillos, hay años que podemos ver centenares y otros pocos individuos.

Avefría europea

Mejor estación del año:	invierno y paso prenupcial.
Instantes para captar:	cortejos, defensa del territorio, descanso en humedales, alimentación en praderas húmedas, campos de cultivo y vuelos acrobáticos.
Dificultades:	especie muy desconfiada, cambios bruscos de luz en zonas abiertas, grupos en movimiento constante, refracción por calor.
Equipo y material:	teleobjetivos 400–600 mm, *hide* bajo, monopié o trípode ligero, ropa mimética.
Mejores lugares para su fotografía:	marismas del Guadalquivir, Reserva Natural de las Lagunas de Villafáfila, lagunas de La Mancha, delta del Ebro, Reserva Natural del Paul do Boquilobo, campiñas húmedas del norte, prados inundables y cultivos cerealistas.

La iridiscencia del frío

La avefría europea, con su característica cresta larga y su plumaje oscuro de reflejos verdes y púrpuras, es una de las aves más bonitas de los humedales y campiñas húmedas. Su vuelo es inconfundible: lento, amplio y con giros que parecen desafiantes, casi acrobáticos, acompañados de un reclamo muy particular, un "piu-víí" que resuena sobre las praderas abiertas.

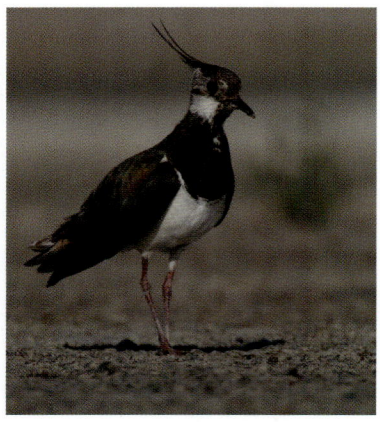

Avefría europea con su característico cresta.
f/8 - 1/3200 s - ISO 400 - Distancia focal 560 mm - balance de blancos nublado.

«Cuando el sol se refleja en sus alas, se encienden con destellos metálicos»

Es un ave gregaria durante gran parte del año, reuniéndose en bandadas numerosas en zonas inundadas o campos recién labrados, donde rebusca invertebrados en el barro. En primavera, las parejas defienden territorios de cría en praderas húmedas, realizando vuelos de exhibición llenos de vibración y energía.

CÓMO FOTOGRAFIAR

Una manera ética y eficaz consiste en emplear la "espera del humedal": colocarte en el borde de una charca o prado inundado, tumbado tras un relieve natural. Las avefrías patrullan continuamente estas zonas y, si no detectan movimiento, se acercan lo suficiente como para escuchar incluso sus suaves reclamos de contacto.
La avefría europea es un reto fotográfico apasionante: belleza iridiscente, vuelos únicos y comportamiento activo, pero también altísima desconfianza. Aunque con una estrategia cuidada puedes obtener imágenes espectaculares. Esta ave, al igual que muchas limícolas, se comporta de forma mucho más tranquila cuando la

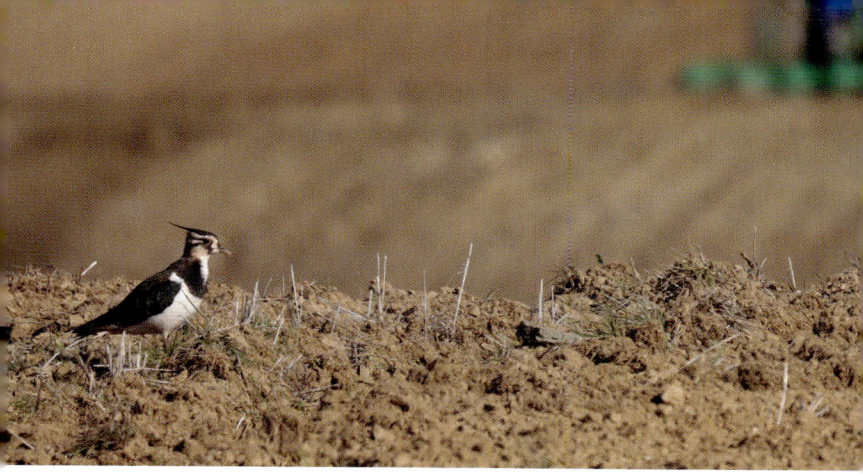

Avefría europea buscando alimento en campo recién labrado.
f/8 - 1/2000 s - ISO 800 - Distancia focal 400 mm - balance de blancos automático

observamos a ras de suelo, por lo tanto la opción más recomendada es el uso del *tumbihide*, bien camuflado con el entorno, para pasar desapercibido.

El plumaje de la avefría presenta tonos verdes, violetas y bronces visibles solo con luz lateral suave. Para destacarlos es mejor trabaja al amanecer o al atardecer, utilizaremos exposición compensada en +1/3 o +2/3 para evitar oscurecer las zonas negras y si hay agua, busca reflejos que doblen la composición.

«En días nublados el plumaje pierde brillo, pero se gana detalle en texturas y un control total del contraste»

Las avefrías repiten patrones, tales como picotear en el barro y alternar vigilancia con búsqueda de comida. En grupos grandes es útil identificar al ave que inicia el movimiento que suele contagiar al resto, anticipando vuelos masivos ideales para fotografía de acción.

El vuelo de la avefría es uno de los más bellos de Europa. Para captarlo usaremos una velocidad mínima 1/1600–1/2500 s, ráfaga alta y enfoque continuo con seguimiento (AF-C). Entre distintas opciones buscaremos momentos en los que el grupo

se desordena: curvas amplias, descensos bruscos y giros que generan imágenes llenas de dinamismo.

«Los juveniles, con su plumaje más mate y aspecto desgarbado, aportan imágenes tiernas y muy expresivas»

La escena de la pareja inclinando el cuerpo y emitiendo reclamos es uno de los momentos más fotogénicos. Otros más comunes, se producen en zonas agrícolas, donde las avefrías buscan lombrices y pequeños invertebrados cuando tractores labran el terreno. Para estas escenas nos colocaremos al borde del campo, nunca en medio, utilizando una altura baja para crear composiciones con el fondo. Velocidad (1/800–1/1200 s) con diafragma abierto y aprovechar los elementos y surcos para jugar con ellos.

¿SABÍAS QUÉ...?

Durante el vuelo, la avefría produce un sonido muy particular al batir las alas, una especie de vibración audible incluso antes de verla. Este "zumbido" es parte de su ritual de cortejo.

Martín pescador común

Mejor estación del año:	primavera, verano.
Instantes para captar:	en posadero, pescando, en su entorno, vuelos.
Dificultades:	lograr que tome el posadero que deseamos.
Equipo y material:	*hide*, redes camuflaje, teleobjetivos, trípode.
Mejores lugares para su fotografía:	P. Natural de la Albufera de Valencia, Desembocadura del Guadalhorce y del río Vélez, Ría de Vigo, Río Guadalquivir, Río Sella, Río Tormes, y en multitud de ríos, ya que es un ave más o menos común en estos ecosistemas, incluidos los tramos que pasan por grandes ciudades.

La turquesa del río

El martín pescador es otra de las aves más codiciadas por los fotógrafos de naturaleza. Su gama de plumas azules, contrastadas con su vientre naranja, las convierte en unas aves excepcionales. También su modo de capturar peces en relación con su tamaño despierta gran interés en cualquier aficionado a las aves, la naturaleza y a la fotografía.

«Distintos azules turquesa podemos observar en este pequeño gran pescador»

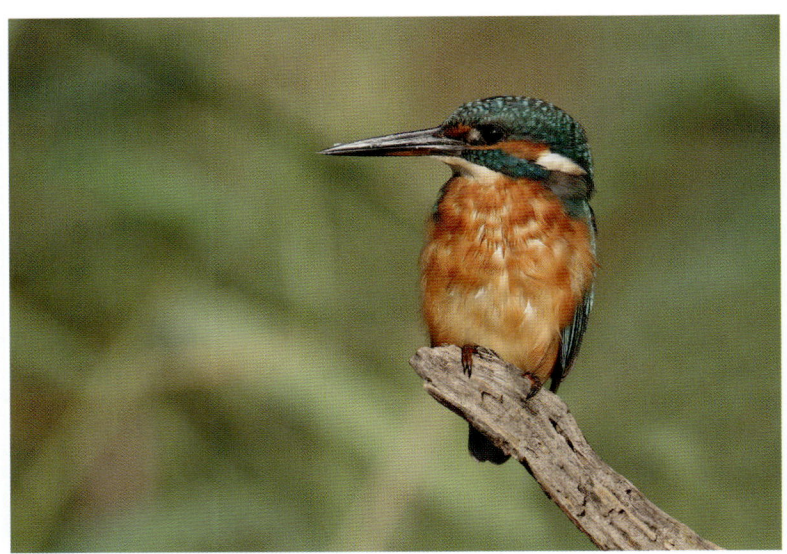

Martín pescador fotografiado en posadero, con fondo natural y luces de atardecer.
f/8 - 1/320 s – ISO 200, Modo manual – Distancia focal 560 mm - balance de blancos automático.

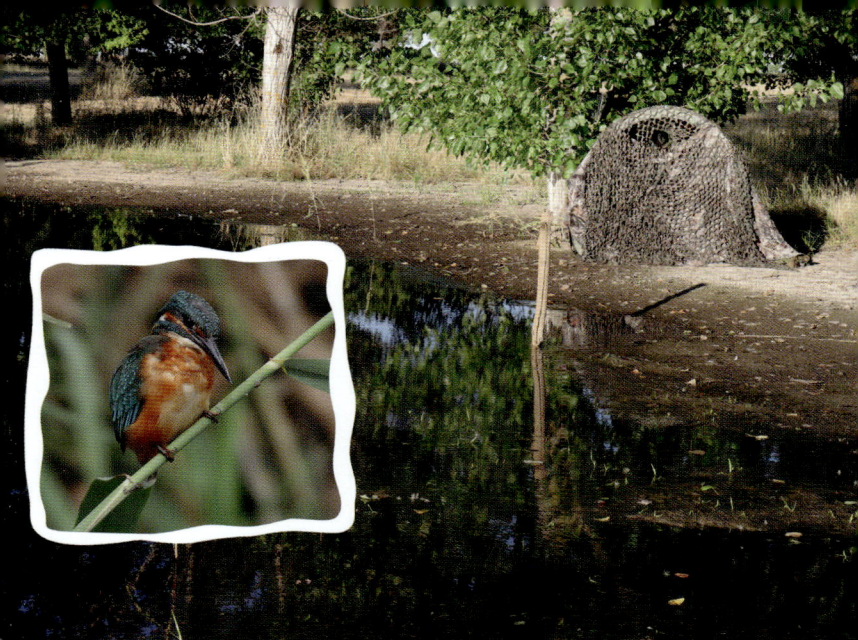

Cómo se hizo. *Hide montado cerca de la orilla, y montaje de posaderos cercanos a nuestro escondite, para que los tome el martín pescador.*

La diferencia principal entre el macho y la hembra reside en el color del pico inferior; oscuro en machos y anaranjado en las hembras.

A pesar de tener estos colores tan llamativos, no es fácil de observar de modo tranquilo, porque es un ave tímida y bastante asustadiza.

CÓMO FOTOGRAFIAR

Las zonas de riberas de ríos y sotos son buenos lugares donde los podemos encontrar. Paseos previos por estas zonas, nos dará la información necesaria para saber después qué técnica utilizar. Para fotografiar aves como martines pescadores, tenemos que controlar muy bien las luces y sombras porque, al moverse por orillas de ríos con vegetación arbórea, pueden aparecen muchas sombras que dificulten la fotografía. Los días nublados evitan estas sombras, aunque la luz sea más escasa.

En estos casos toca subir ISO con máxima apertura de diafragma, pero personalmente son los días que más me gustan.

Si los observamos en una zona ahora toca descubrir donde suelen descansar y sus posaderos habituales. Lo más usual es escucharlos y verlos volar por un tramo de río. Lo que suelo hacer es caminar por el tramo donde los voy viendo para descubrir sus posaderos. Cuando dejo de verlos u oírlos en largo tiempo, paro y espero hasta volver a verlos pasar, y si esto no ocurre, vuelvo donde los vi por última vez. Hay que intentan seguirlos hasta descubrir sus lugares preferidos de pesca. En estos lugares suelen tomar ramas como posadero, para luego lanzase como un proyectil para pescar.

«La instalación de un posadero en su zona de pesca habitual es una buena opción para tenerlo a la distancia deseada desde donde podamos montar nuestro hide»

Una vez descubiertos, lo siguiente es ubicar un *hide* camuflado con vegetación de la zona, a ser posible, cerca de dicho pasadero, controlando la altura, fondo, luces, distancia, etc. Si el utilizado por el martín no nos cuadra con nuestros parámetros, se puede colocar por nuestra parte un pasadero que cumplan nuestros requisitos y esperar. Estas aves suelen aceptar, más o menos bien, posaderos en sus zonas de captura y descanso. Si todo cuadra les podremos hacer gran variedad de fotos, porque son muy fotogénicos; con captura, en vuelo, posando, contraluces, etc. El verano es una de las mejores épocas, porque la escasez de agua en esta estación hace que se formen pequeñas lagunas o zonas encharcadas que son

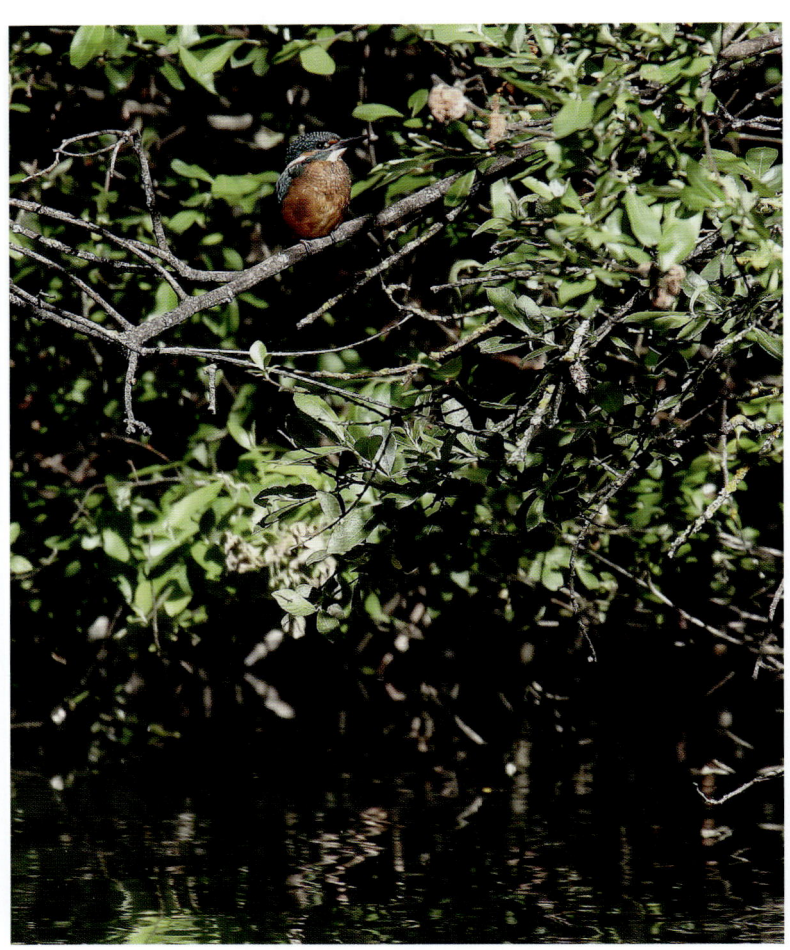

Juvenil de martín pescador posado entre la vegetación de ribera, preparado para pescar.
f/10 - 1/200 s – ISO 200, Modo manual – Distancia focal 560 mm - balance de blancos automático.

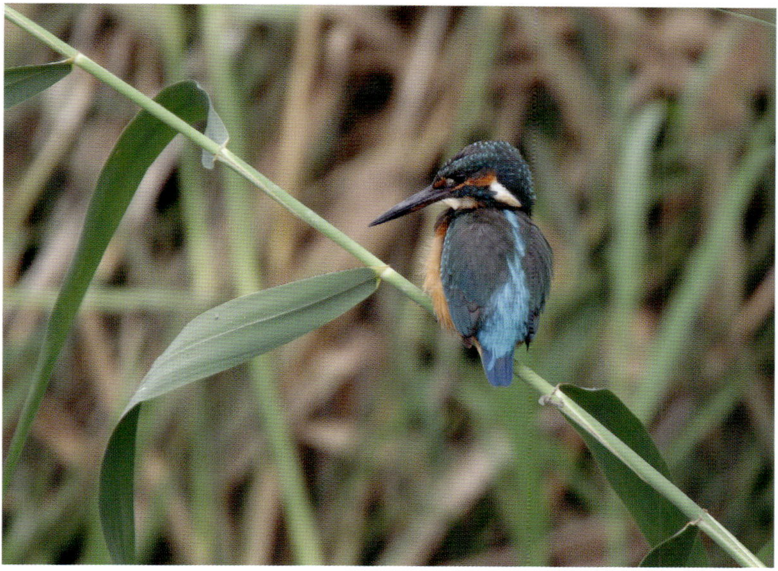

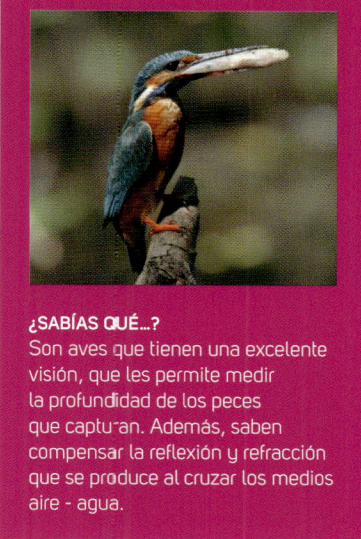

Fotografía de martín pescador, captado de espalda, donde se pueden aprecian los distintos azules que hay en su plumaje.
f/8 - 1/250 s – ISO 400, Modo manual – Distancia focal 560 mm - balance de blancos automático.

muy habituales que las usen como sus cazaderos. Los peces que quedan en estas zonas tienen pocas opciones de escaparse, y los martines aprovechan esta circunstancia para pescarlos fácilmente. Si damos con una de estas charcas, las opciones fotográficas serán muy grandes. El uso de trípode es fundamental para realizar estas fotografías, dado que debemos de tener el equipo apuntando al posadero para, cuando llegue, realizar las fotografías. Evitaremos hacer movimientos, cuando estén posados, porque son muy asustadizos.

Los parámetros de la cámara los ajustaremos en función de las luces y fondos, en los que estemos trabajando en cada momento. Y también en función del tipo de acción y momento que queremos captar. Altas velocidades para congelar vuelos o picados, y más bajas y con menor ISO, cuando se encuentren tranquilamente posados.

¿SABÍAS QUÉ...?
Son aves que tienen una excelente visión, que les permite medir la profundidad de los peces que capturan. Además, saben compensar la reflexión y refracción que se produce al cruzar los medios aire - agua.

Mirlo acuático europeo

Mejor estación del año:	invierno, primavera.
Instantes para captar:	sobre rocas cerca del agua, posando, nadando, vuelos.
Dificultades:	fotografiarlos en ambientes de escasa luz.
Equipo y material:	teleobjetivos, redes de camuflaje, trípode.
Mejores lugares para su fotografía:	Cangas de Onís, Río Miño (Lugo), Torrelavega, P. Nacional de Aigüestortes y Lago de San Mauricio, y en la mayoría de ríos de agua limpia y poco profundos del Norte (Galicia, Asturias, Cantabria, País Vasco, Navarra, Aragón, Cataluña), Jerte, Rascafría, Sierra Nevada, P. Natural de la Sierra Norte de Sevilla.

El buceador de corrientes

Estas aves viven en zonas limpias y cristalinas de cursos fluviales medios y altos, por lo que no las podemos encontrar fácilmente en cualquier curso de agua. Son unos excelentes buceadores; además, son capaces de andar por el fondo del agua, aprovechándose de las corrientes que los mantienen pegados al suelo.

«Los podemos observar nadando y buceando bajo el agua, en busca de alimento»

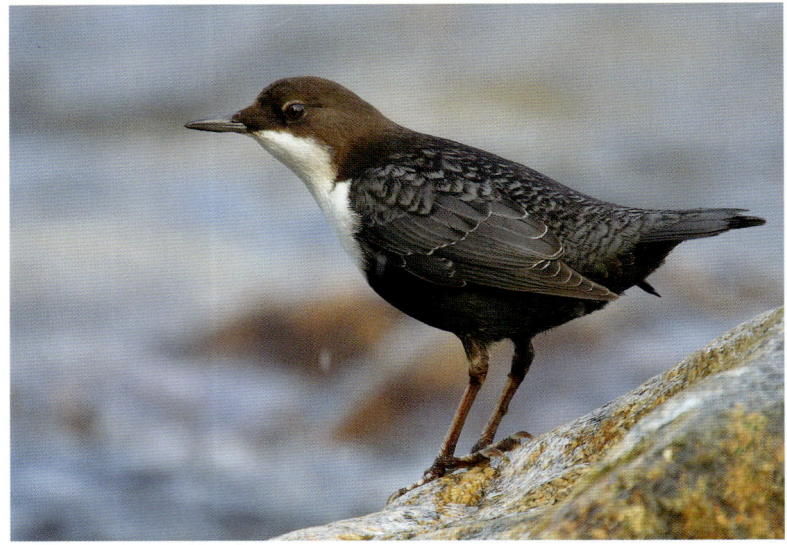

Precioso ejemplar de mirlo acuático fotografiado sobre una roca, junto a una cascada.
f/8 - 1/125 s – ISO 200, Modo manual – Distancia focal 540 mm - balance de blancos nublado.

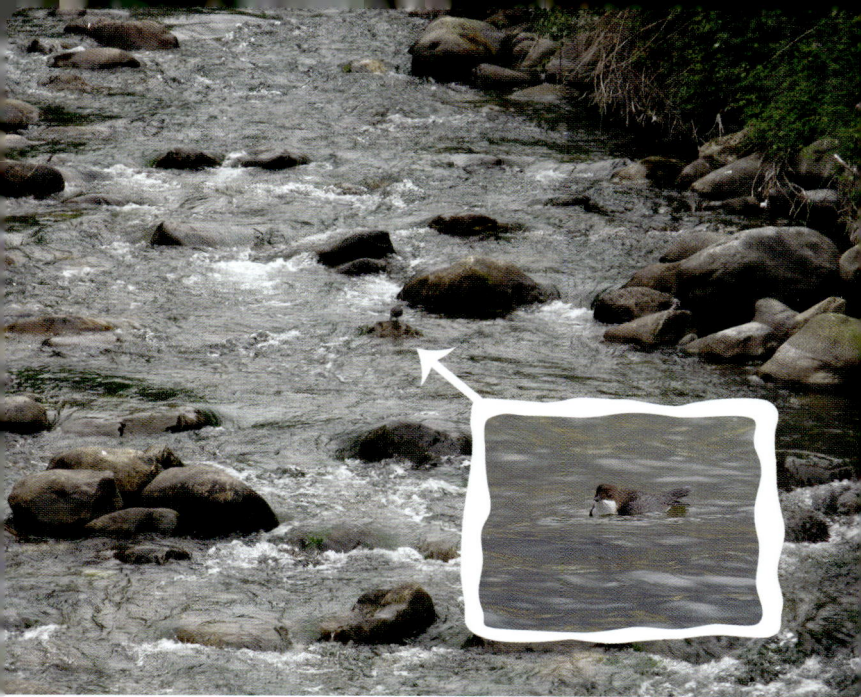

Lugar donde se los puede observar, ríos limpios con corriente, de profundidad media y con gran cantidad de piedras que utilizan para descansar cada vez que acaban de bucear.

Descubrir su presencia no es tan fácil como uno puede llegar a pensar. Poseen unos colores que apenas ayudan a diferenciarlo del resto de elementos, donde suelen moverse. Entran y salen del agua mientras recorren las orillas. Es su pecho blanco, lo primero que nos puede ayudar a observarlos, dado que destaca bastante sobre el resto de su plumaje.

CÓMO FOTOGRAFIAR

Posado sobre una roca que emerge del agua y con un constante balanceo de cola y patas, son la más clara seña de identidad de estas curiosas aves. Su blanco babero sobre su oscuro plumaje es el semáforo que nos ayudara a poder detectarlas en su medio. Es un ave que cuando vuela o está nadando sobre el agua, apenas es apreciable.

En los meses de invierno suelen empezar su ciclo de celo y por lo tanto es muy buena época para observarlos. Su canto nos ayudara a detectarlos y seguirlos.

«Hay que localizar las rocas que suelen utilizar más a menudo y esconderse cerca de ellas sin ser vistos»

Como son aves muy territoriales, en el tramo de río que las ves la primera vez, será parte de su territorio y lugar donde los puedas observar a menudo. Cuando las he llegado a ver, lo que hago es permanecer a cierta distancia observando dicho lugar, para detectar las rocas donde se posan normalmente. Suelen ser muchas las utilizadas por estas aves, pero siempre hay alguna que nos guste más por su ubicación y características de conjunto, que nos haga decantarnos

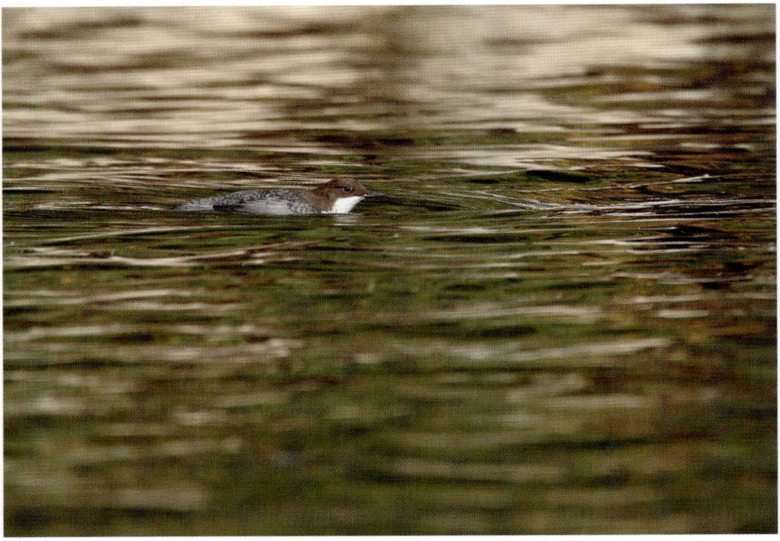

Mirlo acuático nadando en la superficie del agua, mientras toma aire para volver a sumergirse.
f/11 - 1/320 s – ISO 320, Modo manual – Distancia focal 560 mm - balance de blancos automático.

a la hora de su fotografía, aunque no sea siempre la roca más utilizada.

Durante mis jornadas con estas aves fui eligiendo en distintos días, diferentes puntos para sus fotografías. Cuando me han detectado antes de llegar a

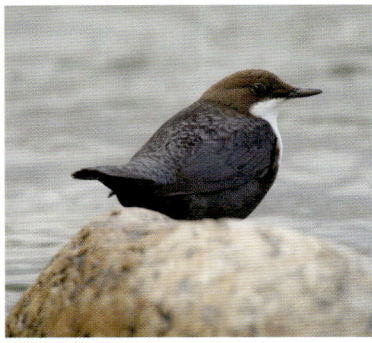

Individuo oculto entre rocas cerca de la orilla.
f/9 - 1/200 s – ISO 400, Modo manual – Distancia focal 560 mm - balance de blancos nublado.

esconderme, en el lugar cercano a su punto, no ha funcionado, porque no paraban en el lugar elegido o si lo hacían, era el mínimo tiempo, sin opciones fotográficas. Otras veces elegía puntos en los que posaban bien, pero las luces y entorno no eran de mi agrado. Así hasta lograr encajar todo, que no te vean antes de esconderte, que paren en el punto elegido el tiempo adecuado, y poder realizar las fotografías que deseamos.

«Esconderse antes de ser visto, la cámara apuntando hacia el lugar elegido y esperar sin moverse hasta que aparezca»

Una vez ubicados, es necesario ser paciente y esconderse rápido y de la mejor manera. Yo suelo hacerlo detrás de una roca, con una red de camuflaje encima para disimular mi figura. También intento buscar una piedra donde sentarme mientras espero y aguantar la espera sin hacer movimientos. Siempre con

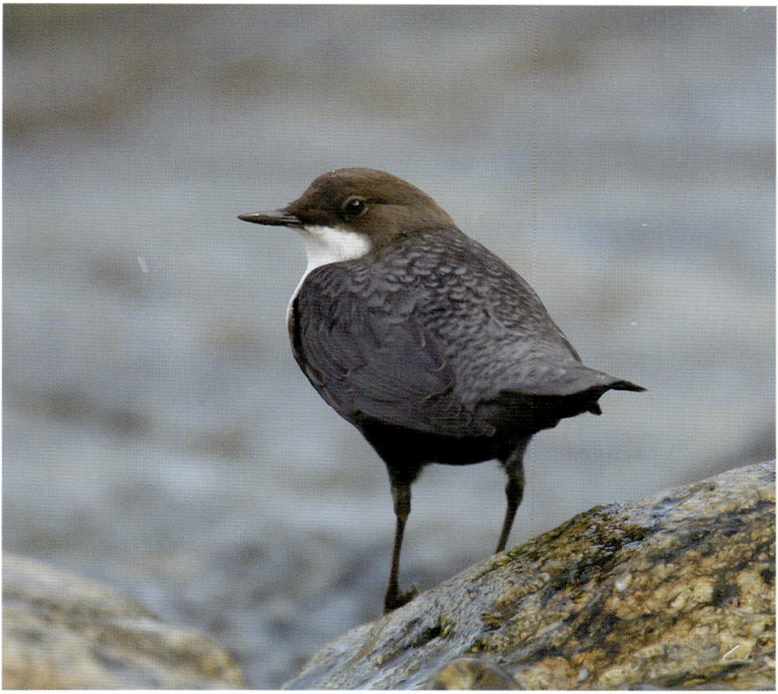

Mirlo acuático fotografiado en uno de los posaderos, que utiliza habitualmente.
f/8 - 1/250 s – ISO 500, Modo manual – Distancia focal 500 mm - balance de blancos nublado.

la cámara enfocando sobre la roca que hemos elegido y pensamos que utilizará. Si la roca que hemos buscado como escondite nos ayuda a apoyar nuestra cámara mejor; si no es así, es necesario utilizar el trípode obligatoriamente. Si se hacen las cosas bien y hemos podido escondernos sin ser vistos, pueden ser aves que nos den grandes resultados fotográficos.

Cuando la suerte está de nuestro lado y lo tienes enfocado a la distancia elegida, se paralizará hasta el agua de la cascada que mana a nuestro alrededor. Es de enorme satisfacción trabajar este pájaro y conseguir una imagen con la fuerza que nos guste. Fondo, luces, pose, roca, entorno; en fin, sueños de fotógrafo.

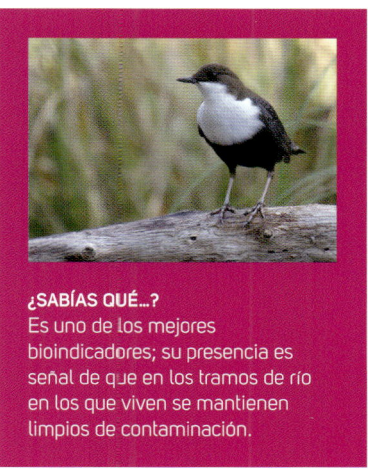

¿SABÍAS QUÉ...?
Es uno de los mejores bioindicadores; su presencia es señal de que en los tramos de río en los que viven se mantienen limpios de contaminación.

Sapo corredor

Mejor estación del año:	primavera, otoño.
Instantes para captar:	amplexos, cantos.
Dificultades:	hacer fotos durante la noche o con lluvia.
Equipo y material:	objetivos macros, normales, teleobjetivos, linterna.
Mejores lugares para su fotografía:	Sierra de Guadarrama, Valsaín (Segovia), Padul (Granada), Lagunas de Cantalejo, P. Natural Sierra Norte de Sevilla, P. Natural do Vale do Guadiana (Portugal), pero muy presente en toda la Península y multitud de hábitats, a excepción del norte cántabro.

El más veloz de los sapos ibéricos

Los sapos corredores son anfibios, lo que significa que puede vivir tanto en tierra como en agua. La mayoría de estas especies en fase larvaria suelen ser únicamente acuáticos con respiración branquial; a medida que entran en fase adulta, su respiración cambia a modo pulmonar y cutánea a través de la piel. Esto les permite adaptarse a vivir en medios terrestres, en lugar de ser solo acuáticos.

«Poseen unos espectaculares ojos con pupilas horizontales y los machos un gran saco vocal, muy visible durante la época de celo»

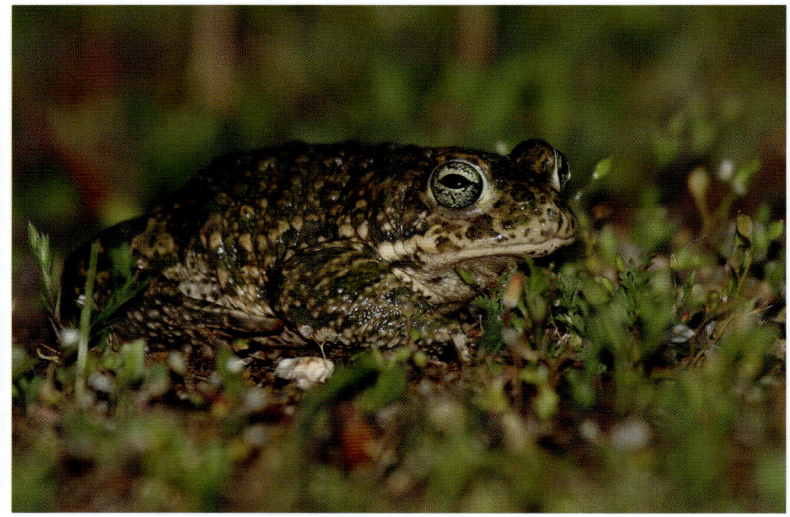

Sapo corredor fotografiado de noche, después de una tormenta de primavera.
f/4 - 1/80 s – ISO 400, Modo manual – Distancia focal 180 mm - balance de blancos flash + flash a 1/32 de potencia.

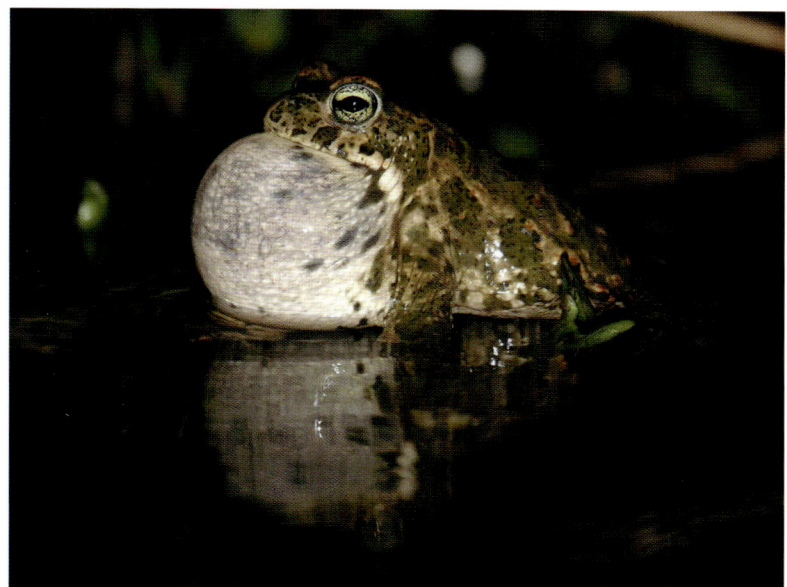

Ejemplar macho cantando en una gran charca para atraer a las hembras.
f/6.3 - 1/80 s – ISO 200, Modo manual – Distancia focal 400 mm - balance de blancos flash + flash a 1/16 de potencia.

Como características tiene muchísimas, pasando por estado de metamorfosis con grandes cambios entre sus distintas fases de desarrollo. Regulan su temperatura a través de la temperatura del ambiente, lo que conlleva ventajas e inconvenientes. Como anfibio ibérico son tetrápodos, poseen cuatro extremidades y la piel desnuda.

Las estaciones de primavera y otoño son épocas de lluvias, y esto hace que se activen. Muchos de ellos se preparan para reproducirse, y en estos días húmedos se llegan a ver con más facilidad, pudiendo aprovechar estos momentos para fotografiarlos.

CÓMO FOTOGRAFIAR

Vamos a centrarnos ahora en cómo fotografiarlos. Lo mejor es visitar de día zonas que suelen ser querenciosas por estos animales como son charcas, ríos, lagunas, zonas húmedas, etc., en primavera y otoño, ya que en invierno hibernan-bruman en la mayor parte de la penínsu.a. Si en alguna de ella observamos algunas puestas o renacuajos de esta especie, nos dará la información necesaria para saber que viven en este lugar.

Otro método muy eficaz, y es el que más me gusta, consiste en pasear de noche por estos entornos. En época de reproducción suelen escucharse muchos ejemplares cantando a la vez; lo mejor es acercarse con unas botas de agua para evitar mojarse, una linterna o frontal, y recorrer la ori.la desde fuera del agua muy despacio. De esta manera, lo primero que sucederá será escucharlos y sus cantos nos guiarán hasta poder verlos. Con ayuda de la linterna podremos observar muchas de estas especies e iluminar la zona para fotografiarlos

«Con las estaciones de lluvia el celo se despierta en esta especie siendo el mejor momento para fotografiarlos»

Las lluvias de estas estaciones despiertan su ciclo reproductor y es cuando los podemos encontrar, normalmente al empezar la noche, completando su ciclo, en zonas encharcadas.

Para hacer fotos a su nivel lo mejor es usar un plástico o tela impermeable, para no mojarnos, y que sea de nuestro tamaño. La utilizaremos para tumbarnos en una orilla donde veamos que están los sapos corredores.

En esta época se puede obtener fantásticas fotografías con animales cantando, reflejos, en amplexos, etc. Es necesario tener mucho cuidado y precaución para no pisarlos, ni a sus puestas, ya que en ciertas charcas suele haber muchos ejemplares en las orillas, que, debido a su tamaño, su coloración y por ser de noche, no suelen verse bien.

Para esta clase de fotografía resulta cómodo el uso de objetivos normales estándar, y macros en muchas ocasiones, porque las distancias que es posible tener con estos animales pueden ser extremadamente cortas. Se pueden usar objetivos macros para captar detalles de estos animales como, por ejemplo, sus pupilas que resultan asombrosas. Objetivos normales o teleobjetivos medios, para captar animales en su ambiente. Si las fotografías las realizamos de noche y con iluminación artificial, es aconsejable tener el balance de blancos acorde a esta iluminación. Podemos jugar con el rango de velocidades de disparo y apertura de diafragma en función del resultado que queramos captar en cada momento.

Son animales que en su estado natural es posible verlos tranquilos y quietos, por lo que podemos usar velocidades de disparo muy bajas, utilizando algún apoyo donde

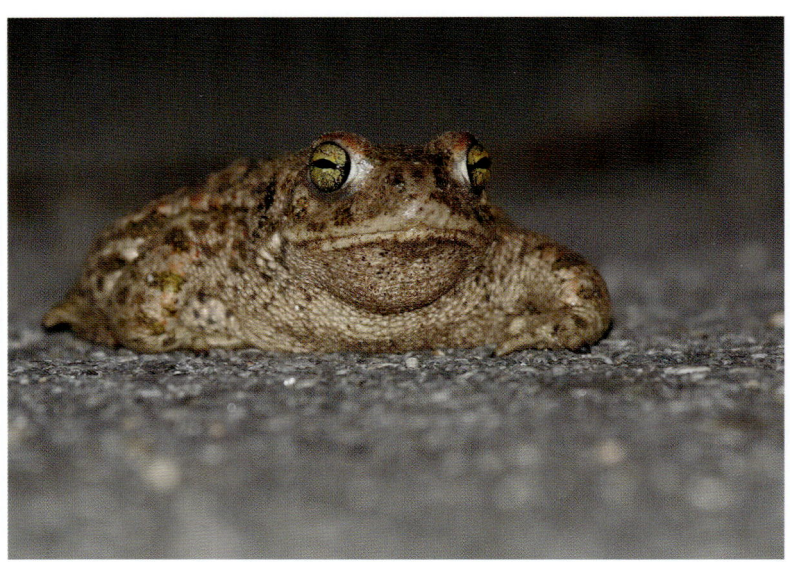

Individuo fotografiado a su nivel mientras se desplaza por camino asfaltado, que genera un gran contraste con su coloración.
f/5.6 - 1/80 s – ISO 640, Modo manual – Distancia focal 100 mm - balance de blancos flash + flash a 1/32 de potencia.

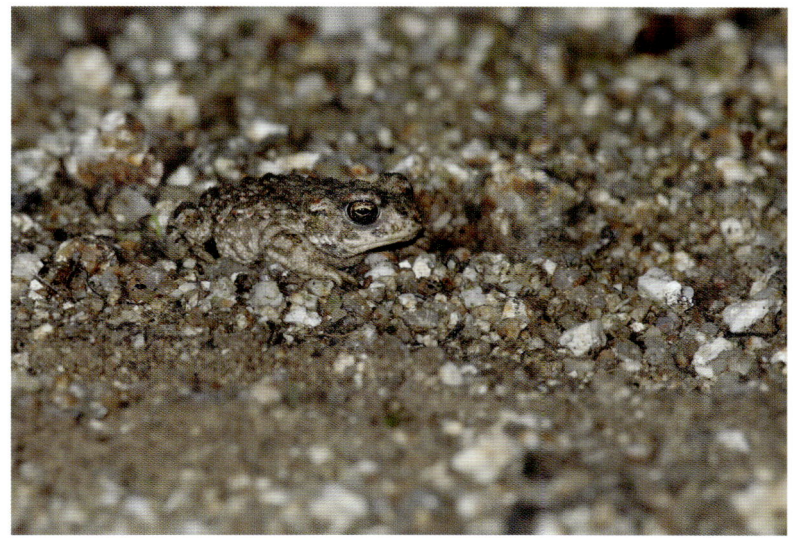

Cria de sapo corredor perfectamente camuflada en su entorno.
f/7.1 - 1/125 s – ISO 800, Modo manual – Distancia focal 130 mm - balance de blancos flash + flash a 1/32 de potencia.

estabilizar la cámara, y en función de la luz que vayamos teniendo en escena, ir abriendo el diafragma.

Para evitar mucho grano en las fotos, aconsejo no subir mucho el ISO en función de las capacidades de nuestra cámara. Y forzar más del rango de velocidad de disparo.

Si el clima no es muy frio y, si hay mucha humedad o lluvia suave, durante paseos diurnos podemos descubrirlos y fotografiarlos, ayudados de un paraguas con multitud de combinaciones posibles.

«Si podemos ir acompañados para que nos ayuden en la iluminación de las escenas, mejorarán nuestros resultados»

Fotografiar a estos pequeños pero admirables animales, crea una gran afición a quien la practica. Se pueden observar en gran variedad de ecosistemas, en distintas estaciones del año, y también en las distintas horas del día y la noche.

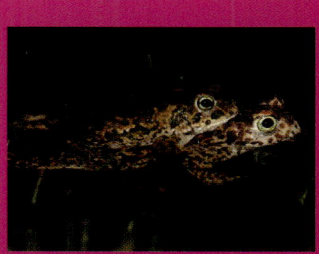

¿SABÍAS QUÉ...?
Los sapos parteros, al igual que muchos anfibios, copulan con la técnica de amplexo (el macho se sitúa en la parte superior de la hembra y la abraza para fecundar la puesta); además esta puede llegar a durar varias horas, entre ocho y doce. Las puestas de huevos suelen ser de dos cordones de varios metros de longitud, unidas con miles de huevos gelatinosos.

Ranita de San Antonio

Mejor estación del año:	primavera, verano.
Instantes para captar:	descansando entre ramas, moviéndose entre juncos, saltando, cantando.
Dificultades:	son diminutas, poder descubrirlas de día.
Equipo y material:	teleobjetivos medios, macro.
Mejores lugares para su fotografía:	Arenas de San Pedro, P. Nacional de las Tablas de Daimiel, P. Natural de Arribes del Duero, Reserva Natural Riberas de Castronuño - Vega del Duero, P. Natural de la Serranía de Cuenca, San Juan de la Arena, Peñalara (Madrid).

La ranita arborícola

Esta pequeñísima rana permanece normalmente quieta y escondida entre la vegetación. Son arborícolas y están adaptadas para subir por ramas y árboles; las puntas de los dedos acaban en ventosas que les ayudan a trepar y a agarrarse.

«Sus extremidades y anatomía están más adaptadas a trepar entre vegetación para dar grandes saltos, si las comparamos con sus parientes, como la rana común»

Se diferencia de la ranita meridional, principalmente por la línea negra que

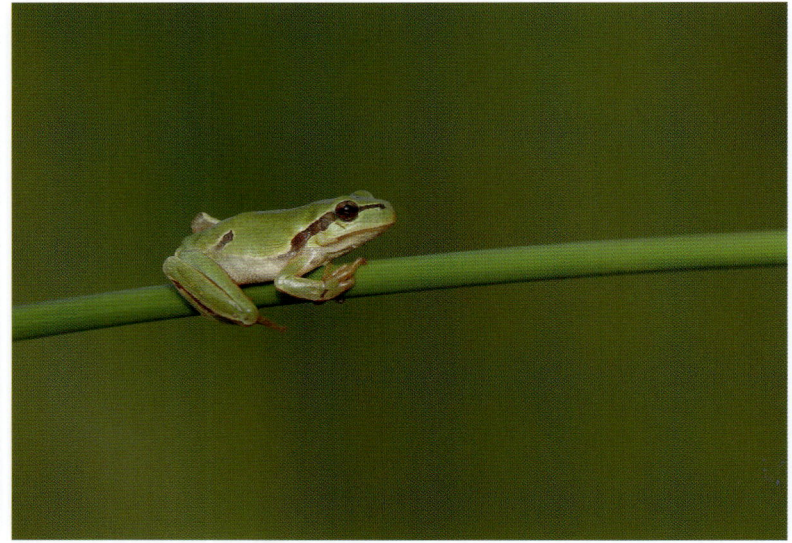

Ranita de San Antonio fotografiada sobre un fino tallo de junco, buscando un fondo homogéneo y natural.
f/9 - 1/400 s – ISO 200, Modo manual – Distancia focal 300 mm - balance de blancos automático.

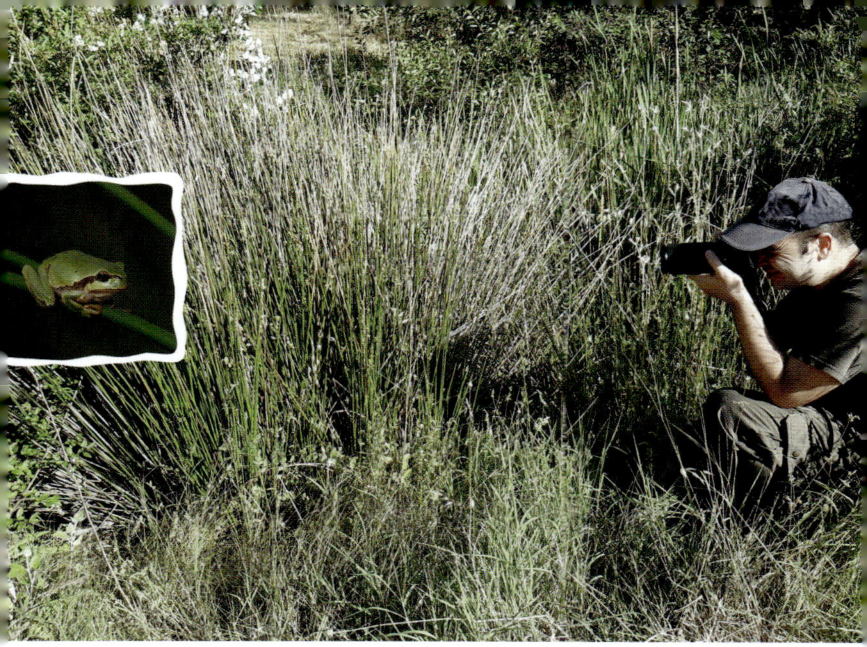

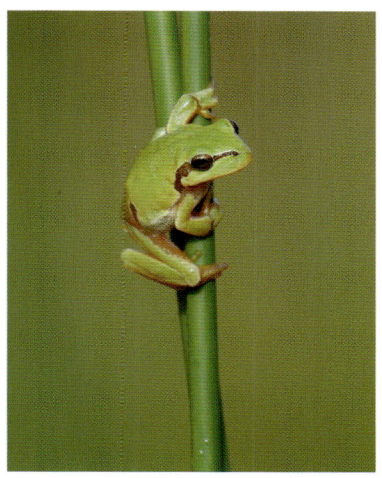

Cómo se hizo. *Entre zarzas y juncos cercanos a orillas encharcadas, se pueden encontrar estas maravillas naturales ocultas entre la vegetación.*

recorre su costado. En las ranitas de San Antonio es más larga llegando de la cabeza hasta la extremidad inferior. Su principal actividad es nocturna y crepuscular, aunque días húmedos y no muy fríos se las puede descubrir de día. Habita en zonas con agua permanente y calmada, donde exista bastante vegetación ribereña.

CÓMO FOTOGRAFIAR

Estos animales se juntan en las charcas de su territorio durante la época de celo; los machos emiten unos cantos que se escuchan a enormes distancias, para atraer a las hembras. Parece mentira que siendo tan pequeña pueda emitir tan alto sonido.

«Esta especie solo están en el agua en época de reproducción, el resto del año se encuentran entre la vegetación»

Ranita de San Antonio sujeta a los tallos, preparada para saltar a otra zona.
f/6.3 - 1/320 s – ISO 320, Modo manual – Distancia focal 160 mm - balance de blancos luz día.

Si conocemos estos lugares será fácil detectarlas de noche con una linterna. Lo que recomiendo es dar paseos nocturnos por zonas que estimemos que sean buenas. Si las hay, las podremos escuchar a muy largar distancias, ayudándonos a ir directamente a sus charcas.

«Los meses de abril y mayo, son buen momento para poder escuchar de noche sus cantos y así llegar a descubrir a este pequeño y sonoro anfibio»

El objetivo es poder fotografiarlas de día mientras permanecen ocultas entre la vegetación. Para ello, ya tenemos localizada

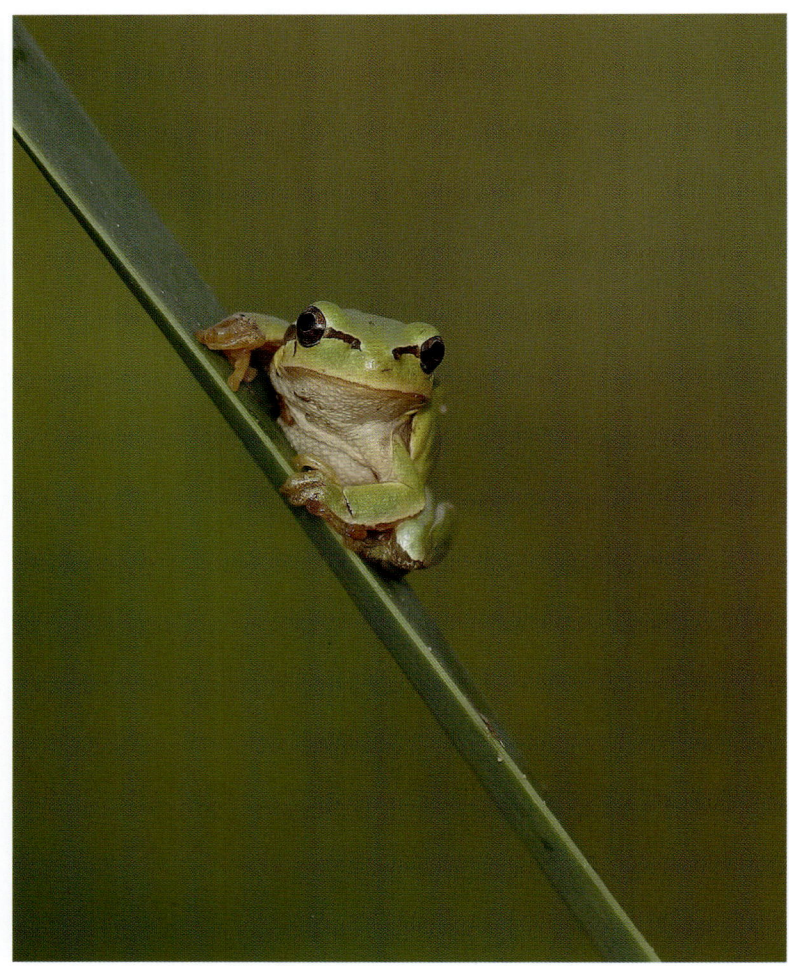

Composición fotográfica con tallo inclinado e individuo mirando de frente.
f/5.6 - 1/250 s – ISO 200, Modo manual – Distancia focal 560 mm - balance de blancos luz día.

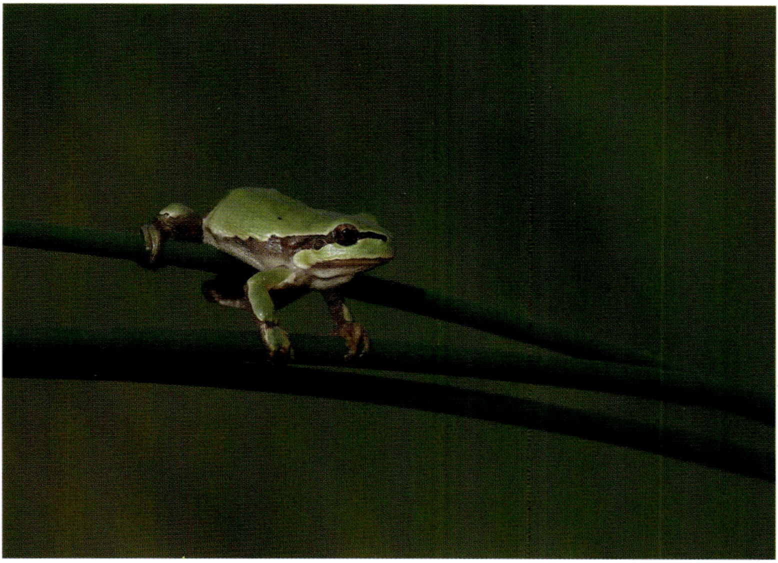

Ejemplar fotografiado mientras se desplaza por la vegetación, con ayuda de las ventosas que tiene en sus dedos.
f/7.1 - 1/400 s – ISO 400, Modo manual – Distancia focal 300 mm - balance de blancos automático.

la zona de su época de reproducción.
El siguiente paso fue ir durante el mes de agosto, que ya están entre la vegetación, para intentar descubrir algún ejemplar. Si logramos detectarlas podremos trabajar con la especie de modo tranquilo, porque confían bastante en su tamaño y color. Tardé unas cuantas horas hasta dar con el primer ejemplar, pero una vez visto uno, pude contemplar más de veinte ejemplares en un radio de unos diez metros de distancia y en muy poco tiempo. Zarzas y juncos cercanos a la zona de agua, son zonas muy propias para buscarlas.
Las fotografías fueron sobre ejemplares que estaban en zonas más despejadas y con mejores fondos y luces para captar posturas o posiciones que más me gustaban. Siempre sin prisa ya que los momentos llegan.
Con objetivos macros podremos obtener fantásticos resultados, si queremos destacar detalles sobre el resto del animal, como puede ser su mirada.

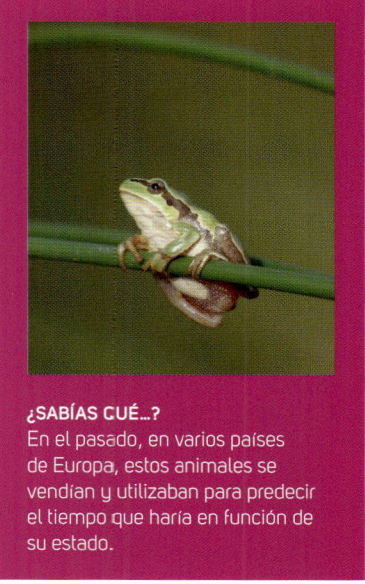

¿SABÍAS CUÉ...?
En el pasado, en varios países de Europa, estos animales se vendían y utilizaban para predecir el tiempo que haría en función de su estado.

Culebra viperina

Mejor estación del año:	primavera, verano.
Instantes para captar:	en su entorno, nadando, retratos.
Dificultades:	captar al individuo entero.
Equipo y material:	objetivos medios-normales, teleobjetivos.
Mejores lugares para su fotografía:	Delta del Ebro, Sierra de Gredos (Hoyos del Espino), Reserva Natural Garganta de los Infiernos, P. Nacional de las Tablas de Daimiel, Lagunas de Ruidera, Candeleda, Río Gorgos (Alicante), Sierra de Cazorla, y muy abundante y presente en casi todos los ríos, arroyos y lagunas de nuestra geografía.

La falsa víbora

Este reptil debe su nombre al parecido que tiene con las víboras, aunque estas son inofensivas y carecen de veneno.
Las podemos encontrar siempre cerca del agua. Orillas de ríos, zonas encharcadas y arroyos, suelen ser sus hábitats favoritos.

«Las mejores épocas del año para ver esta especie son las estaciones cálidas y suaves»

Su alimentación principal son los pequeños animales que encuentran en el agua como pueden ser ranas y peces.

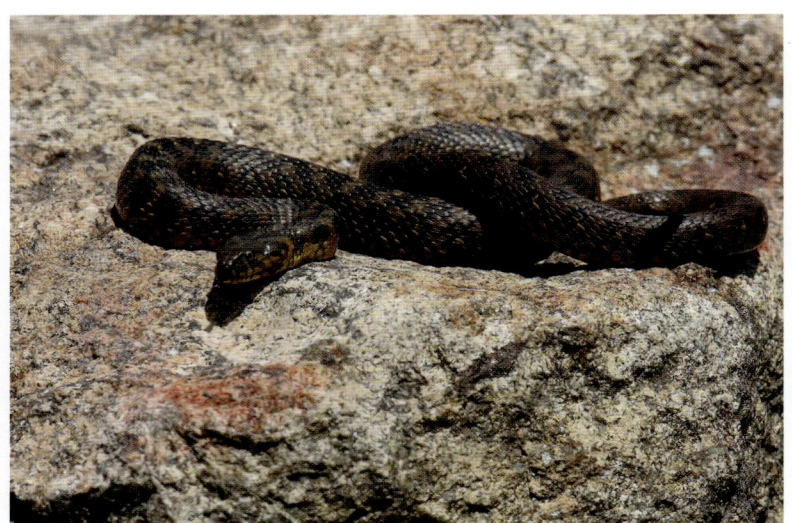

Gran ejemplar de culebra viperina soleándose un una roca cercana a la orilla.
f/13 - 1/400 s – ISO 200, Modo manual – Distancia focal 130 mm - balance de blancos automático.

Resulta curioso el bulto que se aprecia en su cuerpo, cuando han comido y permanecen descansando.

CÓMO FOTOGRAFIAR

Descubrirlas en zonas de agua no es muy complicado, si somos buenos observadores. Las podemos ver nadando en zonas cercanas a las orillas, descansado sobre el agua, o soleándose encima de las piedras que hay en estos lugares.

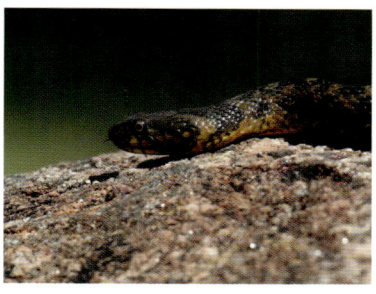

Retrato de culebra viperina con la lengua fuera, mientras de desliza.
f/13 - 1/400 s – ISO 320, Modo manual – Distancia focal 400 mm - balance de blancos automático.

«Al ser culebras que vemos normalmente nadando en el agua, se las denomina también culebras de agua»

Un buen momento para captar fotográficamente a estos animales es cuando descansan y toman el sol para activar su metabolismo. Suelen hacerlo en zonas cercanas al agua, sobre piedras normalmente.

Lo complicado es poder captarlas enteras, dentro de una misma fotografía. Para ello, es necesario intentarlo cuando se encuentran enrolladas sobre sí mismas, aunque no es fácil verlas así, porque suelen estar atentas a cualquier movimiento para esconderse dentro del agua y bucear hasta otro lugar seguro.

«Podremos sacar retratos y detalles, si nos acercamos muy lentamente cuando están soleándose»

Si las hemos descubierto desde la distancia, es posible acércanos muy lentamente, a cuerpo descubierto; no es muy difícil, llegar a tenerlas a muy pocos metros de nosotros. Es buen momento para realizar retratos de estos reptiles, destacando sus ojos o cuando sacan la lengua.

Para esta clase de fotografía, un objetivo medio o normal nos puede valer perfectamente. Con este tipo de objetivos, se puede mostrar mayor área de la escena; de este modo resultará más fácil meter al reptil entero en la fotografía, aunque la profundidad de campo también será mayor. En estos casos conviene ser cuidadoso a la hora de elegir el encuadre para que no salgan demasiados elementos que puedan distraer. A la inversa cuanto mayor sea nuestro teleobjetivo, menos opciones de meter al animal entero en la fotografía, pero podemos aprovechar para fotografiar partes interesantes de este animal.

¿SABÍAS QUÉ…?

No siendo venenosas, cuando se sienten amenazadas lanzan ataques sin morder, y emiten silbidos para disuadir a sus enemigos. Además, excretan y vomitan para desprender un desagradable olor, evitando ser depredadas.

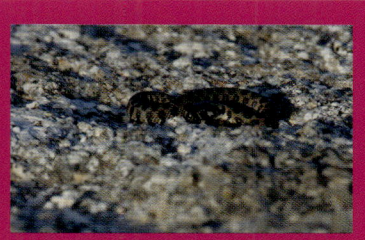

Avión zapador

Mejor estación del año:	primavera, verano.
Instantes para captar:	posados en zonas de talud, composición de varios individuos.
Dificultades:	verlos posados tranquilamente.
Equipo y material:	teleobjetivos, *hide*, redes camuflaje, trípode, agua.
Mejores lugares para su fotografía:	taludes del Ebro y afluentes (Calahorra – Tudela - Miranda de Ebro), taludes del Tajo y afluentes (Puebla de Montalbán – Mesegar de Tajo), La Moraña (Arévalo, Villanueva de Gómez, Pajares de Adaja), taludes del Miño y afluentes (Tuy, Monção).

Excavador militar

De marzo a septiembre es cuando será posible ver el mayor número de estas aves en nuestra Península. En invierno se desplazan a África, pero antes suelen reunirse en grandes dormideros cerca del agua con otras especies de su familia.

«Suelen llegar y partir en gran número a nuestra Península, y acostumbran a hacerlo casi siempre de golpe»

Es un ave que pertenece a la familia de aviones y golondrinas, y distinguirlo

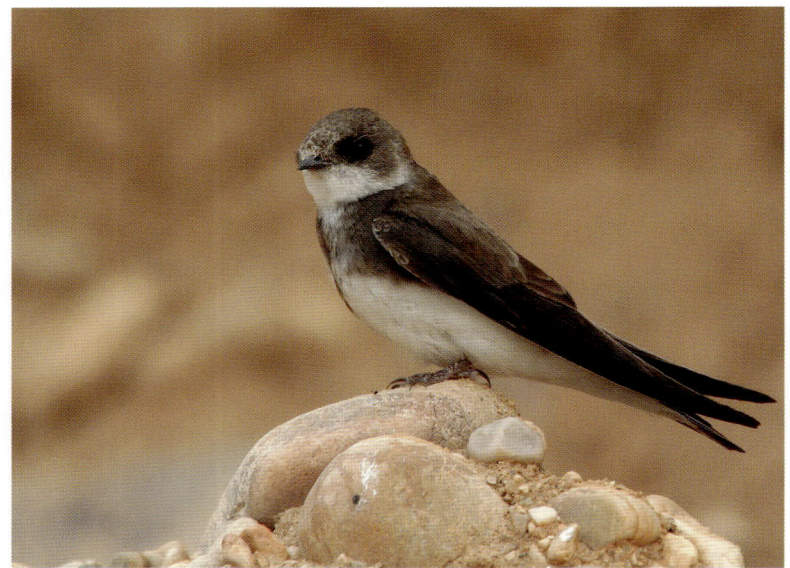

Avión zapador descansando sobre un montículo de arena y piedras, cerca de la colonia.
f/8 - 1/320 s – ISO 200, Modo manual – Distancia focal 560 mm - balance de blancos automático.

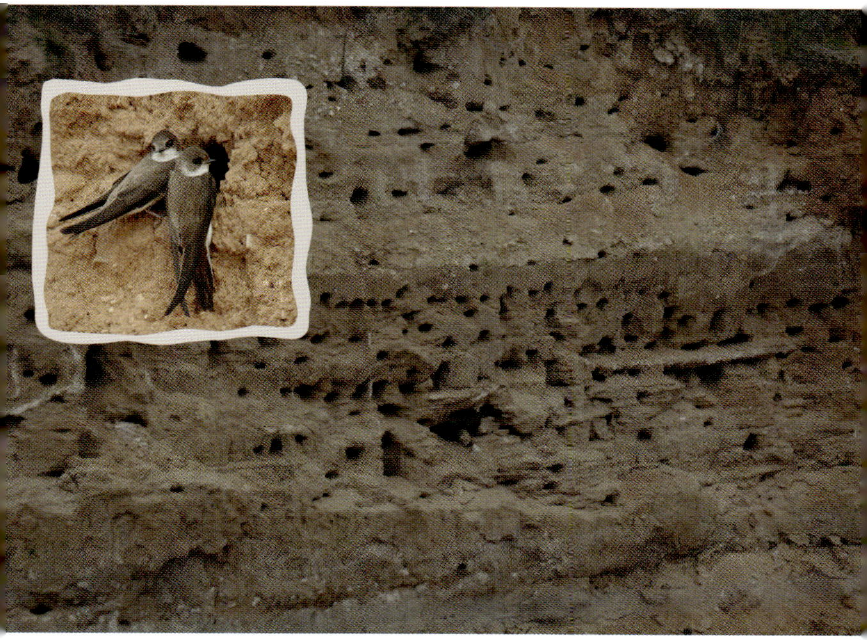

Colonia con multitud de nidos de aviones zapadores sobre el talud de un río.

en vuelo de otros aviones, puede
ser complicado si no se está muy
acostumbrado a su observación.
Anidan en colonias, sobre taludes de ríos
mayoritariamente, en los que construyen
galerías para sus nidos; en dichas paredes,
si la colonia es grande podremos observar
multitud de agujeros, a muy corta
distancia unos de otros.

CÓMO FOTOGRAFIAR

Vamos a descubrir sus colonias; lo primero
y durante la época que sea, se pueden
llegar a descubrir dónde anidan estas
aves, ya que sus nidos se cuentan por
docenas en taludes, cuando las colonias
son numerosas.
Esta será nuestra base a la hora de trabajar
esta especie. Descubierto el primer punto,
lo siguiente es comprobar que en los
meses que llegan y crían; han ocupado la

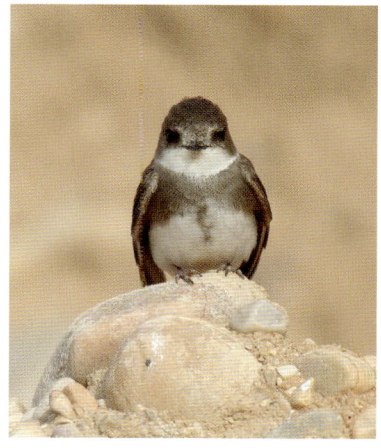

*Ejemplar mirando de frente, mientras permanece
tranquilamente posado.*
**f/10 - 1/250 s – ISO 200, Modo manual – Distancia
focal 560 mm - balance de blancos automático.**

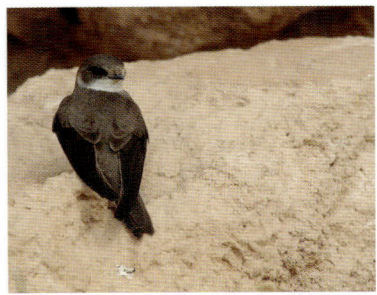

Individuo observando al resto de aves que vuelan, en las inmediaciones de la colonia.
f/10 - 1/250 s – ISO 400, Modo manual – Distancia focal 560 mm - balance de blancos automático.

dado que será cuando más veces visitan la colonia; se puede observar a distancia cuando los veamos entrar y salir de los nidos cada poco tiempo, será señal de que están alimentando a la prole. Será necesario un permiso cuando fotografiemos cerca de la colonia.

«La mejor ubicación, si la distancia lo permite, es estar en la orilla opuesta a la colonia con el río como barrera»

colonia que habíamos descubierto, ya que a veces esto no ocurre y no anidan en el mismo lugar.
En el caso de que sí ocurra, lo mejor es esperar al momento que tengan pollos,

La colonia elegida para mi trabajo fue una que por sus características era ideal. Estaba a baja altura sobre el talud de un río de cauce estrecho. Instalé un *hide* con palos y una tela color arena, sobre la orilla opuesta a los nidos y pegada a la pared. El agua del río es para ellos una barrera natural que les ofrece seguridad, y por ello es mejor tener nuestro puesto en la orilla contraria a sus nidos para que no sientan recelo.

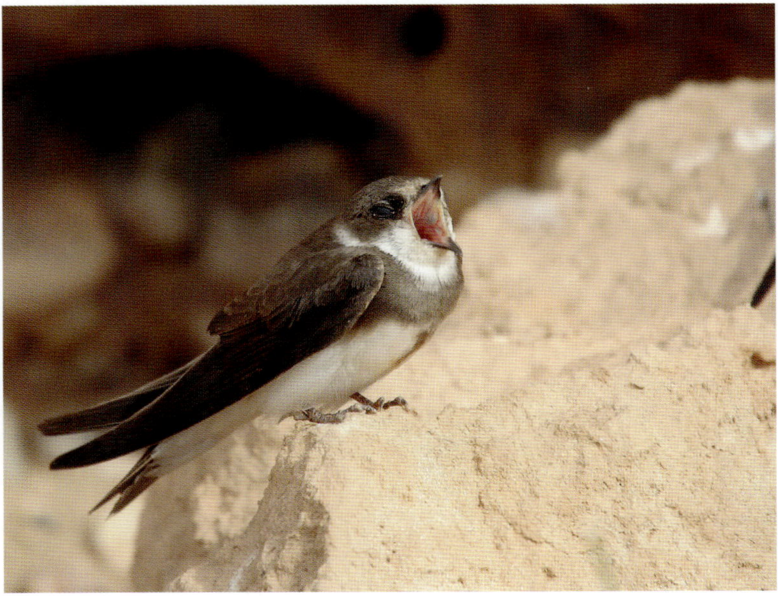

Avión zapador bostezando. Es señal de la tranquilidad que poseen, cuando hacemos las cosas bien.
f/8 - 1/200 s – ISO 200, Modo manual – Distancia focal 560 mm - balance de blancos luz día.

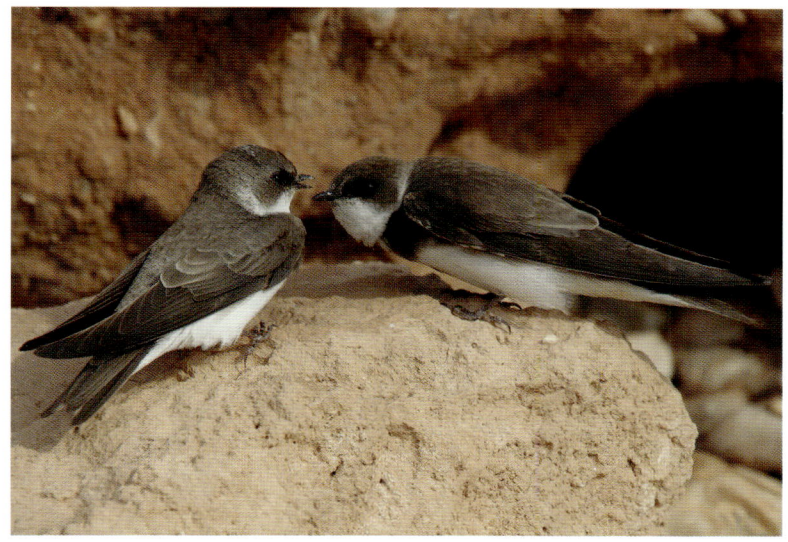

Pareja de aviones zapadores acariciándose, durante la época de celo.
f/10 - 1/400 s – ISO 400, Modo manual – Distancia focal 490 mm - balance de blancos luz día.

«En la hora que mayor actividad tienen estas aves; la luz suele ser abundante; por lo tanto, podemos trabajar con velocidades altas de disparo sin necesidad de subir el ISO»

Fui observando desde la distancia qué punto era el mejor. Seleccioné como lugar uno con grandes montículos de arena que utilizaban de vez en cuando para posarse y descansar. Me encantaba como quedaba la composición de posadero, y fondo; solamente quedaba estar dentro del escondite a primera hora para no llamar la atención y esperar que la actividad de la colonia empezara. Para salir de nuestro *hide* conviene hacerlo cuando la actividad cesa para no perturbar el lugar.

Se pueden trabajar con grandes velocidades de disparo, pero yo buscaba intentar captar varios individuos juntos. Por lo tanto, la apertura de diafragma que suelo utilizar es media (f/8 - f/10) para que los fondos sean también algo desenfocados, intentando tener nítidos los distintos individuos.

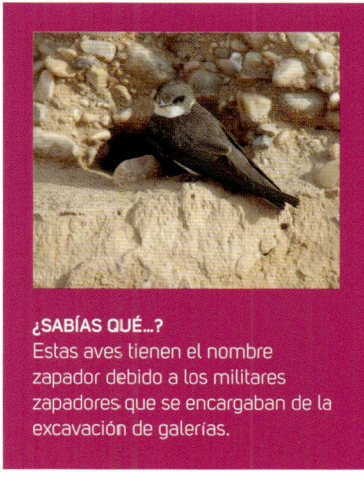

¿SABÍAS QUÉ...?
Estas aves tienen el nombre zapador debido a los militares zapadores que se encargaban de la excavación de galerías.

Autillo europeo

Mejor estación del año:	primavera, verano.
Instantes para captar:	en posadero, cantando, retratos, vuelos.
Dificultades:	fotografiar de noche con iluminación artificial.
Equipo y material:	teleobjetivos, trípode, flash, linterna.
Mejores lugares para su fotografía:	Rio Jarama (Madrid), P. Natural de las Sierras de Cazorla, Segura y Las Villas, P. Natural de la Sierra de Grazalema, P. Natural Los Calares del Mundo y de la Sima, P. Natural Hoces del río Riaza, y en multitud de parques de ciudades como Madrid, Pamplona (Ciudadela), Plasencia, Jaén, Castellón de la Plana.

El silbido nocturno

Es un ave rapaz estival, que nos visita en primavera. Aunque en ciertas zonas del sur y del levante, algunos ejemplares pasan el invierno también. Además, es la menor de las rapaces nocturnas ibéricas.
Muy difícil de observar de día, pero su canto nos ayudará a saber de su existencia.

Suele ser más o menos común en diversos hábitats con arbolado y zonas abiertas.

«En sotos y arbolados de ribera, suele ser un habitante habitual. Lo podemos escuchar al atardecer, en primavera y verano»

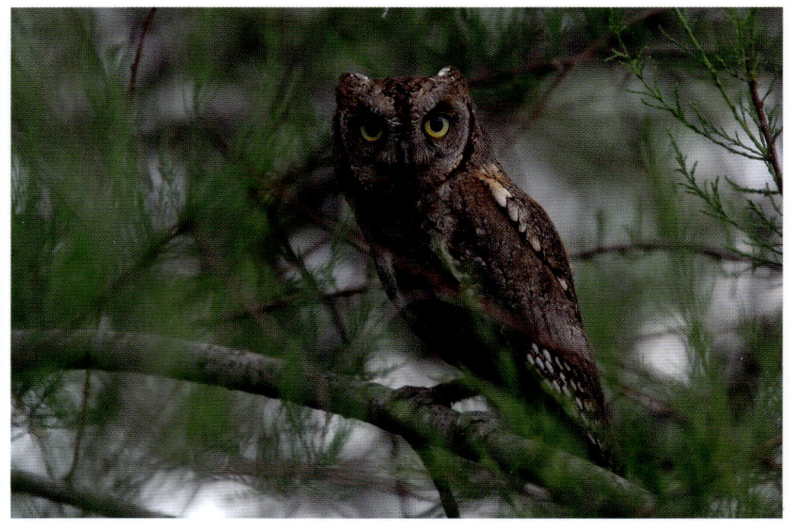

Autillo europeo escondido entre las ramas de un taray, esperando la llegada de la noche.
f/8 - 1/80 s – ISO 200, Modo manual – Distancia focal 560 mm - balance de blancos nublado.

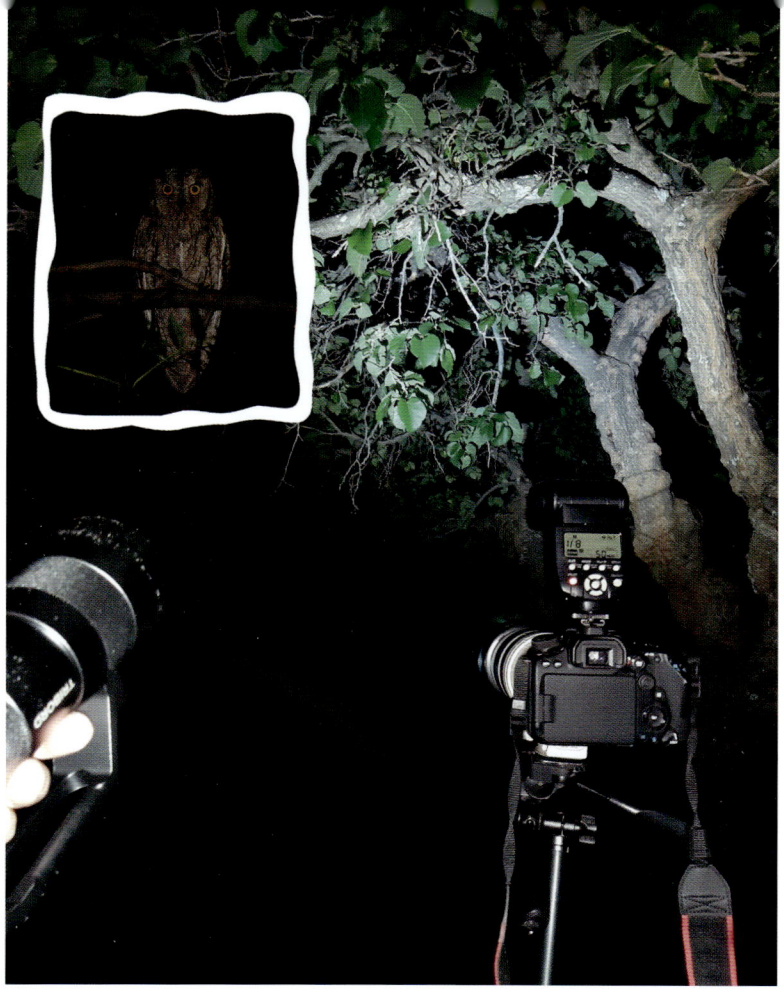

Cómo se hizo. *Este tipo de fotografía nocturna, debe realizarse con trípode, flash incorporado y la ayuda de una linterna para localizarlos y poder enfocar.*

Aun siendo habitual en sotos y riberas, también se pueden escuchar tranquilamente en muchos parques de ciudades, en los templados atardeceres de primavera.

CÓMO FOTOGRAFIAR

Lo mejor es intentar verlos de noche con ayuda de una linterna en zonas donde estén más o menos acostumbrados a la presencia humana, lo que hará que sean más confiadas a nuestra presencia.

De día, confían tanto en su camuflaje que es posible se encuentren descansando en un árbol que puede estar debajo de un camino, con mucho tránsito de paseantes, y pasar totalmente desapercibido.

Es de noche cuando más opciones tendremos de verlos y fotografiarlos.

Los meses de abril y mayo, suelen ser los mejores, porque es cuando más ejemplares llegan y más activos están buscando pareja.

En sotos donde suela pasear gente, es un buen lugar. Esto nos ayudará a que nuestra presencia no les incomode y por lo tanto no huyan cuando estemos cerca. Así conseguiremos dos objetivos, lo primero y más importante, no molestar mucho a la especie y poder acércanos a distancias razonables para poder fotografiarlos.

«Cuanto más de noche sea, más fácil será descubriros porque estos animales suelen confiar bastante en la oscuridad nocturna»

Una vez escuchados y estando en una zona como la comentada, lo siguiente es ir acercándonos a los árboles donde los estamos oyendo. Cuanto más de noche sea, mucho mejor, porque confían especialmente en la oscuridad de la noche y su plumaje. Nos acercaremos siempre muy lentamente y andando cada vez que cantan, hasta llegar a distancias razonables con nuestros teleobjetivos.

Si vemos que se generan molestias y los animales abandonan los árboles a donde vamos una y otra vez, es necesario abandonar este lugar y buscar otros donde sean más confiados y estén acostumbrados a la presencia humana. Cuando nos encontremos a la distancia elegida, encenderemos la linterna para ir alumbrando de abajo hacia arriba, hasta dar con estas fantásticas aves. Ha de hacerse con mucho cuidado y muy despacio. Siempre de abajo, hacia arriba, para que vayan viendo la luz desde abajo y no deslumbrarlos directamente de golpe. Así hasta conseguir verlos. Es mejor observarlos sin prisa y tranquilamente, y no intentar hacer fotos al primer momento, porque las oportunidades, llegan solas. Con el tiempo veremos que posan en ramas bajas y más o menos cercanas en los que los podremos fotografiar tranquilamente.

«Es imprescindible el uso de una linterna para descubrirlos y para poder enfocarlos. Aunque debemos ir alumbrando muy despacio, desde el suelo hacia arriba, para no asustarlos»

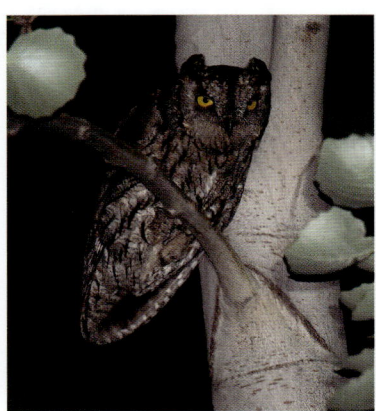

Autillo de morro marrón destacando notablemente sobre el tronco blanco.
f/8 - 1/100 s – ISO 800, Modo manual – Distancia focal 560 mm - balance de blancos flash + flash incorporado a 1/8 de potencia.

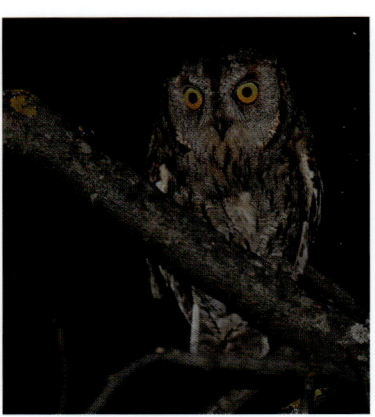

Individuo fotografiado de noche mientras observa su territorio.
f/8 - 1/100 s – ISO 400, Modo manual – Distancia focal 300 mm - balance de blancos flash + flash a 1/16 de potencia.

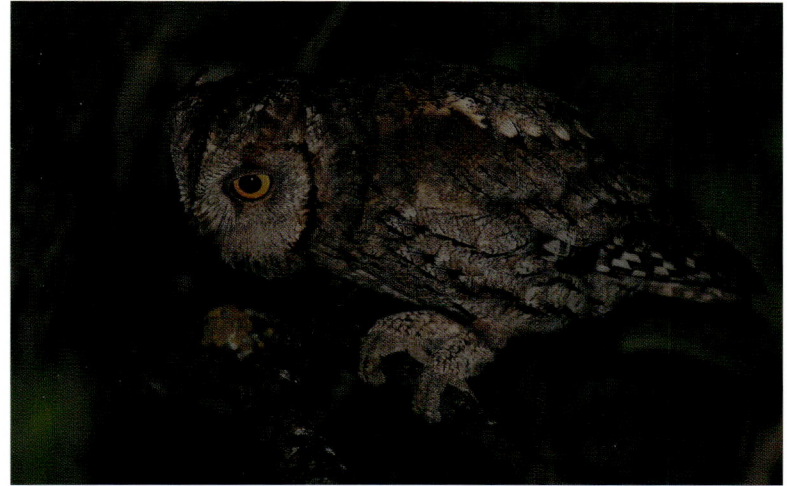

Autillo encaramado en un rama, mientras busca una posible presa.
f/8 - 1/100 s – ISO 400, Modo manual – Distancia focal 560 mm - balance de blancos flash + flash incorporado a 1/8 de potencia.

Si vamos acompañados, será de gran ayuda que el acompañante alumbre con la linterna, mientras nosotros los fotografiamos. Si no se puede, lo que hago con esta especie, es poner el teleobjetivo y cámara con un flash incorporado, todo ello apoyado en el trípode y la linterna alejada de la cámara, lo máximo que puedo. Cuando están tranquilos aguantan muy bien en su rama; por lo tanto, es posible enfocar mientras los alumbras con la otra mano.

La potencia del flash la podemos ir variando en función de la distancia e iluminación que puede haber, pero suelo usar una potencia parcial 1/8 o 1/16 si la linterna tiene buena potencia. No tengo la costumbre de subir mucho ISO (400) para evitar ruido, y la velocidad 1/80 ya que apenas se mueven. De día, lo que podemos realizar, una vez conocida su zona, es recorrer visualmente troncos y ramas de árboles, hasta detectar algún ejemplar. Si tenemos suerte de descubrir alguno, los podremos fotografiara a placer, siempre y cuando no se encuentren muy tapados por las ramas.

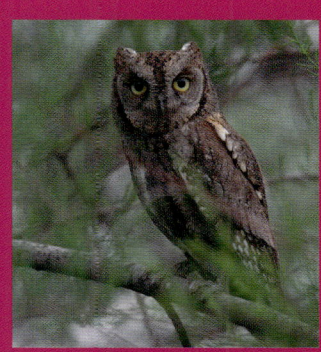

¿SABÍAS QUÉ...?

La coloración de su plumaje puede variar de gris a marrón, que utilizan para camuflarse en distintos tipos de árboles. Además, adoptan diferentes posturas según en la parte del árbol en la que se encuentran. Esta es distinta si están pegados al tronco, o se encuentran en medio de una rama.

Pájaro-moscón europeo

Mejor estación del año:	primavera.
Instantes para captar:	composiciones entre eneas, alimentándose, cantando.
Dificultades:	aves que se mueven bastante entre vegetación tupida.
Equipo y material:	teleobjetivos, botas de agua.
Mejores lugares para su fotografía:	P. Regional del Sureste (Madrid), Riberas del Tajo (Aranjuez, Toledo), Ribera del Órbigo (León), Parque Ornitológico Arrocampo, Sotos del Quebrado, el Ramillo y la Mejana (Buñuel-Navarra), Reserva Natural de los Sotos de Alfaro (Alfaro-La Rioja), P. Natural El Hondo (Alicante), Paraje Natural Brazo del Este (Sevilla), Río Adaja (Ávila).

El pájaro arquitecto

Tiene la fama ganada de ser un magnífico constructor. Sus nidos son una auténtica obra de arte lo que les ha convertido en un ave bastante seguida y estudiada. Sus nidos tienen forma de bolsa y una boca de entrada; los podemos ver colgando sobre una rama. Son capaces de resistir el peso de la prole, y de las inclemencias meteorológicas. Se les puede ver incluso en invierno cuando los árboles han perdido las hojas y el nido sigue colgando.

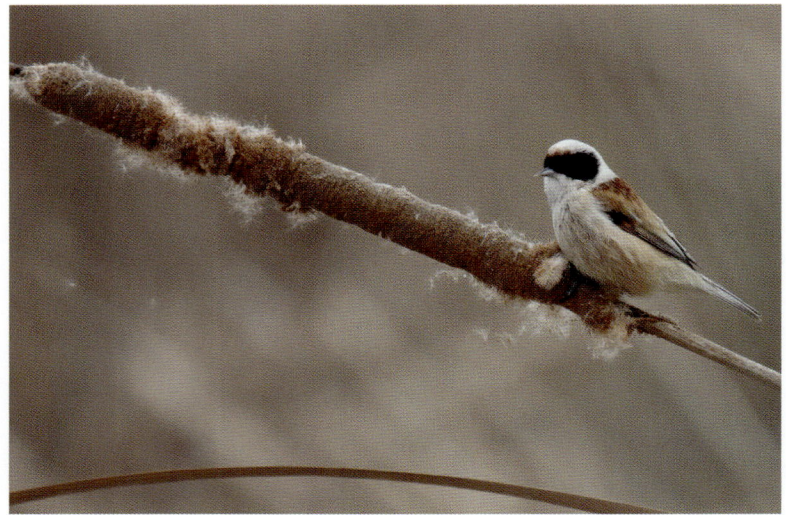

Pájaro moscón posado sobre enea inclinada, creando una bonita composición.
f/5.6 - 1/800 s – ISO 500, Modo manual – Distancia focal 400 mm - balance de blancos automático.

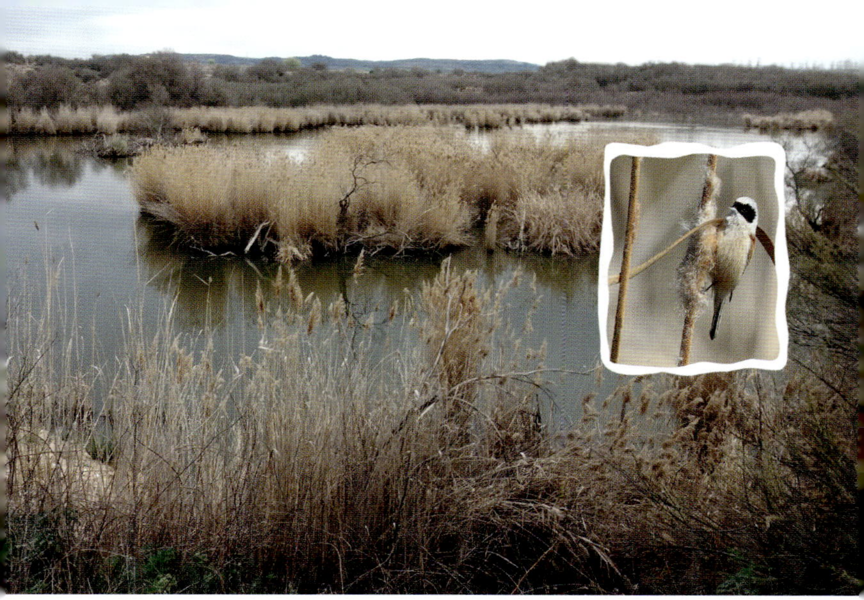

Lugar donde se les pueden ver. *Zonas de eneas y carrizos cercanas al agua, siempre son buenos lugares para encontrar estas aves.*

«Sus perfectos nidos colgantes son increíbles obras arquitectónicas»

Este pequeño pájaro tiene un marcado antifaz negro en la cara que le diferencia fácilmente del resto. Además, se mueve con gran soltura entre pequeñas ramas, con acrobáticas posiciones. El pájaro moscón es residente y lo podemos encontrar en la Península durante todo el año.

CÓMO FOTOGRAFIAR

En zonas bajas y medias de los ríos o pequeñas lagunas con vegetación ribereña son fantásticos lugares para dar con estas aves. En estos sitios encuentran el cobijo, la comida y los lugares de nidificación para poder sobrevivir.

El pájaro moscón es un ave difícil de ver en su ambiente, pero que podemos descubrir con dos métodos muy eficaces. El primero, ayudados de su canto, que suelen emitir mientras se desplazan y buscan comida entre la distinta vegetación;

suele ser un corto silbido y más o menos repetitivo en el tiempo.

El segundo, es el que más me gusta; además, un acierto fotográfico, es poder captarlos en esta actividad. Ocurre cuando

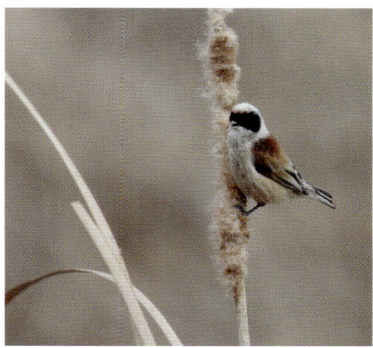

Individuo fotografiado en posadero vertical, mientras emite su llamativo canto.
f/6.3 - 1/640 s – ISO 500, Modo manual – Distancia focal 560 mm - balance de blancos automático.

buscan semillas de las eneas que al deshacerlas van dejando volar una gran cantidad de pelusas en el aire. Se puede ver desde lejos como estas pelusas vuelan cuando son deshechas. Siguiendo las pelusas podemos detectarlos, porque vuelan de una enea a otra, deshaciéndolas.

Una interesante manera de fotografiar esta ave, una vez descubierta, es acercarse lentamente a las orillas donde se encuentran.

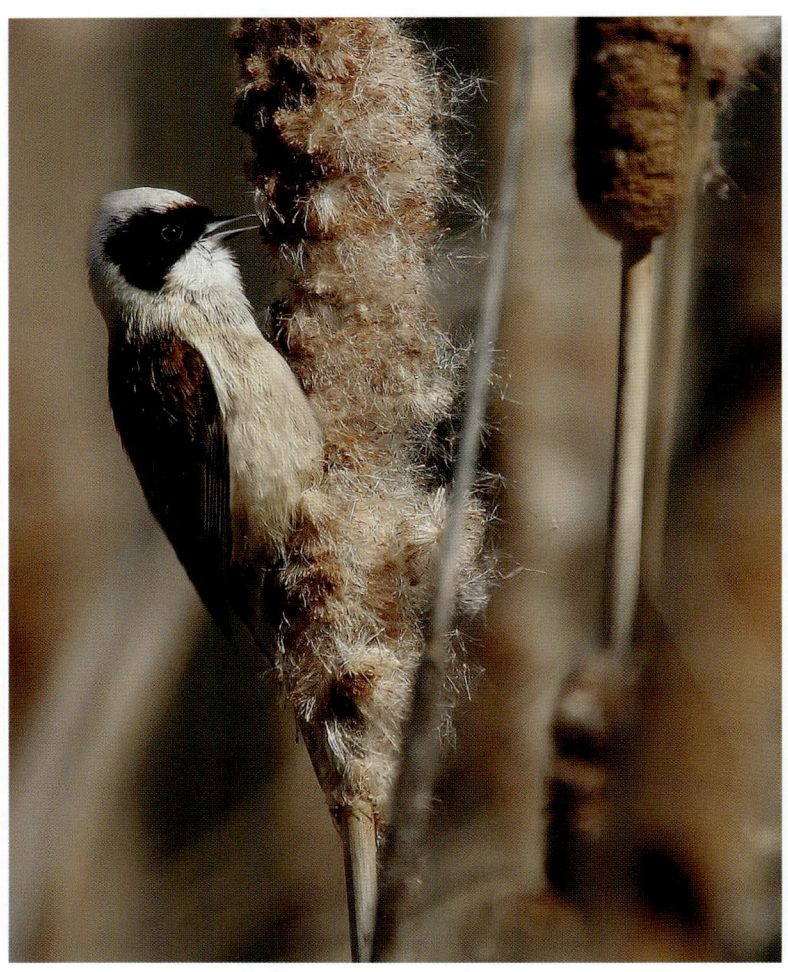

Ejemplar de pájaro moscón deshaciendo eneas para alimentarse de sus semillas.
f/8 - 1/1000 s – ISO 200, Modo manual – Distancia focal 560 mm - balance de blancos luz día.

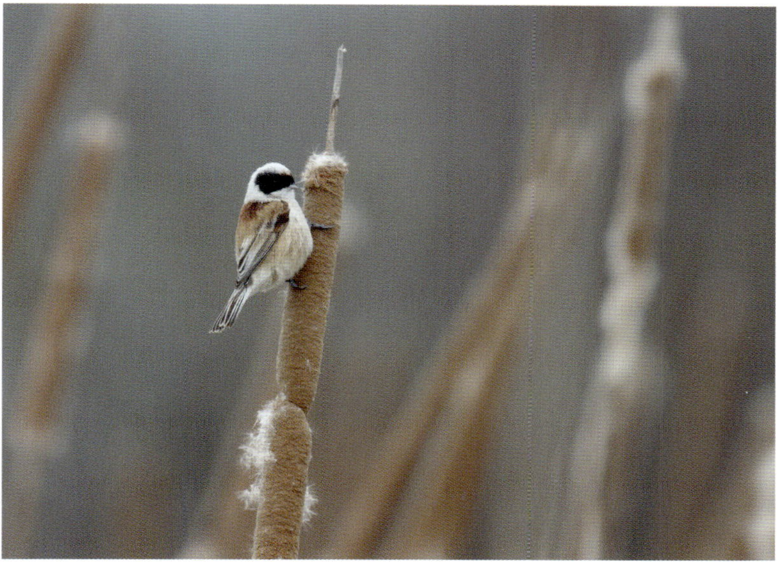

Pájaro moscón en su ambiente, mientras se desplaza por la vegetación de la zona.
f/5.6 - 1/400 s – ISO 500, Modo manual – Distancia focal 400 mm - balance de blancos nublado.

Es aconsejable usar botas de agua y ropa de camuflaje para no llamar la atención. Cuando están deshaciendo las eneas, suelen recorrer casi todas las de esa zona. Por lo tanto, acercándote y esperando cerca de unas de ellas, es probable que se pose y podamos fotografiarlo.

«Nos aproximaremos a la orilla, y elegiremos una zona de eneas; tarde o temprano suelen recorrer todas. Será nuestro momento de fotografiarlos»

Para evitar que el autofoco se vuelva loco intentando enfocar a esta ave, de colores similares a la vegetación por donde se mueve, y con tantas ramas que suele haber en medio, es mejor seleccionar el área de autofoco puntual; de este modo enfocaremos con mayor precisión, incluso existiendo elementos superpuestos.

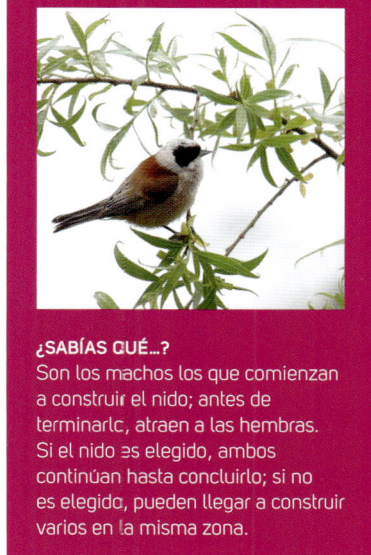

¿SABÍAS QUÉ…?

Son los machos los que comienzan a construir el nido; antes de terminarlo, atraen a las hembras. Si el nido es elegido, ambos continúan hasta concluirlo; si no es elegido, pueden llegar a construir varios en la misma zona.

Sapo partero ibérico

Mejor estación del año:	primavera y otoño.
Instantes para captar:	machos con las puestas, cantos nocturnos, desplazamientos tras lluvias, primeros planos en charcas temporales.
Dificultades:	especie muy discreta, activa al anochecer, tamaño pequeño, sensibilidad a la iluminación.
Equipo y material:	objetivos macro, teleobjetivos, linterna, difusores, trípode compacto, botas de agua.
Mejores lugares para su fotografía:	Parque Nacional de Monfragüe, Sierra de Guadarrama, cuencas de los ríos Guadiana y Tajo, Castilla-La Mancha, Serra da Estrela, zonas costeras, interiores del suroeste incluso hasta la costa de Huelva en charcas temporales, zonas de dehesa con humedad y bordes de caminos tras lluvia.

El guardián de la puesta

El sapo partero ibérico es una de las especies más singulares de la herpetofauna europea. En esta especie, es el macho quien carga los huevos enroscados alrededor de sus patas traseras y los custodia durante semanas hasta depositarlos cuidadosamente en el agua. Es un gesto que parece casi ritual, un pequeño milagro que ocurre en la penumbra de las noches húmedas. Es cauteloso y reservado, que prefiere confiar en el silencio y en el camuflaje en lugar de escapar. Y esa calma es precisamente lo que permite acercarse con respeto y obtener fotografías llenas de detalle.

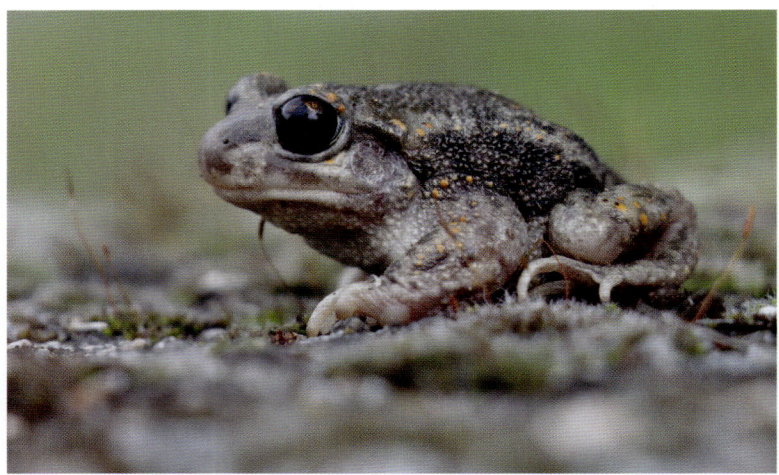

Fotografía a nivel de suelo.
f/6.3 - 1/160 s - ISO 1000 - Distancia focal 135 mm - balance de blancos sombra.

CÓMO FOTOGRAFIAR

Una técnica efectiva consiste en usar la "escucha selectiva": localizar charcas o arroyos donde los machos cantan al anochecer. En lugar de acercarte directamente al sonido, si permaneces sentado en silencio en un punto lateral, bajo la vegetación, el sapo se aproximará por sí mismo bordeando el agua. En noches húmedas y cálidas se mostrarán confiados, permitiéndote observarlos a distancias muy cortas sin necesidad de moverte.

El sapo partero ibérico es un sujeto ideal para fotografía macro y de ambiente, pero requiere cuidado extremo, ética y sensibilidad a la luz. Con estos anfibios, la prioridad es no molestarlos y evitar cualquier daño asociado a la iluminación artificial o la manipulación.

Las noches húmedas son la clave si son templadas tras lluvias, en las primeras horas del anochecer y con humedad alta. En estas condiciones salen a desplazarse, cantar y con suerte encontraremos machos portando las puestas.

Para localizarlos sin alterar su comportamiento hay que buscar en bordes de charcas, también en pequeñas vaguadas donde se acumula agua, taludes húmedos con zonas de vegetación baja y orillas de arroyos con corrientes suaves. Su canto, un sonido aflautado, suave y repetitivo, es una guía perfecta para localizarlos sin necesidad de explorar a ciegas.

La piel de los anfibios es extremadamente sensible. Para fotografiarlos sin dañarlos es necesario usar luces LED regulables, nunca flashes directos. Usar difusores grandes para que la luz sea suave y evita iluminarles los ojos de forma directa. Una buena práctica es iluminar el entorno y dejar que la luz rebotada modele al sapo, en vez de dirigir un haz duro sobre él. Para planos muy próximos hay que usar focales de 90–105 mm macro para

mantener distancia sin invadir su espacio. Una apertura de f/8–f/11 para asegurar nitidez en toda la cabeza y enfoque manual cuando la luz sea escasa.

«Fotografiar un sapo partero es captar la serenidad de un animal que cuida su futuro entre la humedad de la noche»

Podemos fotografiarlos en su ambiente, contando su historia mediante encuadres amplios que incluyan la charca, luz ambiental y estrellas si la noche lo permite. Para ello podemos utilizar pequeñas linternas cálidas para iluminar sutilmente la vegetación.

Un disparo a muy baja altura, casi a ras de suelo, aporta una perspectiva íntima y respetuosa.

Muy importante y que tenemos que tener presente es no manipular al animal, evitar pisar zonas encharcadas donde pueda haber larvas o puestas y trabajar en silencio.

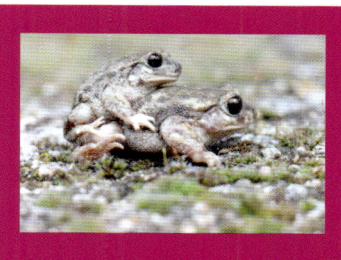

¿SABÍAS QUÉ…?

El macho puede cargar la puesta durante 20 a 30 días, moviéndose con ella hasta que los embriones están ya completamente desarrollados y depositarlos en un punto seguro de agua. Es uno de los cuidados parentales más fascinantes entre los anfibios europeos.

Avutarda común y sisón común

Mejor estación del año:	primavera.	
Instantes para captar:	celo, poses.	
Dificultades:	la dificultad de esconderse en las llanuras donde habitan.	
Equipo y material:	*hide*, redes camuflaje, teleobjetivos, trípode, comida y agua.	
Mejores lugares para su fotografía:	Comarca de la Serena, Campo Real, Yunclillos, Villafáfila, Campo de Montiel, Llanos de Cáceres y Sierra de Fuentes, La Moraña, Castro Verde.	

Reinas y reyes de la estepa

Especies ligadas a extensas llanuras, creadas durante siglos en gran parte por el hombre, con la deforestación del monte mediterráneo. Muy importante en este proceso ha sido la lentitud en la transformación del paisaje, que ha permitido ir evolucionando al ritmo del cambio.

Siguen necesitando para sobrevivir que estos lugares se mantengan sin grandes ni rápidos cambios. No ha ocurrido así en muchas de estas zonas, las cuales

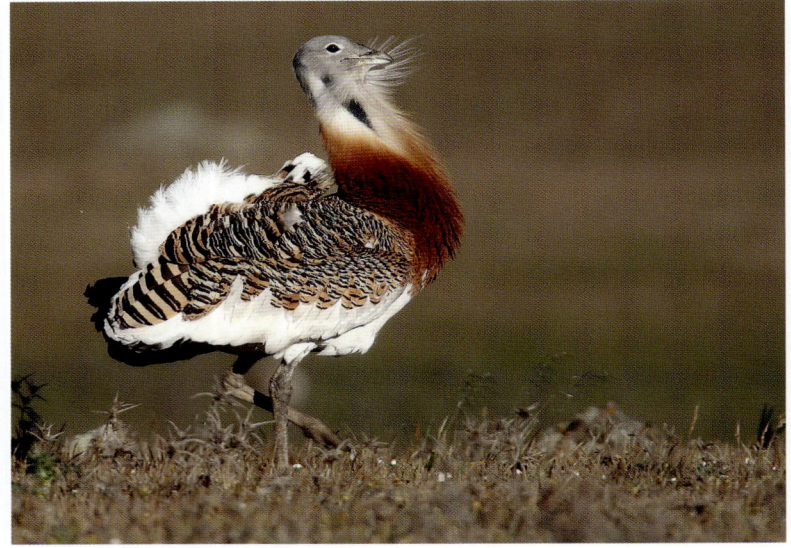

Macho de avutarda caminando por la estepa, en busca de hembras.
f/8 - 1/320 s – ISO 100 Modo prioridad a la velocidad de obturación – Distancia focal 560 mm - balance de blancos luz día.

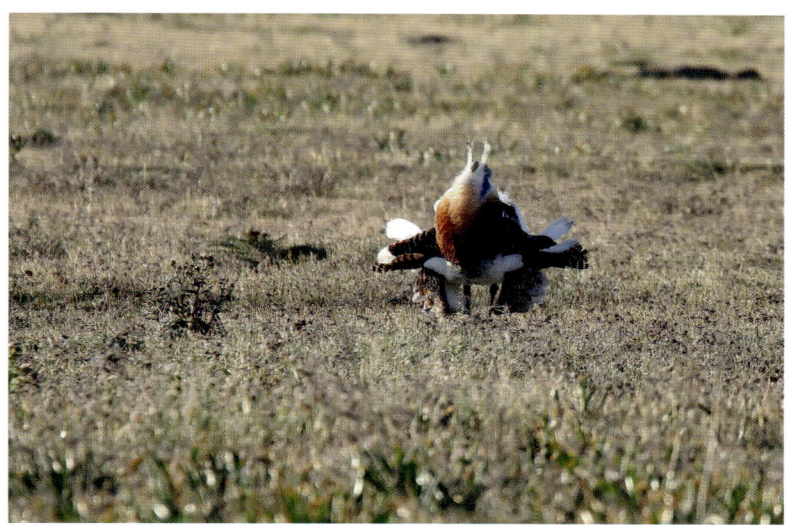

Ejemplar de avutarda realizando la rueda. Pose que adoptan los machos durante la época de celo.
f/8 - 1/400 s – ISO 400, Modo prioridad a la velocidad de obturación – Distancia focal 560 mm - balance de blancos automático.

han modificado su modo de explotación aceleradamente, haciendo que las reinas de la estepa vean cada vez más limitadas sus poblaciones y a menos lugares.

«Las llanuras han sido su hábitat durante muchos años y están perfectamente adaptadas a sobrevivir en tan áridos terrenos»

Las avutardas son las mayores de las aves esteparias y las de mayor peso capaz de volar. Por lo tanto, se las puede llegar a ver a grandes distancias.

El sisón debe su nombre al sonido que realizan cuando vuelan al batir las alas.

En la época de celo los machos adoptan un color muy destacado en el cuello, favoreciendo relativamente el poder llegar a observarlos.

Las hembras de ambas especies tienen un plumaje menos vistoso y más críptico. Esta cualidad les ayuda a pasar desapercibidas, más aún en el delicado periodo de cría.

CÓMO FOTOGRAFIAR

En primavera los llanos esteparios cambian de aspecto muy notablemente. El sol y las lluvias dejan atrás al invierno frío. Esto lo saben agradecer bien los campos, que cambian sus colores grises y marrones por tupidas alfombras de todos los colores que sus hierbas y flores pueden mostrar. La vida emana por todos los rincones; la época más dura pasó, los fuertes que aguantaron saben bien que es tiempo de abundancia y alimento.

Dicho efecto genera en las aves que se inicie el periodo reproductivo. Esta época es especial para poder observar y fotografiar los cortejos de aves como avutardas y sisones que son de los más vistosos y llamativos.

Las avutardas parecen llenar las estepas de grandes bolas de algodón cuando los machos realizan su celo, haciendo lo que se denomina "la rueda", visible desde lejos y que nos ayudará a poder descubrirlas. Durante el espectacular cortejo nupcial de esta especie, el macho patea el suelo y sacude las alas, abre la cola, y la apoya sobre el dorso, pareciendo casi blanca. Al mismo tiempo, con las alas colgando, sus plumas cruzadas y la cabeza entre los hombros. Los machos de sisones durante el cortejo inflan el plumaje del cuello; después emiten un corto sonido tipo chasquido para atraer a las hembras, mientras levantan la cabeza. El acto más visible y que nos ayudará a detectarles es que a veces, mientras realizan el cortejo, dan saltos en el aire ayudándose con las alas, para poder ser vistos por las hembras.

«En los leks, se producen las mejores acciones y los momentos más intensos de celo, y es el objetivo principal para captar fotográficamente»

En ambos casos estas especies eligen los *leks*, donde los machos exhiben sus mejores galas para poder acceder a las hembras. Para fotografiar cerca de dicho lugar es necesario un permiso autorizado. Avutardas y sisones suelen elegir los mismos cada año o por las mismas zonas. Lo que mejor funciona con las avutardas es montar una *hide* fijo de un año a otro para que no recelen, cerca del *lek* usado el año anterior. Si la suerte acompaña, queda por nuestra parte intentar captar los mejores momentos del celo. A veces ocurre que no eligen el lugar exacto; por lo tanto, es mejor esperar al año en el que coincida todo. Eso sí, es necesario entrar de noche antes del amanecer, y salir siempre cuando no haya ninguna avutarda cerca.

En cambio, con los sisones primero es observar el *lek* donde cada día por la mañana realizará su cortejo. Visto el lugar lo mejor es instalar un pequeño *hide* móvil que iremos moviendo cada 3 o 4 días. Empezaremos a unos 60 metros más o menos y cada tres días, iremos acercando unos 10 metros. Siempre observando

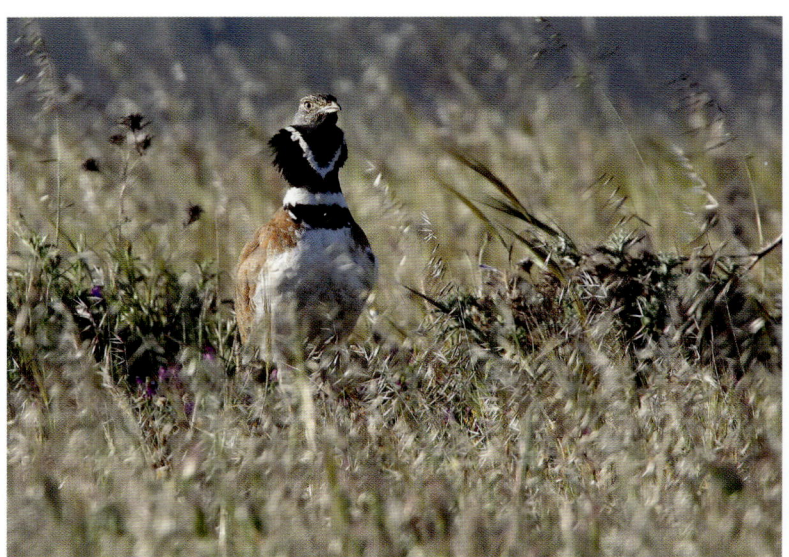

Ejemplar de sisón macho con el cuello erizado, realizando el cortejo.
f/11 - 1/500 s – ISO 400, Modo prioridad a la velocidad de obturación – Distancia focal 560 mm - balance de blancos luz día.

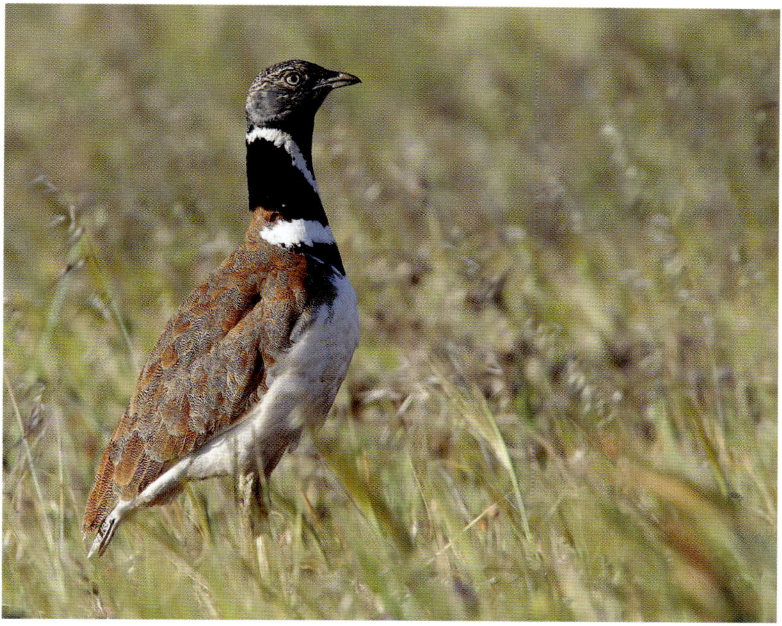

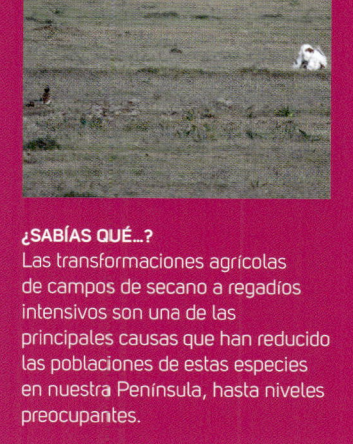

Macho de sisón común en primavera, con su precioso plumaje nupcial.
f/6.3 - 1/800 s – ISO 400, Modo prioridad a la velocidad de obturación – Distancia focal 400 mm - balance de blancos luz día.

que no perturbe el comportamiento del ejemplar que deseamos fotografiar. Si vemos que el animal se encuentra incómodo debemos ir más lentos en días y distancias, todo ello hasta alcanzar nuestra distancia óptima de unos 15 - 20 metros.

«Con avutardas usaremos hides fijos y permanentes. En cambio, con los sisones los haremos móviles hasta llegar al punto deseado»

Como opción, podremos disparar con el modo *prioridad* a la velocidad de obturación (Tv o S), donde marcamos la velocidad que queremos en cada escena para congelar el movimiento que deseamos captar, en función de la luz y los parámetros fijados, como el ISO y modo de medición.

¿SABÍAS QUÉ...?
Las transformaciones agrícolas de campos de secano a regadíos intensivos son una de las principales causas que han reducido las poblaciones de estas especies en nuestra Península, hasta niveles preocupantes.

Ganga ibérica y ganga ortega

Mejor estación del año:	verano.
Instantes para captar:	caminando sobre el suelo, bebiendo.
Dificultades:	son aves tremendamente esquivas y desconfiadas.
Equipo y material:	teleobjetivos, redes y telas de camuflaje.
Mejores lugares para su fotografía:	Laguna de Navaseca, La Moraña, Complejo Lagunar Alcázar de San Juan, Complejo Lagunar Villafranca de los Caballeros, Humedales de Villacañas, Humedales de Lillo, Belchite, Tudela.

Los últimos nómadas ibéricos

Las veces que las vemos cuando van a beber cerca del agua, siempre me han recordado a los nómadas del desierto en busca del líquido vital. Están muy ligadas a estos ecosistemas llanos y áridos, en los cuales las épocas de sequías son habituales a lo largo del año.

«Adaptadas a los climas secos de las llanuras ibéricas, se las puede ver en charcas cuando llegan en grupo a beber»

Existen ciertas diferencias en el plumaje de las dos especies entre machos y hembras. Ambas comparten los mismos territorios

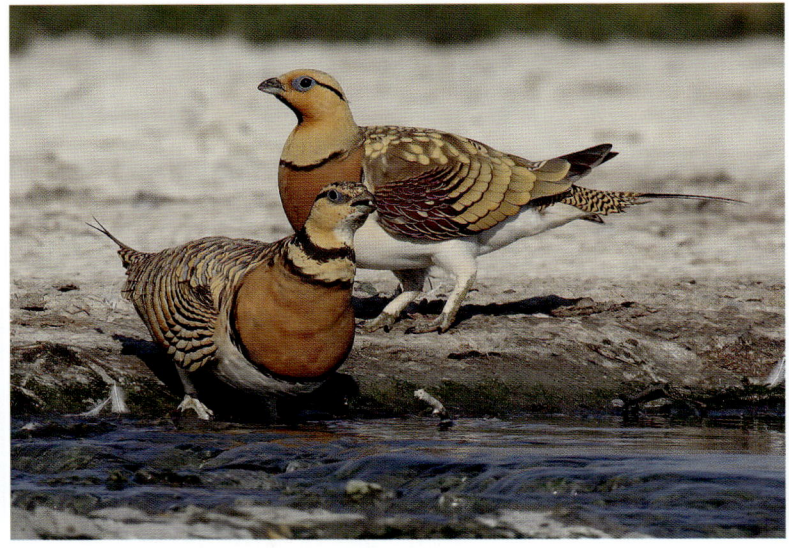

Pareja de gangas ibéricas saciando la sed, en un pequeño riachuelo.
f/20 - 1/160 s – ISO 200, Modo manual – Distancia focal 400 mm - balance de blancos automático.

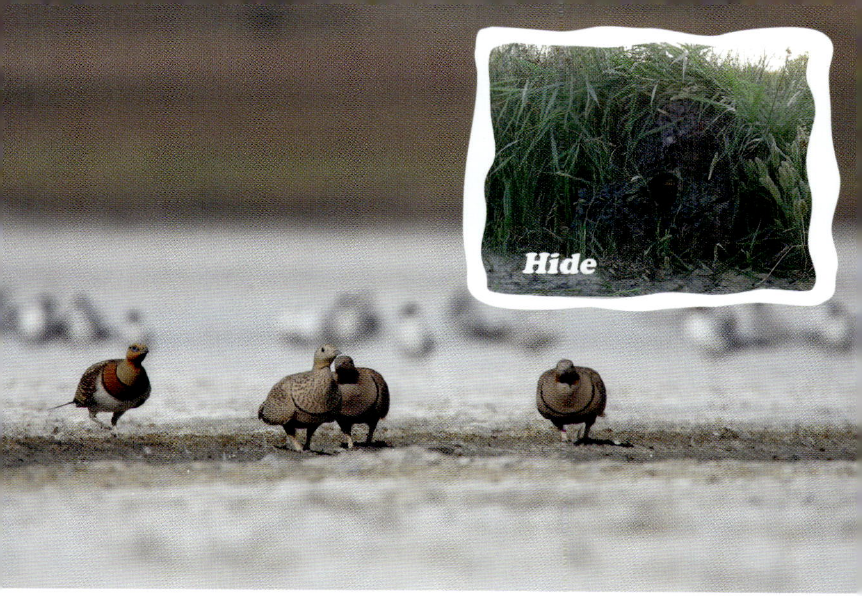

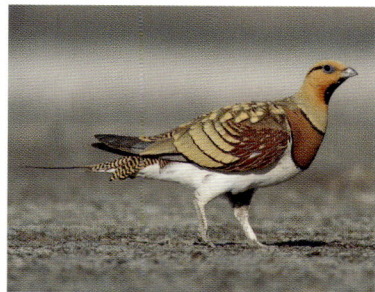

Hide

Cómo se hizo. Hide *muy natural y a ras de suelo, montado en el borde de la vegetación cercana al lugar donde entran a beber las gangas.*

y muchas veces es posible verlas juntas volando o alimentándose.

Una cualidad que las hace únicas es la capacidad que tienen de almacenar agua en las plumas del pecho. Cuando beben agua, empapan también dichas plumas, para después suministrar agua a sus crías cuando llegan al nido. Los nidos de estas especies suelen estar a grandes distancias de las zonas donde beben, lejos, para evitar ser descubiertos por el resto de los animales que se juntan en estas zonas.

CÓMO FOTOGRAFIAR

Siendo especies adaptadas a la perfección a estas zonas tan áridas y secas, necesitan el agua de modo regular para sobrevivir. Para ello se pueden desplazar decenas de kilómetros con tal de conseguirlo.

Tienen dos entradas habituales a los bebederos cada día, y es en donde más ejemplares se juntan. La primera empieza después del amanecer y la segunda en las últimas horas de la tarde.

«A la primera y a la última hora del día es cuando más ejemplares de estas especies se acercan a beber»

Estos serán nuestros lugares elegidos para poder fotografiarlas. Es necesario descubrir estas zonas, pero como siempre conviene

Macho de ganga ibérica en el que se puede observar las largas y finas plumas que poseen en la cola.
f/8 - 1/2500 s – ISO 400, Modo manual – Distancia focal 560 mm - balance de blancos automático.

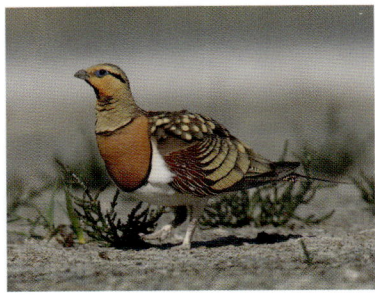

Ejemplar de ganga ibérica desplazándose por el terreno, hasta llegar al bebedero.
f/8 - 1/3200 s – ISO 400, Modo manual – Distancia focal 560 mm - balance de blancos automático.

generando que estas aves busquen pronto otras zonas.

Mi trabajo lo realicé principalmente en lugares de la Mancha Húmeda. En Toledo y Ciudad Real, existen varias lagunas, con agua permanente todo el año debido al aporte que algunas de ellas reciben. Cuando el agua escasea en muchas partes como ocurre desde principios de verano, es el mejor momento para observar a primera o última hora del día, si estas lagunas son utilizadas por las gangas para beber.

Cuando descubrimos esto, debemos tener muy en cuenta a qué hora vienen las primeras y en qué lugar exacto suelen beber. Esto es importante para colocar nuestro *hide* y estar dentro del mismo, bastante antes de que lleguen las primeras. Si somos descubiertos, no se acercarán a este sitio y elegirán otro bebedero.

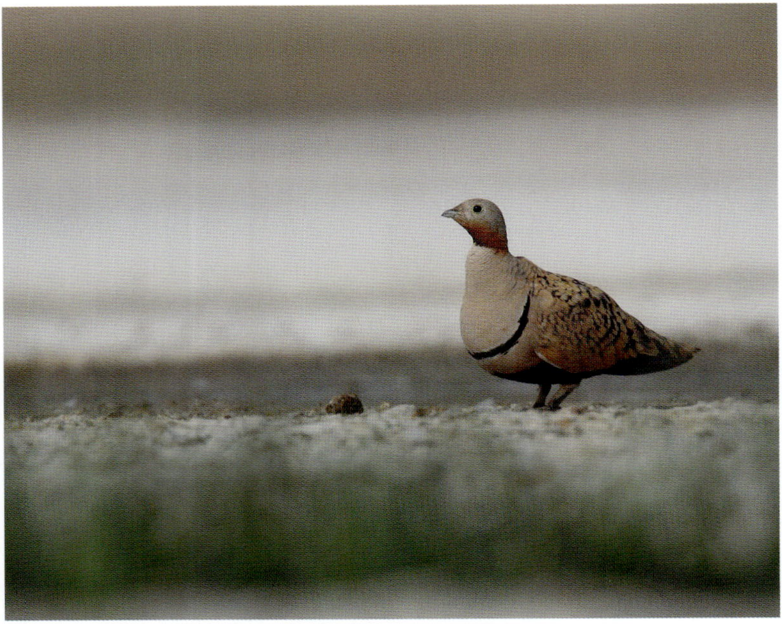

empezar desde lejos observando en las lagunas que tengan aporte de agua. Las que no lo tienen o si este es muy escaso, suelen secarse muy pronto en verano,

Macho de ganga ortega fotografiado entre los desenfoques de la vegetación que hay en primer plano.
f/8 - 1/2000 s – ISO 200, Modo manual – Distancia focal 560 mm - balance de blancos automático.

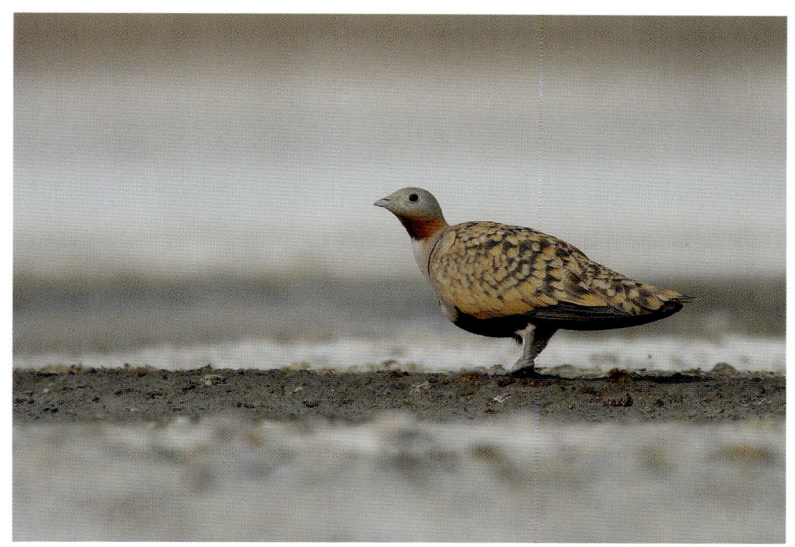

Individuo de ganga ortega a punto de volar, una vez que ha saciado su sed.
f/10 - 1/1000 s – ISO 400, Modo manual – Distancia focal 500 mm - balance de blancos automático.

«Debemos estar muy camuflados y evitar hacer algún movimiento que nos delate cuando estén en la zona»

Estas son aves muy desconfiadas en estos puntos, porque en estos lugares es cuando más visibles son y por lo tanto más vulnerables. Por esa razón se posan en el suelo de inicio, a mucha distancia al punto donde van a beber, y siempre que observen que no haya nada raro. Desde ese punto se acercarán caminando lentamente, mientras observan que nada extraño ocurre por el lugar.
Si no estamos perfectamente camuflados o hacemos algún movimiento detectable cuando estén cerca de nosotros, huirán sin dudar del lugar. Lo mejor es un escondite a ras de suelo, que no destaque mucho del lugar y donde permanezcamos tumbados; muy camuflado y si podemos escondernos entre la vegetación de la zona, mucho mejor.

«Usaremos el modo de enfoque servo en continuo para seguir al ave cuando va caminando»

Para no hacer un movimiento que nos delate, conviene ir observando el camino que toman desde donde han parado hasta el punto donde beben, apuntar al lugar donde deben pasar y seguirlas muy despacio con la cámara cuando entren en nuestro visor. Es de gran ayuda usar el enfoque puntual de *servo en continuo* para que enfoque a la vez que el ave va caminando.

¿SABÍAS QUÉ...?
Se denominan gangas porque en el pasado eran muy abundantes y se cazaban muchas. Su carne parece ser que no era buena y el precio muy bajo, de ahí el nombre de "ganga" para referirse a algo muy barato.

Aguilucho cenizo

Mejor estación del año:	primavera, verano.
Instantes para captar:	en posadero con distintas actitudes.
Dificultades:	cada vez más escasa, y los terrenos llanos dificultan los escondites.
Equipo y material:	teleobjetivos, *hide*, trípode.
Mejores lugares para su fotografía:	Begijar, Jerez de la Frontera, Loja, Escacena del Campo, Camarenilla, Cabañas de la Sagra, La Serena, Vegas Altas (Badajoz).

El protector del trigal

Esta bella rapaz nos visita cada primavera, adornando el paisaje con sus ágiles vuelos. Una vez finalizado su ciclo reproductor y con la llegada del frío, parte a tierras más cálidas. Existe una diferencia muy notable entre ambos sexos, y es el color de su plumaje; gris ceniza en los machos y pardo en las hembras.

«En primavera se los puede ver volar sobre los extensos campos de cereal, iniciando los vuelos de cortejo. Esta señal nos indicará que criarán en estas zonas»

Especie muy ligada a grandes llanuras, pero sobre todo de cereal extensivo como

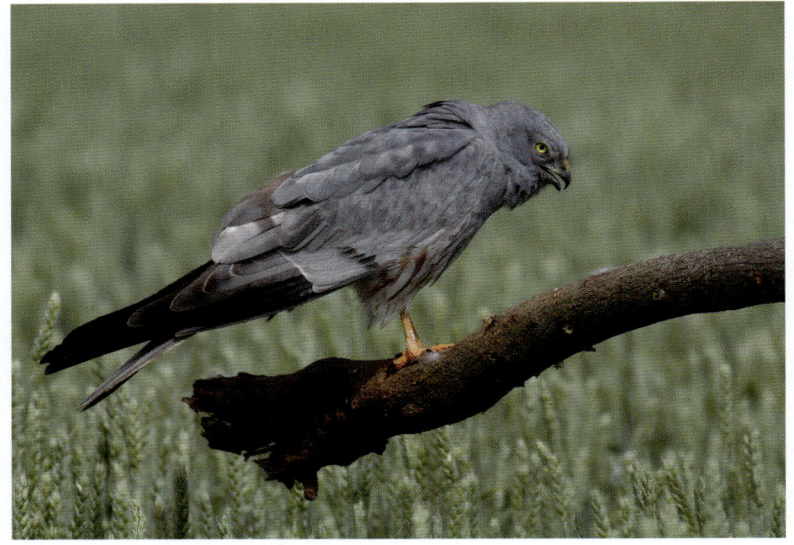

Macho de aguilucho cenizo posado sobre una rama que sobresale del trigal, a primera hora de la mañana.
f/8 - 1/1250 s – ISO 200, Modo manual – Distancia focal 400 mm - balance de blancos automático.

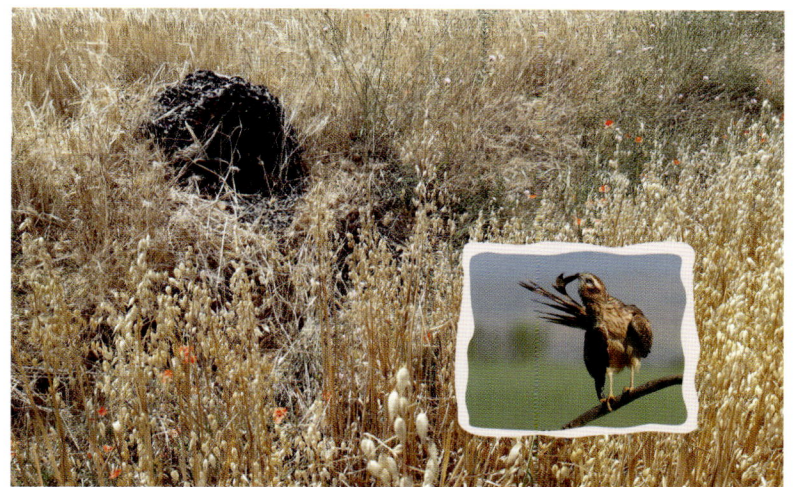

Cómo se hizo. Hide *montado sobre el bode del terreno que está en dos alturas. Escondite en la zona superior y posadero en el terreno de la zona inferior.*

trigo, cebada, avena. Nidifican en el suelo lo que ha supuesto una de las principales causas de su declive, porque dichos cultivos suelen recogerse antes de que los pollos estén emancipados, muriendo muchos de ellos durante estos trabajos.

CÓMO FOTOGRAFIAR

Ave que ha ido disminuyendo en número de ejemplares. Suelen ocupar los mismos territorios cada año, pero siempre y cuando no haya grandes cambios en su entorno que están muy condicionados por los cultivos de cereal mayormente.
Lo mejor para poder tener éxito fotográfico con esta especie es buscar sus zonas durante los últimos días de marzo y primeros de abril que es cuando suelen venir a nuestra Península. Visitar estos días grandes extensiones de cultivos de cereal es una tarea obligatoria para saber si dichos territorios están ocupados por aguiluchos cenizos. Para este trabajo el uso de prismáticos es suficiente; si llegamos a observar ejemplares, lo suyo es verificar en varios días sucesivos que siguen en la zona;

de esta manera nos aseguramos de que es su territorio y que no se encuentran de paso. La mayor parte del tiempo suelen estar volando, pero acostumbran a usar ciertos puntos para posarse y descansar; descubrirlos durante las jornadas de observación, nos ayudará para fotografiarlos de la mejor manera.

«Descubrir sus posaderos naturales, es una opción para instalar escondites cerca, si el terreno lo permite»

En mi trabajo con ellos descubrí varios puntos que tomaban como posaderos habituales y en ciertas horas del día. Con los permisos correspondientes opté por hacer dicho trabajo sobre tres posiciones. Utilicé siempre un pequeño escondite camuflado con redes y vegetación de la zona. En la primera instalé un escondite a una distancia relativa de un posadero natural que frecuentaban.
A los dos días de su instalación comprobé desde la distancia que seguían tomando el posadero, así que decidí instalarme

en él cuando no vi por la zona ningún aguilucho y no sospecharan de mi presencia. Fueron varios posados durante las horas siguientes del macho y de la hembra, pero viendo el resultado no me convenció el fondo obligado que tenía, ni cierta vegetación cercana al posadero. La segunda opción la preparé sobre el suelo de un terreno en barbecho, donde la hembra solía alimentarse de las presas que el macho le entregaba. El escondite fue preparado para estar tumbado y a nivel, pero no resultó muy satisfactorio dado que no siempre posaba en el mismo

sitio impidiendo hacer buenas fotos. Unas veces por el cambio de orientación de la luz y otros por desniveles del terreno.

«Si las luces son escasas al principio de la jornada, se pude programar el disparo en modo temporizado y así evitar que las fotos salgan movidas»

La tercera y la que mejores resultados me ofreció, fue instalar un posadero cerca de los terrenos que utilizaban. Aunque para mejorar mi resultado opté por un *tumbihide* en una zona donde los sembrados estaban

Ejemplar fotografiado a última hora de la tarde, clavando su mirada sobre nuestro escondite.
f/5.6 - 1/100 s – ISO 200, Modo manual – Distancia focal 390 mm - balance de blancos automático.

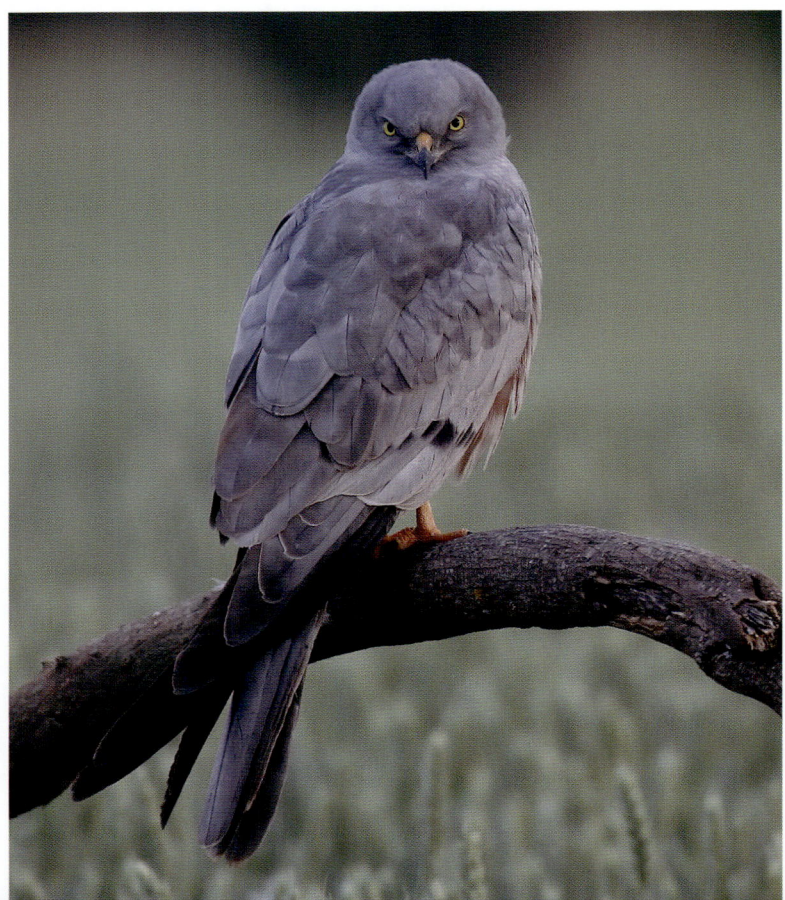

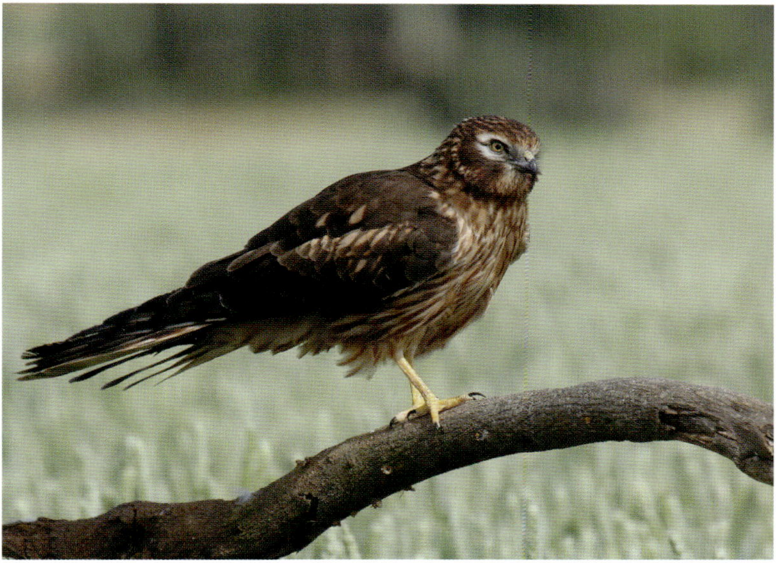

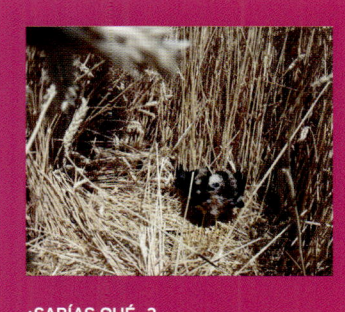

Hembra de aguilucho cenizo esperando que el macho le traiga alguna presa como regalo.
f/8 - 1/800 s – ISO 400, Modo manual – Distancia focal 400 mm - balance de blancos automático.

a dos alturas. Escondite situado en la parte superior y el posadero en la inferior a unos 10 metros, y de esta manera poder tener al ave al mismo nivel de mi cámara. Dejé preparado el terreno y posadero más tiempo, para que lo utilizaran con tranquilidad. Además, repitiendo ejercicios anteriores, observé pasados varios días desde la distancia, que tomaban el posadero sin problemas.

Realicé varias sesiones en distintos días, y como opciones fotográficas, fui variando de diafragma para ir desenfocando los fondos con grandes aperturas, y cerrando diafragma para probar otros fondos menos desenfocados. El ISO al inicio de la jornada fue alto porque el macho solía llegar al posadero antes del amanecer y con todo ello las velocidades de disparo eran muy bajas cada principio de jornada. Apoyado en un pequeño trípode, lo que hice para evitar que las fotos queden movidas fue disparar en modo temporizado.

¿SABÍAS QUÉ...?

En muchas zonas de la Península, agentes forestales y distintas asociaciones, previenen la pérdida de las nidadas de estos aguiluchos haciendo seguimiento de sus nidos, antes de que empiecen las cosechas. Para ello, se valla el perímetro de dichos nidos, evitando que las cosechadoras los destruyan.

Liebre ibérica

Mejor estación del año:	primavera.	
Instantes para captar:	en actividad durante el día.	
Dificultades:	poder pasar desapercibido en su hábitat.	
Equipo y material:	teleobjetivos, duplicadores, redes.	
Mejores lugares para su fotografía:	Madrigal de las Altas Torres, Nava del Rey, Arévalo, Osuna, Carranque, Villarrobledo.	

La gran velocista

Animal adaptado a las llanuras donde habita. Ha desarrollado cada una de sus partes y sentidos, para sobrevivir en estos medios tan marcados: la piel pintada con los colores de la tierra para pasar desapercibida allí donde descansa, grandes ojos que le proporcionan un amplio campo de visión, enormes orejas capaz de detectar sonidos a larga distancia y unas extremidades traseras que a simple

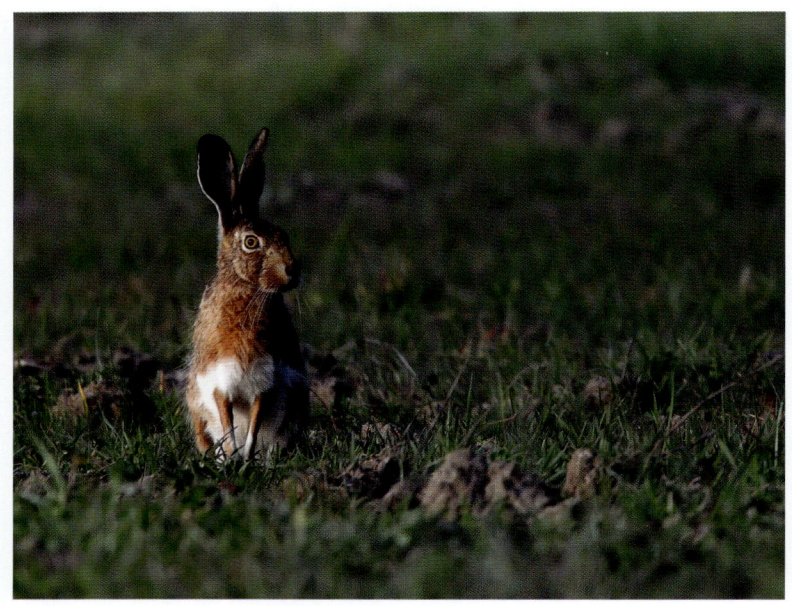

Liebre en estado de alerta. Con sus grandes ojos y orejas, controlan todo a su alrededor.
f/8 - 1/250 s – ISO 800, Modo manual – Distancia focal 560 mm - balance de blancos automático.

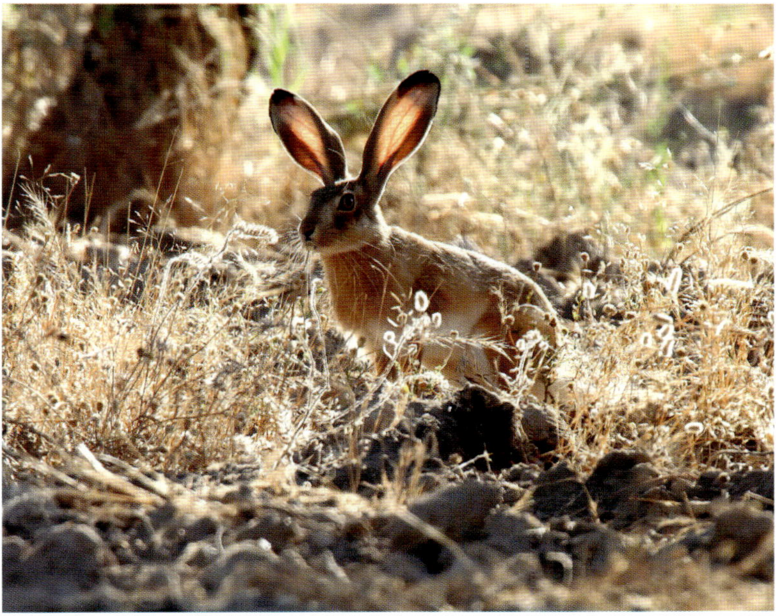

Contraluz de liebre ibérica, en el que se resaltan las enormes orejas que poseen.
f/10 - 1/400 s – ISO 400, Modo manual – Distancia focal 540 mm - balance de blancos automático.

vista parecen desproporcionadas, pero son su mayor defensa para poder escapar de sus predadores.

«Muy difíciles de ver cuando descansan en sus camas, quietas sobre el terreno»

En lugares despoblados es posible verlas de día, tranquilamente alimentándose o jugando; suele ser únicamente en ciertas zonas que por sus características son elegidas para ello. También ocurre en lugares que han sido poblados dentro de sus hábitats, pero siempre y cuando no se las persiga ni se las cace, pasando a ser animales con mayor confianza hacia los humanos.

CÓMO FOTOGRAFIAR
Con esta especie, hice lo contrario que suelo hacer con las aves que quiero

contemplar y fotografiar, y donde primero estudio características y costumbres, para más tarde controlarlas en sus hábitats. Con la liebre lo realicé a la inversa;

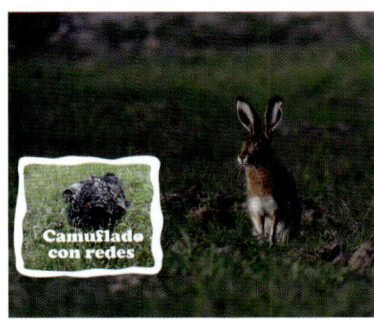

Cómo se hizo. _Con redes y ropa de camuflaje, tumbado y escondido entre elementos del paisaje hasta llegar a tenerlas a buena distancia fotográfica._

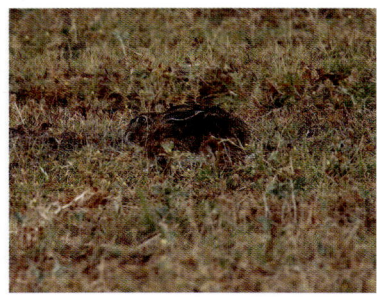

Ejemplar tumbado en el terreno, perfectamente camuflado con el entorno.
f/8 - 1/250 s – ISO 200, Modo manual – Distancia Focal 560mm - balance de blancos automático.

primero las veo a menudo en ciertos lugares y a partir de ahí estudio su comportamiento y costumbres. Y es así porque las he visto cientos de veces levantarse de mis pies en infinitas caminatas que he realizado por el campo, no dando opciones a fotografiarlas de

modo tranquilo en sus tareas cotidianas, que es nuestro objetivo.

Localizado el lugar y observado su comportamiento, comprobé sus horarios donde se las podía ver con mayor frecuencia. Al no tener un punto exacto, como puede ser un posadero o bebedero, su zona de campeo es mayor lo que se debe tener en cuenta a la hora de situarnos y tener opciones fotográficas.

«Al no tener puntos exactos en sus zonas de campeo, no es útil montar un hide fijo, pero si estar perfectamente camuflado con el entorno»

Sabido esto, opté por no montar ningún *hide* fijo, porque me limitaría a una única distancia, que sería la distancia óptima de mi teleobjetivo. Usé ropa de camuflaje y redes por encima para pasar desapercibido, y mi ubicación inicial solía estar junto a una forma natural que me ayudaba a confundirme con el entorno,

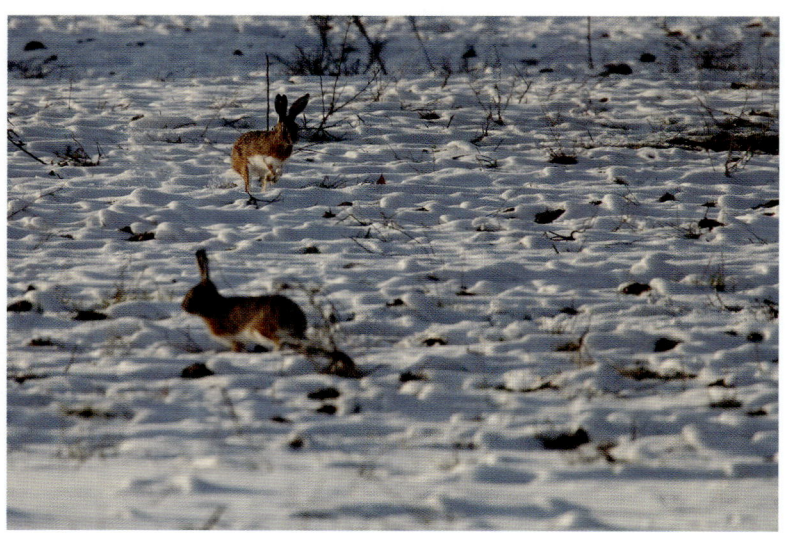

Liebres correteando en la nieve. En lugares donde las nevadas son muy escasas, cuando esto ocurre, son aprovechadas para jugar y saltar.
f/9 - 1/640 s – ISO 200, Modo manual – Distancia focal 400 mm - balance de blancos automático.

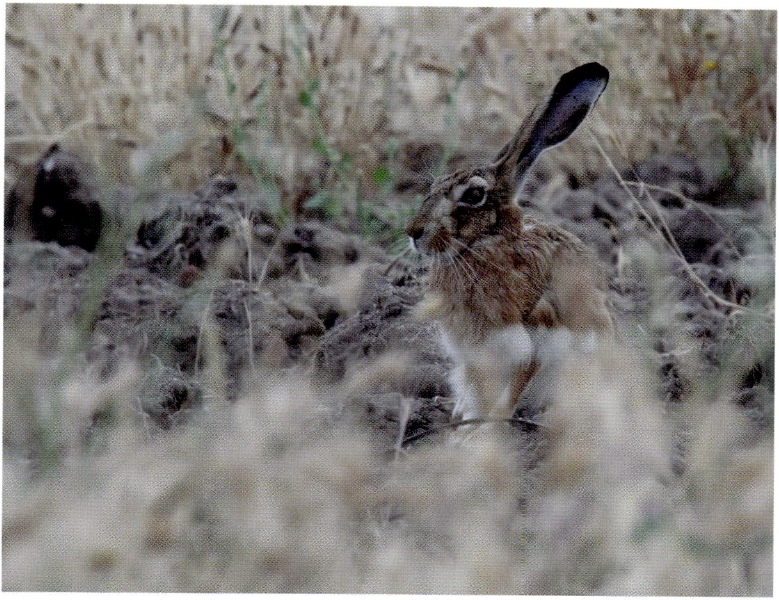

Gran ejemplar de liebre ibérica. Fotografía realizada permaneciendo oculto desde la vegetación que aparece en el primer plano.
f/8 - 1/125 s – ISO 800, Modo manual – Distancia focal 500 mm - balance de blancos nublado.

como por ejemplo algún matorral, montículo de hierbas, piedras, alpacas de cereal, etc., y desde este punto podía realizar movimientos y cambios de posición sin llegar a ser detectado. Era difícil combinar este punto con la distancia a las que solían estar por lo que esperaba y esperaba a ver si la suerte hacía que algún ejemplar se acercara a mi sitio. Y si veía que la luz llegaba a su fin con el inicio de la noche, me desplazaba lentamente hacia ellas buscando el mejor punto. Esta opción casi siempre fracasaba porque me detectaban antes de que las tuviera a tiro fotográfico y ampliaban más si cabe, dichas distancias. No siempre acerté el mejor lugar, pero de los fracasos se suele aprender más que de los éxitos. Con muchas jornadas e insistencia pude tener la suerte de que alguna se acercara mi posición pudiendo fotografiarlas a mi gusto.

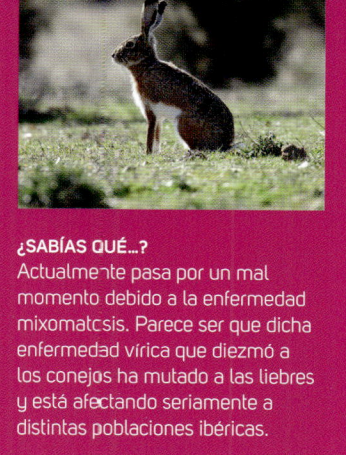

¿SABÍAS QUÉ...?
Actualmente pasa por un mal momento debido a la enfermedad mixomatosis. Parece ser que dicha enfermedad vírica que diezmó a los conejos ha mutado a las liebres y está afectando seriamente a distintas poblaciones ibéricas.

Grulla común

Mejor estación del año:	invierno.
Instantes para captar:	composiciones, bailes, vuelos, cantos.
Dificultades:	tenerlas a corta distancia, captar momentos entre muchos ejemplares.
Equipo y material:	teleobjetivos, *hide*, redes, trípode.
Mejores lugares para su fotografía:	Vegas Altas del Guadiana, Laguna de Gallocanta, Embalse Rosarito, P. Nacional de las Tablas de Daimiel, Complejo Lagunar de Manjavacas, Valle de Los Pedroches (Córdoba).

Las damas grises

Llamadas damas grises, son las aves que por excelencia marcan el principio y fin del invierno. Las solemos oír y ver volando, en grandes grupos con formaciones en V, y a la vez emitiendo su característico y sonoro canto -*gru gru*- que les dio su nombre.

«Con el principio del frío, podemos empezar a oír sus trompeteos tan llamativos y famosos, cuando vuelan por encima nuestra»

Altas figuras de capirote rojo. Cuando están posadas se las puede apreciar la

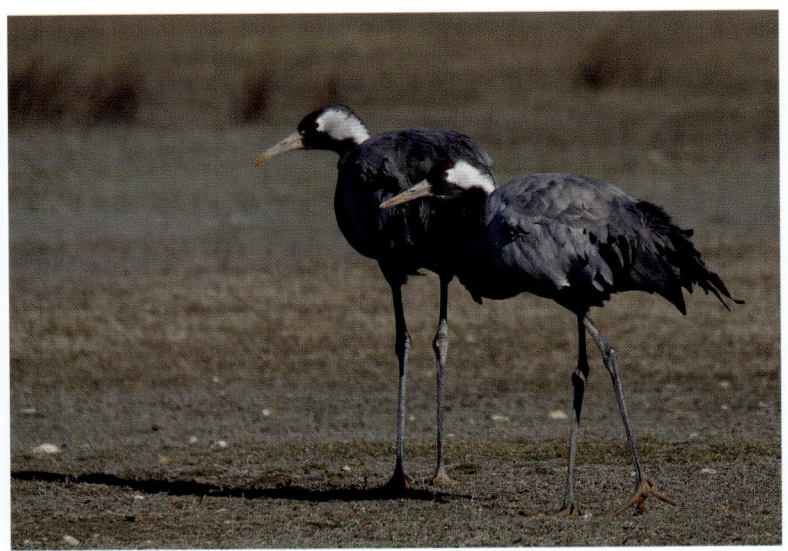

Pareja de grullas que caminan por la llanura, mientras buscan alimento, un duro día de invierno.
f/8 - 1/1000 s – ISO 200, Modo manual – Distancia focal 450 mm - balance de blancos automático.

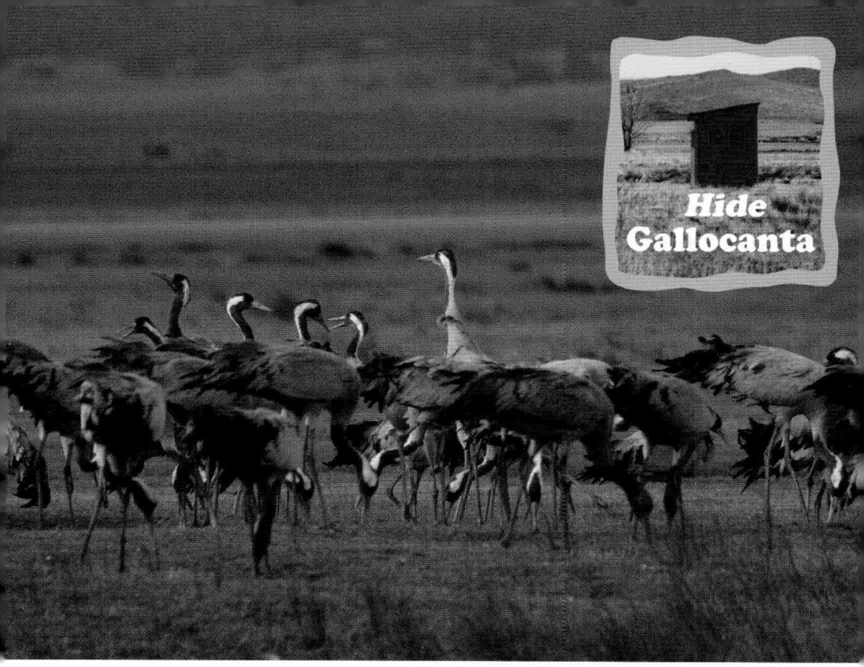

Cómo se hizo. Hides *en Gallocanta – Teruel, muy recomendables para fotografiar a estas aves en invierno.*

denominada falsa cola, que son plumas de sus alas, con apariencia de cola.
En la actualidad son aves que están aumentando sus poblaciones y contamos en la Península con la mayor población invernante de Europa.

CÓMO FOTOGRAFIAR

Para fotografiar a estas aves lo más importante es saber cómo lo queremos hacer. Si deseamos captar vuelos, es posible tener muchas opciones según lo que busquemos.

Podremos captar bandos en formación si los fondos acompañan; a veces las nubes de fondo nos pueden valer para dar más volumen a nuestra fotografía.
Se pueden hacer barridos, si las luces del anochecer nos han alcanzado.
Y si las podemos tener cerca, es posible captarlas a poca altura intentando tener otro fondo distinto.

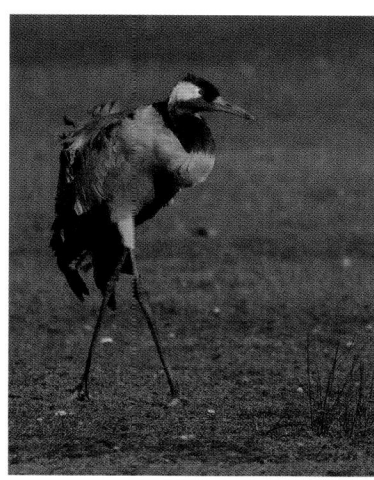

Individuo caminar do con elegante estilo y sus enormes patas.
f/9 - 1/1250 s – ISO 400, Modo manual – Distancia focal 560 mm - balance de blancos automático.

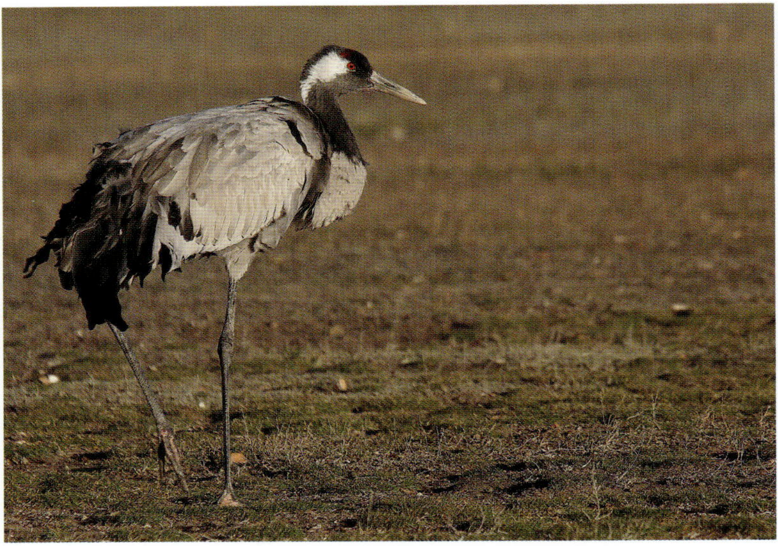

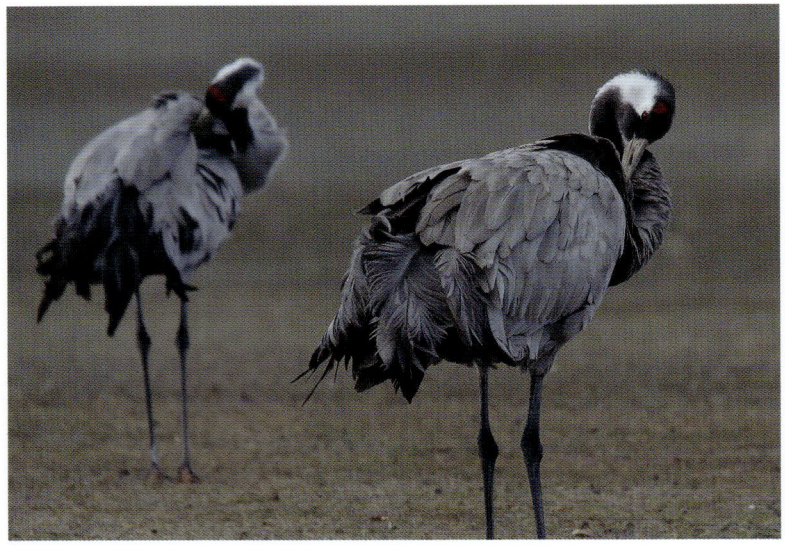

Ejemplar fotografiado con las primeras luces del día. Se puede apreciar la denominada falsa cola, siendo realmente las plumas de sus alas.
f/6.3 - 1/800 s – ISO 320, Modo manual – Distancia focal 385 mm - balance de blancos luz día.

Composición de grullas arreglándose el plumaje mientras descansan relajadamente.
f/7.1 - 1/400 s – ISO 200, Modo manual – Distancia focal 460 mm - balance de blancos nublado.

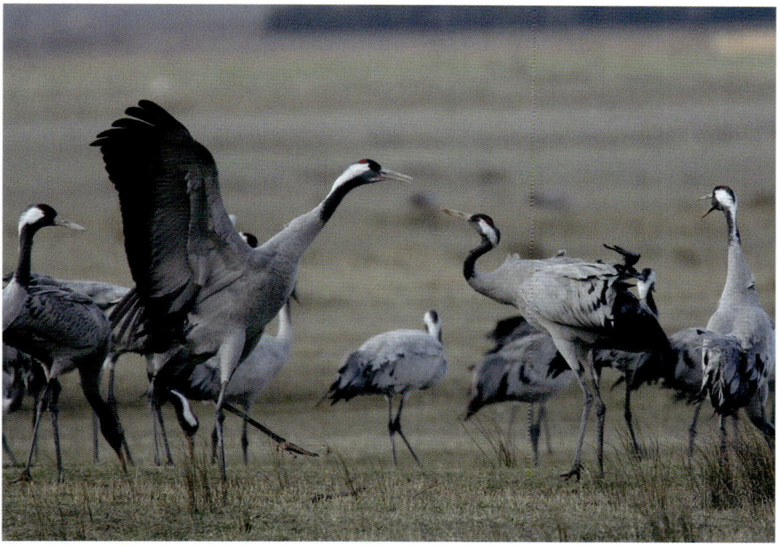

Danza de grullas que realizan al son de sus trompeteos. Estos instantes son siempre muy interesantes de captar.
f/11 - 1/500 s – ISO 200, Modo manual – Distancia focal 560 mm - balance de blancos nublado.

«En Gallocanta, Teruel, hay unos hides gestionados por Medio Ambiente, fantásticos para fotografiar a estas aves a distancias realmente cortas»

En cambio, cuando queremos captarlas cerca, alimentándose, cuando bailan y trompetean al cielo, es necesario buscarlas en lugares donde acuden normalmente a alimentarse. En Gallocanta puedes contar con unos *hides* que se pueden reservar. Buena fecha para elegir es febrero, que es cuando empiezan a partir a sus lugares de reproducción, haciendo parada muchas de ellas en esta Laguna. En estos días podremos disfrutar viendo miles de ejemplares y muchas de ellas, con los inicios de celo; saltando, danzando, cantado, volando, haciendo que los momentos sean inolvidables. Suelen ser días de luces cambiantes; el sol y nubes oscilan continuamente, y es necesario tener atención a esto para no sobreexponer o subexponer fotografías. Si desde la mañana

hemos configurado unos parámetros, cuando el sol hace acto de presencia, o cuando van y vienen nubes, debemos estar atentos y reconfigurar en cada cambio.

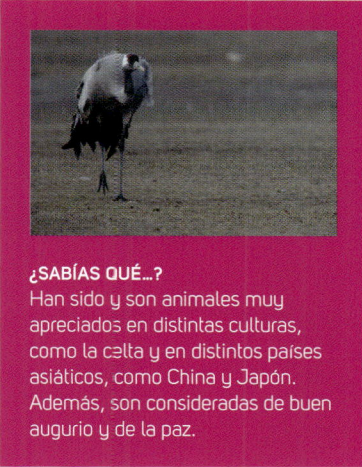

¿SABÍAS QUÉ...?
Han sido y son animales muy apreciados en distintas culturas, como la celta y en distintos países asiáticos, como China y Japón. Además, son consideradas de buen augurio y de la paz.

Chorlito carambolo

Mejor estación del año:	paso migratorio primavera, finales de verano y otoño.
Instantes para captar:	desplazamientos en pequeños grupos, conducta de alimentación, carreras cortas y descansos en espacios abiertos.
Dificultades:	especie muy esquiva, difícil de localizar, ambientes ventosos de alta montaña o llanuras abiertas, fondos luminosos, refracción por calor.
Equipo y material:	teleobjetivos 400–600 mm, ropa mimética.
Mejores lugares para su fotografía:	Llanos de Alcázar de San Juan, Albacete y Tembleque, Altiplano de Granada, Ribadeo, Belchite, Reserva Natural de las Marismas de Castromarín y Villarreal de San Antonio y zonas de alta montaña con praderas alpinas.

Entre montañas y llanos

El chorlito carambolo es uno de los pájaros más enigmáticos y discretos de Europa. Habita en praderas alpinas, lomas pedregosas y páramos expuestos al viento donde casi nada parece moverse. Su plumaje con esa combinación de tonos arena, grises y un pecho rojizo en época nupcial, es un ejemplo magistral de camuflaje: en cuanto se detiene, prácticamente desaparece del paisaje. Su comportamiento también es único. A diferencia de otras aves, en esta especie es

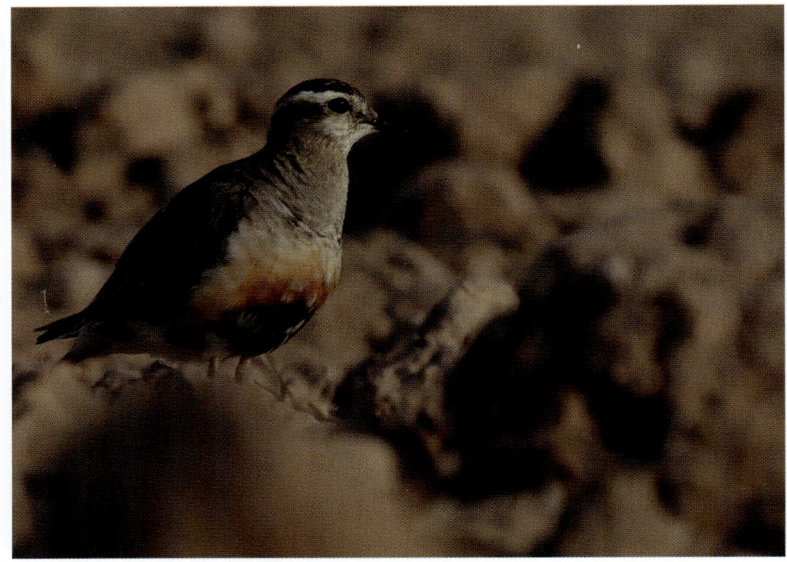

Chorlito carambolo fotografiado a ras de suelo.
f/8 - 1/500 s - ISO 200 - Distancia focal 560 mm - balance de blancos automático.

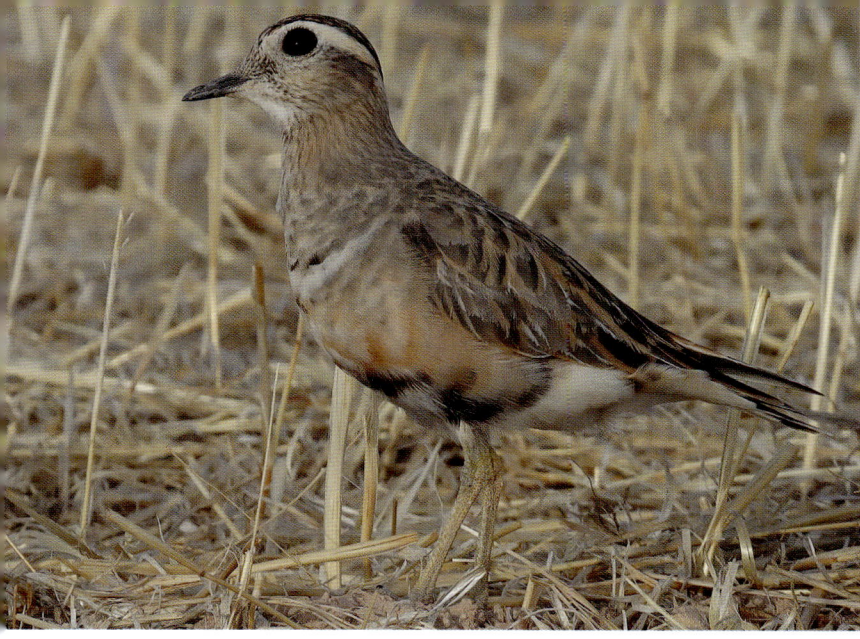

Vigilando posibles peligros de arriba.
f/8 - 1/320 s - ISO 200 - Distancia focal 400 mm - balance de blancos automático.

el macho quien asume la mayor parte del cuidado de los huevos y pollos. Él incubará y protegerá a la prole mientras la hembra puede incluso iniciar una segunda puesta con otro macho. Este rasgo de inversión parental lo convierte en un caso singular entre limícolas.

Los grupos en migración, tranquilos y cohesivos, generan una sensación de calma absoluta. Verlos desplazarse por tundras altas o por llanuras abiertas, silenciosos y atentos, es un privilegio reservado a quienes buscan la naturaleza en su faceta más austera y pura.

CÓMO FOTOGRAFIAR

Un aspecto clave en la fotografía del chorlito carambolo es la manera en que se debe gestionar la distancia durante el acercamiento. Aunque el ave es relativamente confiada, no debemos olvidar que su comportamiento está profundamente influenciado por la presencia humana. El uso de un equipo adecuado de teleobjetivos, como lentes de 400 a 600 mm, permite acercarse sin invadir el espacio personal del ave, garantizando que la fotografía sea lo más natural posible sin perturbar su comportamiento. Es fundamental no subestimar el poder de una buena lente larga, pues la proximidad puede inducirles a huir, arruinando la toma y el esfuerzo previo. La paciencia, una vez más, se convierte en la mejor herramienta, y la espera silenciosa puede resultar en una fotografía extraordinaria, capturando la esencia misma de la especie en su hábitat natural.

El chorlito carambolo es especialmente sensible a los cambios en su entorno, y esto se refleja en su conducta. Es esencial identificar los momentos precisos cuando el ave se siente más relajada, como durante los descansos o los momentos en que se detiene para observar el horizonte.

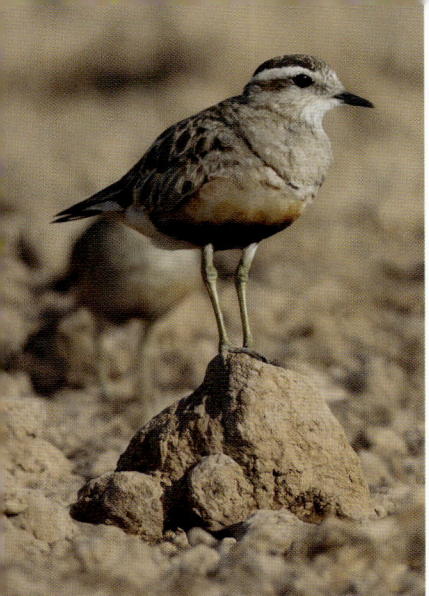

Chorlito carambolo observando desde el pequeño montículo.
f/6.3 - 1/400 s - ISO 800 - Distancia focal 400 mm - balance de blancos automático.

En estos instantes, el carambolo puede estar a solo unos metros de distancia, sin mostrar señales de alarma. Este es el momento perfecto para capturar la mirada tranquila y profunda del ave, que parece hacer una pausa en medio de su incansable búsqueda de comida. La clave está en no forzar la interacción, sino esperar hasta que el ave se sienta cómoda con la presencia del fotógrafo, permitiéndole que siga su rutina sin interrupciones. La observación del lenguaje corporal del chorlito es fundamental: cuando sus ojos se suavizan y su postura se relaja, sabemos que es el momento adecuado para disparar.

A menudo, la fotografía de aves de esta naturaleza va más allá de lo técnico, invitándonos a reflexionar sobre el arte de capturar la vida salvaje en su estado más puro. Las condiciones cambiantes de la luz y el entorno pueden transformar por completo una escena, por lo que es vital estar preparado para adaptarse a la situación. Las nubes que se desplazan por el cielo, por ejemplo, pueden suavizar la luz en el terreno, creando sombras difusas que añaden una atmósfera especial a la imagen. Estas condiciones de luz pueden realzar detalles sutiles del plumaje del chorlito, como los tonos rojizos de su pecho en pleno atardecer. El cielo, en su transición del día a la noche, ofrece un telón de fondo que puede hacer que la escena se convierta en una obra de arte en lugar de una simple captura fotográfica. Aquí es donde la fotografía de aves toma un giro más poético: en lugar de buscar solo la toma perfecta, nos centramos en la magia de un instante compartido entre el fotógrafo y el sujeto.

La técnica que más utilizo, es la "tumba inmóvil" que consiste en estar tumbado en zonas de pastizal raso de alta montaña, donde los bandos se alimentan durante sus pasos migratorios. Si te quedas muy bajo y quieto, el carambolo te ignorará por completo y seguirá picoteando a pocos metros. Su confianza natural lo convierte en una de las especies más fáciles de observar de cerca cuando se respeta su espacio.

Fotografiar al chorlito carambolo es un desafío fascinante. Su timidez, su camuflaje casi perfecto y los entornos ventosos donde vive obligan a preparar la sesión con anticipación y sutileza.

«Localizar la especie, la parte más difícil»

Importante, madrugar para aprovechar su temprana actividad. Hacer uso de prismáticos o telescopio terrestre para rastrear con detenimiento, explorar zonas de pradera rala y pedregosa, o extensas llanuras para identificar grupos buscando siluetas en movimiento, y sobre todo moverte lentamente por zonas abiertas para evitar que huyan antes de verlos. Una vez localizados, hay que observar su dinámica, ya suelen moverse lentamente mientras se alimentan, lo que da oportunidades para aproximarse.

El carambolo es desconfiado, pero no se alarma por aproximaciones muy lentas y en línea baja.

Por lo tanto, hay que avanzar poco a poco mientras el ave se alimenta, evitando movimientos bruscos de brazos, mantener siempre una postura baja, reptando si es necesario. Para estas sesiones usaremos ropa de colores terrosos para integrarnos con en el entorno, y permaneciendo siempre por debajo del horizonte para no generar silueta amenazante.

Si el grupo muestra inquietud (cabezas erguidas, carreras cortas, agrupación súbita), hay que detenerse un momento y deja que vuelvan a alimentarse.

«Cuando el chorlito se detiene y te observa con calma, en silencio, sientes que te concede un instante de absoluta quietud»

Estar "tumbado" nos da la perspectiva más natural, genera un punto de vista íntimo, y facilita fondos suaves y desenfocados.

Los carambolos realizan pequeñas carreras mientras buscan alimento. Para captar su esencia velocidad: 1/1000 s para movimientos rápidos; 1/250–1/500 s para posados tranquilos. Con apertura: f/5.6–f/7.1 para equilibrar definición y separación del fondo. El ISO necesario según la luz, ya que en grandes llanuras y alta montaña, la luminosidad suele ser alta. Enfoque: AF continuo con punto único o grupo reducido. Medición: puntual o ponderada al ave, para evitar quemar fondos claros.

En migración, los carambolos suelen moverse en grupos de más o menos individuos. En las grandes llanuras con caminos transitables por vehículos, este puede ser una buena opción de observación y acercamiento desde el propio camino dentro del vehículo. El inconveniente en este caso el ángulo y la perspectiva, más picada que cuando estamos tumbados.

Para fotografiar grupos pequeños lo mejor es colocar el enfoque en el individuo que lidera, dejar espacio en la dirección del movimiento,

buscar posiciones donde el fondo esté muy alejado para crear un efecto limpio, y aprovechar al máximo el contraste entre plumaje y paisaje para capturar texturas suaves. Las composiciones múltiples de tres o cuatro aves alineadas o dispersas, resultan muy estéticas si se encuadran con equilibrio. Buenos momentos que podemos captar: Carreras cortas para capturar insectos, descansos con la mirada semiagachada, ejemplares en plumaje nupcial, interacciones entre varios individuos.

Hay que controlar el sol alto ya que puede generar sombras duras, y aprovechar nubes como difusores naturales. Siempre hay que mantener la distancia suficiente para no alterar posibles grupos reproductores y también en sus zonas de descanso y alimentación.

Importante en estos lugares es hidratarte y prepárate para largas esperas, la paciencia rinde frutos con esta especie.

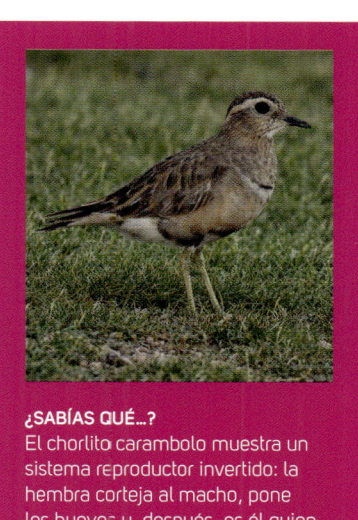

Perdiz roja

Mejor estación del año:	invierno, verano.
Instantes para captar:	cantando, en grupos, bebiendo.
Dificultades:	aves muy perseguidas por su caza y en muchos lugares muy ariscas.
Equipo y material:	teleobjetivos, trípode, *hide*, redes.
Mejores lugares para su fotografía:	La Bañeza, Aracena, Los Llanos (Albacete), Mancha Alta de Toledo, La Plana de Utiel - Requena, Carmona, La Serena, La Solana, Vilches y en multitud de zona de cultivo.

La patirroja

Esta especie es una de las más importantes representaciones de nuestras aves ibéricas y muy típica en nuestra Península y cultura. Está presente en multitud de hábitats, aunque preferiblemente en zonas de cultivos agrícolas.

Las puestas de esta especie son de un elevado número de huevos, debido en parte a la multitud de enemigos que las depredan. No es difícil ver polladas de más de quince perdigones siguiendo a su madre durante los primeros días de

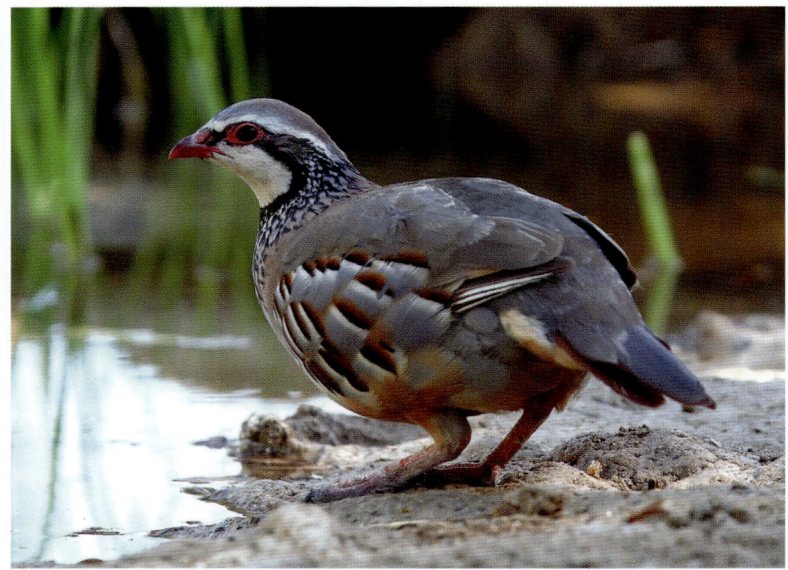

Perdiz roja acercándose al bebedero. Antes de entrar se aseguran de que no hay ningún peligro en la zona.
f/7.1 - 1/80 s – ISO 200, Modo manual – Distancia focal 295 mm – balance de blancos automático.

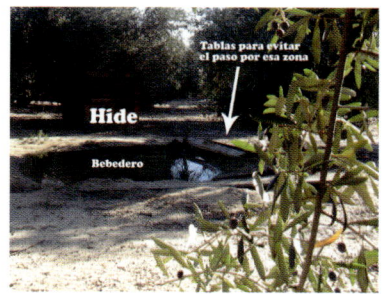

Cómo se hizo. *Bebedero y hide preparado. Para evitar que entren por una zona que no queremos, pondremos elementos fijos, como tablones o similar.*

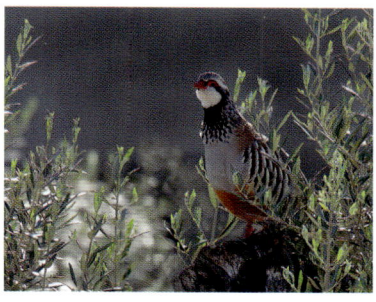

Ejemplar macho de perdiz roja, cantando en época de celo sobre un rocón de olivo.
f/8 - 1/400 s – ISO 200, Modo manual – Distancia focal 560 mm - balance de blancos automático.

vida, aunque dichas puestas suelen ir mermando con el paso del tiempo.

«Ave típica ibérica, y con un gran interés cinegético. Las repoblaciones con perdices de granja han sido muy habituales en estos últimos años»

Ha sido reina de la caza menor y eso les ha hecho estar a punto de desaparecer. Muchos campos han sido repoblados con perdices de granja, perdiendo su carácter salvaje.

CÓMO FOTOGRAFIAR

Acabada la temporada de caza, suele comenzar su periodo de celo; machos engalanados emiten sus peculiares cantos para ganar y atraer a las hembras. Este momento es fantástico si queremos captar algún macho, en algún punto elevado de su territorio, cantando como locos. Escucharlos suele ser lo primero, para después poder verlos en sus cantaderos; es necesario detectar el que mejores opciones nos pueda dar para ocultarnos a una distancia razonable.

«En su periodo de celo los machos utilizan lugares elevados como cantaderos; resulta un buen momento para fotografiarlos»

El elegido por mí fue uno que estaba entre olivos; utilicé un olivo cercano, en el que tenía la luz del sol a la espalda, y fácilmente se podía montar un *hide* sin llamar la atención; lo dejé instalado días antes y fui observando las horas en las que más cantaba. Entrando una hora antes, estaremos preparados para fotografiarlos en acción.

«Las charcas permanentes en verano nos ayudarán a fotografiar esta y otras especies que se acercan a beber. Montar un hide es fundamental para no perturbar la tranquilidad del lugar»

En la estación de verano, con la escasez de agua en muchas de sus zonas, la creación de un bebedero nos dará mil opciones fotográficas. Cuando van en prole a bebederos es un espectáculo digno de ver y captar, cómo la madre vigila antes de entrar y mientras beben sus perdigones.

¿SABÍAS QUÉ…?
Esta especie tiene una costumbre muy típica de las de gallináceas, que es darse baños de arena para limpiar su plumaje.

Carraca europea

Mejor estación del año:	primavera, verano.
Instantes para captar:	posados, vuelos.
Dificultades:	escasez y temporalidad de estas aves.
Equipo y material:	teleobjetivos, *hide*, redes, trípode.
Mejores lugares para su fotografía:	Llanos de Cáceres y Sierra de Fuentes, Comarca de la Serena, Alcázar de San Juan, Almudévar, Paraje Natural de Punta Entinas - Sabinar, Osuna, Fortuna (Murcia).

El zafiro emplumado

Cada vez más escasa y amenazada en nuestra Península. Es un ave preciosa, que cuando la ves de cerca, es difícil olvidar tanta belleza con esa variedad de colores azules. Su nombre es debido al sonido que emite que recuerda al instrumento de carraca.

Fácil de distinguir y audible a grandes distancias.

«Sus vivos colores azules les hace ser destacadas dentro de la fotografía de aves»

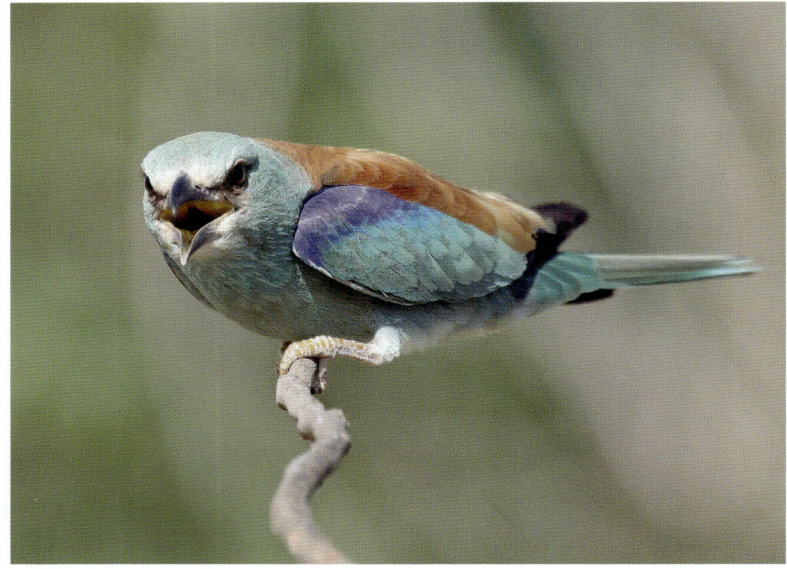

Ejemplar de carraca macho emitiendo su característico canto para llamar a la hembra.
f/5.6 - 1/640 s – ISO 200, Modo manual – Distancia focal 400 mm - balance de blancos luz día.

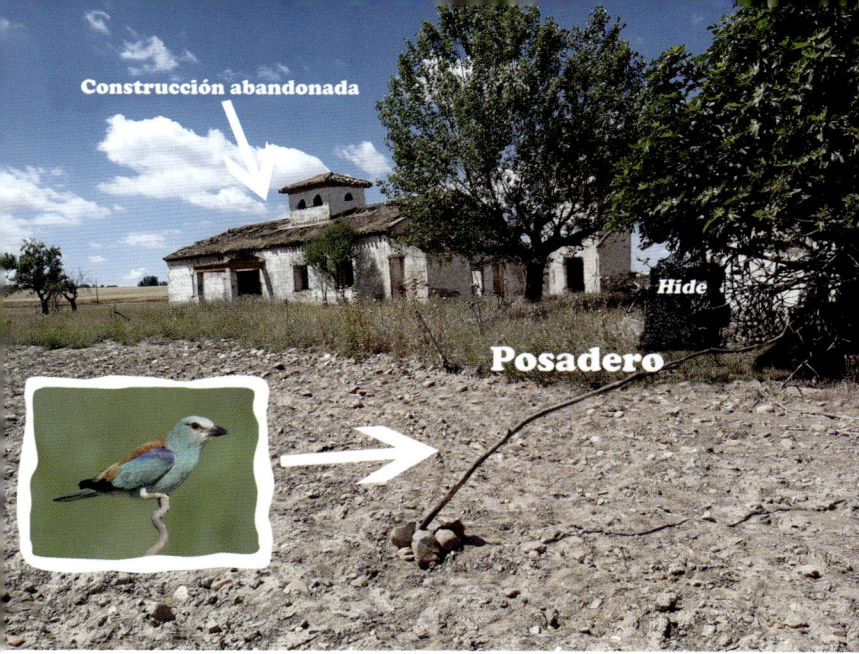

Construcción abandonada

Hide

Posadero

Cómo se hizo. Hide *montado en las inmediaciones de una construcción abar donada, que utilizan varias parejas. Posadero ubicado cerca del* hide *para que lo tomen en sus idas y venidas.*

Están dentro del grupo de las aves estivales que vienen en primavera y se van una vez terminado el ciclo reproductor. En llanuras de cultivos agrícolas, con cierto arbolado o construcciones abandonadas donde suele anidar, son buenos lugares donde las podremos encontrar.

CÓMO FOTOGRAFIAR

Detectar a estas aves viene a ser la parte más complicada porque cada vez son menos las zonas donde es posible observarlas.

Tienen mucha tendencia, año tras año, a volver a criar en los mismos lugares donde criaron o fueron criadas; en muchas de estas zonas podemos encontrar a varias parejas criando a poca distancia entre ellas que, sin llegar a ser colonias propiamente dichas, anidan en el mismo territorio. Estos lugares pueden ser la mejor opción para realizar el trabajo fotográfico. Es

necesario tener en cuenta que dicho trabajo, siempre ha de realizarse con el mayor de los respetos y más cuando lo realizamos cerca de sus zonas de cría. La máxima ha de ser siempre el bienestar de la especie y saber cuándo conviene parar. Además de contar con el permiso necesario.

En mi caso he seguido y observado durante varios años cómo anidaban varias parejas en un edificio abandonado, cerca de Alcázar de San Juan. Llanuras de extensos cultivos, zonas de río, y algunas edificaciones en desuso, resultan la combinación perfecta para la nidificación de la especie.

El objetivo principal era conseguir fotografías de la especie en posaderos, y no en el nido propio; una vez detectadas en la zona, siempre he esperado a que las parejas tengan pollos.

Por dos motivos: primero, son más vulnerables cuando tienen huevos y ante

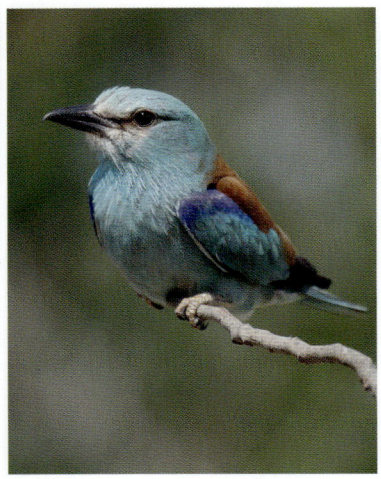

Individuo fotografiado mientras descansa en uno de sus posaderos.
f/8 - 1/800 s – ISO 200, Modo manual – Distancia focal 560 mm - balance de blancos automático.

molestias repetidas pueden abandonar las puestas. Y segundo, porque cuando tienen pollos son más las veces que van y vienen con comida para alimentar la prole, y por lo tanto más opciones tendremos de que tomen los posaderos.

«Aumentaremos nuestro número f de diafragma, si queremos tener mayor profundidad de campo y así captar vuelos o movimientos»

Dicho esto, es necesario esperar el momento en el que se las empieza a ver con comida en el pico entrando y saliendo de sus nidos. El siguiente paso que hice fue ir colocando posaderos a unos 50 o 60 metros de distancia al nido, y en el recorrido que suelen hacer cuando van con la comida al nido. La colocación de estos posaderos ha de realizarse cerca del lugar donde

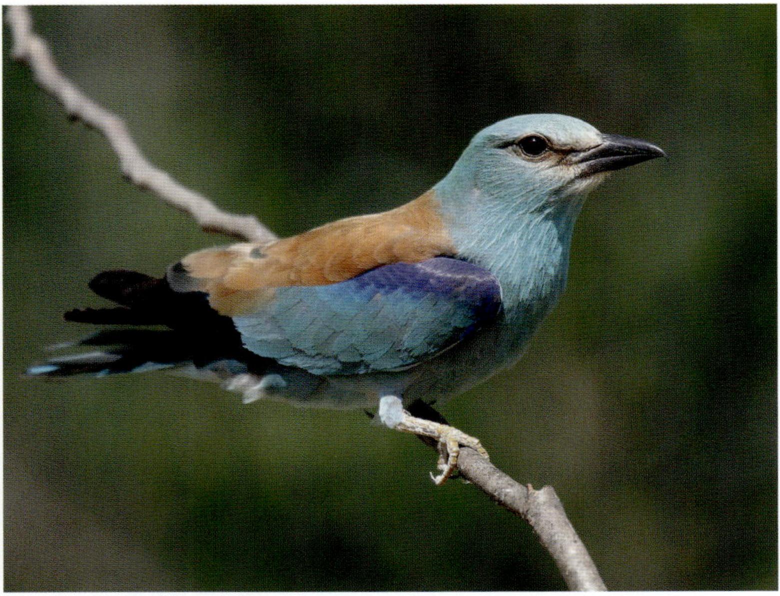

Composición de carraca europea, sobre posadero cruzado, antes de entrar a sus nidos.
f/5.6 - 1/1000 s – ISO 400, Modo manual – Distancia focal 400 mm - balance de blancos luz día automático.

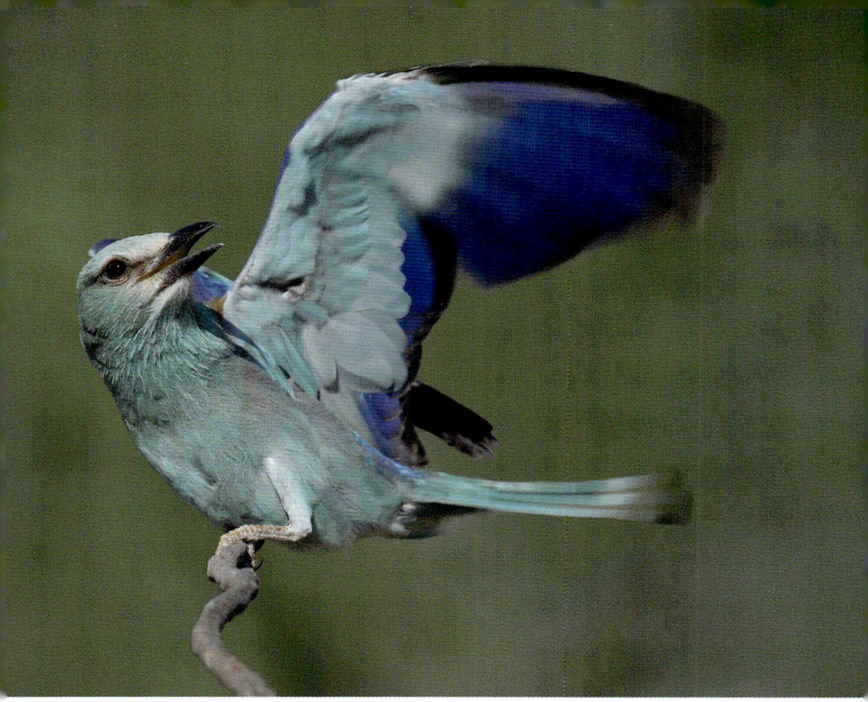

Ejemplar de carraca captada antes de volar, por la llegada de su pareja.
f/9 - 1/1000 s – ISO 400, Modo manual – Distancia focal 390 mm - balance de blancos automático.

posteriormente colocaremos el *hide*;
lo mejor es hacerlo cerca de algún
arbusto, o maleza donde poder disimular
mejor el bulto.

Ya no queda otra cosa que observar
pasados unos días, si toman el posadero.
Cuando ocurra, podemos montar el *hide*
en la zona indicada, lo más camuflado
posible, estar preparados para cuando
posen y hacer las fotografiar.

Son muy fotogénicas y tienen un tamaño
medianamente grande; por lo tanto,
los podemos fotografiar a distancias
también medias; iremos disminuyendo
el número f del diafragma para conseguir
el fondo lo más difuminado posible.
Y lo aumentaremos para tener mayor
profundidad de campo enfocado,
si queremos captar algún vuelo o
movimiento.

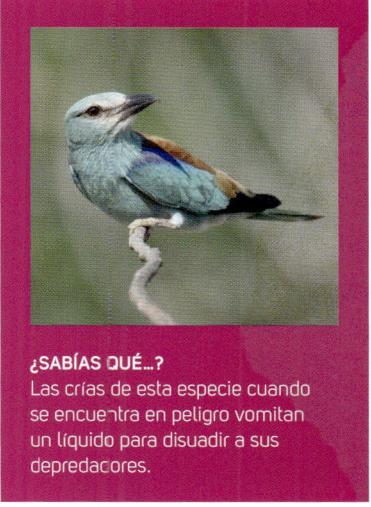

¿SABÍAS QUÉ...?
Las crías de esta especie cuando
se encuentra en peligro vomitan
un líquido para disuadir a sus
depredacores.

243

Huertas y cultivos
Abejaruco europeo

Mejor estación del año:	primavera, verano.
Instantes para captar:	aves en composición, retratos, acciones.
Dificultades:	luces duras en las que suelen tener mayor actividad.
Equipo y material:	*hide*, redes camuflaje, teleobjetivos, trípode.
Mejores lugares para su fotografía:	Villafranca de los Caballeros, Candeleda, Comarca de Baza, Desierto de Tabernas, Dilar (Granada), Burujón (Toledo), P. Natural de Los Alcornocales. Aunque es bastante común, las podemos encontrar en multitud de taludes de ríos, caminos, zonas de huertas y cultivos.

La paleta de colores

Cuando la primavera está asentada, sus cantos empiezan a sonar por multitud de nuestros campos; sus vivos colores y sus llamativos vuelos atraen fácilmente la atención de todo el que se cruza con estas aves.

«Aves de colores tan bonitos que hacen siempre las delicias de todos los fotógrafos de naturaleza»

Es una de esas aves que no pasa desapercibida, nunca cansa su fotografía,

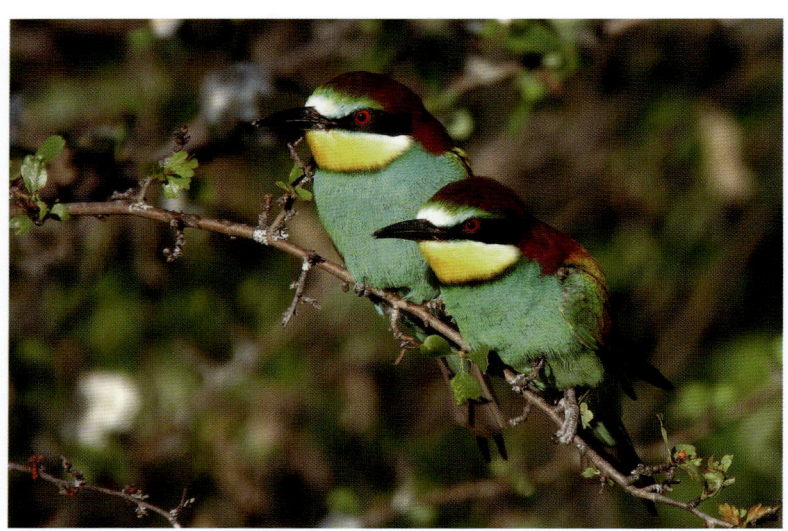

Pareja de abejarucos sobre posadero natural. En primavera, cuando llegan, suelen juntarse las parejas y es entonces cuando más opciones tendremos de captar estos momentos.
f/8 - 1/640 s – ISO 200, Modo manual – Distancia focal 560 mm - balance de blancos luz día.

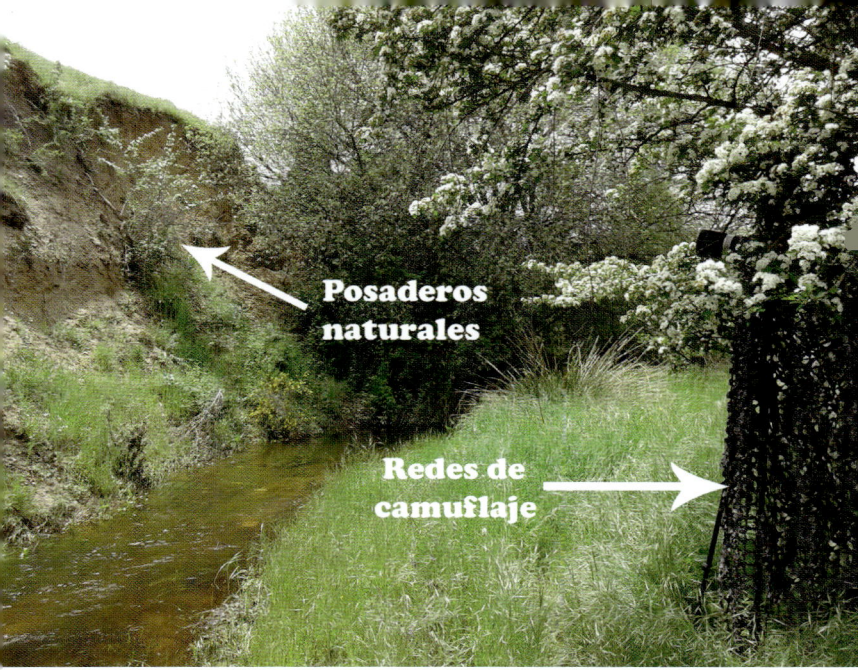

Cómo se hizo. *Redes de camuflaje montadas sobre espino albar cerca del talud y de los posaderos que utilizan.*

y además siempre hace las delicias de todos los fotógrafos, por muchas sesiones que les hayamos dedicado. Un sentimiento muy común de añoranza nos produce cuando vuelven a sus cuarteles de invierno en África. Cada año que trabajemos con esta especie, si el tiempo del que disponemos lo permite, se pueden ir probando distintas opciones, como vuelos, capturas, cópulas, etc. Los taludes arenosos, son zonas donde suelen anidar. Además, como suelen criar en colonias, es más fácil poder detectarlas y es el punto principal para realizar un buen trabajo fotográfico.

CÓMO FOTOGRAFIAR
Un buen método que nos pude ayudar a realizar grandes reportajes fotográficos es encontrar una colonia donde críen, teniendo el correspondiente permiso; lo podemos hacer en cualquier estación del año, porque sus nidos son agujeros en taludes que es posible descubrir en paseos por el campo; estos suelen ser normalmente en taludes ribereños o similares, y también en zonas creadas por la mano del hombre como laderas de caminos, carreteras, vías de tren. Con este método podremos descubrir colonias, pero no sabemos a ciencia cierta si son antiguas o las siguen utilizando. La mejor época para descubrir las colonias habitadas es cuando llegan, que suele ser por abril. Sus canticos y vuelos nos delatarán su presencia y con el seguimiento podremos ver qué zona es la elegida para formar sus colonias.

«En abril podemos localizar colonias de abejarucos siguiendo sus vuelos y cantos»

Es un ave que, al contrario de muchas otras, no madruga mucho. En las estaciones que las vemos, el sol pronto está elevado, haciendo que las jornadas sean cortas si solo nos interesan las primeras luces, pero también tenemos que saber aprovechar el sol cuando las luces son duras, para captar otro tipo de momentos.

Para las sesiones con esta especie, utilizo un teleobjetivo 400 mm, ya que inferiores nos obligarían a tener el *hide* más cercano a los posaderos, haciendo que las aves recelen y las cueste más tomar dichos posaderos.

He realizado distintos tipos de sesiones con ellos. En una zona de taludes, en la que apenas había posaderos naturales y las aves solían posarse en cables de la luz a unas distancias grandes. Coloqué distintos posaderos en la parte superior del talud para que los utilizaran. Para saber cuáles eran los más usados, observaba

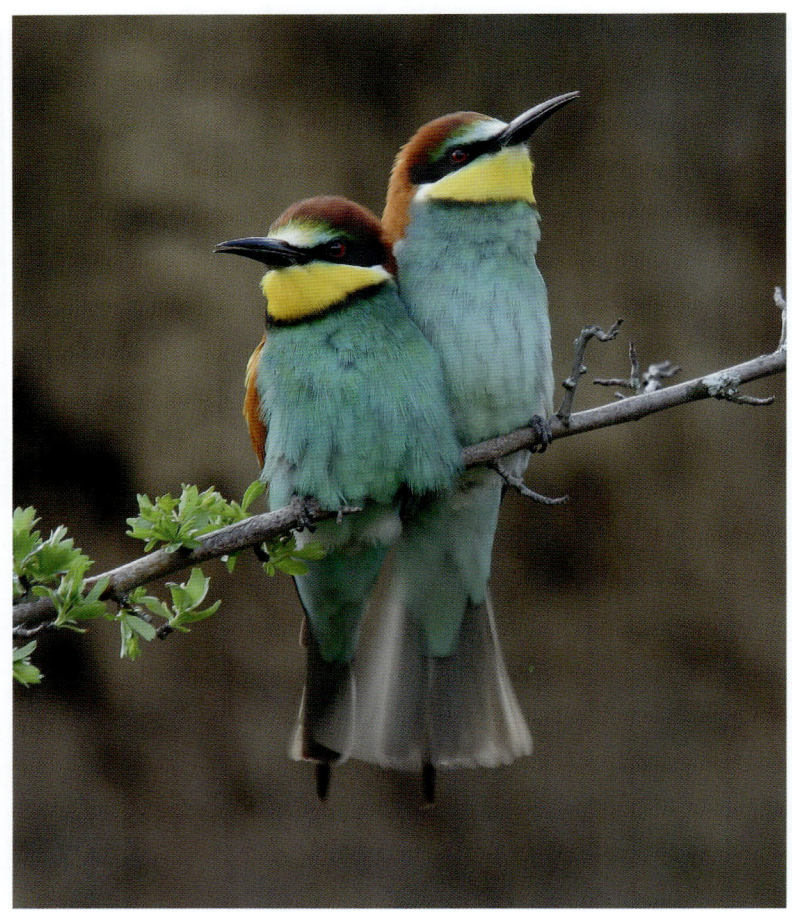

Pareja fotografiada en composición de cabezas opuestas y con el talud de fondo.
f/10 - 1/100 s – ISO 320, Modo manual – Distancia focal 460 mm - balance de blancos nublado.

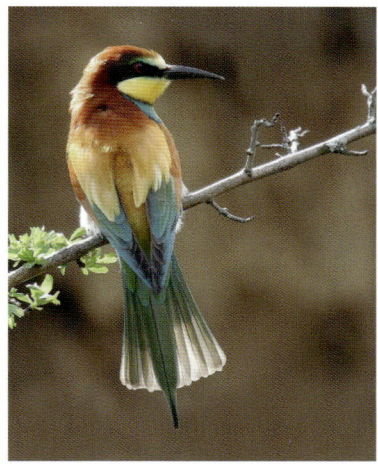

Abejaruco europeo fotografiado de espaldas y a contraluz en posadero.
f/8 - 1/160 s – ISO 400, Modo manual – Distancia focal 560 mm - balance de blancos luz automático.

las egagrópilas que expulsaban en cada posadero, pudiendo descubrir a lo largo de distintos días por el que tenían mayor preferencia.

Trabajada esta parte, lo siguiente fue colocar un *hide* tipo silla cubierto con redes, que me permitía mayor movilidad en la zona según cambiaba la dirección del sol. El uso del trípode es fundamental en estas sesiones y también llevar mucha agua, dado que estas jornadas suelen ser muy calurosas.

«Preparado el posadero, debemos colocar nuestro hide *con el mejor fondo uniforme y el sol a la espalda»*

La colocación del *hide* con respecto al posadero la suelo realizar para mantener el sol a mi espalda la mayor parte del tiempo que dure la sesión. Para conseguir fondos uniformes y de tonos similares o contrastados con el ave, según nuestro gusto; intento que sean campos muy alejados y de coloración homogénea.

Otro tipo de sesiones que me gustan más, pero en las que es más difícil conseguir buenos resultados, las realicé en un cortado de un río con posaderos naturales que utilizaban. Escondido en la orilla opuesta aproveché la maleza de un majuelo para colocar las redes que me ayudaron a camuflarme, e igual que en otro tipo de sesiones, analicé la dirección del sol para tenerlo de espaldas y conseguir combinar fondo y posaderos naturales de la mejor manera.

En estas sesiones estoy muy pendiente de los días de lluvias, que suelen ser escasos. Ya que las luces que se crean después de las tormentas, combinadas con los colores de los abejarucos, es un espectáculo de color increíble.

No suelo eliminar vegetación de la zona para favorecer a otros posaderos, y de esta manera dejo el lugar tal cual estaba. Los mejores momentos para captar acciones de cópulas, entregas de capturas y demás, suele ser al principio de su llegada sobre abril y mayo.

Más tarde la actividad principal serán las cebas a los pollos.

Es un ave que suele seducir al fotógrafo y nos ofrece grandes opciones desplegando alas, en pareja, juntos varios individuos, cópulas e incluso aislado.

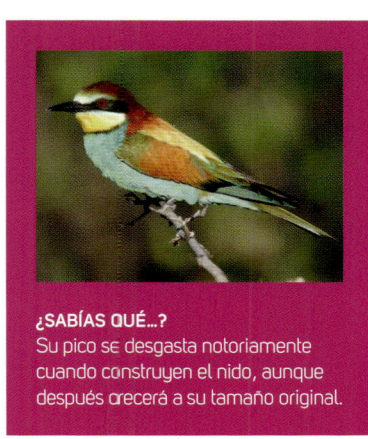

¿SABÍAS QUÉ…?
Su pico se desgasta notoriamente cuando construyen el nido, aunque después crecerá a su tamaño original.

Chotacabras cuellirrojo

Mejor estación del año:	primavera, verano.
Instantes para captar:	posados en reposo.
Dificultades:	poder descubrirlos mientras descansan.
Equipo y material:	teleobjetivos, objetivos medios.
Mejores lugares para su fotografía:	Huerta Norte (Valencia), Guadalcanal (Sevilla), El Garrobo, El Vendrell, La Ampolla, Colmenar del Arroyo, Aldeanueva de Barbarrolla.

El engañapastor

Es muy difícil detectar la presencia de estas aves, y más saber la población que puede haber en cada zona. Tienen hábitos nocturnos y durante el día permanecen perfectamente camuflados en los terrenos donde descansan, aplastados en el suelo, con ese plumaje tan críptico que les hace pasar totalmente desapercibidos.

«Maestros del camuflaje, su diseño y su plumaje hace que sean una parte más del terreno donde descansan»

Son aves migradoras que vienen en primavera; sus vuelos al anochecer nos recuerdan a otras aves como vencejos, pero de mayor tamaño.

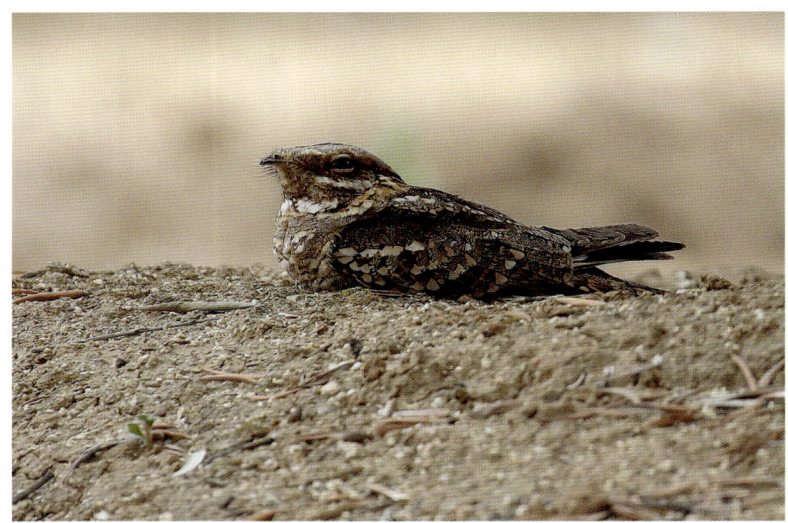

Chotacabras cuellirrojo apostado al borde de un camino al atardecer, que es cuando empiezan sus jornadas.
f/5.6 - 1/125 s – ISO 200, Modo manual – Distancia focal 400 mm - balance de blancos automático.

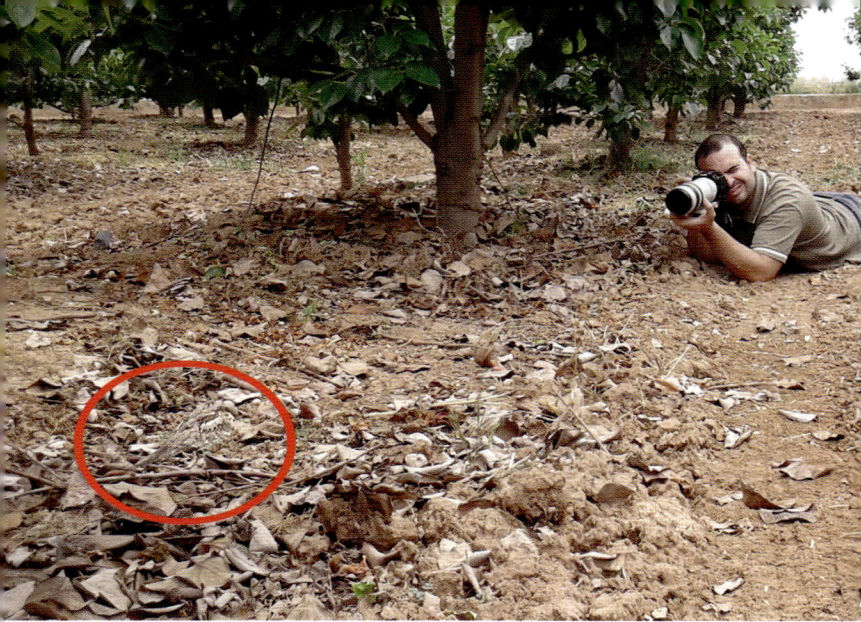

Cómo se hizo. *Posado sobre un campo de cultivo, confían tanto en su camuflaje, que puedes estar a pocos metros sin que se espanten.*

Ha despertado siempre curiosidad en el ser humano, generando leyendas y mitos sobre ellas.

CÓMO FOTOGRAFIAR

Para saber que en una zona hay chotacabras no hay más remedio que pasear al anochecer durante los meses de abril y mayo, que es cuando más visibles suelen ser en las horas crepusculares. Aun así, son difíciles de ver en vuelo, por las horas a las que suelen realizarlos y porque no es un ave muy abundante. Es mejor usar entonces el oído; tienen un canto característico y extraño que me recuera al sonido de los semáforos, cuando están en verde para el peatón. Este sonido a estas horas resulta más fácil de detectar y ello nos llevará a poder descubrirlos volando y cazando insectos. Muchas serán las veces que los veamos cerca de luces y focos que suelen atraer a sus presas.

«Su característico canto al anochecer será clave para poder detectar su presencia»

Ahora llega la parte más difícil; hemos descubierto su zona y ahora sabemos que por allí hay chotacabras. Pero cómo poder verlos de día, mientras descansan sobre el suelo inmóviles. Esta es la clave para fotografiarla porque una vez descubierto, confían tanto en su camuflaje que los podemos fotografiar a placer y a muy pocos metros.

¡Cuántas veces habremos pasado por su lado y no hemos sido capaces de verlos! Y otras tantas los hemos visto volar de nuestros pies, creando esa sensación de no saber muy bien qué especie era y qué hacía en ese sitio sin haber volado antes. Si hemos levantado alguna vez a unos de ellos durante el día, es señal que indica que esta zona ha sido elegida como lugar de descanso.

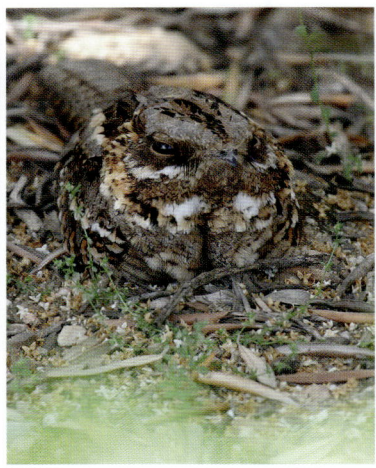

He trabajado esta especie durante bastantes años; pero aun conociendo sus zonas de descanso, poder descubrirlos cuando descansan de día sin levantarlos, ha sido un gran reto siempre.

«Son aves que permanecen inmóviles, y una buena opción fotográfica es con la máxima apertura de diafragma, desenfocando el ambiente en el que se encuentran»

La vista ahora es fundamental para leer el terreno, porque después de levantados la primera vez, aunque no suelen volar lejos, ya es más difícil acercarse, miden más la distancia y las molestias son mayores. No debemos repetir ir detrás de ellos una y otra vez el mismo día, porque pueden acabar abandonado la zona y buscar otra más tranquila; es preferible abandonar e intentar de nuevo pasado unos días.

Lo mejor es forzar la vista por el radio

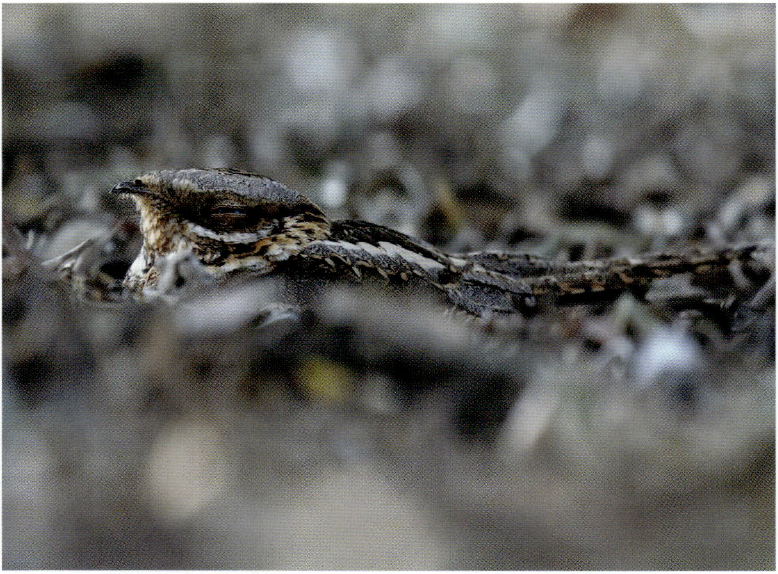

Individuo fotografiado con ángulo más elevado buscando el desenfoque en primer plano.
f/5.6 - 1/100 s – ISO 320, Modo manual – Distancia focal 400 mm - balance de blancos automático.

Ejemplar fotografiado tumbado a su nivel, buscando los desenfoques de las hojas que hay a su alrededor para destacar al ave.
f/4 - 1/40 s – ISO 100, Modo manual – Distancia focal 300 mm - balance de blancos nublado.

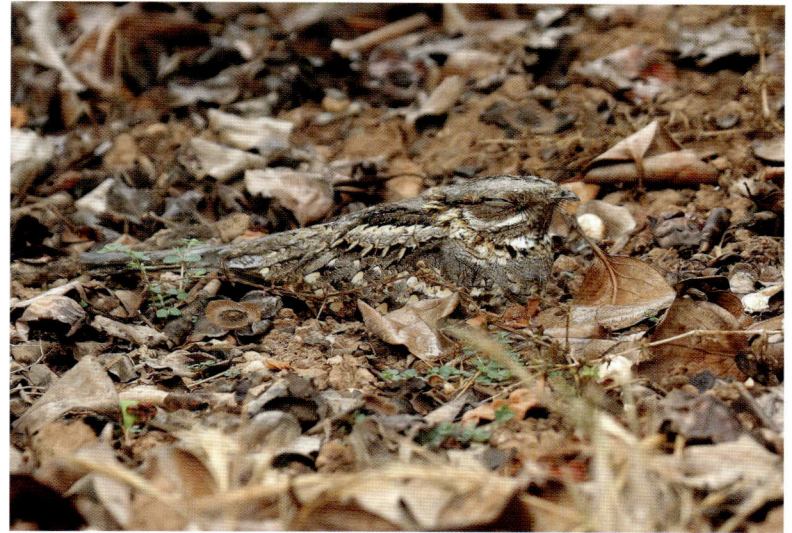

Chotacabras fotografiado después de una tormenta, que es cuando se generan unas luces especiales.
f/6.3 - 1/250 s – ISO 200, Modo manual – Distancia focal 300 mm - balance de blancos automático.

que vamos a caminar, de esta manera nos aseguramos que no está en nuestro camino y que no le levantaremos. Mi recomendación es recorrer el terreno linealmente muy despacio, observando antes de cada paso un radio de unos 5-7 metros a mi alrededor, y avanzar observando el mismo radio, en línea recta. Si he llegado al final del área, me desplazo unos 10 metros hacia un lado, y recorro otra vez la zona en paralelo a la inversa, así hasta dar con el enigmático chotacabras. Con el tiempo terminarás descubriéndolos sobre el mismo lugar más o menos, y en menor tiempo cada vez.

Una buena opción fotográfica es abrir el diafragma al máximo de nuestro objetivo f/2.8 – f/4 – f/5.6. Así podremos obtener excelentes desenfoques en los planos anteriores y posteriores del foco. De este modo es posible destacar detalles del ave mientras descansa, como puede ser su silueta apostada, envuelta entre la hojarasca.

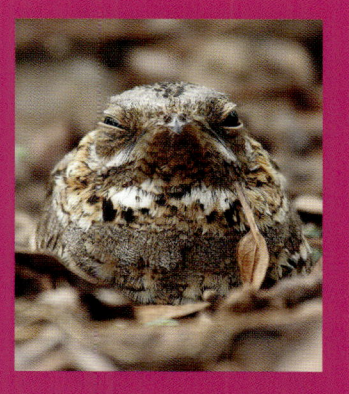

¿SABÍAS QUÉ...?
Una de las mayores causas de muertes de estas aves suele ocurrir cuando descansan en carreteras y caminos. Les gusta posarse en estos lugares y muchas de ellas acaban siendo atropelladas.

Erizo común

Mejor estación del año:	primavera, verano.
Instantes para captar:	paseando tranquilo.
Dificultades:	animal nocturno y muy difícil de poder ver.
Equipo y material:	teleobjetivos, objetivos normales.
Mejores lugares para su fotografía:	Benacantil (Alicante), P. Nacional de las Tablas de Daimiel, Parque de la Ciudadela (Barcelona), P. Regional del Sureste (Madrid), Sierra de Albarracín, Villa el Tiemblo (Ávila), Laguna del Hito (Cuenca), P. Natural de la Sierra Norte de Guadalajara.

Bolita de púas

Pequeño mamífero ibérico, que utiliza las púas como defensa, dado que no está dotado de grandes extremidades que le permitan huir por velocidad. Las púas le protegen, haciéndose una bola y ocultando las partes más blandas de su cuerpo, como pueden ser la cara y sus pequeñas extremidades, en el interior de dicha bola. De este modo sus afilados pinchos actúan de defensa impidiendo ser atacados o casi, porque algunos animales como búhos reales o tejones son capaces de comérselos incluso con púas.

«Sus púas actúan de defensa ante depredadores. Se hace una bola ocultándose, hasta que sienten que el peligro ha pasado»

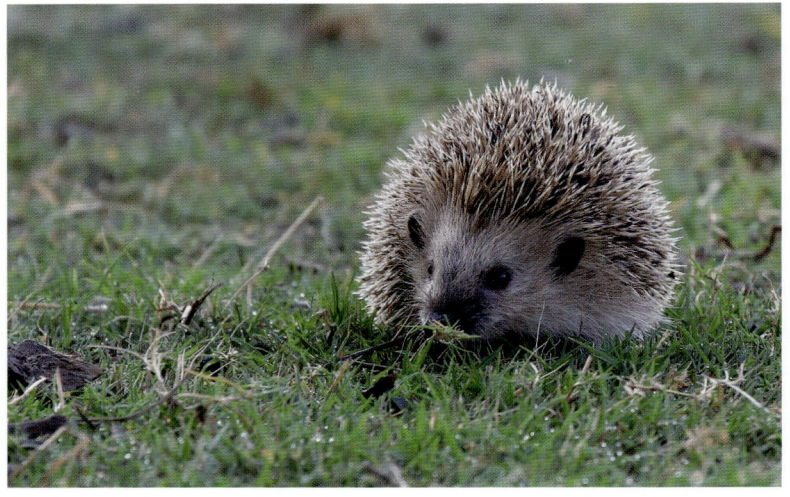

Erizo común fotografiado mientras olfatea el terreno, buscando un lugar para esconderse durante el día.
f/7.1 - 1/80 s – ISO 200, Modo manual – Distancia Focal 340 mm - balance de blancos automático.

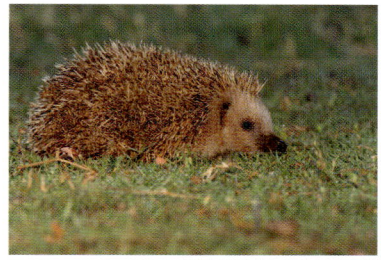

Ejemplar de erizo común fotografiado con la primera luz del día.
f/8 - 1/250 s – ISO 200, Modo manual – Distancia focal 400 mm - balance de blancos automático.

He de decir que tuve suerte un día paseando antes del amanecer en una zona de huertos y en el propio camino me crucé con uno. Al acercarme hizo lo propio de esta especie, una bola para ir tentar pasar desapercibido.

«Si los descubrimos, es mejor quedarnos a una distancia más o menos larga de 50 metros, mientras esperamos que vuelvan a su tranquilidad. Una vez que no sientan peligro, podemos acercarnos despacio y fotografiarlos»

Son nocturnos lo que dificulta poder descubrirlos; de día permanecen ocultos entre la maleza, y en invierno suelen aletargarse, por lo que no se los vuelve a ver hasta primavera.

Algunas veces se les puede observar con frutos pinchados en sus púas que también utilizan como medio de transporte para llevarlas a otros lugares más ocultos.

CÓMO FOTOGRAFIAR

Para fotografiarlo, hay que tener suerte para encontrarlo. No resulta tarea fácil porque su actividad es nocturna: son pequeños y cuando van caminado por el suelo entre la vegetación pasan bastante desapercibidos. Además, hay que añadir que ante cualquier ruido cercano que les alarme, incluidos nuestros pasos, se paran y suelen hacerse una bola, hasta que de nuevo sienten que no hay nada peligroso cerca y vuelve a caminar.

Me quedé sentado cerca del lugar y esperé a que el erizo volviera a su actividad. Cerca de una hora tardó en volver a su estado y caminar. El tiempo en este caso jugó a mi favor, porque empezaba a amanecer y se podía fotografiar sin ningún tipo de iluminación artificial. El truco para fotografiarlo es ver el camino que sigue, e ir situándose muy despacio y perpendicular a su dirección, a la distancia deseada para fotografiarlo. Si vemos que nos escucha y para, hacemos lo mismo. Así, el animal irá hacia su lugar elegido y nosotros podremos fotografiarlo sin interferir en su conducta. A veces, con el propio sonido del obturador se quedará en estado de alerta, pero si dejamos de fotografiar seguirá su propio camino. De este modo es posible hacer fotos escaladas en tiempo y sin prisa. Al no ser animales rápidos, les podremos hacer las combinaciones fotográficas que queramos; personalmente busco dejar el mayor aire posible en la imagen, sobre la zona en la que dirigen la mirada y su camino.

¿SABÍAS QUÉ...?

Durante el periodo de reproducción, la hembra se relaja, y baja las púas para que el macho la pueda montar sin pincharse. Antes de este acto el macho hace círculos alrededor de la hembra hasta que esta se muestra receptiva.

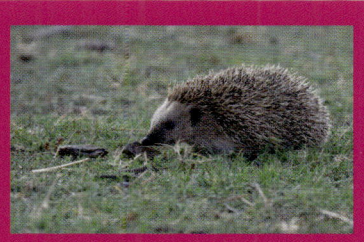

Golondrina común

Mejor estación del año:	primavera, verano.	
Instantes para captar:	cogiendo barro, posadas, cebando, vuelos.	
Dificultades:	verlas posadas en ramas, encontrar charcos donde cogen barro.	
Equipo y material:	teleobjetivos, *hide*, redes de camuflaje, agua.	
Mejores lugares para su fotografía:	Alba de Tormes, Bahía de Cádiz, El Rocío, El Goloso (Madrid), Lisboa, Guadalajara y muy presente en multitud de pueblos y aldeas de la Península.	

El ave de la libertad

Suelen repetir el mismo lugar para anidar, cuando llegan en primavera y son un símbolo sonoro y visual de nuestros pueblos y campos.

Su aparente dorso negro, con el sol, reflejan unos espectaculares azules eléctricos. Y una característica muy notable es su garganta y frente color naranja rojizo, y su cola ahorquillada que en vuelo destaca notablemente.

«El sonido de sus cantos son una alegría en las poblaciones donde habitan»

Sus alegres cantos animan calles de pueblos y ciudades, que es donde más

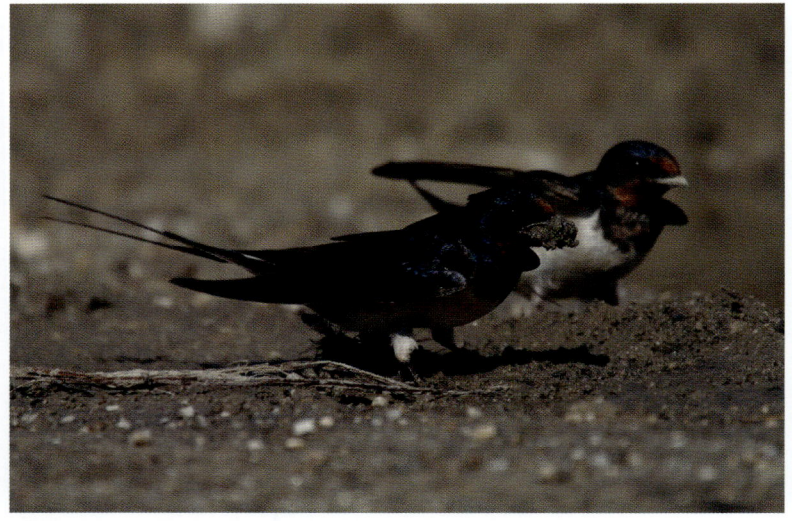

Golondrinas comunes recogiendo barro en la orilla de un charco, para construir sus nidos.
f/8 - 1/1000 s – ISO 200, Modo manual – Distancia focal 560 mm - balance de blancos luz día.

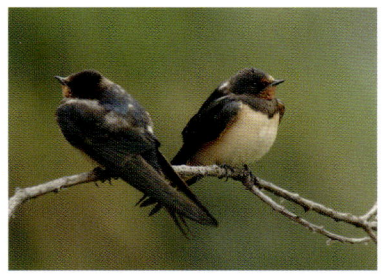

Composición de dos golondrinas posadas en una rama, con gotas de la lluvia en sus plumas.
f/8 - 1/100 s – ISO 400, Modo manual – Distancia focal 560 mm - balance de blancos automático.

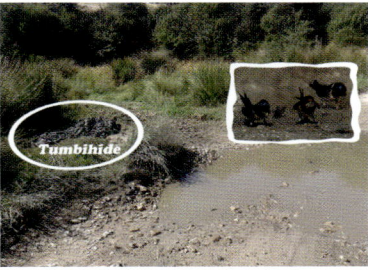

Cómo se hizo. Tumbihide *montado cerca de un charco en el que se posan golondrinas para recoger barro.*

solemos verlas, cuando nos visitan cada primavera.

Estas aves se consideraban sagradas en muchas culturas, al estar relacionadas con nuestras almas; por ello han sido queridas y respetadas durante miles de años.

CÓMO FOTOGRAFIAR

En los primeros días de primavera es muy buen momento para buscar charcos con barro, cerca de donde suelen anidar. Las golondrinas utilizan el barro mezclado con vegetales para construir sus elaborados nidos.

«Las lluvias de primavera crean charcos que atraen a estar aves; aquí consiguen el material con el que fabricaran sus nidos»

Tumbado en el suelo cerca de uno de los charcos con una red por encima, aguantando el calor que cae, mientras observo como van y vienen acompañadas muchas veces de otras aves de su familia.

Es un espectáculo cuando las observas detenidamente de cerca como cogen un pequeño trozo de pasto y lo mezclan con barro para después volar a construir sus nidos en un sinfín de idas y venidas.

Si queremos tener éxito para que vengan muchas veces y no elijan otra charca, es necesario estar bien camuflado y situarse, si se puede, cerca de alguna zona arbustiva o vegetal que nos ayude a ello.

«Los días de sol, la luz nos favorece a la hora de poder tener mayor velocidad de disparo y así congelar movimientos rápidos»

Lo siguiente es ir probando y viendo los mejores y más alejados fondos. También podemos hacer algún reflejo y captar acciones con alas abiertas, o captar varios individuos. Las mejores horas serán las horas primeras del día porque después, a partir de media mañana, el sol alto genera mayores y poco deseadas sombras.

Si salimos un día de lluvia suelen permanecer posadas en ramas, en zonas cercanas a ríos o lagunas. Es un buen momento para fotografiarlas quietas y tranquilas. Podremos hacer composiciones si hay varios ejemplares juntos, y también intentar captar las gotas de lluvia sobre ellas.

¿SABÍAS QUÉ...?

Los tatuajes de golondrinas antiguamente eran realizados por marineros como amuleto de suerte y valía en la navegación. En la actualidad representan la libertad.

Jilguero europeo

Mejor estación del año:	primavera y principios de otoño.
Instantes para captar:	cantos en perchas altas, alimentación en cardos, vuelos grupales.
Dificultades:	aves pequeñas y muy dinámicas, fondos complejos, distancias reducidas difíciles de mantener.
Equipo y material:	teleobjetivos de 300–600 mm, multiplicadores, *hide*.
Mejores lugares para su fotografía:	bordes de cultivos, campiñas mediterráneas, dehesas claras, parques arbolados y laderas soleadas de media montaña.

El color del cardo

El jilguero europeo es, probablemente, uno de los pájaros más reconocibles y queridos de nuestra avifauna. Sus carmines intensos en la cara, el contraste negro y blanco de las alas y ese llamativo destello amarillo que emerge en pleno vuelo lo convierten en un pequeño estallido de color que anima cualquier paisaje. Social, inquieto y de voz inconfundible, vive en bandos la mayor parte del año, salvo en época de cría. Frecuenta zonas abiertas con árboles dispersos, herbazales y áreas donde abunden cardos, plantas de las que extrae semillas con una precisión sorprendente.

«Es un pintor diminuto: allá donde se posa, añade luz y movimiento»

Verlos alimentarse en cardos es un espectáculo de equilibrio y destreza. Se sujetan cabeza abajo, estiran el cuerpo y extraen diminutas semillas con movimientos casi acrobáticos.

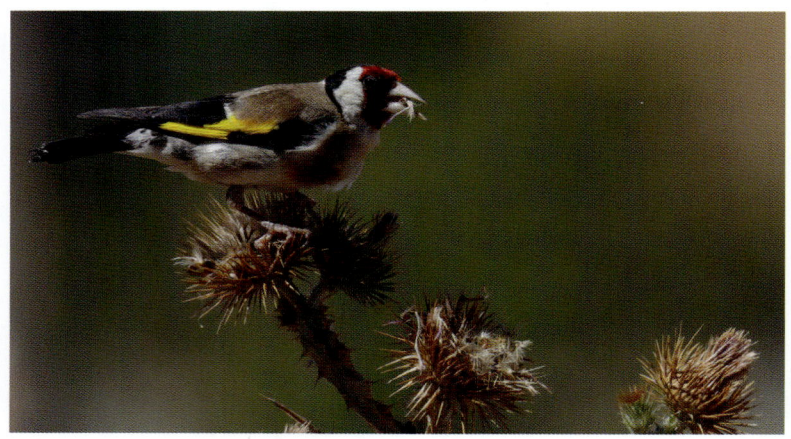

Jilguero europeo alimentándose.
f/6.3 - 1/2000 s - ISO 800 - Distancia focal 400 mm - balance de blancos automático.

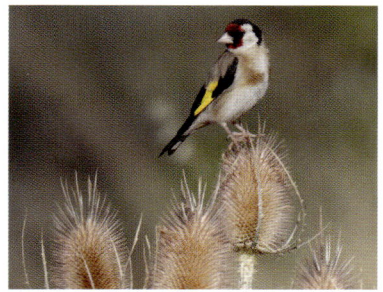

Jilguero europeo posado sobre cardencha.
f/8 - 1/3200 s - ISO 800 - Distancia focal 400 mm - balance de blancos automático.

CÓMO FOTOGRAFIAR

Una técnica muy efectiva consiste en crear una "zona de confianza": colocar un pequeño bebedero discreto en un rincón tranquilo donde ya hayas visto jilgueros posarse y alimentarse. Si mantienes el bebedero lleno, limpio y sin acercarte directamente durante días, los jilgueros acabarán considerándolo parte natural del entorno. Podrás situarte a cierta distancia, tras un arbusto denso, y observarlos con calma mientras acuden relajados.

El jilguero es una especie agradecida, aunque para lograr fotos realmente memorables, hay que entender su ritmo y dominar el control de fondos y luces. Su pequeño tamaño hace que el más mínimo error de enfoque arruine la toma, por lo que la planificación y la paciencia son fundamentales.

Los jilgueros suelen regresar a los mismos cardos y zarzales todos los días, sobre todo en horas tempranas y finales de la tarde. Dedicar uno o dos días solo a observar, te permitirá identificar sus posaderos favoritos, plantas en las que se alimentan con más frecuencia y rutas de vuelo entre arbustos. Estas rutas, a menudo fijas, son ideales para preparar encuadres de paso.

Si trabajas en un terreno donde sea posible la instalación del bebedero, lo mejor es realizarlo donde existan posaderos naturales propios, como cardos, donde se posarán antes o después de beber y podamos fotografiarlos.

El plumaje del jilguero combina tonos muy contrastados. Para fotografiarlo en todo su esplendor es mejor buscar fondos uniformes o muy alejados como praderas. Utilizar aperturas amplias (f/4–f/5.6) para separar al ave del entorno, y aprovechar la luz lateral suave de primeras horas, que muestra las texturas y el brillo del amarillo alar sin quemar los blancos.

En contraluz, el amarillo se convierte en una franja luminosa espectacular. Solo debes compensar ligeramente en +0,7 / +1 según la escena.

«Pocos momentos son tan fotogénicos como ver al jilguero alimentándose en cardos secos»

Para captarlos correctamente sobre los cardos es conveniente usar velocidades de 1/1600 s o más, sus movimientos son rápidos y saltarines. Enfocar al ojo y si no es posible enfocar a la zona roja de la cara.

En otoño, los jilgueros forman grupos ruidosos y muy activos. Para captarlos en vuelo hay que usar modo AF en seguimiento, ráfagas rápidas, velocidades superiores a 1/3200 s, y el encuadre algo más abierto para no perder el bando. El contraste entre las manchas amarillas y el cielo azul produce imágenes muy vistosas.

¿SABÍAS QUÉ...?
El jilguero tiene un pico finísimo y alargado adaptado para extraer semillas diminutas de cardos y otras compuestas. Esta especialización le permite ocupar nichos alimentarios que otras aves granívoras no pueden aprovechar.

Alcaudón real

Mejor estación del año:	finales de invierno y primavera.
Instantes para captar:	posados de vigilancia, cazando, en comportamiento territorial.
Dificultades:	movimientos rápidos en distancias cortas, necesidad de acercamiento, fondos desordenados en matorral mediterráneo.
Equipo y material:	teleobjetivos 300–500 mm, multiplicadores, *hide* portátil.
Mejores lugares para su fotografía:	Estepa y Campiña de Sevilla, Sierra de Andújar, Campo de Montiel, Llanos de Trujillo (Cáceres), Delta del Ebro, Campo abierto del Baixo Alentejo y dehesas y campiñas abiertas con matorral disperso.

El vigía del matorral

El alcaudón real es el centinela silencioso del paisaje mediterráneo. Desde la distancia parece una silueta pequeña, apenas un pájaro gris posado en una rama seca. Pero cuando lo observas de cerca descubres la mezcla extraordinaria de delicadeza y ferocidad que lo caracteriza: su antifaz oscuro, su mirada atenta, su postura erguida que transmite autoridad.

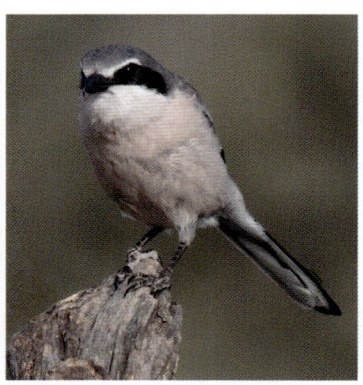

Alcaudón real con restos de sangre después de una captura.
f/7.1 - 1/400 s - ISO 800 - Distancia focal 400 mm - balance de blancos automático.

Es un depredador meticuloso. Usa posaderos elevados, como ramas secas, postes o alambres, como auténticas atalayas desde las que examina cada movimiento en el suelo. Cuando detecta una presa, se lanza en un vuelo corto, preciso y contundente. Insectos grandes, micromamíferos y pequeños reptiles forman parte de su dieta, que a veces almacena en espinas o púas vegetales. Una conducta única que le ha dado su fama.

En los meses de primavera, su canto y sus vuelos territoriales añaden energía al paisaje, convirtiéndolo en uno de los habitantes más carismáticos de nuestras zonas abiertas.

CÓMO FOTOGRAFIAR

Una técnica excelente es aprovechar sus posaderos de vigilancia. El alcaudón utiliza siempre los mismos palos secos o cables bajos para observar insectos. Si detectas uno de estos posaderos y te sitúas tras un matorral con un hide, inmóvil y silencioso durante un buen tiempo, el ave regresará a él repetidamente, permitiéndote verla a pocos metros sin que cambie su comportamiento.

El alcaudón real es un ave agradecida para la fotografía, siempre que se entienda su comportamiento territorial y la importancia de elegir bien los posaderos donde suele vigilar.

El alcaudón combina periodos largos de inmovilidad con explosiones breves de actividad. Esto nos permite trabajar desde distancia sin prisas, predecir sus vuelos cortos entre perchas y preparar el encuadre antes del movimiento.

«Si identificamos sus posaderos habituales, tendremos el 80% del trabajo hecho»

Los alcaudones adoran las perchas altas y despejadas, por lo que podemos instalar alguna que nos guste, en su territorio entre perchas que utilicen habitualmente. De esta manera podemos asegurarnos de que el fondo queda lo más limpio posible: matorral lejano, praderas suaves, cielo uniforme. Un buen posadero puede transformar una fotografía corriente en una imagen limpia y elegante. En días nublados, la luz suave destaca los tonos grises y el antifaz sin sombras duras.

«Cuando se posa sobre su rama, el alcaudón real parece el pequeño emperador del territorio que vigila»

El alcaudón es desconfiado pero tolera la presencia humana aunque a una distancia más o menos larga en relacion con su tamaño. Por lo tanto, una buena opción es utilizar un *hide* portátil a distancia media y si el lugar lo permite también se puede trabajar desde el coche, muy eficaz en zonas agrícolas. Una posición ligeramente más baja que el ave crea retratos más elegantes.

Una vez que acepte nuestra presencia, podremos captarlo posado con gran naturalidad. Usar velocidad de 1/1600 s o más para vuelos cortos. Apertura: f/5.6 o f/6.3 para equ librar nitidez y desenfoque del fondo, adaptando el ISO a la luz del momento; mejor subirlo que perder el momento. Enfoque AF continuo con punto único o pequeño grupo sobre el ojo. En posados tranquilos podemos bajar velocidad, pero en vuelos cortos la rapidez es imprescindible.

Uno de los comportamientos más interesantes es el almacenaje de presas en espinas o alambres.

Para captarlo hay que identifica el arbusto o alambrada donde suele hacerlo. Situándonos a distancia larga y esperar a que vuelva. Importante evitar manipular las presas o el arbusto: el comportamiento debe ser completamente natural. Son escenas poco frecuentes pero muy impactantes s se registran con ética y paciencia.

El alcaudón rara vez realiza vuelos largos. Sus movimientos son rápidos y horizontales, perfectos para practicar seguimiento. Para conseguirlo mantenemos el foco en la percha de destino, disparando en ráfaga desde el momento en que flexiona las patas. Los vuelos a contraluz pueden producir perfiles muy estéticos, con el antifaz marcado.

Muy importante a la hora de fotografiar esta especie es evitar acercarse durante la alimentación de pollos para no alterar la crianza.

¿SABÍAS QUÉ...?

La forma del pico, fuerte y con un pequeño gancho, recuerda a la de las rapaces. Aunque es un paseriforme, su dieta y comportamiento depredador lo convierten en uno de los cazadores más llamativos de su grupo.

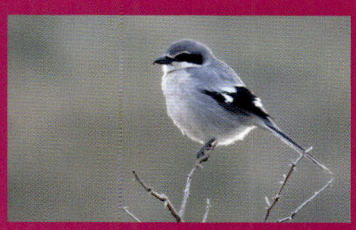

Ardilla roja

Mejor estación del año:	invierno, primavera.
Instantes para captar:	trepando en árboles, poses, celos, alimentándose.
Dificultades:	son animales muy rápidos.
Equipo y material:	teleobjetivos.
Mejores lugares para su fotografía:	Sierra de Cazorla, P. Nacional de la Sierra de Guadarrama, Sierra Espuña, Jardines de Aranjuez (Madrid), La Grajera (Logroño), Parque de Isabel la Católica (Gijón), Parque Campo Grande (Valladolid), Parque Abelardo Sánchez (Albacete), y en gran cantidad de parques urbanos.

La simpática saltadora

Este pequeño mamífero lo podemos encontrar distribuido por gran cantidad de bosques ibéricos. Su actividad es diurna, favoreciendo enormemente su observación. En los últimos años, ha sido introducido en gran cantidad de parques urbanos, familiarizándose con los humanos.

La cola que poseen es su parte más característica, larga y espesa, que utilizan de manera muy diversa en cada momento. Son animales muy rápidos y activos, por lo que no resulta fácil captarlos como uno desea.

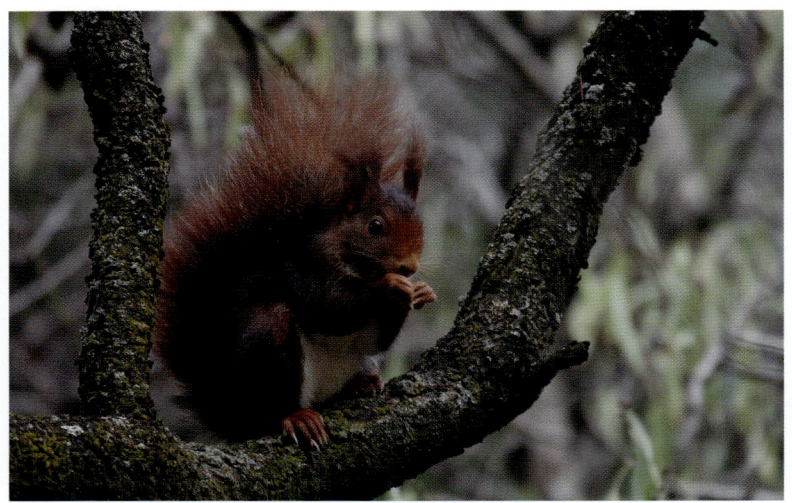

Ardilla roja fotografiada mientras se alimenta en la rama de un árbol. Siempre hay que buscar tener el menor ángulo para evitar que las fotografías queden contrapicadas.
f/5.6 - 1/80 s – ISO 200, Modo manual – Distancia focal 400 mm - balance de blancos nublado.

En invierno su pelaje se vuelve más denso y tupido. Además, les crece unos pinceles en las orejas muy llamativos.

CÓMO FOTOGRAFIAR

En la actualidad hay una cantidad notable de parques urbanos donde las podemos descubrir. En muchos de ellos están acostumbrados a las personas que las alimentan en ocasiones.
Grandes parques como los Jardines de Aranjuez son lugares idóneos para intentar fotografiarlas.

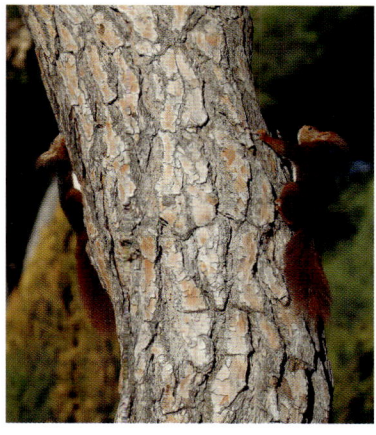

Pareja de ardillas persiguiéndose en época de celo. Suelen realizar acciones muy curiosas y complicadas de captar.
f/6.3 - 1/800 s – ISO 320, Modo manual – Distancia focal 140 mm - balance de blancos automático.

Siempre intento localizar ejemplares que estén algo más aislados para no interferir con las personas cuando los tengamos en escena; suele ocurrir que cambian de comportamiento y posiciones cuando se acercan personas, o sus mascotas.
Suelo seguirlas muy tranquilo y a la distancia que aprecio que no llamo mucho su atención y siguen con su ajetreo, tratando de captar momentos naturales de estos simpáticos animales dentro de su entorno.
Intentaremos siempre buscar la distancia idónea y evitaremos fotografiar hacia arriba siempre que estén muy altas. Es mejor disparar más lejos y con menor ángulo.
Cuando se encuentran en las copas de los árboles, suelen desplazarse saltando de árbol en árbol. Pero siempre hay un momento en el que bajan a media altura, o al suelo en busca de alimento o para desplazarse a otra parte. Cuando ocurre, debemos estar preparados, ya que es cuando mejores fotografías podemos hacer, a media altura y sobre troncos, intentando buscar el mejor fondo dentro de la escena.

¿SABÍAS QUÉ...?
Las ardillas rojas pueden adoptar crías de otras ardillas de la zona, cuya madre haya fallecido.

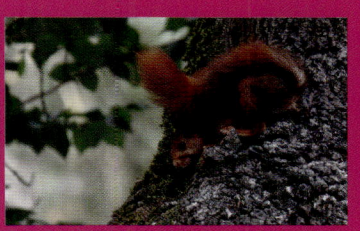

Cigüeña blanca

Mejor estación del año:	primavera.
Instantes para captar:	contraluces, composiciones, vuelos, retratos.
Dificultades:	captar su blanco plumaje con detalle sin llegar a quemarlo.
Equipo y material:	teleobjetivos.
Mejores lugares para su fotografía:	Malpartida de Cáceres, Alfaro, Alcalá de Henares, El Espinar, P. Natural Bahía de Cádiz, P. Nacional de Doñana, La Janda, Vegas Altas del Guadiana.

Las aves que traen a los bebés

Son aves que han estado muy ligadas al ser humano y a nuestras construcciones. Además, han sido simbólicas en muchas culturas y han formado parte de bonitas leyendas, como la que cuenta, que son las que se encargaban de traer a los bebés. Siempre venían en primavera, adornando tejados de iglesias, campanarios, altos edificios y construcciones. En la actualidad son muchas las que permanecen todo el año en nuestra Península. Gran parte se debe a los enormes basureros donde encuentran alimento en todas las estaciones. Pero también es cierto

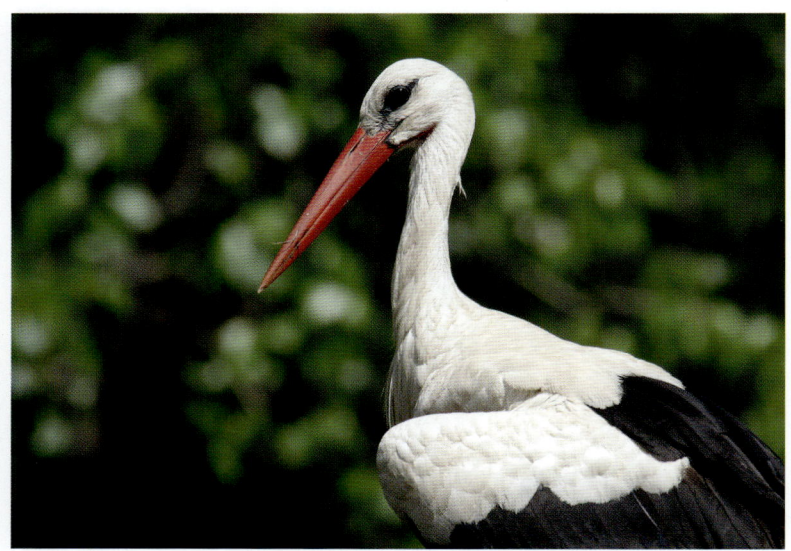

Retrato de cigüeña blanca, estando posada en una árbol, buscando un fondo natural que no sea cielo.
f/8 - 1/500 s – ISO 200, Modo manual – Distancia focal 560 mm - balance de blancos luz día.

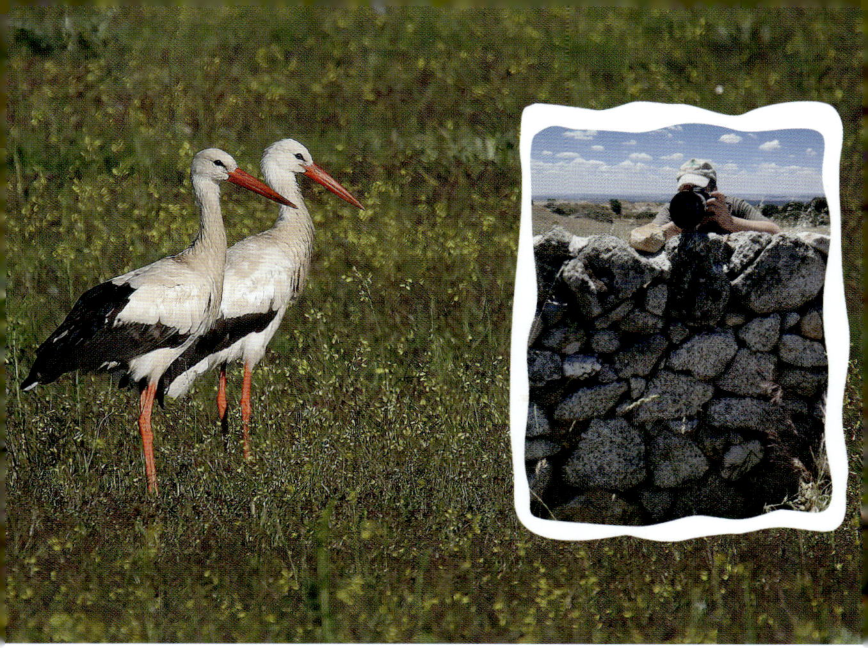

que siguen siendo muchas las que viajan a África cuando acaba su periodo reproductor.

«El simbolo que adorna multitud de tejados y campanarios, con sus inconfundibles y enormes nidos»

Se alimentan en gran variedad de ecosistemas, pero zonas acuáticas y prados suelen ser buenos lugares donde encontrarlas.

CÓMO FOTOGRAFIAR

La cigüeña blanca es un ave muy común en muchos pueblos y ciudades: por lo tanto, el objetivo fotográfico será intentar captar imágenes que sean distintas y llamen la atención.

Lo mejor es ir descubriendo sus lugares habituales de descanso, porque es donde podremos encontrar más combinaciones y posibilidades.

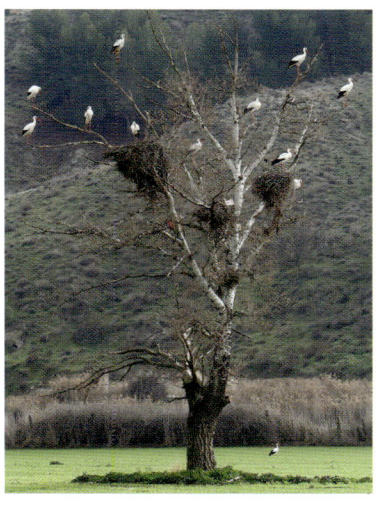

Árbol con cigüeñas posadas en armonía, creando una bonita escena.
f/10 - 1/160 s – ISO 200, Modo manual – Distancia focal 200 mm - balance de blancos nublado.

263

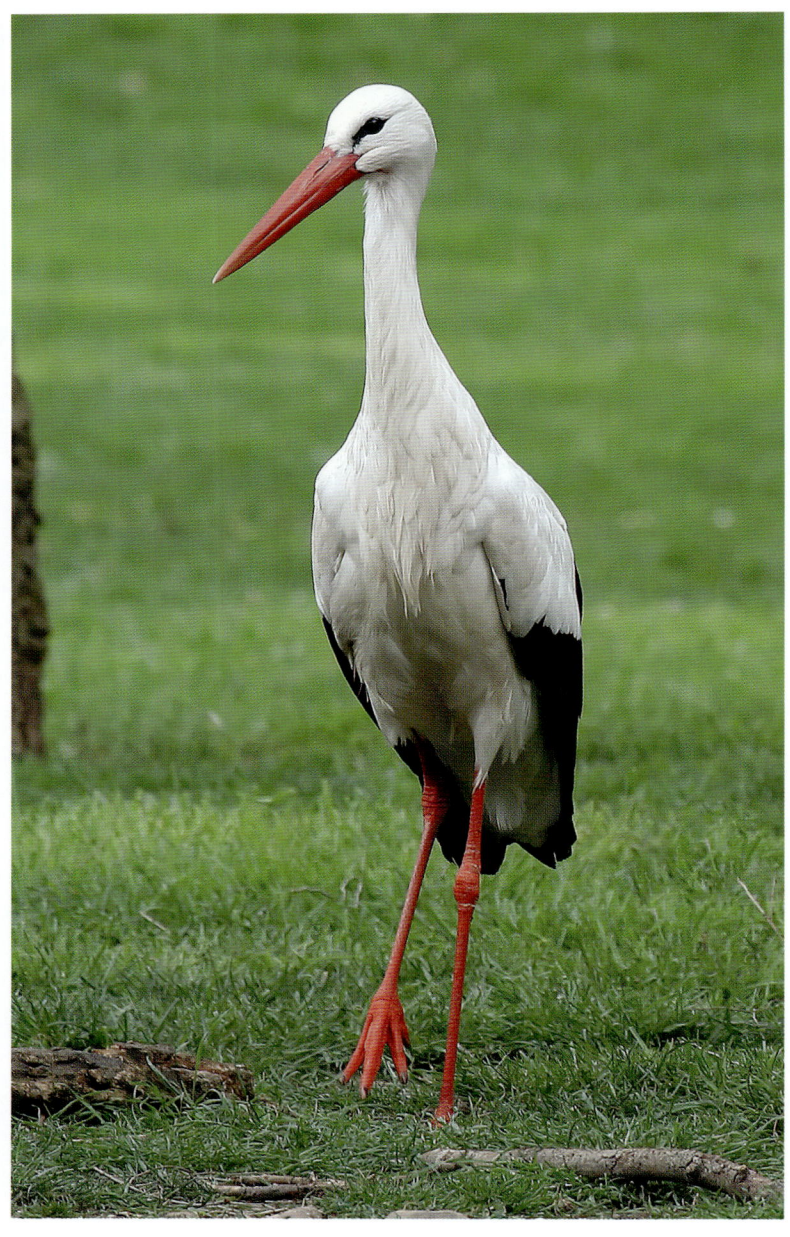

Cigüeña blanca paseando por una pradera en busca de alimento.
f/6.3 - 1/125 s – ISO 200, Modo manual – Distancia focal 400 mm - balance de blancos automático.

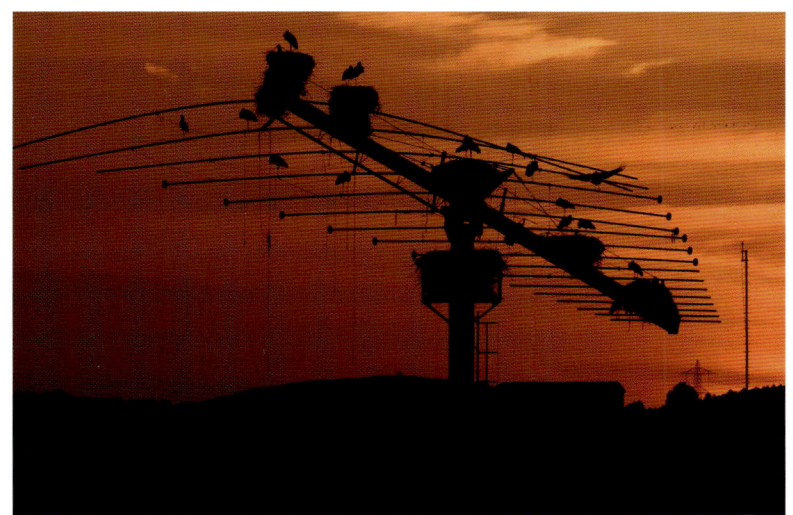

Composición de cigüeñas y nidos en una gran antena, combinada con las luces del atardecer.
f/20 - 1/60 s – ISO 100, Modo manual – Distancia focal 275 mm - balance de blancos automático.

«En viejos y grandes árboles o enormes antenas se suelen concentrar gran número de cigüeñas y serán buenos lugares para buscar excelentes combinaciones fotográficas»

Podemos buscar sitios donde se posen gran número, como en ciertos árboles o antenas, y buscar combinaciones con el sol. Personalmente me encanta componer con el sol a contraluz, antes de ponerse o cuando empieza a salir.

«Al ser aves grandes y con características anatómicas singulares, resultan atractivas a contraluz, resaltando sus siluetas sobre el sol del horizonte»

También alimentándose en el suelo, ofrecen buenas opciones fotográficas. Tienen querencia por praderas con partes encharcadas donde encuentran alimento; en muchas de estas zonas suele haber paredes de piedra que separan unos prados de otros, que nos ayudarán a caminar escondidos hasta tenerlas a cotas cercanas, y asomándonos muy despacio por encima, será posible captar buenas fotografías. No son igual de confiadas en ciudades que en el campo, pero siempre hay algún momento en el que podamos captarlas a buena distancia.

Otra opción es cuando se encuentran en vuelo porque resultan fáciles de enfocar normalmente, porque su blanco plumaje suele contrastar con el fondo, ayudando al autofoco.

¿SABÍAS QUÉ...?
Las parejas de cigüeñas ocupan año tras año el mismo nido, aumentando su tamaño cada año. Por esta razón hay nidos que han llegado a superar los 1.000 kg de peso, considerándose a menudo un riesgo para las estructuras que las soportan.

Mirlo común

Mejor estación del año:	primavera.
Instantes para captar:	en el suelo a su nivel con fondos desenfocados.
Dificultades:	interacción con paseantes y sus mascotas.
Equipo y material:	teleobjetivos.
Mejores lugares para su fotografía:	Cualquier parque o jardín público de grandes ciudades. El Retiro (Madrid), La Ciudadela (Barcelona), Parque Isabel La Católica (Gijón), Parque de María Luisa (Sevilla), entre otros muchos.

El flautista del jardín

Ave bastante común en la Península que se encuentra en multitud de hábitats. Acostumbra a cantar antes del amanecer y al anochecer con una gran variedad de melodías.

Son aves de un tamaño medio, y con distinta tonalidad de plumaje entre ambos sexos. Negro en los machos con su característico pico amarillo anaranjado, siendo más pardo y discreto en las hembras. Bastante desconfiadas en ambientes naturales, pero todo lo contrario en las zonas urbanas, donde han sabido adaptarse y convivir con los humanos.

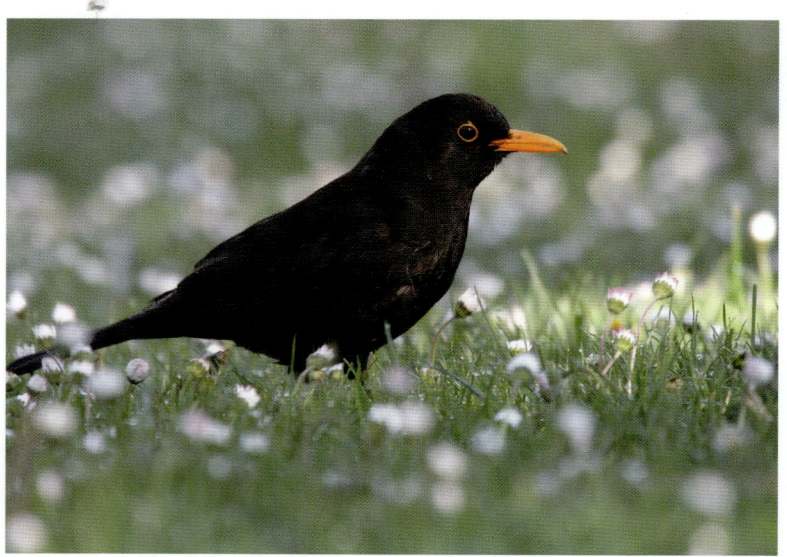

Macho de mirlo común fotografiado tumbado en el suelo para estar a su nivel, buscando el desenfoque de las flores.
f/8 - 1/125 s – ISO 200, Modo manual – Distancia focal 490 mm - balance de blancos automático.

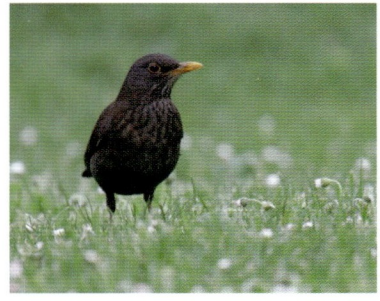

Hembra de mirla captada de frente, mientras busca alimento.
f/8 - 1/100 s – ISO 400, Modo manual – Distancia focal 560 mm - balance de blancos automático.

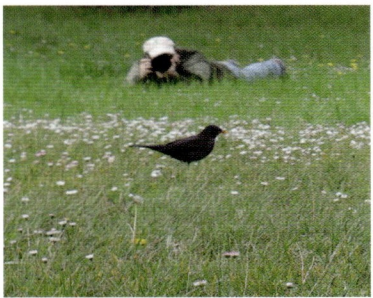

Cómo se hizo. *En jardines de ciudades puedes tener buenas oportunidades. Es mejor tumbarse para conseguir el mejor ángulo.*

CÓMO FOTOGRAFIAR

El mirlo se ha ganado un hueco entre nosotros; actualmente ocupan casi cualquier jardín urbano por pequeño que este sea. Cuanto más popular y personas visiten dicho jardín o parque, mayor confianza tendrán, consiguiendo que las distancias de seguridad sean menores. Esto facilitará nuestro trabajo de acercamiento para fotografiarlas.

«Cada vez, se ven más ejemplares de mirlos en los jardines de nuestras ciudades con mayor confianza hacia nosotros»

Cualquier hora del día puede ser apropiada para verlos y fotografiarlos; por lo tanto, debemos de elegir nosotros el momento que deseamos en función de las luces o composición que queramos realizar.

Acostumbro a elegir zonas de jardines más o menos llanas, donde los puedo ver alimentándose. Con esto conseguiremos obtener fondos más alejados y desenfocados.

Para evitar que el ave adopte un comportamiento de alarma, no suelo ir nunca de frente sino en diagonales para acabar teniéndolos a una buena distancia de mi teleobjetivo.

«Para conseguir fondos desenfocados, abriremos al máximo el diafragma, intentando tener al ave lo más cerca posible»

Cuando vamos caminando las aves suelen estar tranquilas. No ocurre lo mismo cuando nos paramos y las observamos; se sienten vigiladas y suelen alejarse, aumentando su distancia de seguridad. Para ello lo mejor que se puede hacer una vez que las tengamos a la distancia propia, es andar muy despacio y evitar mirarla de frente hasta que paremos y no nos torne por algún peligro. Si se consigue, aconsejo tumbarse para tenerla a nuestro nivel y no quede la foto picada hacia abajo.

¿SABÍAS QUÉ...?
El dicho de encontrarse con un "mirlo blanco" referido a tener una gran suerte, viene por la dificultad de observar ejemplares de mirlo con el plumaje blanco. Aunque al ser una especie cada vez más abundante, no es raro encontrarse con ejemplares que posean parte de leucismo en sus plumas.

Ánade azulón

Mejor estación del año:	primavera.
Instantes para captar:	a su nivel, vuelos.
Dificultades:	muy veloces en vuelo.
Equipo y material:	teleobjetivos.
Mejores lugares para su fotografía:	Parque de San Juan de Arriaga (Vitoria), Parque de la Ciudadela (Barcelona), Parque de Quevedo (León), Parque del Agua Luis Buñuel (Zaragoza), Parque de Polvoranca (Leganés-Madrid), y en multitud de parques urbanos con lagos y estanques, de casi todas las ciudades.

El pato urbano

Este bello pato no deja de ser bonito por muy común que sea, y está presente en casi todos los estanques y lagunas de parque urbanos.

Existen grandes diferencias de plumaje entre machos y hembras, siendo la hembra parda y discreta y el macho de preciosos colores llamativos.

«Es el más común de todos los patos que podemos encontrar en las zonas acuáticas de parques urbanos»

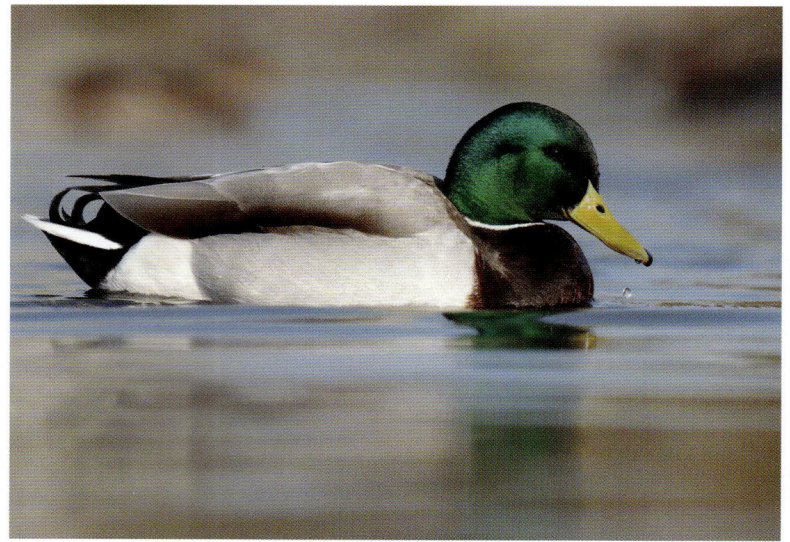

Elegante macho de ánade azulón, fotografiado a ras del agua, mientras caen gotas de su pico.
f/7.1 - 1/1600 s – ISO 640, Modo manual – Distancia focal 400 mm - balance de blancos luz día.

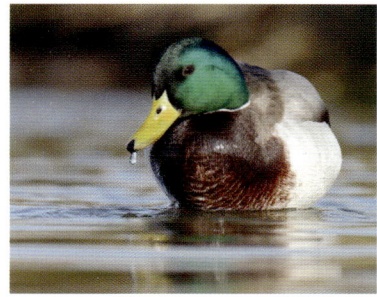

Ánade azulón captado de frente, después de sacar su pico del agua.
f/5.6 - 1/2000 s – ISO 400, Modo manual – Distancia focal 560 mm - balance de blancos automático.

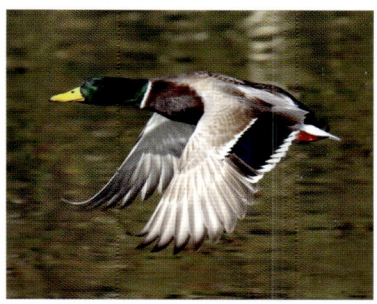

Ánade congelado en vuelo, para mostrar la belleza de colores que poseen su alas.
f/8 - 1/1600 s – ISO 400, Modo manual – Distancia focal 400 mm - balance de blancos luz día.

Su carácter dócil y confiado en dichas zonas, desaparece en medios naturales, llegando a ser muy desconfiado y asustadizo.

CÓMO FOTOGRAFIAR

Común y fácilmente visible en muchos lugares. Para su fotografía a nivel, acostumbro a buscar zonas tipo estanques en los que te puedes tumbar en la orilla de modo tranquilo, mientras los tienes nadando cerca de ti. Directamente apoyo mi cámara al suelo para conseguir el mejor ángulo posible que me ayuda a fotografiarlos a nivel. De estas imágenes intento obtener acciones llamativas como las gotas de agua que caen de sus picos cuando salen del agua, o buscar fondos contrastados que ayuden a destacar al ave.

«Complicado resulta congelar sus vuelos, intentando siempre conseguir la nitidez en sus ojos»

Más difícil resulta poder captar estas aves en vuelo. Tienen una gran velocidad y cuando aterrizan en el agua, despliegan patas y alas creando un instante especial difícil de captar. Para estas fotografías configuro AF *modo servo* para que el autofoco haga seguimiento del ave en vuelo, y el área AF puntual al centro, para que no enfoque otras zonas cuando está cerca del agua. Este área de AF es muy pequeña y resulta complicado conseguir el resultado de nitidez buscado, pero al ser aves comunes nos será más fácil repetir intentos hasta conseguirlo.
En épocas de celos hay persecuciones de varios machos a hembras que también resultan curiosas poder retratar.

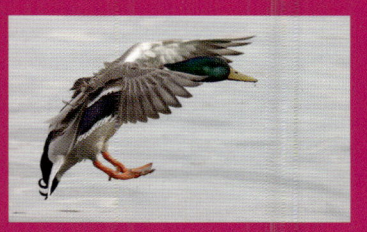

Mochuelo europeo

Mejor estación del año:	primavera.
Instantes para captar:	poses, acciones, contraluces.
Dificultades:	como todas las rapaces son desconfiadas, tenerla a nuestra altura.
Equipo y material:	teleobjetivos, trípode o monopie.
Mejores lugares para su fotografía:	Villafáfila, Bujaraloz, Dehesa de la Villa y Casa de Campo (Madrid), Ciudadela (Pamplona), Parque El Alamillo (Sevilla), en diferentes parques urbanos con buena cobertura forestal y en multitud de zonas de cultivo.

El maullido de Atenea

Ave rapaz que podemos observar en multitud de ecosistemas ibéricos. Su figura redondeada, acompañada muchas veces por su canto, les hace distinguirse fácilmente del resto de aves.

Es la nocturna más común y abundante; en algunos parques y grandes jardines, es un habitante habitual, siendo un gusto para la vista, cuando podemos disfrutarlos en estos sitios humanizados.

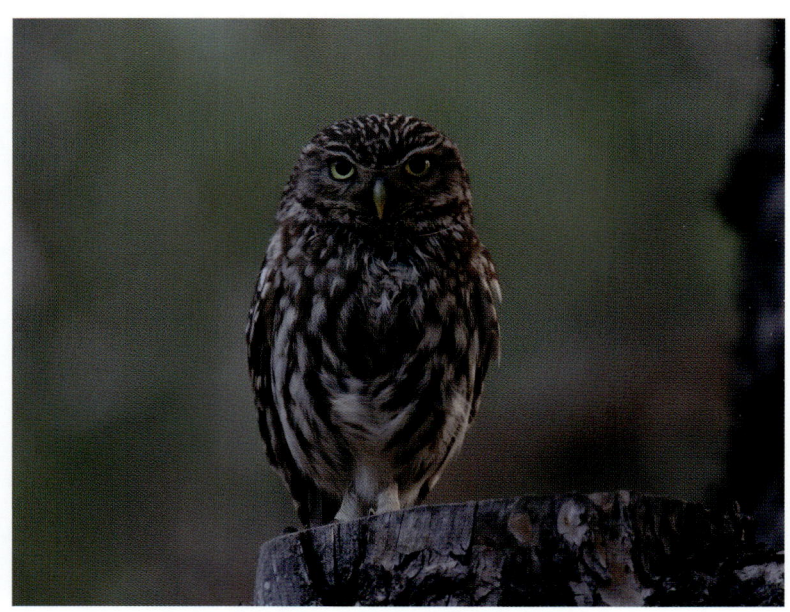

Mochuelo europeo fotografiado sobre el tocón de un pino, mientras nos observa curiosamente.
f/8 - 1/80 s – ISO 800, Modo manual – Distancia focal 525 mm - balance de blancos nublado.

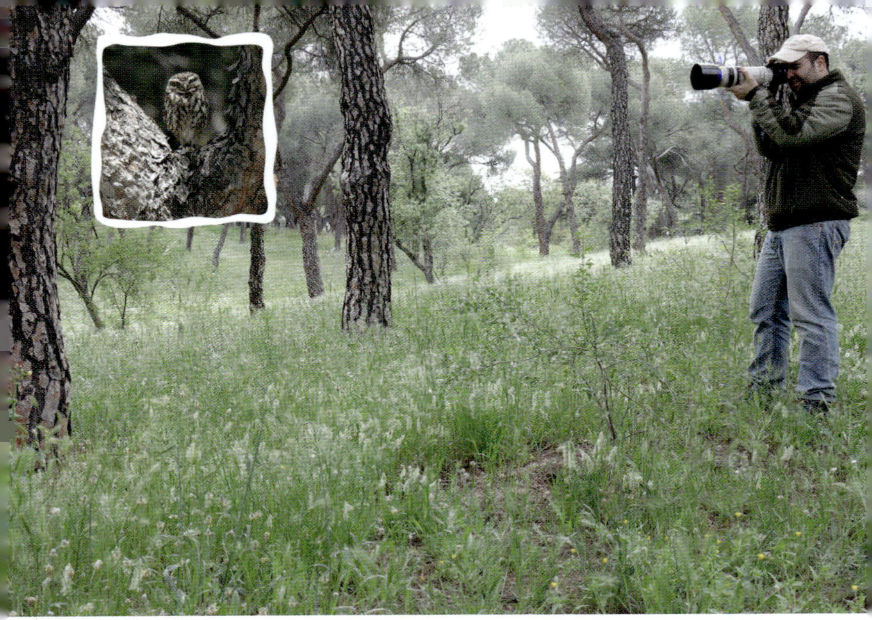

Cómo se hizo. *Terrenos con distintas alturas, como puede ser la Dehesa de la Villa - Madrid, nos puede favorecer para tener a esta especie a nuestro nivel cuando descansan en árboles.*

«Son habitantes más o menos habituales de grandes parques y jardines»

Suelen utilizar nidos de otras aves, agujeros en muros, árboles, o incluso madrigueras para hacer sus nidos. Y como nota curiosa, tienen un movimiento de cuerpo y cabeza cuando están alterados, de arriba hacia abajo, que resulta bastante gracioso.

CÓMO FOTOGRAFIAR

Es posible descubrirlos de día, sesteando en el tronco de un árbol, tranquilo sobre el hueco de un muro, o posado en el viejo tocón de un antiguo árbol.

En marzo, con los primeros días de su época de celo, es cuando más podemos escucharlos cantar, y por lo tanto más fáciles de descubrir.

«Su canto al atardece durante la época de celo, nos ayudará a descubrirlos»

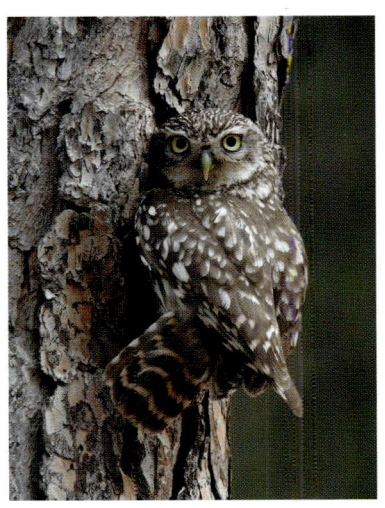

Ejemplar buscando un lugar para nidificar en el viejo nido de un pito real.
f/8 - 1/80 s – ISO 200, Modo manual – Distancia focal 450 mm - balance de blancos automático.

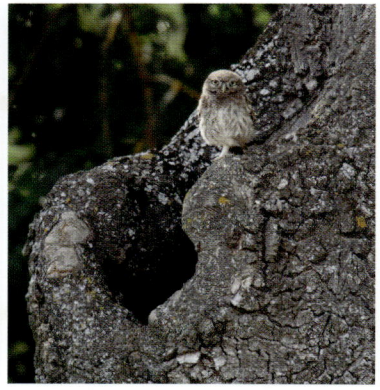

Joven mochuelo posada en las inmediaciones de su nido.
f/9 - 1/100 s – ISO 800, Modo manual – Distancia focal 560 mm - balance de blancos luz día.

Ahora llega el momento de fotografiarlos. Como todas las rapaces, tienen distancias de seguridad altas respecto a los humanos, aunque los ejemplares que habitan en parques urbanos, las distancias de seguridad suelen ser menores. Ayudándonos de esta premisa, si los descubrimos en estos lugares, con constancia y en distintos paseos, seguro que los tendremos a una distancia óptima para nuestro equipo fotográfico. Lo que nos queda es intentar captar los mejores momentos que nos ofrece esta especie tan simpática y graciosa.

«Pueden permanecer quietas y tranquilas si detectan que no somos ningún peligro, lo cual nos ayudará a buscar los mejores momentos»

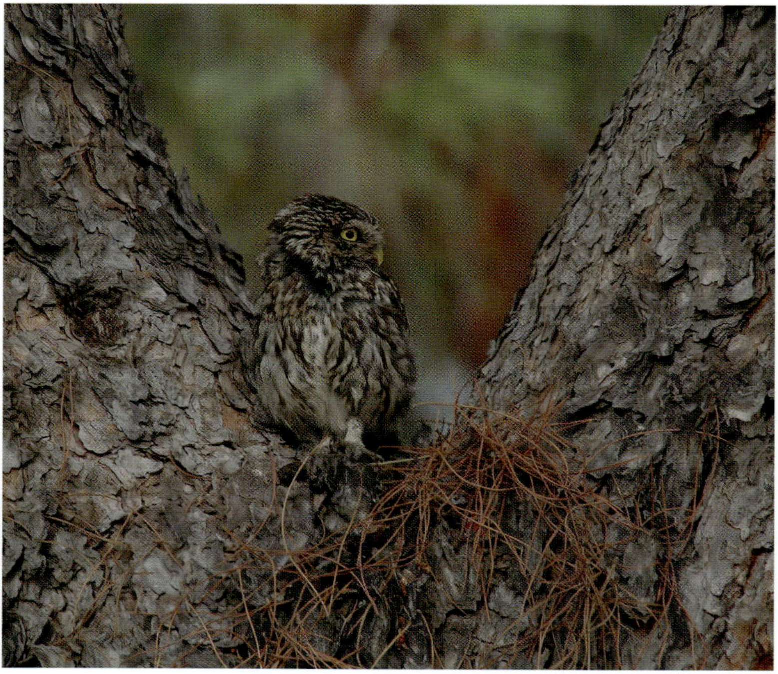

Individuo posado entre las ramas de un pino, observa todo lo que ocurre a su alrededor.
f/6.3 - 1/160 s – ISO 200, Modo manual – Distancia focal 560 mm - balance de blancos automático.

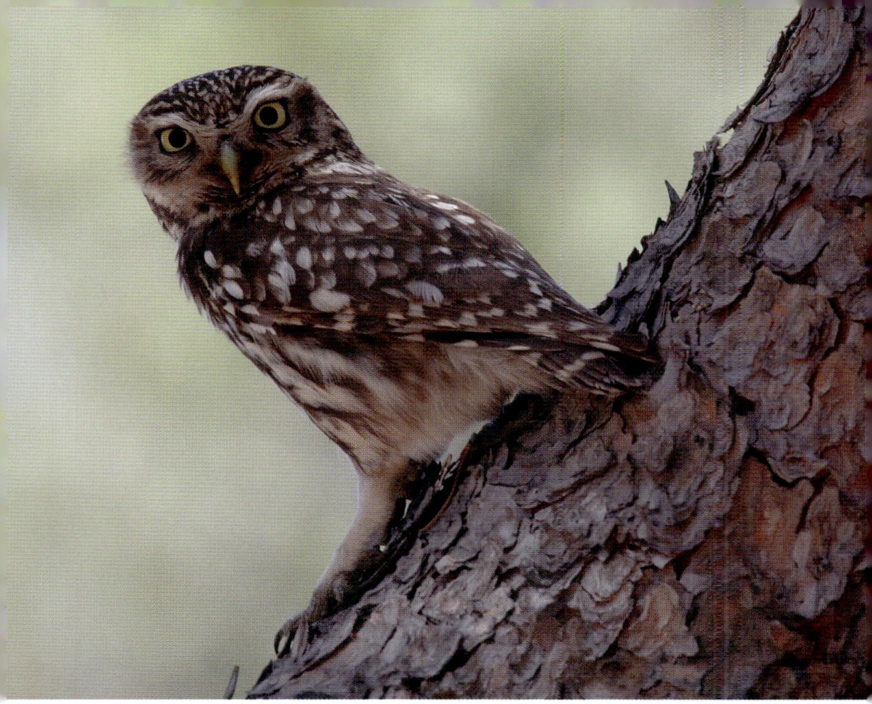

Mochuelo común en composición cruzada con el posadero y un fondo natural y uniforme.
f/5.6 - 1/200 s – ISO 200, Modo manual – Distancia focal 475 mm - balance de blancos nublado.

Una idea muy práctica y que se utiliza muchísimo en fotografía es la regla de los tercios. Consiste en dividir la foto de manera mental en tres tercios, tanto vertical como horizontal; dividimos la imagen con dos líneas horizontales y dos líneas verticales, que originan cuatro puntos de intersección entre ellas. Estos puntos se denominan fuertes y es en uno de ellos donde situamos lo que queremos destacar.

En el caso de que haya más elementos para destacar, los conjugaremos para que se sitúen sobre varios de los cuatro puntos.

La mirada de las rapaces es lo que más nos llama la atención. Por lo tanto, es muy buena opción enfocarla sobre unos de estos puntos; le dará mayor fuerza para atraer nuestra mirada.

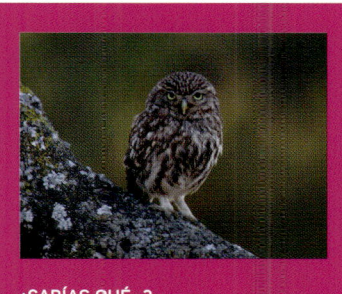

¿SABÍAS QUÉ...?
El mochuelo ha sido utilizado en multitud de nuestros refranes y frases como, por ejemplo: cargar con el mochuelo; cuando el mochuelo pía es de noche o es de día; cada mochuelo a su olivo; cuando chilla el mochuelo, pronto se moja el suelo...

Gorrión común

Mejor estación del año:	invierno, primavera, otoño.
Instantes para captar:	combinando con elementos artificiales, en grupo, individuales, entre desenfoques, con humanos.
Dificultades:	componer escenas singulares.
Equipo y material:	teleobjetivos, objetivos medios y normales.
Mejores lugares para su fotografía:	Madrid, Bilbao, Pamplona, Sevilla, Valencia, Granada, Badajoz, Barcelona, Teruel, Castellón, Murcia, Zamora, León, La Coruña, Santander, Cádiz, y en la mayoría de las ciudades y sus parques.

El doméstico libre

Esta ave se encuentra tan ligada al hombre, que cuando zonas rurales son despobladas en su totalidad, desaparecen también los gorriones. Dependen del hombre y su entorno para vivir. Y en las grandes ciudades siguen a nuestro lado, aunque de forma distinta a como lo hacían en zonas rurales.

«El gorrión común ha evolucionado en el tiempo para vivir siempre alrededor de las poblaciones humanas»

Hay diferencias más o menos notables entre los distintos sexos y edades de esta especie. El macho luce en época de celo el pico y una preciosa corbata de color negro

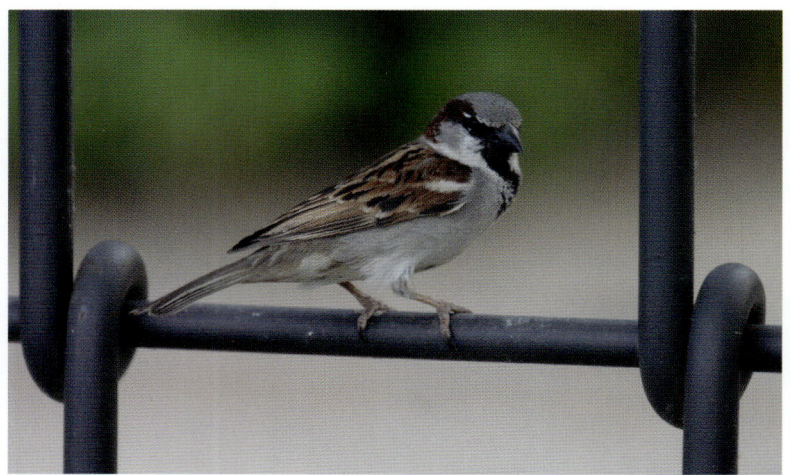

Macho de gorrión común fotografiado sobre estructura metálica simétrica. Intentándole dar la importancia de ser uno de nuestros habitantes.
f/5.6 - 1/125 s – ISO 200, Modo manual – Distancia focal 400 mm - balance de blancos automático.

y un dorso marrón rojizo bien destacado, a diferencia de la hembra de colores pardos menos notorios.

CÓMO FOTOGRAFIAR

Resulta fácil poder observar algún gorrión en nuestro entorno, tanto urbano como rural. Pero intentaremos captar imágenes que llamen la atención de esta especie tan familiar.

Hay parques en grandes ciudades donde estas pequeñas aves son alimentadas por humanos. En El Retiro de Madrid están tan acostumbradas a ello, que resulta fácil poner la mano con unas pocas migas de pan y se posen a comer. Me gusta combinar con mi familia distintas fotografías donde el protagonista sea el gorrión.

«En grandes parques como El Retiro de Madrid muchos de los gorriones están acostumbrados a que les den comida incluso en la mano»

Se puede componer sobre fondos para resaltar su plumaje, aparentemente discreto. Para ello, intento fotografiarlos sobre fondos verdes de jardines; en estos casos desenfocaremos el fondo con la máxima apertura de diafragma.

«Jugaremos con la velocidad de disparo y diafragma para conseguir distintos tipos de acción. Tenerlos cerca nos ayudará a probar todo tipo de combinaciones fotográficas»

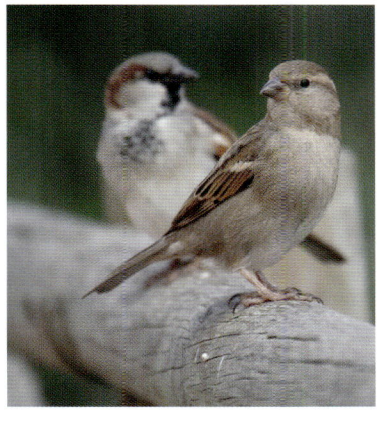

Pareja de gorriones en composición de cabeza girada entre ambos.
f/8 - 1/80 s – ISO 320, Modo manual – Distancia focal 560 mm - balance de blancos automático.

Y también fotografiarlos sobre elementos construidos por humanos, como pueden ser tejados, barandillas, faroles, dándoles la importancia de ser uno más entre nosotros. Según lo que queramos destacar, podemos crear nuestras propias combinaciones y desenfoques; bajaremos velocidad de disparo para crear efecto de movimiento cuando revolotean o abren sus alas.

Realizaremos composiciones vistosas cuando nieva y los fotografiemos entre la nieve, buscando desenfoques entre los distintos planos en los que se encuentra nuestro protagonista.

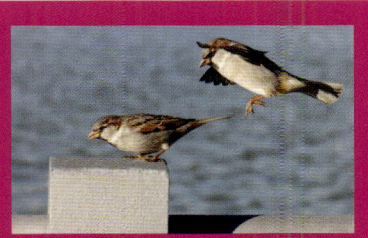

Vencejo común

Mejor estación del año:	primavera y verano.
Instantes para captar:	vuelos rasantes, vuelos bebiendo, entradas a nidos, persecuciones grupales, momentos de caza al amanecer.
Dificultades:	velocidad extrema, trayectorias imprevisibles, fondos muy contrastados en cielo abierto.
Equipo y material:	teleobjetivos rápidos, cámaras con buen AF en seguimiento, monopié opcional.
Mejores lugares para su fotografía:	cascos históricos, acantilados mediterráneos, edificios antiguos, pueblos y ciudades.

La sombra del viento

El vencejo común es puro aire. Su cuerpo, largo y estrecho, parece diseñado por el propio viento. Pasan casi toda su vida en vuelo: comen volando, beben volando y hasta duermen en el aire. Cuando los escuchamos en verano, con esos chillidos veloces que rebotan entre las calles estrechas, sentimos que el estío ya está aquí. Es un ave migradora incansable que recorre miles de kilómetros entre África y Europa. En nuestras ciudades encuentra un hábitat perfecto: grietas, tejados, cornisas antiguas... lugares ideados sin saberlo para albergar a uno de los mejores voladores del planeta.

«No atraviesa el aire, lo talla»

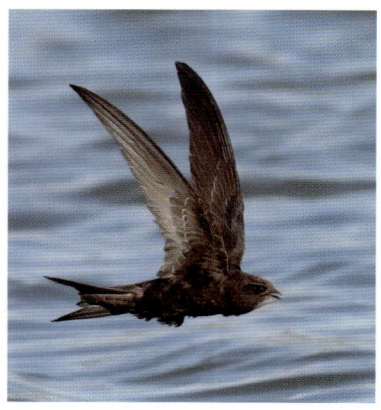

La precisión con la que maniobra es hipnótica. Se eleva con un zigzagueo eléctrico, se lanza en picado y, en un giro imposible, roza literalmente las fachadas. Observarlo es seguir un trazo rápido e inagotable.

CÓMO FOTOGRAFIAR

Para observar vencejos a corta distancia sin molestarlos, la mejor estrategia es situarse en azoteas tranquilas o puntos altos urbanos durante el atardecer, cuando los vencejos vuelan muy bajo persiguiendo insectos. Colocarte sentado, inmóvil y sin sobresaltos hará que se acostumbren rápidamente a tu presencia, permitiéndote verlos pasar a velocidades impresionantes a pocos metros de tu rostro sin alterar su comportamiento natural.

Fotografiar vencejos implica trabajar al límite de la velocidad, la técnica y la paciencia. Es probablemente uno de los pájaros más difíciles de captar en pleno vuelo, pero también uno de los más gratificantes cuando la imagen final aparece nítida y vibrante en la pantalla.

Los mejores lugares son aquellos donde los vencejos pasan cerca y a menudo, como calles estrechas donde se canalizan sus

Vencejo común intentando beber agua **f/8 - 1/4000s - ISO 1250 - Distancia focal 400 mm - balance de blancos automático**

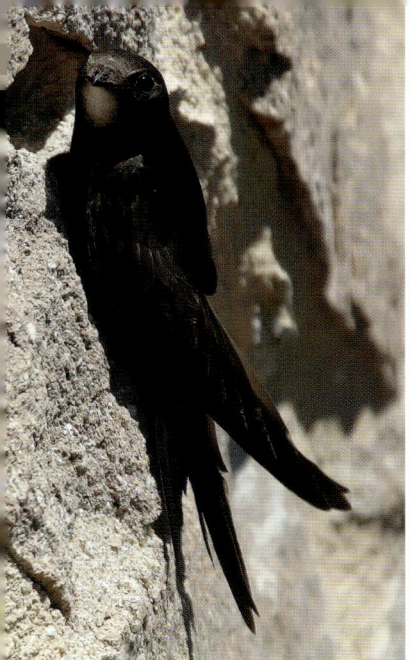

Vencejo común posado a la entrada de su nido
f/8 - 1/1000 s - ISO 200 - Distancia focal 1000 mm - balance de blancos luz día

trayectorias; plazas donde realizan "carreras" grupales; puntos cercanos a los nidos en fachadas altas y cortados rocosos en colonias naturales.

El plumaje del vencejo es muy oscuro y absorbe la luz, mientras que el cielo suele estar sobreexpuesto. Para equilibrar esto hay que subir la exposición en +0,3 a +1 según la luz, además de aplicar medición ponderada al centro o puntual, según el equipo.

«Una ligera sobreexposición ayuda a revelar textura en las plumas sin quemar el fondo»

El vencejo requiere parámetros muy exigentes. Velocidades igual o superior a 1/3200 s, modo AF-C / seguimiento continuo; ráfagas de al menos 15–20 fps, si tu cámara lo permite y aperturas amplias (f/4–f/5.6) para mantener la luz, separando ligeramente el fondo.

Un truco útil es preenfocar en un punto por el que los vencejos pasan regularmente —una esquina, un hueco entre casas, un tramo de fachada— y esperar el paso del ave en ese plano.

Aunque parecen imprevisibles, los vencejos siguen ciertos patrones. En las últimas horas del día vuelan más bajos y a mayor velocidad y en colonias urbanas tienden a repetir circuitos alrededor de edificios. Y sobre todo, en las zonas de agua donde beben volando, aprovechar ese pequeño descenso de velocidad e intentar captar ese momento.

«Cuando un vencejo roza tu campo visual a toda velocidad y aun así logras congelarlo, sientes que has atrapado un instante que casi no existe»

Observar durante 10–15 minutos antes de disparar aumenta enormemente las posibilidades de captarlos en una posición estética.

Captar un vencejo entrando a un hueco es un logro fotográfico notable. Para ello buscaremos nidos en edificaciones viejas en la que nuestra presencia no moleste a la colonia. Un buen lugar son Las Murallas de Ávila, en las que están habituados a la presencia humana y la distancia a los nidos son suficientemente grandes para no interferir en su conducta. Verás que pocos instantes son tan mágicos: el ave frena, abre ligeramente las alas y desaparece como un suspiro.

¿SABÍAS QUÉ…?
Los vencejos pasan hasta 10 meses sin tocar el suelo. Duermen en vuelo, se emparejan en vuelo y pueden incluso ascender a varios miles de metros para "descansar" planeando durante la noche.

Agradecimientos

Esta obra es para mí "El gran proyecto personal" imaginado desde la niñez, un libro sobre fotografía de fauna ibérica; en fin, un sueño hecho realidad.

Quiero agradecer a toda mi gran familia, que siempre me apoyó y ayudó a seguir con esta afición.

A la primera persona que quiero agradecer es a mi mujer Fanny; este libro no hubiera sido posible sin ella. Ha sido y es mi gran apoyo, ayudante, conductora, madre, compañera, cómplice, amiga, inspiradora, mujer, un todo en mi vida. Paciencia infinita que tiene, sabiendo como son las eternas jornadas fotográficas, en horas y días. Sabiendo lo difícil que es y el tiempo que estoy ausente, mientras intento captar imágenes que a veces resultan tan complicadas y que tanto tiempo conllevan.

Mis hijos Izan e Iker, que son mi alegría y mi fuerza, y que me animan a seguir luchando cada día; me ayudáis y me apoyáis cada vez que podéis y que pronto me acompañaréis siempre que queráis con esta afición.

A mi madre María Asunción que siempre ha creído en mí; su apoyo incondicional me ha hecho crecer mucho como persona, por todo el cariño con el que nos has criado, y que aún nos sigues dando.

A mi padre Teo que me enseñó desde pequeño a conocer la naturaleza, los nombres y costumbres de muchas especies; y a saber sacar el máximo provecho a cada esfuerzo, con los recursos que teníamos.

A mis abuelos que, aunque ya no os encontréis aquí, seguís estando en mí. Fuisteis parte fundamental de mi niñez haciendo posible que muchos años de mi amada infancia los pasara en sus pueblos, descubriendo, y amando la naturaleza. Y que en la actualidad sois muchas de las piezas del puzle que ahora soy.

A mis hermanos que me ayudaron muchas veces a poder hacer algunas sesiones, a conocer nuevos lugares, y colaborando en todo lo que he necesitado.

A mis primos, sobrinos y tíos, con los que he compartido momentos, anécdotas, sesiones y un largo etcétera en tantos años, que llevo con esta afición.

A mi perro Sol; descansa en paz allí donde estés, por las veces que me acompañaste en el campo.

Y por último y no menos importante, a todos los amigos que he conocido a lo largo de los años, que son muchos. No voy a escribir el nombre de todos, ya que siendo tantos seguro que me olvidaría de alguno, y no es mi intención.

¡Por todos vosotros, muchas gracias!

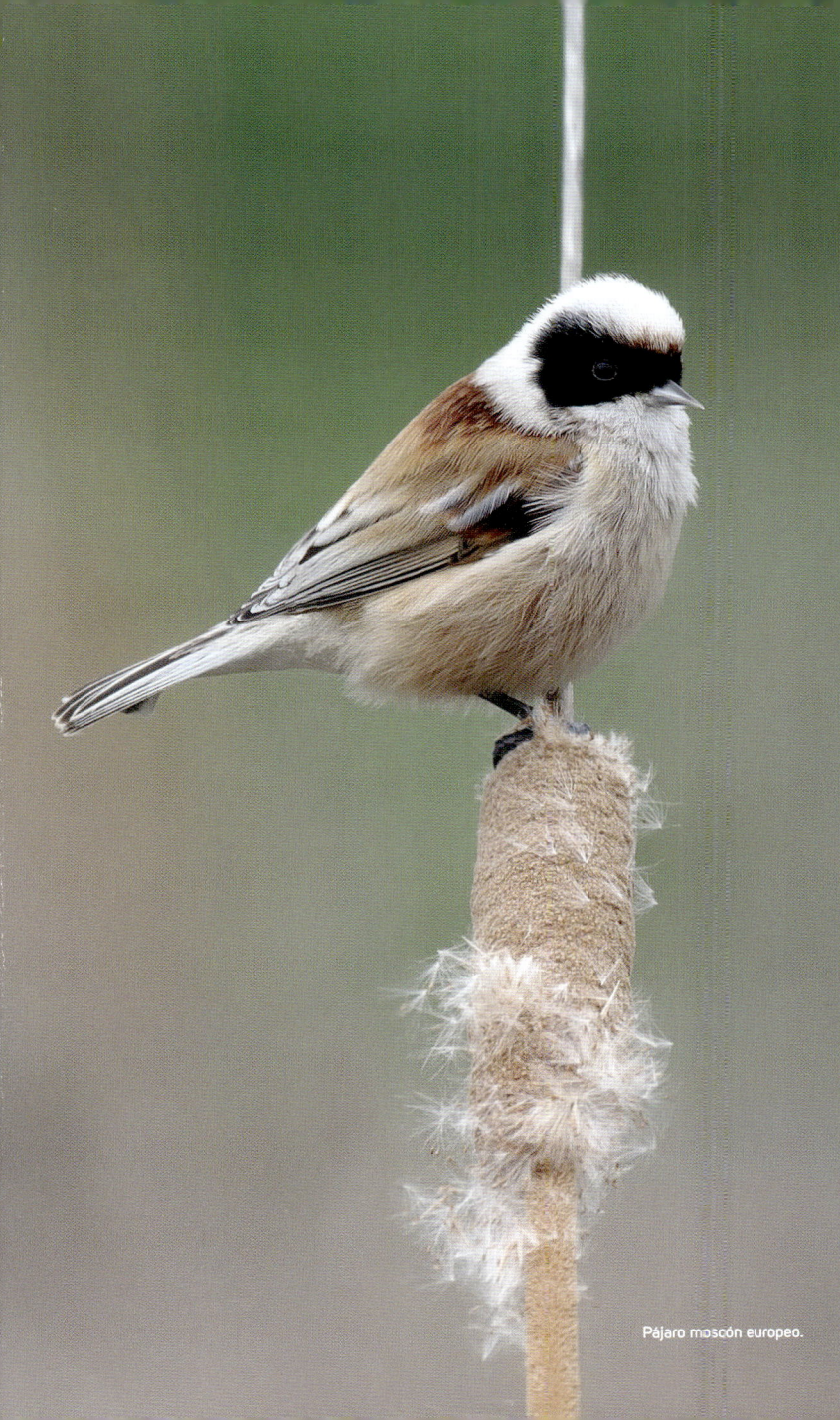

Pájaro moscón europeo.